行政法研究双書 22

パブリック・コメントと参加権

常岡 孝好著

弘文堂

「行政法研究双書」刊行の辞

　日本国憲法のもとで、行政法学が新たな出発をしてから、五〇有余年になるが、その間の理論的研究の展開は極めて多彩なものがある。しかし、ときに指摘されるように、理論と実務の間に一定の乖離があることも認めなければならない。その意味で、現段階においては、蓄積された研究の成果をより一層実務に反映させることが重要であると思われる。そのことはまた、行政の現実を直視した研究がますます必要となることを意味するのである。

　「行政法研究双書」は、行政法学をめぐるこのような状況にかんがみ、理論と実務の懸け橋となることを企図し、理論的水準の高い、しかも、実務的見地からみても通用しうる著作の刊行を志すものである。もとより、そのことは、本双書の内容を当面の実用に役立つものに限定する趣旨ではない。むしろ、当座の実務上の要請には直接応えるものでなくとも、わが国の行政法の解釈上または立法上の基本的素材を提供する基礎的研究にも積極的に門戸を開いていくこととしたい。

塩野　　宏
園部　逸夫
原田　尚彦

はしがき

「パブリック・コメント」というカタカナ言葉は、日本では、いつ頃から、誰が使い始めたのであろうか。今やこの言葉は「パブコメ」という略語さえできるくらい、国の省庁や自治体の現場で広く流布している。2006年4月1日からは、法律上の裏付けのあるパブリック・コメント制度が動き出しており、その一層の活用が期待されている。

「パブリック・コメント」と呼ばれる制度に筆者が関心を持つようになったのは、1990年から92年にかけてアメリカ合衆国のボストン・カレッジ・ロー・スクールとハーバード・ロー・スクールに在籍して研究・教育に携わっていた頃に遡る。当時、公益保護における私人の法的地位の問題に関心があり、Sierra Club や Natural Resources Defense Council 等の環境保護団体が提起する司法審査のあり方について検討していた。たまたま出席していた Z. プラッタ（Zygmunt B. Plater）教授の環境法の講義で興味深い話をうかがった。ある海岸沿いの空港建設に際し、土木工学、地質学、気象学、海洋生物学、建築学、航空力学等々の関連する諸分野から専門的知見を集約して滑走路の位置・方向の選定が行われたが、この建設計画がとある地元漁民の素朴な疑問をきっかけに全面的に見直されたのだという。この漁民は、毎日のように建設予定地付近の海で漁をしていて、海上での風向や風力の一日における変化や季節による変化、突風の吹く時期・風向・風力などを肌で知っていた。そうした経験をもとに、漁民は、計画案にしたがう限り、付近に特有の突風が横風となって飛行機の離発着に作用するが、それでも大丈夫なのかと問うたのだという。詳しく調査してみると、漁民のいうことはそのとおりで、突風は実際に存在し、それは離発着の安全を脅かしかねないほどのものであった。かくして、滑走路の計画は全面的に見直されることになったという。筆者は、一市民の小さな声が大きな行政決定を抜本的に変えてしまう威力に興味を引かれた。また、市井の一般人の声をないがしろにせず尊重する姿勢にも共感を覚えた。そこには、一般の市民、大げさにいえば、人間への信頼の念がうかがわれた。

このような経験をきっかけにして、筆者は、パブリック・コメント制度の典型ともいうべき合衆国連邦行政手続法所定の行政立法手続の研究に分け入ることになった。当初、アメリカのようなパブリック・コメントの仕組みが、日本でこれほど早く法制化されるとは思っていなかった。ところが、1990年代以降、行政をめぐる一般的制度の法制化の進展には目を見張るものがあり、予想外に早く行政立法手続が法制化された。この過程で、筆者は、思いがけず、制度化に向けた事態の進展と歩調を合わせて研究を行うという醍醐味を味わうことができた。ある場合には、内外野で声をかけ、別の場合にはスタンドから声を出し、さらに別の場合には場外から声を送る作業を行った。本書は、このようにして筆者が上げてきた声の基礎になったものあるいはそれを下敷きにしたものが中心になっている。2006年4月からパブリック・コメント制度が法律上の仕組みとして動き出しているが、本書の公刊が、この制度の活用を促す一助になればと願い、あえて公刊に踏み切った次第である。

　本書が世に出るまでに、筆者は多くの方々から暖かいご支援を賜った。特に、塩野宏教授からは、指導を仰ぐことを引き受けていただいてから今日に至るまで、様々なご助言を頂いている。行政手続法検討会では、筆者の特異な議論に耳を傾けて下さった。また、本書が弘文堂の行政法研究双書として出版できたのも塩野先生のご配慮による。小早川光郎教授は、行政手続に関する科研費の研究会に誘って下さり、福岡県行政手続条例等の現地調査や1999年の閣議決定の意見提出手続に関する研究機会を提供して下さった。同様に、宇賀克也教授は、旧総務庁の「行政手続調査研究会」に誘って下さり、行政立法手続への関心を持続させてくれた。

　筆者が勤務する学習院大学法学部スタッフにも謝意を表したい。特に、高木光教授には、研究面、教育面で様々な刺激を頂いている。高木教授の豊かな発想力、深い洞察力、緻密な分析力、そのウィットと暖かい人間味には常々影響を受けている。

　本書の出版については、弘文堂編集部の高岡俊英氏に大変お世話になった。氏の極めて詳細に及ぶチェックがなければ、本書を世に問うことはできなかった。

　ここで、私事にわたることをお許し頂きたい。研究の道に入ってから本

書の出版にこぎ着けるまで、実に長い年月を要したが、この間、筆者を支えてくれた両親（亡き父、常岡唯夫、田舎で暮らす母、常岡 修（しゅう））に感謝し、本書を捧げたい。

　最後に、パブリック・コメントの仕組みを利用して市井の中に埋もれている叡智を求め、これを結集してより望ましい行政決定ができることを願ってやまない。

　　2006年10月

　　　　　　　　　　　　　　　　　　　　　　　　　　常　岡　孝　好

初出等一覧

　本書は、既発表論文を修正・加筆した上に書き下ろしを加えたものであるので、次のとおり、原論文名等を記することとする。

第1章　「行政手続の展開」
　　　　　法学セミナー608号25頁（日本評論社・2005年8月）

第2章　「行政立法手続の法制化」
　　　　　ジュリスト1304号47頁（有斐閣・2006年1月）

第3章　改正行政手続法
　　　　　書き下ろし

第4章　「行政立法手続の日米比較——試論・情報参加権」
　　　　　アメリカ法2005-1号44頁（日米法学会・2005年9月）

第5章　「行政立法制定における参加権(上)(下)」
　　　　　ジュリスト1284号102頁、1285号100頁（有斐閣・2005年2月、3月）

第6章　「パブリック・コメント制度に関する私的コメント」
　　　　　自治研究75巻4号44頁、6号78頁（第一法規・1999年4月、6月）

第7章　「パブリック・コメント制度と公益決定」
　　　　　公法研究64号187頁（有斐閣・2002年10月）

第8章　「パブリック・コメントと公衆参加
　　　　　——1981年モデル州行政手続法を素材として」
　　　　　成田頼明・園部逸夫・塩野宏・松本英昭編『行政の変容と公法の展望』所収318頁（有斐閣・1999年3月）

第9章　「Reg-Negの実験とアメリカ行政手続法の基層(一)(二)(三)(四)」
　　　　　自治研究69巻6号40頁、10号55頁、11号65頁、70巻1号62頁
　　　　　（第一法規・1993年6月、10月、11月、1994年1月）

第10章　「アメリカ合衆国における交渉による規則制定法（Negotiated Rulemaking Act）と今後」
　　　　　明治学院論叢法学研究第60号1頁（1996年2月）

第11章　「フォーマル、インフォーマルとデュー・プロセス
　　　　　——中川丈久著『行政手続と行政指導』」
　　　　　自治研究77巻12号118頁（第一法規・2001年11月）

目　次

はしがき

第1章　行政手続の展開 …………………………………… 1
　はじめに ………………………………………………………… 1
　第1節　行政手続の意義と種類 ………………………………… 5
　第2節　行政手続に関する従来の法状況 ……………………… 7
　第3節　1993年行政手続法 …………………………………… 11
　第4節　1993年行政手続法の規律構造 ……………………… 12
　　　1　行政処分手続　(12)
　　　2　行政指導手続　(18)
　第5節　2005年の改正法と行政立法手続 …………………… 19
　結びに代えて ………………………………………………… 25

第2章　行政立法手続の法制化 ………………………… 29
　はじめに ……………………………………………………… 29
　第1節　改正法成立に至る前史 ……………………………… 30
　　　1　1999年の閣議決定手続導入前　(30)
　　　2　1999年の閣議決定手続導入以降　(33)
　第2節　閣議決定手続の意義と問題点 ……………………… 35
　　　1　閣議決定手続の特徴　(35)
　　　2　閣議決定手続の問題点　(37)
　第3節　行政手続法検討会における審議 …………………… 40
　第4節　改正法の概要 ………………………………………… 42
　　　1　手続の対象　(42)
　　　2　行政立法制定手続が課される行政機関の範囲　(43)
　　　3　行政立法の一般原則　(43)
　　　4　意見公募手続等　(44)
　　　5　公示制度の創設　(47)

　　　　6　理由提示　*(47)*
　　　　7　適用除外　*(49)*
　第 5 節　改正法の特徴 ……………………………………………… *50*
　　　　1　行政立法手続の目的　*(50)*
　　　　2　行政立法手続の対象　*(51)*
　　　　3　意見提出資格者　*(57)*
　　　　4　意見提出手続における協議過程の密度　*(58)*
　結びに代えて――今後の課題 ………………………………………… *59*

第 3 章　改正行政手続法 ……………………………………… *62*

　はじめに ………………………………………………………………… *62*
　第 1 節　立法過程における議論 ……………………………………… *63*
　　　　1　衆議院総務委員会における審議　*(63)*
　　　　2　参議院総務委員会における審議　*(72)*
　第 2 節　「命令等」と適用除外 ……………………………………… *79*
　　　　1　適用除外に関する法律の定め　*(81)*
　　　　2　適用除外に関する政令の定め　*(96)*
　第 3 節　意見提出手続の運用 ……………………………………… *100*
　　　　1　意見提出手続の運用に係る行政管理局長通知　*(101)*
　　　　2　意見提出手続に係る事務要領　*(106)*
　結びに代えて ………………………………………………………… *109*

第 4 章　行政立法手続の日米比較――情報参加権 ……… *111*

　はじめに ……………………………………………………………… *111*
　第 1 節　行政立法概念 ……………………………………………… *112*
　第 2 節　1999年閣議決定前の行政立法手続 ……………………… *113*
　第 3 節　閣議決定のパブリック・コメント手続 ………………… *115*
　　　　1　閣議決定のパブリック・コメント手続の特徴　*(115)*
　　　　2　閣議決定のパブリック・コメント手続の問題点　*(116)*
　第 4 節　行政立法手続法制化の動き ……………………………… *117*
　第 5 節　アメリカ法との比較 ……………………………………… *119*
　　　　1　アメリカの行政立法制定手続　*(120)*

2　行政立法制定手続の日米比較　*(123)*
　第6節　行政立法制定における参加権 …………………………*128*
結びに代えて ……………………………………………………*130*

第5章　行政立法制定における参加権 …………………*136*
　はじめに ……………………………………………………………*136*
　第1節　パブリック・コメント制度運用上の特色 ………………*139*
　　　1　全体的傾向　*(139)*
　　　2　個別案件の紹介　*(141)*
　第2節　アメリカ合衆国の規則制定参加権 ……………………*143*
　第3節　参加権の提唱 ……………………………………………*147*
　　　1　行政機関の義務　*(147)*
　　　2　市民の参加権　*(148)*
　結びに代えて ……………………………………………………*160*

第6章　パブリック・コメント制度に関する私的コメント
　　　　　………………………………………………………………*163*
　はじめに ……………………………………………………………*163*
　第1節　全体構想
　　　　　――公衆参加手続としてのパブリック・コメント手続 ……*167*
　第2節　目的と対象 ………………………………………………*168*
　　　1　制度目的について　*(168)*
　　　2　対　象　*(171)*
　第3節　案の公表 …………………………………………………*180*
　　　1　公表時期、意見・情報募集期間　*(180)*
　　　2　公表方法　*(181)*
　　　3　公表資料　*(184)*
　第4節　意見・情報の提出 ………………………………………*188*
　　　1　意見・情報提出資格者　*(188)*
　　　2　口頭手続・公聴会　*(189)*
　第5節　行政立法の制定時期 ……………………………………*192*
　第6節　意見・情報の処理 ………………………………………*194*

            1　考慮責務　(194)
            2　意見・情報の処理方法　(197)
    結びに代えて ……………………………………………………………… 199

第7章　パブリック・コメント制度と公益決定 …………… 203
    はじめに——問題意識と対象の限定 ……………………………… 203
    第1節　公益確保の仕組みの実例 ……………………………… 204
            1　国のパブリック・コメント制度　(204)
            2　滋賀県の県民政策コメント制度　(207)
            3　福岡県行政手続条例10条の協議会制度　(210)
    第2節　比較法——分析の基礎 ………………………………… 212
            1　アメリカ合衆国の行政立法手続　(213)
            2　行政の意思決定過程に関する四つの理論　(215)
    第3節　分析枠組 ………………………………………………… 218
            1　手続参加者の範囲と特徴　(218)
            2　参加形態　(221)
            3　流通情報　(222)
            4　公益論　(223)
    第4節　日本法の分析 …………………………………………… 225
    結びに代えて ……………………………………………………………… 228

第8章　パブリック・コメントと公衆参加
        ——1981年モデル州行政手続法を素材として ………… 234
    はじめに ……………………………………………………………………… 234
    第1節　モデル法の概要 ………………………………………… 235
            1　規則素案に対する意見書提出　(236)
            2　案件一覧表　(237)
            3　規則案の公表　(238)
            4　公衆参加　(239)
            5　規則採択の時期と方法　(240)
            6　規則案と最終規則の乖離　(241)
            7　規則採択理由の説明　(242)
            8　規則制定の申請権　(242)

第2節　参加手続の意義 …………………………………………… *243*
　結びに代えて ……………………………………………………… *245*

第9章　Reg-Neg の実験とアメリカ行政手続法の基層 … 246

　はじめに …………………………………………………………… *246*
　　1　行政手続法の制定 …………………………………………… *246*
　　2　Reg-Neg 法の制定　(*248*)
　　3　本章のプラン　(*252*)
　第1節　薪ストーブと規則制定 ………………………………… *255*
　　1　薪ストーブと規制の必要性　(*255*)
　　2　規則制定に至る前史　(*257*)
　第2節　薪ストーブ性能基準策定過程 ………………………… *259*
　　1　協議会設立までの過程　(*259*)
　　2　協議会での交渉過程　(*266*)
　　3　交渉・協議後の過程　(*273*)
　第3節　協議会の手続と運営 …………………………………… *276*
　　1　手続の基本原則──コンセンサスに基づく決定　(*277*)
　　2　当事者の責務　(*277*)
　　3　協議会の当事者　(*278*)
　　4　協議会の機関　(*280*)
　　5　協議会の会議手続　(*280*)
　　6　ファシリテイタの任務　(*282*)
　結びに代えて ……………………………………………………… *282*
　　1　Reg-Neg の特徴と日本法への示唆　(*282*)
　　2　手続法制定の比較と今後の課題　(*288*)

第10章　交渉による規則制定法 (Negotiated Rulemaking Act)
　　　　　…………………………………………………………… *299*

　はじめに …………………………………………………………… *299*
　第1節　交渉による規則制定法の目的と特徴 ………………… *301*
　第2節　交渉による規則制定法の内容 ………………………… *303*
　　1　協議会方式採用決定 (563条)　(*304*)
　　2　協議会設置公告と協議会メンバーの追加申請 (564条)　(*305*)

x 目次

  3 協議会設置（565条）*(307)*
  4 協議会の活動（566条）*(308)*
  5 協議会の解散（567条）*(311)*
  6 役務や施設の提供と費用支弁（568条）*(311)*
  7 合衆国行政会議（ACUS）の役割（569条）*(312)*
  8 司法審査（570条）*(313)*
 第3節 交渉による規則制定のプロセス ……………………………*314*
  1 事前評価 *(315)*
  2 予備調査段階 *(316)*
  3 協議会設置段階 *(318)*
  4 交渉段階 *(319)*
  5 交渉後の段階 *(321)*
 第4節 交渉による規則制定をめぐる近時の動向 ………………*322*
 結びに代えて ……………………………………………………………*323*

第11章 補論 フォーマル、インフォーマルと
       デュー・プロセス
   書評――中川丈久著『行政手続と行政指導』〔有斐閣・2000〕
   ………………………………………………………………………*331*

はじめに ……………………………………………………………………*331*
第1節 同書の視座・分析道具 …………………………………………*332*
第2節 同書の具体的内容 ………………………………………………*334*
第3節 同書の特徴と先駆的意義 ………………………………………*341*
第4節 いくつかの論点 …………………………………………………*345*
結びに代えて ………………………………………………………………*352*

事項索引 ……………………………………………………………………巻末

第 1 章　行政手続の展開

はじめに

　インターネットのサイトとして、「電子政府の総合窓口[1)]」というページがある。ここは、様々な政府情報を入手したり検索したりするのにたいへん便利なページである。このページに2006年 4 月 1 日から、「パブリックコメント（意見公募手続等及びその他の意見募集）」というコーナーが新装新たに開設された。このコーナーには、「意見募集中の案件一覧はこちら」、「意見提出期間が終了した案件一覧はこちら」、「意見募集の結果一覧はこちら」というリンクが貼られており、これを辿ると、それぞれ、「パブリックコメント（意見募集中案件一覧）[2)]」、「パブリックコメント（意見募集終了案件一覧）[3)]」、「パブリックコメント（結果公示案件一覧）[4)]」というページが現れる。そして、それぞれのページは日々増殖を続けている。平日は、毎日のように、新しい案件が、「パブリックコメント（意見募集中案件一覧）」に加わっている。たとえば、2006年 8 月 1 日だけをとっても、 4 件の新しい案件が登録されている[5)]。これらは、いずれも 8 月末までに意見を提出するよう広

---

1)　http://www.e-gov.go.jp/
2)　http://search.e-gov.go.jp/servlet/Public
3)　http://search.e-gov.go.jp/servlet/Public?ANKEN_TYPE=2
4)　http://search.e-gov.go.jp/servlet/Public?ANKEN_TYPE=3
5)　2006年 8 月 1 日225006014「証券会社の行為規制等に関する内閣府令等の一部を改正する内閣府令（案）」の公表について
　　2006年 8 月 1 日300080002「電子登録債権法制に関する中間試案」に関する意見募集
　　2006年 8 月 1 日495060065「中小企業における労働力の確保及び良好な雇用の機会の創出のための雇用管理の改善に係る措置に関する基本的な指針の一部を改正する件（告示案）」についてのパブリックコメントの募集について
　　2006年 8 月 1 日670000002国際航海船舶及び国際港湾施設の保安の確保等に関する法律施行規則の一部改正に関するパブリックコメントの募集

く呼びかけている。

　こうした意見提出の呼びかけの具体例を見てみよう。2006年7月29日、文部科学省スポーツ・青少年局企画・体育課企画係は、「スポーツ振興基本計画の改定案に関するパブリックコメント（意見公募手続）の実施について」[6]と題して、意見公募要領を公示している[7]。それによると、「この度、文部科学省では、平成13年度からの10年計画である『スポーツ振興基本計画』について、5年後の見直しを行います。中央教育審議会スポーツ・青少年分科会の報告『見直しの方向性について』がまとめられたことを踏まえ、改定案を作成いたしました。つきましては、本件に関し、パブリック・コメント（意見公募手続）を実施いたしますので、御意見等がございましたら、下記の要領にて御提出ください」という[8]。

　この意見募集に関連して、意見募集の案件の詳細ページには、(1)意見公

---

6) なお、「スポーツ振興基本計画」は、スポーツ振興法4条1項に基づき文部科学大臣が策定するものである。これは、講学上の「行政計画」に相当するものといえる。ただ、スポーツ振興基本計画は、文部科学省告示として出されている（平成12年9月13日文部省告示第151号）。そこで、この基本計画が行政手続法2条8号イの「処分の要件を定める告示」に該当すれば、同法第6章の意見提出手続を行うべきことになり、今回実施されている意見提出手続はまさに行政手続法に基づくものといえる。しかし、スポーツ振興基本計画が「処分の要件を定める告示」に該当するのか、疑問もある。その場合、今回の意見提出手続は、行政手続法によって義務づけられたものではなく、文部科学省が任意に行っているものということになる。

7) http://search.e-gov.go.jp/servlet/Public?CLASSNAME=Pcm1030&btnDownload=yes&hdnSeqno=0000012502

8) そして、意見提出の要領は、次のようになっている。
　【2．意見の提出方法】
　　(1) 提出手段　郵送・FAX・電子メール
　　　（電話による意見の受付は致しかねますので、御了承ください）
　　(2) 提出期限　平成18年8月27日必着
　　(3) 宛先
　　住所：〒100-8959　東京都千代田区丸の内2-5-1
　　文部科学省スポーツ・青少年局企画・体育課企画係宛
　　FAX番号：03-6734-3790
　　電子メールアドレス：sports@mext.go.jp
　　（判別のため、件名は【スポーツ振興基本計画の改定案への意見】として下さい。以下省略）

9) http://search.e-gov.go.jp/servlet/Public?CLASSNAME=Pcm1010&BID=185000217&OBJCD=&GROUP=

募要領（提出先を含む）、命令等の案として、①意見公募要領、②スポーツ振興基本計画の改定案、(2)関連資料、その他、として、①スポーツ振興基本計画のポイント、②スポーツ振興基本計画の見直しの方向性について、③進捗状況、④検討経過、⑤中央教育審議会スポーツ・青少年分科会委員名簿（第3期）、⑥スポーツ振興小委員会委員名簿が掲載されている。このうち、「スポーツ振興基本計画の改定案」は、2色刷で作成されており、今回改訂される部分がどの部分か分かりやすいように赤字で強調されている。また、今回の改訂のポイントを1枚の用紙にまとめた「スポーツ振興基本計画のポイント」が併せて掲載されていることも目を引く。この「スポーツ振興基本計画のポイント」は、政策目標として、今回新規に追加されるものが何か、そして、この新規の目標を達成するために行われる新規の施策は何かをイラスト入りで簡潔に分かりやすく説明している。こうした工夫が施された意見募集は、広く一般の目を引き、意見提出を刺激するのではないか。

　ところで、意見提出期間が終了したらどうなるのか。このとき、案件は、「パブリックコメント（意見募集終了案件一覧）」に移される。たとえば、2006年5月26日から7月21日まで実施された「案件番号145200641」の「現行行政不服審査制度の改善等についての意見・要望の募集」については、その「意見募集終了案件詳細」ページに、意見募集時の画面が現れ、そこに、赤字で、「※　これらについては、すでに意見募集は終了していますので、意見・情報の提出はできません。」とある。

　それでは、意見提出期間が終了した後、提出された意見の処理や、最終的な行政機関の意思決定はどうなるのか。2006年3月31日に国土交通省が行った「指定確認検査機関の処分の基準（案）、建築基準適合判定資格者の処分の基準（案）及び登録住宅性能評価機関の処分の基準（案）に関する意見の募集について」という案件について見てみよう。本件のパブリック・コメント手続について、同省は、5月15日に結果を公示し、同月19日に基準を公布した。3月31日に公表された原案「指定確認検査機関の処分

---

10)　http://search.e-gov.go.jp/servlet/Public?ANKEN_TYPE=2&CLASSNAME=Pcm1060&BID=145200641&OBJCD=&GROUP=

の基準（案）」は、その趣旨として、本基準は国土交通大臣が建築基準法第77条の30または第77条の35第2項の規定に基づく処分（以下「処分」という）を行う場合の統一的な基準を定めることにより、国土交通大臣が指定する指定確認検査機関の行う確認検査の業務に係る不正行為等に厳正に対処し、もって確認検査の業務の公正かつ適確な実施を確保することを目的とする、と述べていた。これに対して、比較的多くの意見が出された[11]。たとえば、次のような提言が出された。すなわち、「建築行政の不備により個人に対し多大なる被害を生んだ事が契機であることから、国はその責任を明確にし、その反省と同様な被害を将来に亘り起こさないと言う決意を明示すべき」で、「『目的』に、『平成17年11月以降発覚した構造計算書偽装問題が国の建築制度の不備によるものであるとの反省に基づき、』を追記」すべきであるという[12]。この意見に対して、国土交通省は、「本処分基準については、今回の耐震偽装問題のためだけに制定するのではなく、今後発生する事案も含め、指定確認検査機関に対する処分一般を適正に行うためのものであること、また、確認検査業務の公正かつ的確な実施を確保することを目的としていることを明記しており、同様の事案のほか不正行為等の発生の防止を意図しているものです。」と「考え方」を公表し、したがって「原案のとおりとします」と応じている。提出された84件の意見は、整理・要約され、それぞれについて、国土交通省は前記のような「考え方」を示している。その中には、提出意見を受けて、原案について若干の細かい修正を行うとしているものもある。このように、本件の処分基準の改定に関するパブリック・コメントでは、耐震偽装問題に対する関心の強さも手伝ったのか、比較的多くの意見が寄せられ、行政機関側は、これ

---

11) ただし、提出意見がまったくなかったという例もある。たとえば、2006年5月2日に公示され、6月2日に締め切られた「学校保健法施行規則の一部を改正する省令案に関するパブリックコメント（意見公募手続）の実施について」では、提出意見がまったくなく、6月9日、その旨の公示がなされるとともに、原案通りの改正省令が公布されている。http://search.e-gov.go.jp/servlet/Public?ANKEN_TYPE=3&CLASSNAME=Pcm1040&btnDownload=yes&hdnSeqno=0000010983

12) http://search.e-gov.go.jp/servlet/Public?ANKEN_TYPE=3&CLASSNAME=Pcm1040&btnDownload=yes&hdnSeqno=0000010462

に対して丁寧に応答している。もっとも、意見提出を受けて大きな修正が行われたわけでは必ずしもない。

さて、以上のように行政立法等の制定について、一定の手続が制度化されている。すなわち、原案公表、1か月以上の期間における意見の提出、提出された意見の考慮、原案が修正される可能性、最終的意思決定、「考え方」の提示などの結果の公表という制度である。以下、こうした手続をパブリック・コメント手続、または「意見提出手続」と呼ぶことにする。

このパブリック・コメント手続の根拠は何であろうか。直接的には、2005年6月29日に公布され、2006年4月1日から施行されている「行政手続法の一部を改正する法律（平成17年法律第73号）」（以下、「改正法」という。また、1993年制定時の行政手続法を「手続法」という。改正法によって改正を受けた手続法の全体を「新法」という）を根拠とするものである。手続法は、元来、意見提出手続を組み入れていなかったが、2005年の改正法がこれを初めて導入した。ともあれ、意見提出手続は、行政手続法の中に定められている制度であるが、そもそも行政手続とは何であろうか。具体的にどのような手続があるのか。そして、それらは、いったい何のためにあるのか。本章では、1993年の手続法が定める仕組みを概観し、各種行政手続の具体的内容や行政手続の趣旨・目的について確認したい。その上で、2005年改正法が導入した意見提出手続の概要と特徴を明らかにしたい。

第1節　行政手続の意義と種類

（1）　行政機関は、公益を確保するため、あるいは私人の権利利益に資することを目的として多様な行政活動を行っている。建築確認、指定確認機関の指定等の各種の許認可、生活保護や児童扶養手当等の各種の給付、政令や府省令の制定、審査基準、処分基準等の制定、各種計画の策定、公共契約等の行政上の契約締結、事業者への助言や指導、義務の履行を確保するための措置、サンクション、情報収集活動等々である。行政機関はこれらの行政活動について、いきなり最終決定を打ち出しこれを即座に実行に移すわけではない。最終決定に先立ち、行政機関内におけるプロセスま

たは行政機関と外部との関係におけるプロセスがあり、このプロセスにおいて行われる手順がある。

こうした行政活動の手順のうち、事前手続のことを「行政手続」と呼んでいる。ここで、事前手続とは、行政機関が国民に対して働きかける各種の行政活動の際の手続のことである。具体的には、行政処分や行政指導等を行う際の手続である。事前手続と対比されるのが事後手続である。これは、行政活動の結果下された行政の意思決定に対して申し立てられた不服や苦情について判断するための手続である。不服申立手続は、行政過程におけるもの（行政不服審査法上の不服申立など）と、司法過程におけるもの（行政事件訴訟等の裁判手続）とがある。[13]

（2）　事前手続の意味での行政手続は、いくつかの観点からこれを分類することができる。行政法学では、行政の諸活動をいくつかに類型化してそれぞれの法的性質や法的問題点を考察するアプローチをとることが多い[14]。これら類型化されたものを行為形式と呼ぶことがある。行政の行為形式として、行政立法、行政処分、行政指導、行政契約、行政計画等がある。そして、これら各種の行為形式に応じて行政手続を観念することができる。つまり、行政立法手続、行政処分手続、行政指導手続等々である。その他、義務履行確保手続、行政調査手続もある。

次に、手続の内容・要素もしくは機能の点から、行政手続を類型化することができる。①決定の際依拠すべき基準の定立、②決定に係る資料や情報の事前提供ないし決定予定の通知、③意見陳述の機会の提供、④決定理由・趣旨の提示、⑤その他である。ここに意見陳述の機会といっても、その態様は様々である。口頭による意見陳述機会もあれば、文書によるもの

---

13)　厳密にいうと、不服申立または行政事件訴訟の中にも事前救済の仕組みがある。たとえば、行政事件訴訟法 3 条 6 項の義務づけ訴訟にあっては、行政庁が行政処分を下す前に裁判所が適正な処分を命ずることがある。また、同条 7 項の差し止め訴訟にあっても、行政庁が処分を下す前に裁判所が関与して救済を図るものである。

14)　教科書の多くはこうした発想を取り入れている。参照、塩野宏『行政法Ⅰ（第 4 版）』84 頁以下（有斐閣・2005）、原田尚彦『行政法要論全訂第 6 版』111 頁以下（学陽書房・2005）、藤田宙靖『第 4 版行政法Ⅰ（総論）【改訂版】』181 頁以下（青林書院・2005）、宇賀克也『行政法概説Ⅰ行政法総論（第 2 版）』237 頁以下（有斐閣・2006）等。

もある。口頭による場合でも、公開のものと非公開のものとがある。また、意見陳述の資格者が少数特定の者に限定されているもの、それが相当多数の者に保障されているものなどがある。さらに、口頭による公開の意見陳述手続の主宰者が決定権限を持つ行政庁から組織的に独立した公平中立的な者である場合とそうでない場合とがある。証拠、資料、文書の閲覧ないし開示請求が認められる場合とそうでない場合とがある。

　また、行政手続は、その目的の観点から大きく二つに分類できる[15]。一つは、利害関係を有する者の権利利益を保護するための行政手続であり、他の一つは、多数の利害関係者間で合意を形成したり多種多様な利害を調整したりするための行政手続である。後者は、公衆参加の手続と言い換えることもできよう。具体の行政手続が、両者のいずれかに截然と分類できるわけでは必ずしもなく、両方の要素を兼ね備えている場合もある[16]。

第2節　行政手続に関する従来の法状況

（1）　1993年、行政手続法（＝「手続法」）が制定され、行政の事前手続について統一的な規律が定まった[17]。手続法が制定される以前、行政手続について定めた法令の規定がなかったわけではない。第2次世界大戦後、アメリカ法の影響を受けて個別法の中に告知・聴聞に関する規定がかなり置かれていた。しかし、それらの規定は不統一であり、必ずしも満足のゆく

---

15)　南博方・高橋滋編『注釈行政手続法』9頁以下（第一法規・2000）は、行政手続に関する法の目的や機能として次の5つの項目を挙げている。(1)国民の行政参加機能、(2)行政の透明性の向上、(3)行政の公正の確保、(4)国民の権利利益の保護、(5)行政の簡素化、迅速化等の副次的効果である。

16)　藤田前掲注14)書148頁以下は、行政の事前手続には3種類あるという。第1に、個人の権利保護からする手続、第2に、広く情報収集したり、民主主義の要請に応える手続、第3に、両者の中間形態である。

17)　行政手続法については、多くの体系書・研究書がある。宇賀克也『行政手続法の解説（第5次改訂版）』（学陽書房・2005）、塩野宏・高木光『条解行政手続法』（弘文堂・2000）、高橋滋『行政手続法』（ぎょうせい・1996）、南・高橋編前掲注15)書、室井力・芝池義一・浜川清編『コンメンタール行政法Ⅰ行政手続法・行政不服審査法』（日本評論社・1997）、小早川光郎編『行政手続法逐条研究』（有斐閣・1996）等参照。

内容ではなかった。また、一般に、行政処分の際依るべき基準の設定や理由提示について定める条文は多くはなかった。

（２）　そこで、学説においては、憲法を根拠にして行政手続を基礎づける見解が主張された。31条説は、憲法31条の適正手続の法理が行政手続にも適用ないし準用され、告知や聴聞等が必要であるという。13条説は、基本的人権の総則規定である13条は行政過程において基本権を尊重すべきことを命じているがそれは単に実体的権利の尊重のみを意味せず、手続面での尊重を含んでいるという。手続的法治国説は、日本国憲法は法治主義を採用しており、法治主義は単に実体的な基本権の保護だけではなく、手続的な保護も意図しているという。その他、憲法13条と31条の併用説などがある。

　これらの学説は、それぞれ評価すべき点がある。しかし、問題点も孕んでいる。まず、31条説について。31条は、「その他の刑罰を科せられない」と定めていることや、32条以下に対する総則規定と見るべきことから、31条は基本的に刑事手続を念頭に置いた条文であるが、そうであるとすれば、31条が適用または準用される行政活動は刑事手続に準ずるものに限られる可能性があり、これでは多種多様な行政活動の一部しかカバーできないという難点がある。次に、13条説については、憲法13条は直接手続に言及していないし、憲法13条は抽象的な規定で、これによって手続権を根拠づけることには若干の無理があるといわれている。また、手続的法治国説については、法治主義の諸原則は実体的側面に限らず手続的側面にも及ぶとしても、それはあくまで統治の原則でしかなく、そこから手続権を根拠づけることは困難ではないかと批判されている。

---

18)　憲法と行政手続については、高橋前掲注17）書12頁以下、松井茂記・高橋滋「行政手続――憲法との対話」宇賀克也・大橋洋一・高橋滋編『対話で学ぶ行政法』111頁以下（有斐閣・2003）、松井茂記「憲法と行政手続」公法研究56号186頁（1994）等参照。

19)　杉村敏正・兼子仁『行政手続・行政争訟法』84頁以下（杉村敏正執筆）（筑摩書房・1973）、樋口陽一・佐藤幸治・中村睦男・浦部法穂『注釈日本国憲法上巻』306頁（佐藤幸治執筆）（青林書院・1984）。

20)　たとえば、塩野前掲注14）書249頁。

21)　松井・高橋前掲注18）論文117頁（松井発言）参照。また、藤田前掲注14）書144頁後注(6)も参照。

判例は、31条説に理解を示している。すなわち、成田空港工作物使用禁止命令取消請求事件の最高裁判決（最判平成4年7月1日民集46巻5号437頁）は、「憲法31条の定める法定手続の保障は、直接には刑事手続に関するものであるが、行政手続については、それが刑事手続ではないとの理由のみで、そのすべてが当然に同条による保障の枠外にあると判断することは相当ではない」と述べ、一定類型の行政手続において憲法31条の保障が及ぶ余地を認めている。ただし、当該事件においては、使用禁止「命令により達成しようとする公益の内容、程度、緊急性等は、前記のとおり、新空港の設置、管理等の安全という国家的、社会経済的、公益的、人道的見地からその確保が極めて強く要請されているものであって、高度かつ緊急の必要性を有するものであることなどを総合較量すれば、右命令をするに当たり、その相手方に対し事前に告知、弁解、防御の機会を与える旨の規定がなくても、本法3条1項が憲法31条の法意に反するものということはできない」として、告知・弁解の機会の提供は不要であるとした。

なお、前述の31条説、13条説、手続的法治国説、併用説等の対立は、類型的にいえば、行政決定の相手方の個人的権利利益を保護するための行政手続を念頭に置いた見解の対立であった。そこでは、多数の利害関係に関わる行政決定の手続的規律の問題は等閑視されていたといえよう。行政立法の制定手続など多種多様な利害を調整するための行政手続または多種多様な利害間で合意を形成するための行政手続においては、むしろ民主主義原理や国民主権原理も基礎になる。

（3）　判例法は、憲法に基づいて行政手続を要求することについて必ずしも積極的ではなかったといえるが、個別の法令が定める手続規定の解釈において注目すべき判断を示した判決がいくつかある。以下、審査基準の設定、意見陳述の機会の保障、理由提示に関し注目すべき代表的判例を紹介しよう。

個人タクシー事件最高裁判決（最判昭和46年10月28日民集25巻7号1037頁）は、多数の申請者の中から少数特定の者を選択して免許を付与する場合、公正な手続をとる必要があり、法令が抽象的な免許基準しか定めていない場合、内部的にせよ法令の免許基準の趣旨を具体化した審査基準を設定した上、

これを公正かつ合理的に適用すべきである、と判示している。内部的な審査基準策定義務を命じたものである。本判決によれば、審査基準は必ずしも公表する必要はない。

同判決はまた、審査基準の内容が微妙で複雑な事実認定を要する場合、基準適用に関し必要とされる事項について申請人に主張と証拠提出の機会を与えなければならないと述べた。行政庁が申請に対する処分を行う際、一定の場合、申請人に主張・立証の機会を保障すべきことを明らかにしたものである。

一般旅券発給拒否処分取消請求事件最高裁判決（最判昭和60年1月22日民集39巻1号1頁）は、旅券法の理由付記規定の解釈について先進的な判断を示した。すなわち旅券法が定める理由付記の趣旨について①旅券発給拒否事由の有無の判断についての行政庁の判断の慎重と公正妥当を確保すること、②拒否の理由を申請者に知らせて不服申立に便宜を与えること、の2点を指摘した。そして、理由付記の程度について、いかなる事実関係に基づきいかなる法規を適用して拒否されたのかを記載自体から了知できる程度のものでなければならないという。拒否理由として根拠規定を示すだけでは、原則として不十分である。

こうした先進的な判例も見られたものの、それはあくまでも行政手続に関する法令の規定が存在する場合に限られた。このことを示す典型的な判例を紹介しよう。青色申告に係る更正処分については法令が理由付記を要求しているが、白色申告に係る更正処分については法令上理由付記の要求はない。最高裁は、青色申告に係る更正処分の理由付記の瑕疵は取消原因になるとしながら、白色申告に係る更正処分については理由付記を要求しなかった（最判昭和43年9月17日訟月15巻6号714頁）。かくして、行政手続に関する定めが法令上置かれていない場合、裁判所が行政活動に手続要件を課すことはほとんど期待できなかった。このように判例法の展開によって手続法理を形成することに期待できなかったことから、立法による行政手続の整備が強く望まれた。

第 3 節　1993年行政手続法

　1993年、規制緩和の流れの中で、手続法が制定された[22]。同法は、行政運営における公正の確保と透明性の向上を図ることを通して、国民の権利利益の保護に資することを目的としている[23]。手続法は、実定法上初めて「透明性」の向上という文言を使用した。透明性とは、「行政上の意思決定について、その内容及び過程が国民にとって明らかであること」をいうとしている。このように透明性の向上が叫ばれた一つの理由は、従来ともすれば不透明な行政運営が多かったことを物語っている。たとえば、許認可の審査に当たり、即座に審査に着手しなかったり、申請を不受理にしたり、また申請を返戻したりすることが間々見られた。この過程で行政指導を行い、法定外の様々な要請を申請者に対して行うことがあった。また、そもそも許認可の際の審査の基準が漠然としていて、具体的にどのような要件を満たせば許認可を確実に受けることができるのか不明確なこともあった。そこで、こうした不透明な状態を是正するため本法は細かな手続的要件を定めている。たとえば、申請が事務所に到達したら、遅滞なく審査を開始しなければならない（7条）。従来のように、申請について受理行為を介在させて、不受理処分を行うことはできなくなった。また、行政庁は申請処理に関連する審査基準を制定しなければならず、通常、これを窓口配布等ができるようにしておかなければならない（5条）。これによって、具体

---

[22]　高橋前掲注17) 書81頁は、透明性の向上という基本目標は、行政改革における規制緩和の流れと密接に結びつけられていたという。ただ、規制緩和は、行政手続の透明性と論理的に結びつくものではないとの指摘がある。南・高橋編前掲注15) 書44-45頁（鈴木庸夫執筆）。規制緩和は、行政の関与をなるべく少なくすることを目指すといえるが、行政手続を慎重なものにして関係者の意向を十分に踏まえて行うようにすると、不要・不適切な行政の関与が減るかもしれない。規制緩和と行政手続の関係については、塩野宏『法治主義の諸相』97頁（有斐閣・2001）も参照。

[23]　白岩俊「行政手続法施行後10年の現場の体験から」ジュリスト1304号4頁以下（2006）は、約40年にわたる行政手続法制定までの道のりを振り返り、手続法には、「適正な行政運営への基準の確立」、「(司法手続に相当するような) 手続法の統一的な体系の整備」が期待されていたという。

にどのような要件を満たせば申請が認められるのか、外から見て分かりやすくなったといえよう。

　手続法は、究極目的として国民の権利利益の保護を謳っている。このことは、後に見るように手続法の規律対象が行政処分や行政指導等という国民の権利利益に直接関わる行為に限定されていることと大いに関係している。まさに、手続法は行政処分や行政指導において名宛人、相手方など直接の利害関係者の権利利益の防御のための手続、すなわち防御権行使手続を中心に定めているのである。したがって、手続法は、公衆参加を目的としたものではない。あるいは民主主義的参加を意図した手続を定めているわけではない。

第4節　1993年行政手続法の規律構造

　手続法は、行政の行為形式のうち行政処分と行政指導について手続規律を定めるのみであった[24]。以下、行政処分手続、行政指導手続の順に、手続保護の細部がどのようになっているのか、分析してみよう。その際、前述の①決定の際依拠すべき基準の定立、②決定に係る資料や情報の事前提供ないし決定予定の通知、③意見陳述の機会の提供、④決定理由・趣旨の提示、⑤その他という手続の種別に即して検討することにする[25]。

1　行政処分手続

　手続法は、行政処分を大きく二つに分けて、それぞれについて別個の手続を定めている。第1に、申請に対する処分の手続、第2に、不利益処分の手続である。前者は、各種許認可の申請に対する応答処分（許可処分、不許可処分等）、あるいは社会保障関係の各種給付申請に対する処分（給付決定等）など、法令に基づき何らかの利益を付与する処分を行うための手続である。後者は、許認可を取消したり撤回したりする処分、役員の解任を命

---

[24]　その他、届出について1条だけ条文を置いている。
[25]　藤田前掲注14)書155頁は、手続の迅速化という要素も手続的保護の内容であるとしている。

ずる処分など、特定の者を名宛人として、行政庁が直接これに義務を課しまたは権利を制限剝奪する処分を行うための手続である。以下、これら2種類の手続の細部がどのようになっているかを詳しく見てみよう。

（1） 申請に対する処分手続

① 行政庁は申請を処理するため依拠する具体的な基準（＝審査基準）を予め定めておくことになっている（5条）。審査基準は、原則として、申請者等が閲覧できるよう窓口備付けなどにより公にされていなければならず、行政機関内部でしか利用できないものであってはならない。審査基準が設定されていると、その内容が合理的である限り、特段の事情がなければ、行政庁はこれに依拠して処分を下すことになるから、処分結果にばらつきが生ずることは少ない。ここから、処分が公平に下されることが期待できる。また、通例、審査基準にしたがった処分が下されるため、申請者は処分の見込みや処分内容について事前にある程度予測することが可能になる。このように審査基準は公平性と予測可能性を高める働きがある。

② 申請に対する処分手続においては、手続は私人のイニシアティブすなわち申請によって開始される。行政機関が手続の開始時に処分の意向を通知することはない。もっとも、申請者が申請に必要な情報を提供するよう求めたとき、行政庁はこうした情報の提供に努めることになっている（9条2項）。ただ、これはあくまでも努力義務である。

③ 申請者には極めて限定的ながら意見陳述の機会が保障されている。申請自体が、許認可等を求める行為であるが、申請もしくは申請書を通して申請者自身の持つ情報や意向を伝達することができる。手続法上は、口頭意見陳述まで保障されていない。申請拒否決定のように申請者が事実上大きな痛手を受ける場合もそうである。行政庁による申請処理の途上において、申請者は行政庁に必要情報の提供を求めることができる（9条1項）。しかし、行政庁はこれに応ずる法的義務はなく、必要情報の提供に努めればそれで足りる。申請者に申請に係る必要情報についての開示請求権ないし閲覧請求権はないことになる。[26]

以上は、申請者の権利利益の保護を意図した手続的仕組みである。これに加えて、手続法は、申請に係る第三者の手続的保護に資する規定を置い

ている。10条がそれで、申請者以外の第三者の利益が法令上申請処理の考慮要素になっているとき、当該第三者の意見を聴取するため公聴会等の適切な機会を設ける努力義務を行政庁に課している。自己の利益が法令上許認可の考慮要素になっている第三者は、このような公聴会等の手続が行われればその中で自己の利益の保護を主張することができる。しかし、こうした機会が設けられるかどうかは、行政庁の裁量に任されている。

④　理由提示について。申請拒否処分を行うとき、行政庁は原則として理由を提示しなければならない。当然、この理由は具体的で明確であることが必要である。周知のように、理由提示には、行政庁の恣意を抑制して公正な判断を確保する機能と、不服申立に便宜を与える機能がある。これは、前述の一般旅券発給拒否処分取消請求事件最高裁判決が明らかにしているとおりである。

⑤　その他、手続法は、申請が事務所に到達したとき遅滞なく審査を開始すべき法的義務を定め、また、申請が事務所に到達してから最終的に処分を下すまでに通常要する標準的な期間（＝「標準処理期間」）を定める努力義務を課している。これらの仕組みはいずれも透明性を高め、かつまた手続の迅速化を図る装置といえよう。

（2）　不利益処分手続

不利益処分について、手続法は2種類の手続を定めている。一つは、聴聞であり、他の一つは、弁明の機会の付与である。以下では、前者を聴聞手続、後者を弁明手続と呼ぶことにする。両者とも、基本的には、1．処分基準の設定、2．通知、3．意見陳述手続、4．理由提示等というプロセスを経て処分が下される。このうち両者の間で大きく異なるのが3．の意見陳述の段階である。聴聞手続は、意見陳述段階が手厚い手続内容となっているが、弁明手続はより簡略な手続となっている。聴聞手続、弁明手続の双方において、処分基準の設定と理由提示は共通である。

---

26)　もっとも、申請者は情報公開制度を利用して申請に係る必要情報の開示を請求することができる。また、審査基準は、通常、公にされるので（5条3項）、申請者はこれを閲覧等することができよう。

㈦　聴聞手続

①　行政庁は、不利益処分をするかどうかするとしてどのような処分をするかについて判断するため根拠法令の定めをより具体化した基準（＝処分基準）を定め、これを公にしておくべき努力義務を負っている（12条1項）。処分基準の機能は、審査基準と同様、処分の公平性の確保と予測可能性を高めることである。処分基準ができる限り具体的なものでなければならないことは言うまでもない（12条2項）。注意すべきは、処分基準の設定はあくまでも行政庁の努力義務であることである。

②　聴聞手続を開始するに当たり、行政庁は、処分の名宛人に対し、予定される不利益処分の内容や根拠法条、原因事実、聴聞の期日および場所等を予め通知しなければならない（15条1項）。通知は、聴聞期日との間に相当な期間を置いて行わなければならない。通知は、憲法31条の適正手続に関して問題となる告知に相当するものである。この通知においては、聴聞期日において意見陳述ができること、証拠書類等を提出できること、証拠資料の閲覧請求ができることを教示することになっている（同2項）。

③　聴聞手続は、意見陳述に関し相当手厚い仕組みを用意している。ⓐ聴聞手続の主宰者について中立性・公平性を確保するため、除斥制度を置いており、聴聞当事者の親族等一定の者は聴聞主宰者となることができない（19条2項）[27]。ⓑ聴聞手続は基本的に口頭手続である（20条2項）。つまり当事者には口頭による意見陳述権が保障されている[28]。ⓒ同時に、当事者は、証拠書類等の提出権が保障されている（20条2項）。ⓓ聴聞期日の審理手続は、原則として非公開である（20条6項）[29]。ⓔ当事者には代理人選任権が認められている（16条1項）。ⓕまた、当事者には文書閲覧請求権（＝証拠開示請求権）が認められている[30]。すなわち、当事者は聴聞通知を受けてから聴聞手続が終結するまでの間、不利益処分の原因となる事実を証する文書・

---

27)　ただ、聴聞主宰者は、行政庁が指名する職員が当たることがあり、その場合、中立性の点で問題がないわけではない。
28)　当事者は、口頭による意見陳述に代えて、陳述書を提出することもできる（21条1項）。
29)　ただし、行政庁が公開することを相当と認めたときは別である。
30)　藤田前掲注14）書154頁は、私人の立場を実質的に対等なものとさせるための制度であると位置づけている。代理人選任権についても同様の意義を持つという。

資料の閲覧を請求することができ、正当な理由がない限り、行政庁は文書・資料の閲覧を認めなければならない（18条1項）。ⓖ聴聞期日における審理手続は基本的に職権主義的である（参照、20条）。聴聞期日の冒頭、聴聞主宰者は、行政庁の職員に不利益処分の内容、根拠法条、原因事実を説明させる。主宰者は、必要と認めるとき当事者に質問することができる。また、当事者に意見陳述や証拠書類等の提出を促すことができる。さらに、主宰者は行政庁の職員に説明を求めることができる。当事者が行政庁の職員に対し質問しようとするとき、主宰者の許可が必要である。ここで、一定の制約はあるものの、当事者には、相手方である行政庁の職員に対して質問権があることに注意したい。ⓗ手続法は、聴聞における証人申請や証人尋問について定めていない。ⓘ主宰者は、審理が行われた聴聞期日ごとに審理の経過を記載した聴聞調書を作成することになっている（24条1項）。また主宰者は、聴聞調書とともに、報告書を作成することになっている（同3項）。報告書は、不利益処分の原因となる事実に対する当事者の主張に理由があるかどうかについての見解を記載するものである。

　手続法は、名宛人だけではなく、当該不利益処分の根拠法令に照らして当該不利益処分について利害関係を有する第三者（＝関係人）の保護をも視野に入れている。関係人は、参加人として聴聞手続に参加することができる（17条1項）。参加人は代理人選任権を有する（31条・16条）。聴聞期日において参加人は手続上当事者と同等の地位に立つ。すなわち、意見陳述権や証拠書類等提出権があり、主宰者の許可を得て行政庁の職員に質問することができる（20条2項）。聴聞期日への出頭に代えて陳述書および証拠書類の提出を行うこともできる（21条1項）。文書閲覧請求権はすべての参加人に認められているわけではなく、参加人のうち、当該不利益処分がされた場合に自己の利益を害されることとなる参加人、つまり当該不利益処分の名宛人と同列の参加人のみに証拠開示請求権が認められている（18条1項）。したがって、不利益処分が自己にむしろ利益になる参加人には証拠開示請求権はない。これは手続法が権利利益の侵害を受ける者の防御を目的とする法律だからである。

　ともあれ、聴聞手続における②の通知と③の意見陳述の仕組みは、適正

手続の基本と考えられている「告知」と「聴聞」に相当するもので、両者が一体となって不利益処分の相手方の権利利益を保護することを目的とするものである。つまり両者は防御権確保のための仕組みといえよう。この点は、後に見る弁明手続の場合でも同じである。

④　行政庁は不利益処分をする場合、不利益処分の名宛人に対し当該不利益処分の理由を提示する必要がある（14条1項）。ただし、理由を示さないで処分をすべき差し迫った事情がある場合は別である。ここでも、提示される理由は処分の性質に照らしてできる限り具体的で明確であることが必要である。不利益処分についての理由提示の趣旨は、申請に対する処分に係る理由提示のそれと同じである。すなわち、公正確保機能、および不服申立便宜機能を持つ。

⑤　聴聞手続における事実認定を重視するため、手続法は、行政庁が不利益処分の決定を下す際、聴聞調書と報告書の内容を十分に参酌してこれをしなければならないと定めている（26条）。聴聞手続を行いながら、行政庁が聴聞手続で確認された事項をまったく無視して最終的な不利益処分をできるのだとすれば、何のために聴聞手続を行ったのかわからない。ただし、法文上は、「十分に参酌」して不利益処分の決定をすべきであるというだけなので、聴聞調書や報告書を十分参酌しつつも、聴聞外で収集した証拠や資料等を根拠にして不利益処分の最終決定を下すことが許されるかどうかについて争いがある。

(イ)　弁明手続

①　処分基準の設定については、聴聞手続におけるのと同じである。

②　弁明手続の通知は、主要部分において聴聞手続の通知と酷似している。ただ、教示の仕組みは法定されていない。

③　弁明手続における意見陳述の仕組みは、聴聞手続におけるそれと比較して相当簡略である。ⓐ弁明手続の主宰者について除斥制度は置かれていない。そもそも弁明手続には主宰者の観念が明定されていない。ⓑ弁明手続は、基本的に弁明書提出という書面手続である（29条1項）[31]。ⓒ当事者

---

31)　ただし、行政庁が認めたときは口頭手続も可能である。

には、証拠書類等提出権が保障されている（29条2項）。ⓓ口頭による弁明手続が公開で行われるかどうかについて定めは置かれていない。ⓔ当事者には代理人選任権が認められている（31条・16条）。ⓕ当事者には証拠開示請求権が認められていない。この点が聴聞手続と大きく違う点である。ⓖ弁明手続は弁明書や証拠書類等の提出を受けた行政庁がこれを検討して最終判断を下す手続である。それは職権主義的手続といえる。ⓗ手続法は、弁明手続において証人申請や証人尋問を認めていない。ⓘ聴聞手続のように調書や報告書が作成されることは予定されていない。

弁明手続においては、参加人に関する17条の規定が準用されておらず、第三者が参加人として弁明手続に参加することは保障されていない。

④　弁明手続における理由提示は、聴聞手続におけるのと同様である。

⑤　手続法は、行政庁は弁明書を考慮もしくは参酌して最終処分を下すべきであると明文で要求しているわけではない。しかし、弁明手続を設ける以上、提出された弁明書を十分斟酌して最終処分の決定を行うべきことは当然であろう。

2　行政指導手続

手続法は、行政指導についていくつかの条文を定めているが、このように行政手続法が行政指導について特に規定を設けることは、比較法的に珍しいことである。手続法が行政指導について定めているのは、日本の行政実務で行政指導が多用されてきたこと、そしてその過程が不透明であり、行政指導の名の下に法律に基づかない要求がなされることが少なくなかったことなどに起因している。

手続法は、行政指導の実体問題について定めを置くとともに、広い意味[32]

---

[32] 行政指導に関する手続法の規定で特異なものは、行政指導の実体問題に関して規定が置かれていることである。32条1項は、所掌事務を逸脱してはならないという行政指導の組織法的限界に言及している。同条同項及び同条2項は、行政指導が任意の協力の下に行われるもので相手方に義務を課すものではないことを注意している。33条は、申請の取り下げ、申請内容の変更を求める行政指導においては申請者が行政指導に対して不服従の意思を表明したとき、原則としてそれ以上行政指導を継続してはならないと定めている。

での手続について定めている。これらを行政処分におけるのと同様の類型の下で論じてみよう。

① 手続法36条は、同一の行政目的のため一定条件の複数の者に行政指導を行おうとするとき、予め、これらの行政指導に共通して内容となるべき事項を定めなければならないとしている。これは、行政指導指針と呼ばれるもので、開発指導要綱などが典型例である。この指針は、不公平な行政指導をなくしたり、また相手方の予測可能性を担保したりするのに役立つ。

② 行政指導を行う際、行政機関は関連情報を提供したり通知したりすることになっているであろうか。手続法35条1項は、行政指導に携わる者は、その相手方に対して行政指導の趣旨・内容・責任者を明示しなければならないと定めている。行政指導の方式に関するこのような定めは、通例、明確化要件と呼ばれている。この明確化は、行政指導を行う最初の時点で行うよう時期的な指定がされているわけではない。行政指導を行うプロセスのどこかで明確化が行われればそれで十分かもしれない。それはさておき、行政指導が申請に対する処分との関連で行われる場合など、行政指導に関する情報が申請に対する処分との関連で提供されることはあり得る。

③ 相手方の意見陳述の機会について。手続法はこの点について条文を置いていない。ただ、不利益処分のプロセスの中で行政指導が行われる場合などは、弁明書や陳述書を提出できる可能性があろう。

④ 行政指導の趣旨や目的が明らかにされるか。前述のように、35条1項は、行政指導に携わる者は行政指導の趣旨等を相手方に明示しなければならないとしている。このように趣旨の明確化がなされると、行政指導によって達成しようとする行政目的が明らかになるであろう。

第5節 2005年の改正法と行政立法手続

（1） 1991年12月、臨時行政改革推進審議会の答申書の中で行政手続法の要綱案が明らかにされた。要綱案は、国民の権利義務に直接関わる行為形式である行政処分と行政指導を手続整備が必要な分野として優先的に取

り上げるとした。同答申は1993年の手続法の制定につながったが、その一方で、同答申は、行政立法手続や行政計画手続は将来の立法課題として先送りにした。[33]

　その後、1998年、中央省庁等改革基本法が制定され、その50条2項は、行政立法などを含む政策形成に当たり広く国民各層から意見の提出を求める手続を整備するよう要請した。また折からの規制緩和の流れもあり、1999年、内閣は、「規制の設定又は改廃に係る意見提出手続」（いわゆるパブリック・コメント手続）を閣議決定した。[34]この手続は、「規制」という限定付きではあるが、政令・府令・省令・規則・告示・公にされる審査基準・処分基準・行政指導指針について、これを策定する際、原案や関係資料を公表し、国民等から広く意見・情報等の提出を求め、提出された意見・情報を考慮して最終的意思決定を行うというものである。パブリック・コメント手続は、一定範囲の行政立法について行政上の措置として手続を制度化する試みといえる。

　この手続は、対象が審査基準や処分基準さらには行政指導指針という行政規則まで含んでいた点、広く国民等が意見・情報を提出できる点、提出意見に応答する形で行政機関側の「考え方」が公表される点など、注目すべき手続内容になっていた。ただ、この仕組みは、規制緩和の一方策として制度化されたことから、手続対象が「規制」に係る意思決定に限定されていた。また、閣議決定による制度化であったため、意見等を提出できる国民の地位は必ずしも安定したものではなかった。さらに、手続違背が生じた場合の正式な是正手段が制度化されていないという問題点もあった。こうした問題点を解消するため、行政立法手続を法制化することが待ち望まれた。[35]

---

33) 1993年の手続法の制定史については、仲正『行政手続法のすべて』1頁以下（良書普及会・1995）、総務庁行政管理局編『データブック行政手続法1995年版』1頁以下（第一法規・1996）、兼子仁『行政手続法』195頁以下（岩波書店・1994）、宇賀前掲注17）書28頁以下、高橋前掲注17）書25頁以下等多数。
34) 本書第6章は、閣議決定の原案について、その意義と問題点を網羅的に検討する。
35) 1993年の手続法制定から改正法の成立までの経緯については、本書第2章第1節から第3節までを参照。

2004年3月19日の閣議決定「規制改革・民間開放推進3か年計画」は、行政立法手続等を含めた行政手続法の見直しを行うこと、およびパブリック・コメント手続の法制化について検討を行うことを提起した。これを受けて、総務大臣の下に行政手続法検討会（以下、「検討会」という）が設置された。検討会は、同年4月から12月にかけて会合を催し、行政立法手続の法制化に向けた論議を重ね、同年12月17日、「行政手続法検討会報告」（以下、「検討会報告」という）をまとめこれを総務大臣に提出した。これを受けて総務省において行政立法制定手続を条文化する作業が進み、2005年3月11日、「行政手続法の一部を改正する法律案（以下、「法律案」という）」が閣議決定され、同日、第162回国会に提出された。そして、前述のように、6月29日に「行政手続法の一部を改正する法律」（＝「改正法」）が公布され、2006年4月1日から施行されている。

　（2）　法律案の提案理由説明書は、政省令などの命令等を定める際、広く一般の意見や情報を求める手続等を定める、と述べている。ここから明らかなように、改正法は命令等の制定について広く意見を求める手続を制度化することを狙っている。つまり、行政立法の制定に際して、パブリック・コメント手続を義務づけるというものである。

　改正法は、現行の行政手続法1条が定める手続の目的について大きな修正を施していない。行政立法制定手続の目的も、1993年の手続法が定める「公正の確保」、「透明性の向上」、「権利利益の保護」に収まるという理解である。この点は、検討会報告が行政立法制定手続の目的の一つとして、判断過程への国民の適切な参加を謳っていたところと比較すると、若干の物足りなさを感ずるところである。改正法自体は明文で謳っていないものの、広く一般の意見が提出できる行政立法手続は、国民参加を図る仕組みといえる。それは、国民主権、民主主義に資する手続である。こうした民主主義のモメントが行政手続法には欠けていると指摘されていただけに、改正法が契機となって他の行為形式に関する手続においても民主主義の要素に根差した手続が追加的に制度化されることを期待したい。

36）　本書第2章第4節以下、および第3章は、改正法の全体を総合的に検討しようと試みる。

（3）　さて、改正法が広く一般の意見を求める手続を導入しようとする対象行為は、「命令等」である。具体的には、第1に、法律に基づく命令である。すなわち、政令、府省令、外局規則、人事院規則、会計検査院規則等である。第2に、公にされる審査基準、公にされる処分基準、および公にされる行政指導指針である。改正法の対象は規制に係る命令等だけではなく給付に係る命令等も含んでおり、この点で、1999年のパブリック・コメントの閣議決定より手続の対象範囲が広がっている。いずれにしても、改正法は講学上の行政立法を対象にして手続を定めている。

　もっとも、「命令等」の形式に該当するものでも、行政処分たる性質の命令、地域指定を内容とする命令、公務員の勤務条件について定める命令等、行政組織について定める命令等、いくつか対象外の命令等がある。これら一定の適用除外の命令を除いた命令は、結局のところ、従来の法規命令概念の外延にほぼ一致すると思われる。最近の有力な学説においては、

---

37)　田村悦一『住民参加の法的課題』30頁（有斐閣・2006）は、「住民参加」概念について、住民の自主的自発的な公益的活動をも含めて概念規定すべきであり、行政としては、こうした住民の自主的自発的公益活動にどのように関与・参加すべきか、新たな課題となっている、と指摘する。本稿の「参加」概念は、こうした住民、国民の自主的自発的公益活動を当面視野の外に置いている。そして、住民、国民からの負託を受けて行政機関が各種の決定を行う際、当該決定過程に住民、国民が参加する場面を主として念頭に置いている。今後、田村教授が指摘するような自主的自発的公益活動のあり方についても考察する必要がある。

38)　この点は、広く国民一般が意見を提出できる資格を持つことからも、説明できるのではないか。意見提出手続が、行政立法によって影響を受ける者の権利利益を保護するだけのものであるなら、権利利益に影響を受ける利害関係人にのみ意見提出資格を限定してもよかったはずである。しかし、改正法は、そうした限定をしていない。制定予定の行政立法によって自らの権利利益に影響を受ける可能性のない者にまで意見提出資格を認めているといえよう。ある意味で無関係なこうした者にまで意見提出資格が認められるのは何故か。権利利益の保護だけでは説明できないであろう。

39)　たとえば、原田尚彦「行政手続の意味」法学教室138号31-32頁（1992）、同「行政手続法の制定と『参加』の視点」一橋論叢110巻1号48頁（1993）、同前掲注14）書155、157頁、兼子前掲注33）書69頁、室井・芝池・浜川前掲注17）書7頁（室井力執筆）、10頁（本多滝夫執筆）。

　　申請に対する処分手続において第三者の参加に資する手続が不十分である。今回の改正法の制定を期に行政処分や行政指導の手続においても民主主義のモメントに配慮した手続を追加的に整備するよう努力を傾注すべきであろう。また、いわゆる一般処分の手続や行政計画策定手続はどうあるべきか、残された課題は多い。

従来の法規命令——それは権利義務に関する一般的定めである——に加えて行政組織や予算等に関する政省令や外局規則等も法的拘束力のある行政立法として一括して扱うべきであるとの見解がある[40]。しかし、改正法は、こうした見解に与せず、権利義務との関係に焦点を置いた法規命令概念に立脚して手続を構想しようとしている。

　改正法は法規命令のみに対象を絞っておらず、公にされる審査基準、処分基準、行政指導指針という行政規則をも含めている。しかし、これらも、行政処分や行政指導という国民の権利義務に直接関わる行為に関する一般的基準であるから、行政組織などに関する命令よりも国民の権利義務との関連性が強いといえるのではなかろうか。ともあれ、改正法は、国民からの意見提出が必要な対象を画定するに当たり、国民の権利利益の保護を重視したといえよう。このことは、改正法が、行政立法制定手続の目的を、行政処分や行政指導の場合と同様、究極的には国民の権利利益の保護に収斂させたことと符丁が合っている。

　（４）　改正法が定める行政立法制定手続（改正法は「意見公募手続等」と呼んでいる）を詳しく見てみよう[41]。

　①　ここでは、行政処分手続や行政指導手続において組み込まれていた基準の設定という手続は置かれていない。行政立法自体がまさにこうした基準に当たる行為といえる。

　②　予定される意思決定についての情報提供について。改正法によると、命令等を定めようとする行政機関すなわち命令等制定機関は、命令等の原

---

40)　たとえば、藤田前掲注14）書285頁は、私人の法的利益に直接影響を及ぼさない命令で、法律がこれを自ら定め政令や府省令に委任した場合、この委任を受けた命令は法律と同様の法効果を有するのであり、「法規命令」としての性質を持つ、という。平岡久『行政立法と行政基準』7頁以下、128頁以下（有斐閣・1995）も参照。

41)　改正法は、実体規定も含んでいる。38条がそれで、１．法令の趣旨の遵守、２．制定後の内容の適正確保を定めている。前者は、命令等は根拠法令の趣旨に合致する内容でなければならないということで、行政立法について法律の優位の原則が妥当すること、上位規範が優越すること、上位規範の委任の範囲内で規定すべきことを確認したものといえよう。後者は、命令等の制定後、社会情勢が変動して命令等の内容的な妥当性が失われた場合、必要に応じて検討を加え修正するよう行政機関に努力義務を課したものである。

案および関連資料を予め公示し、これについて広く一般の意見を求めなければならない（39条1項）。公示の際、意見提出先や意見提出期間を明示することになっている。意見提出期間は、公示日から30日以上でなければならない（39条3項）。原案は、具体的で明確なものでなければならず、題名や根拠法条が併せて示されることになっている（39条2項）。また、命令等制定機関は、意見公募手続の実施に関連する情報の提供に努めなければならない（41条）。

③ 意見陳述手続について。改正法は、命令等制定機関は広く一般の意見を求めなければならないとしているので、意見提出期間中に広く一般人は意見を提出することができる。ここに「広く一般」とは無限定で、国民一般に限られない。外国人、外国企業、さらには外国政府も「広く一般」に該当する。このように意見提出できる者の範囲は極限まで広がっていることが特徴である。当該命令等によって直接的に自己の権利利益に影響を受ける者に限られない。関心があれば誰でも意見を提出できるのである。ただ、意見提出方法は、郵便、ファックス、電子メール等が想定されており、口頭による意見陳述の機会までは定められていない。

④ 決定理由・趣旨の提示について。改正法は、一定範囲の命令等について決定理由または制定趣旨や目的を公示するよう義務づけている。まず、改正法43条1項4号は、意見公募手続を実施した場合、提出意見の採否とその理由を公示することにしている。ここでの理由は、提出意見を採択する理由もしくは採択しない理由であり、厳密にいうと当該命令等の制定理由とは異なる。しかし、この採否の理由から、当該命令等の制定理由をうかがい知ることができよう。またそもそも具体的かつ明確な原案が公表されることになっているし、同時に関連資料も公表されるし、さらに根拠法令の条項が明示される。これらの情報から原案の立案趣旨を理解することはそれほど困難ではなかろう。次に、緊急を要する場合、軽微な場合等において、意見公募手続を取らないで命令等を制定することができるが（39条4項）、このように意見公募手続を実施しない場合にも、原則として、当該命令等の趣旨を公示することとしている（43条5項1号）。この命令等の趣旨はまさに命令等の制定理由といってよい。[42]

⑤　提出意見の考慮について。改正法42条は、意見公募手続において命令等制定機関は、提出意見を十分に考慮しなければならない、と定めている。広く意見を求めて命令等を制定する以上、提出された意見を行政機関が十分に考慮することは当然のことといえよう。前述の提出意見に対する採否の理由の公示は、行政機関が提出意見を十分考慮することを担保する手段として一定の役割を果たすであろう。採否の理由として適正妥当な理由を提示しなければならないとしたら、提出意見をぞんざいに扱うことはできず、提出意見を慎重に検討する必要があるからである。

結びに代えて

　（1）　新法が定めている行政処分手続、行政指導手続、行政立法手続を、より細かい手続要素に分解して、それぞれのあり方を見てきた。すなわち、①決定の際依拠すべき基準の定立、②決定に係る資料や情報の事前提供ないし決定予定の通知、③意見陳述の機会の提供、④決定理由・趣旨の提示、⑤その他といった諸点に焦点を当てて分析してきた。特筆すべきは、行政処分手続と行政指導手続とは、ある側面で、共通する要素があることである。つまり、両者が、①の基準の定立や、④の理由・趣旨の提示という点に関して類似の仕組みを制度化していることである。基準の定立についていうと、行政処分手続においては、審査基準、処分基準の設定であり、行政指導手続においては、行政指導指針の設定である。これらの手続は、いずれも、行政処分や行政指導の公平性、透明性の向上につながるものである。また、理由・趣旨の提示についていうと、行政処分手続においては、理由提示であり、行政指導手続においては、趣旨の明確化である。理由提示については、公正確保機能と不服申立便宜機能があるとされるが、行政指導の趣旨の明確化も類似の機能が期待できるであろう。

---

42)　なお公示は、情報通信技術を利用する方法によって行われる（45条1項）。つまり、インターネットのホームページ上に公表するなどして行われる。実際、本章冒頭で触れたように、インターネットのサイト「電子政府の総合窓口」において、日々多数の案件が国民に意見提出を要請している。

（2）　また、行政処分手続と行政立法手続との間にも共通の要素がある。とりわけ、不利益処分手続と、行政立法手続との間には、精粗の差はあるものの、②事前の情報提供や決定予定の通知、③意見陳述機会、④理由・趣旨の提示といった諸点について、類似する仕組みがある。決定予定の通知に関していえば、聴聞手続では、処分の名宛人に対して、予定される不利益処分の内容、根拠法条、原因事実等を通知することになっており、一方、行政立法手続では、命令等制定機関は、広く一般に対して、命令等の原案および関連資料を予め公表することになっている。意見陳述機会についていえば、聴聞手続においては、まさに聴聞という慎重な手続があり、他方、行政立法手続においては、意見提出という簡便な仕組みがある。さらに、理由・趣旨の提示についても同様である。このように、不利益処分手続と、行政立法手続は、どちらも、事前に原案や情報を被処分者や関係者に通知・提供し、これらの者に意見・情報の提出の準備期間を与え、これらの者が実際に意見・情報を提出し、そして、提出された意見・情報を慎重に考慮した上、最終決定するという仕組みである。大きな違いは、ⓐ意見・情報を提出できる者の範囲が狭く限定されているか、それとも限りなく広いか、および、ⓑ意見・情報提出のあり方が、直接、口頭で陳述でき、しかも反対者に対し反論する機会が十分に保障されているか、それともそうではないかという点にある。

　こうした相違は、行政処分や行政立法の性質に由来するものかもしれない。行政立法は、行政処分とは異なり、不特定多数の者の権利利益に影響を及ぼす行為である。したがって、この不特定多数の者、ないし広く国民一般が関係者となる行為である。それゆえ、広く一般が、行政立法の制定手続に関与できて当然であるということになる。広く一般が手続に関与すべきだとしても、不特定多数の個々人にそれぞれ聴聞手続のような手厚い意見陳述手続を保障することは実務上不可能であろう。そこで、行政立法手続において、意見陳述手続としては、意見提出・提出意見考慮という比較的単純で簡素な仕組みが採用されても仕方のないところである。

　ただ、意見提出手続のこうした簡潔な仕組みに問題がないわけではない。それは、この仕組みが、行政立法について単純な理解を前提にしていると

見られるからである。前述のように、意見提出手続は、行政立法が不特定多数の者の権利利益に影響を及ぼすことを踏まえている。意見提出の資格を広く一般国民に同等に認める仕組みは、行政立法が広く国民一般に対して均質な影響を及ぼすという前提に立っているように思われる。しかし、具体の行政立法が関係者に及ぼす影響は一律でも均質でもない。ある特定の者にだけ極めて強い影響を及ぼすもの、また、ある特定集団の権利を大きく規制するものがあろう。あるいは特定の複数の集団の利害調整しか問題にならない行政立法もあろう。この種の行政立法に対しては、広く国民が一様に利害関係を持つとはいえない。したがって、このような場合、広く国民が同等な立場で意見提出できるという仕組みで果たして十分かどうか、吟味が必要であろう[43]。たとえば、特に強い利害関係を有する者には、一般国民とは異なり、より手厚い特殊な意見陳述手続を保障するということが考えられる。あるいは、特定の複数の利害集団の間の利害調整だけが問題となるとき、この複数の利害集団を対峙させて利害調整を行わせる特別な手続を組み込むことなどである[44]。

（3）　ところで、行政処分手続と比較して、行政立法手続には、一つ特異な点がある。行政処分手続においては、行政処分が大きく2分類されている。申請に対する処分と不利益処分とである。ところが、行政立法手続にあっては、こうした2分類は定められていない。しかし、行政立法についても、申請に対する処分のような類型を観念する必要はないであろうか。つまり、行政立法の制定を求める申請という仕組みは考えられないであろうか。行政立法は行政機関のイニシアティブによって制定されるという通

---

43) 不特定多数の国民ではなく、一定部類の国民の権利義務にしか関わらない行政立法については、当該行政立法により権利利益に影響を受ける者のみが意見提出することになり、それ以外の者は意見提出をしないのが普通であるから、全体としてみると、権利利益に影響を受ける者の意見や事情が行政機関によって慎重に考慮されることになる、といわれるかもしれない。しかし、この場合でも、改正法によれば、当該一定部類の国民以外の者も意見を提出できることになっており、それらの意見と当該一定部類の者が提出した意見とは同列に扱われることになり、後者に対して特段手厚く配慮がされているわけではない。

44) 本書第9章、第10章では、こうした利害関係者間の慎重で濃密な利害調整の仕組みについて、アメリカ法を参照しながら検討する。

念があり、現状では、国民の側に行政立法制定の申出権や申請権など、基本的に存在しないという理解がある[45]。しかし、果たして、それでよいのであろうか。検討が必要であろう[46]。

（4）　それはともかく、2005年の改正法が導入した意見提出手続において、意見を提出できる国民の地位はどのようなものか。意見提出に関連して国民には権利があるといえるのか、検討を深める必要があろう[47]。この点は、意見提出手続が違法に行われたとき、国民にどのような救済手段が保障されるのかを考察するためにも重要である。また、意見提出手続は、原案の公示とこれに対する意見の提出という比較的単純な手続であり、これで十分適切な情報収集、意見交換ができるのか、あるいは関係者の権利利益の保護が十分にできるのか。こうした単純な手続に限界はないのか、吟味する必要があろう[48]。そして、より濃密な意見交換ができ、したがってより十分な意見・情報収集と利害調整が可能な手続としてどのような手続があり得るか、代替案を提示すべきであろう[49]。本書は、全体として、これらの課題に応えようとするものである。

45）　極めて、例外的ながら、利害関係人に行政立法の制定申出権を認める法律がある。工業標準化法12条1項、2項、農林物資の規格化及び品質表示の適正化に関する法律8条1項、2項である。

46）　本書第4章および第5章では、行政立法の制定に関する国民の側からの申出権、申請権について試論を展開する。

47）　本書第4章および第5章は、アメリカ法との比較を踏まえて、意見提出手続における意見提出者の参加権の内容と性質について考察する。その前提として、本書第2章および第3章は、改正行政手続法の制定経緯、意義、内容、限界について考察する。また、改正法に発展した1999年の閣議決定のパブリック・コメント制度に関し、その意義と理論的・実務的問題点について、第6章が検討する。さらに、1999年のパブリック・コメント制度の母法といってもよいアメリカ合衆国の略式規則制定手続の一端について、第8章が紹介検討する。

48）　本書第7章は、行政決定における公益確保の見地から、意見提出手続に問題はないかについて考察する。

49）　本書第9章および第10章は、意見提出手続の限界を克服するアメリカの試みについて検討する。そこにおいて、関連諸利益の代表者をメンバーとする協議会がコンセンサスを目指して交渉する仕組みを取り上げ、その実態と、意義に関し究明を試みる。

第2章　行政立法手続の法制化

はじめに

　2005年6月29日、「行政手続法の一部を改正する法律（平成17年法律第73号）」（以下、「改正法」という）が公布された。改正法は、行政立法手続を初めて法制化したもので、長年の懸案を一つ解決したものといえる。改正法

---

1) 行政立法制定手続の対象である行政立法とは何かについて明らかにしておく必要がある。従来、行政立法とは、行政権が法条の形式をもって定めた一般的・抽象的・仮言的な規範であって、法規たる性質を持つ法規命令と、法規たる性質を持たない行政規則に分類される、とする見解が支持されていた。田中二郎『新版行政法上巻（全訂第2版）』158頁（弘文堂・1974）、藤田宙靖『第四版行政法Ⅰ（総論）』287頁（青林書院・2005）。塩野宏『行政法Ⅰ（第4版）』84頁（有斐閣・2005）は、行政規則を行政立法の下位概念として位置づけることは必ずしも正確ではないという。芝池義一『行政法総論講義（第4版）』114頁（有斐閣・2001）は、従来の行政立法概念を「行政機関による規範定立」と呼んでいる。最近では、行政機関による法条形式の定めであって外部効果を持つもののみを行政立法と呼び、それ以外のものを行政基準と呼ぶ見解（平岡久『行政立法と行政基準』4頁、197頁（有斐閣・1995））、従来の法規命令と行政規則とを併せて「行政基準」と呼ぶ見解（大橋洋一『行政法（第2版）』267頁（有斐閣・2004）、宇賀克也『行政法概説Ⅰ行政法総論』222頁（有斐閣・2004））などが出されている。

　濱西隆男「『行政立法』私論(上)」自治研究79巻11号118頁（2003）は、「行政機関の定立する定めであって公示により法令の形式を踏まえているもの」で、ある種の条件を満たすものを「行政立法」と呼んでいる。その中心は、行政主体と私人の双方に対して直接の法効果を生ずる定めで、外部効果があり、裁判規範として働くものである。この見解による「行政立法」は、基本的に、従来の法規命令を含んでいるが、さらに法規性のない定めや一般抽象的でない定めも含んでいる。また、同「『行政立法』私論(下)」自治研究80巻2号92頁（2004）は、行政機関の定立する定めであって、「行政立法」とされないものを「行政内部規則」と呼んでいる。「行政内部規則」は、従来、行政規則と分類されていたものの多くを含んでいる。

　本章は、従来の用語法に従い、「行政立法」の語を、行政機関が定立する定めという意味で用いることにする。

2) 1993年の行政手続法制定後の課題については、宇賀克也「行政手続法制定後の課題」法学教室180号17頁（1995）、髙橋滋『行政手続法』443頁（ぎょうせい・1996）参照。なお、行政立法をめぐる様々な法律問題については、平岡久「行政立法」法学教室226号11頁（1999）による概観を参照。

が導入した手続は、行政立法の原案や関連資料を公表し、広く国民に意見や情報の提出を求め、これに応じて提出された意見や情報を考慮して、最終的な意思決定を行い、同時に、提出された意見・情報に対する行政機関側の「考え方」を公表するというものである。これは、行政立法制定に際し広く国民の意見を反映させようとする手続であり、国民参加にも資する手続といえよう。本章は、改正法成立までの経緯を踏まえて、改正法の概要を紹介し、改正法の理念や特徴点について検討した上、今後の課題について触れたい。

第1節　改正法成立に至る前史

　改正法の概要を紹介する前に、改正法が成立する以前の行政立法制定手続に関する法状況について簡単に振り返っておこう。まず、改正法が成立する以前の時期を大きく二つに区分することにする。第1期は、1999年3月23日の閣議決定によって「規制の設定又は改廃に係る意見提出手続」[3]、いわゆるパブリック・コメント手続（以下、この閣議決定により制度化された手続を「閣議決定手続」という）[4] が成立する前の段階である。続いて、第2期は、閣議決定手続が導入されてから改正法が成立するまでの時期である。[5]

1　1999年の閣議決定手続導入前

　この時期、学界からは、第1次行政手続法研究会が1983年の時点で打ち

---

3) 1999年3月23日の閣議決定については、明渡将・小早川光郎・常岡孝好「[研究会]『パブリック・コメント手続』——規制に係る意見提出」ジュリスト1159号72頁(1999)参照。
4) 1999年3月23日の閣議決定が導入した手続は、一般に、パブリック・コメント手続と呼ばれている。ただ、「パブリック・コメント」という仕組みは、この閣議決定が制度化した手続に限られない。広義の「パブリック・コメント」とは、原案や資料を広く国民各層に公表してこれに対する意見・情報の提出を求め、提出された意見等を考慮して最終的意思決定を行うという仕組みのことを言う。閣議決定が制度化した手続は、こうした広義の「パブリック・コメント」手続の一つの形態である。そこで、本章は、閣議決定が制度化した手続を、広義の「パブリック・コメント手続」と区別するため、「閣議決定手続」あるいは「閣議決定のパブリック・コメント手続」と呼ぶことにする。
5) 2006年4月1日、改正法が施行され、行政立法制定手続に関する新たな段階が始まった。

第1節　改正法成立に至る前史　*31*

出した、「法律案要綱（案）[6]」の「命令制定手続」という提案があった。第1次行政手続法研究会は、航空機疑惑問題に端を発して1980年に雄川一郎教授を座長にして発足したもので、同研究会は、3年の歳月をかけて行政の各種行為形式に係る手続について調査研究し、包括的な立法提言を行った。同研究会が提言した「命令制定手続」は、アメリカ合衆国連邦行政手続法（Administrative Procedure Act（APA））のルールメイキング手続（Rulemaking Procedure）の影響を色濃く受けていた。この学界の提言に対しては、官庁からの抵抗がことのほか強かった[7]。また、国民の権利義務に直接関係する行政処分や行政指導の手続を法制化することが優先されたため、行政立法手続の法制化は将来の検討課題とされた。かくして「法律案要綱（案）」の「命令制定手続」の提案は、1993年の行政手続法の一部として結実することはなかった。

　学界からの改革提言はともかく、当時の行政立法手続の実情がどうであったかについて概観しておこう[8]。当時、行政立法手続が制度上あるいは実務上まったくなかったというわけではない。当時でも、行政立法手続は、法令上及び実務上存在していた。これらは、三つの類型に分けることができる。第1に、議会が関与するもの[9]、第2に、他の行政機関が関与するもの[10]、第3に、審議会・公聴会・私人が関与するものである[11]。電波監理審議会などは、利害関係人にかなり頻繁に意見聴取を行っていた。実際、旧郵

---

6) 雄川・塩野・園部編『現代行政法大系3　行政手続・行政監察』363頁以下（有斐閣・1984）参照。
7) いくつかの省庁から次のような否定的な意見があった。「審議会への付議とのかねあいが難しい」、「命令の制定数が多く、迅速な対応ができなくなる」、「特に関係者の意見表明が必要なものについては、個別法で規定すれば十分である」、「そもそも、国会の意思に基づき委任されているので、不要である」等である。総務庁行政管理局編『行政手続法の制定にむけて』65頁（ぎょうせい・1990）参照。
8) 宇賀前掲注2）論文14頁以下は、当時の行政立法手続の状況について詳細に分析している。
9) 具体例は、1997年末時点の情報に基づく整理であるが、常岡孝好編『行政立法手続』248頁以下（信山社・1998）参照。また、宇賀克也「ベーシック行政法(3)　行政基準」法学教室285号8頁（2004）が、国会による承認のケースについて詳しい。
10) 具体例は、1997年末時点の情報に基づく整理であるが、常岡編前掲注9）書234頁以下参照。

32　第2章　行政立法手続の法制化

政省が一定の省令を制定改廃しようとするとき、大臣は、電波監理審議会に諮問しその議決を尊重して省令の制定改廃を行わなければならないが（旧電波法99条の11第1項）、その際、電波監理審議会は、意見聴取を行わなければならず（同99条の12第1項）、利害関係人は審理官の許可を得て意見聴取期日に出頭して意見陳述をすることができ（同99条の12第5項）、電波監理審議会は調書や意見書に基づき答申を議決することになっていた（同99条の12第7項）。これ以外にも審議会が行政立法の制定に関与するものは、法律上いくつも規定されていた。たとえば、学校教育法60条は、大学設置基準を定める場合、大臣は、大学審議会に諮問しなければならない、と定めていた。医療法70条3項は、医業・歯科医業が広告することができる診療科名を定める政令の制定又は改廃の立案をしようとするとき、大臣は、医道審議会の意見を聴かなければならないと定めていた。[12] ガス事業法、旧電気用品取締法（現・電気用品安全法）などは、行政立法制定について公聴会手続を定めていた。[13] また、関係者に行政立法制定の申出権ないし提案権を認めた法律も、工業標準化法12条1項など、ごくわずかであるが、存在していた。しかしながら、この時期の行政立法手続の状況は、必ずしも十分

11）　宇賀前掲注1）書229頁以下は、制定申出権、審議会諮問手続、公聴会手続など利害関係人や国民一般が関与する形態、他の行政機関が関与する形態、さらに国会承認等、国会が関与する形態を挙げている。平岡久「行政立法手続」公法研究47号188頁（1985）も、手続の関与者を3分類（議会、地方公共団体、国民）して行政立法手続の理念・目的を論じている。

12）　この他、行政立法の制定に当たって審議会が関与することになっているものについて、常岡編前掲注9）書250頁以下が、1997年末の法情報をもとに多数の例を収録している。

13）　ガス事業法48条は、「経済産業大臣は、第3条、第17条第1項若しくは第18条第2項の規定による処分をしようとするとき、又は第39条の2の政令の制定若しくは改廃の立案をしようとするときは、公聴会を開き、広く一般の意見をきかなければならない」と定めている。当時の電気用品取締法49条は、「大臣は、第2条項の政令の制定又は改廃の立案をしようとするときは、公聴会を開き、広く一般の意見をきかなければならない」と定めていた。また、農林物資の規格化及び品質表示の適正化に関する法律13条1項は、「農林水産大臣は、必要があると認めるときは、日本農林規格を制定すべきかどうか、又は制定すべき日本農林規格の案について、公聴会を開いて利害関係人の意見をきくことができる」としている。この他、1997年末時点において、政省令等の制定に当たり公聴会手続が法律上規定されている例については、常岡編前掲注9）書224頁以下参照。また、宇賀前掲注9）論文9頁が詳しい。

なものではなく、また統一が取れているとはいえないものであった。第3類型の審議会・公聴会・私人関与型のものが、ある程度存在していたが、それは一般的に存在していたわけではなく、存在する手続内容にもばらつきがあった。

2 1999年の閣議決定手続導入以降

1999年3月23日の閣議決定によるパブリック・コメント手続は、行政実務をベースにして立案されたといわれている。当時の総務庁は、98年6月から同年7月にかけて各省庁に調査し[15]、類似の手続を洗い出したところ、96年4月からの約2年半の間に100件程度の実例があることが分かった[16]。旧総務庁は、これらの実例を基礎にして「規制の設定又は改廃に係る意見照会手続（仮称）案」（以下、「意見照会手続」と呼ぶ）という原案を作成した。当時、原案作成に深く関与した担当者の話によると、類似の手続を洗い出す前の段階では、手続のイメージを形成するため、APAや「法律案要綱（案）」の「命令制定手続」を大いに参考にしたという[17]。同時に、行政手続調査研究会[18]の資料を参照した模様である。そこには、アメリカやドイツの行政立法手続に関する調査資料が蓄積されていた。

「意見照会手続」という原案は、当時の中央省庁改革の動きと規制緩和

---

14) 宇賀前掲注2）論文16頁。
15) この調査において、旧総務庁行政管理局規制緩和委員会事務局は、各省庁が96年4月以降、パブリック・コメント手続を採用した案件を調査した。調査項目は、多岐にわたっており、案の公表段階、案の公表方法、意見受付方法、意見提出期間、提出意見数、意見に対する行政機関側の考え方の公表、案への反映状況等である。これらの調査項目を見ると、意見照会手続の主要な論点が、この調査の時点で既に浮き彫りにされていたといえよう。平成10年9月22日総務庁行政管理局「意見照会手続の在り方に関する調査の概要について」も参照。
16) 津村晃「規制の設定・改廃に係るパブリック・コメント手続スタート」会計と監査50巻5号34頁（1999）参照。
17) 当時の総務庁行政手続室において原案作成に深く関与した津村晃氏に対して2005年7月17日に総務省内において行ったインタヴュー結果による。
18) この調査研究会は、1995年7月に当時の総務庁行政手続室内に設けられ、行政手続法が積み残した課題である行政立法手続や行政計画手続について2年間にわたり調査研究活動を行った。

の動きとがうまく融合して出来上がったものといえる。1997年12月3日、行政改革会議最終報告は、「各省が基本的な政策の立案等を行うに当たって、……パブリック・コメント制度の導入を図るべきである」と提言した。これを受けて、中央省庁等改革基本法50条2項が制定され、パブリック・コメントの「仕組みの活用及び整備を図るものとする」とされた。このように中央省庁等の改革の一環としてパブリック・コメントの仕組みを整備すべきことが謳われた。他方、「意見照会手続」の策定には規制緩和の動きも関係している。1998年1月26日、規制緩和委員会が発足したが、そこでの審議を踏まえて、同年3月31日、「規制緩和推進3か年計画」が閣議決定された。そこには、「規制の制定、改廃」におけるパブリック・コメント手続のあり方について速やかに検討に着手し、これを、「行政上の措置」として導入することが盛り込まれた。かくして、パブリック・コメントの仕組みは、「規制」に対象を限定し、しかも行政上の措置として制度化されることとなった。「意見照会手続」は、まさに規制にかかる意思表示を対象にして、行政上の措置としてパブリック・コメントの仕組みを制度化しようとするものであった。

　1998年11月、旧総務庁は、「意見照会手続」という原案を公表し、広く意見の提出を求めた。各方面から42人（団体等を含む）の意見が提出され、[19]これを検討し、いくつか原案の修正を行った。特に、名称が「意見照会手続」から「意見提出手続」に変更になったことは、提出意見が功を奏した象徴的出来事であった。ともかくも、1999年3月23日、「規制の設定又は改廃に係る意見提出手続」という閣議決定が出され、行政上の措置として、「規制」に係る行政立法について手続が制度化された。これにより、一定範囲においてであるが、行政立法の制定に当たり、広く国民に意見・情報の提出を求め、提出されたものを考慮して最終決定をする実務が定着し始めた。

　その後、広義のパブリック・コメント手続は、上記の閣議決定が対象とした事項以外の二つの面で広く普及していった。第1に、中央省庁レベル

---

[19] 本書第6章は、「意見照会手続」について旧総務庁に提出した意見をベースにしたものである。

において、閣議決定対象外の意思表示——規制に関わるものでない意思表示——について、パブリック・コメント手続がかなり頻繁に用いられるようになった。第2に、この手続は瞬く間に地方自治体に普及していった。自治体では、要綱に基づく制度化が多い。手続の対象は多様であるが、通常、基本的計画、施策の基本方針、公共施設の建設等が対象になっている。また、一定範囲の条例案が対象になっている例がいくつか見られる。[20]

第2節　閣議決定手続の意義と問題点

1　閣議決定手続の特徴

1999年3月の閣議決定により、行政立法の制定に当たり、広く国民の意見を求め、提出された意見を考慮して意思決定を行うという望ましい実務が広がってきた。そもそも閣議決定手続は、意見提出資格者の範囲、手続の対象範囲、手続の具体的な内容などについて相当評価できるものとなっていた。第1次行政手続法研究会が公表した「法律案要綱（案）」と比較してみよう。そうすると、以下のように、閣議決定手続は、「法律案要綱（案）」に優るとも劣らない内容になっていることがわかる。[21]

第1に、意見・情報提出資格者の範囲が広がっている。「法律案要綱（案）」では、「利害関係人」となっていたが、閣議決定手続では、「広く国民等」が意見・情報を提出する資格があるとされている。意見・情報提出資格者の範囲が広いほど、意見・情報がより十分に提出される可能性があり、望ましいことは言うまでもない。

第2に、意見提出手続を取るべき行政立法の範囲がある面で広がっている。すなわち規範形式面において、「法律案要綱（案）」が、政省令、外局規則という「命令」に限って対象としていたのに対し、閣議決定手続は、

---

20) 自治体におけるパブリック・コメント制度の現状や問題点については豊島教授の詳しい分析がある。豊島明子「地方自治体におけるパブリック・コメントについて」行財政研究50号16頁（2002）、同「パブリック・コメントの意義と課題」室井力編『住民参加のシステム改革』174頁（日本評論社・2003）。

21) 「法律案要綱（案）」の「命令制定手続」の理念、対象、手続に関する詳細な検討については、平岡前掲注11)論文188頁以下参照。

「広く一般に適用される国の行政機関等の意思表示」を対象としており、政省令、外局規則、告示の他、行政手続法上の審査基準や処分基準さらには行政指導の要綱も含んでいる。一般に、手続規律が及ぶ対象範囲が広いほど、当該手続が目指す価値がより広い範囲で確保されることになり望ましい。

　第3に、案の公表段階で同時に公表されうる資料その他の情報が比較的充実している。「法律案要綱（案）」は、「命令制定の法律上の根拠及びその命令案又は要綱」を公表するものとしていたが、閣議決定手続は、「可能な限り」という留保付きであるが、(1)案の趣旨・目的・背景、(2)根拠法令、規制影響分析などの関連資料、及び案の位置づけ、を公表するものとしている。一般に、事前に公表される資料や情報が具体的で充実していると、原案の内容をより正確に理解することができ、これについて的確な評価なり批判なりを行うことが容易になる。抽象的で一般的な説明程度のものしか事前公表されなかった場合、的を射た評価や批判をするのは難しいのではなかろうか。そうだとすると、閣議決定手続における事前の情報公表はより適切な対応であるといえる。

　第4に、意見・情報の提出期間について比較的明確な定めがある。「法律案要綱（案）」は、案の公表から意見・情報の提出期間について言及していなかったが、閣議決定手続は、意見・情報提出期間について「1か月程度」を一つの目安として行政機関が決定するとしている。意見・情報提出期間が明確に定まっている方が、提出者側にとって予測可能性が高まり好ましい。この期間が不明確であれば、知らない間に提出期間が徒過していたり、現実にかなり短い提出期間が定められたりして、意見・情報提出の機会を事実上奪われるということにもなりかねない。ともあれ、閣議決定手続は、国民が意見・情報を提出できる期間をそれなりに確保しているといえよう。

　第5に、提出された意見・情報に行政機関がどのように対応すべきかについて比較的詳細な定めがある。「法律案要綱（案）」は、提出された意見を「斟酌」しなければならないと定めるのみであった。これに対し、閣議決定手続は、提出された意見・情報を「考慮」して意思決定を行うことと

するとともに、提出された意見・情報に対する「行政機関の考え方」を取りまとめこれを公表するとしている。「斟酌」または「考慮」しなければならないというだけでは、行政機関が現実に「斟酌」、「考慮」したのか、外部からチェックすることが困難である。実際には「斟酌」、「考慮」していないにもかかわらず、口先だけで「斟酌」、「考慮」したとごまかすことさえ可能である。しかしながら、提出意見に対して行政機関が「考え方」をまとめてこれを公表しなければならないとすると、口先だけの「斟酌」や「考慮」は許されない。それは、現実に「斟酌」、「考慮」していなければ、的確な「考え方」をまとめこれを公表することができないからである。慎重な「斟酌」や「考慮」を行わなかったとき、木で鼻をくくったようなぞんざいな「考え方」しか公表できないことが多いであろう。かくして「考え方」の公表という仕組みは、提出意見を行政機関が現実に「斟酌」、「考慮」することを確保する装置として一定の役割を果たすものと思われる。さらに、「考え方」の内容を見れば、提出意見を行政機関が慎重かつ適切に「斟酌」、「考慮」したかある程度分かるものである。そうすると、「考え方」の公表という仕組みは、「斟酌」、「考慮」が適切になされたかをチェックするためにも役立つものといえよう。

　以上のように、閣議決定によるパブリック・コメント手続は、行政法研究者が中心になって作成した「法律案要綱（案）」の「命令制定手続」よりも数段進歩したものとなっている。閣議決定手続の優位性は明らかである。

2　閣議決定手続の問題点

　しかしながら、閣議決定手続は、以下のように、いくつかの問題点・内在的な限界を抱えていた。

　第1に、制度の根拠が法律ではなく閣議決定であるところから生じる限界がある[22]。具体的には、意見提出者の地位や手続違背の法効果が不透明で

---

22) 閣議決定手続は、中央省庁等改革基本法50条2項に裏付けられた仕組みであり、法律上の根拠を有する制度であるという議論もあり得るところである。しかしながら、同条同項は、パブリック・コメントの「仕組みの活用及び整備を図るものとする」と定めるの

ある。閣議決定手続において、広く国民は意見を提出できるが、この意見提出できるという国民の地位は、法的にどのように性格づけられるのか、必ずしも明確ではない。確実なことは、意見提出権という権利が個々の国民に付与されたわけではないということである。同様に、閣議決定手続に違反する行政立法が制定されても、そのことから直ちに当該行政立法が手続的に違法と評価されるわけではない。

　第2に、手続の対象が狭すぎるという欠点がある。閣議決定手続の立案段階において、中央省庁等改革基本法50条2項を受けて、その手続対象をかなり広くとろうという動きがあったようである。すなわち、同項は、広く政策形成において民意反映の手続を導入すべきことを要請しているので、これによると行政立法の多くがそうした手続をとるべきことになるはずである[23]。しかし、「意見照会手続」は、1998年当時の規制緩和方策の一つとして位置づけられた結果、手続対象が「規制」に係る意思表示に限定された。給付に係る意思表示など規制とは無関係な意思表示でも、広く国民から意見を求め提出意見を考慮して意思決定を行うのが望ましいものが多数存在するはずであるが、そうしたものは対象外となった。

　　　みである。したがって、この規定は、パブリック・コメント制度の趣旨を含む既存の仕組みを活用すべきことと、そのような趣旨の新規の制度を導入すべきことを法的に要求しているだけであると解することも可能であろう。つまり、既存の仕組みについていえば、その法形式がどのようなものであれ、これを活用すべきであると要求するのみであり、また、新規の仕組みについても、その法形式はともかく、導入すべきであると要求するのみである、と解釈できるのである。このように同条同項は、パブリック・コメントの趣旨を含んだ仕組みの利用や導入を要求するのみで、これらの仕組みに法的根拠を与えるものではないと解釈することが可能である。また、同法50条2項自体、手続の対象となる行政立法の範囲はどこまでか、意見提出期間を何日間確保すべきか、提出意見の処理方法はどのようであるべきか等の手続の詳細について明確にしているわけではないことに注意したい。
23)　中央省庁等改革基本法のもとになった行政改革会議の最終報告によると、パブリック・コメント制度とは、「各省庁が政策の立案等を行う際、原案を公表して、専門家、利害関係人その他広く国民から意見を求め、これを考慮しながら意思決定を行う仕組み」であるとし、その対象として、①基本的な政策の樹立、変更、②国民の権利義務、国民生活に影響を与える新たな制度の導入、変更、③国民の権利義務、国民生活に影響を与える行政運営の基本的なルールの設定、変更等であるとしている。行政改革会議事務局OB会編『21世紀の日本の行政』84-85頁（行政管理研究センター・1998）参照。

第3に、第1の点と関連するが、手続違背が生じた場合の直接的な是正手段が存在しないという欠陥がある。たとえば、本来パブリック・コメント手続を行うべき案件であるにもかかわらずこれを行わなかった場合、30日より極端に短い意見提出期間を設けた結果事実上意見提出機会を奪った場合、あるいは提出意見を適正に考慮しなかった場合を想定してみよう。これらの場合、閣議決定に反しているといえるが、そうした手続違背を是正する正式な手段は用意されていない。確かに、「考え方」の提示という仕組みがあり、これによって手続違背が起こらないよう、ある程度予防することはできる。しかし、この仕組みは、必ずしも完全ではない。それは、仮に不適切な「考え方」が示され、手続違反が生じたことがうかがえるとしても、何らかの機関が、それを根拠にして問題の行政立法の効果を否定するという仕組みが存在していないからである。

　第4に、意見提出手続が適用除外になる場合、何らの手続要件も課されないことになっているが、これも問題である。全体としての意見提出手続は、細かく見るといくつかの要素からなっている。それゆえ、適用除外する場合でも、ある一部の手続要素のみを適用除外するという対応があってよいはずである。ところが、閣議決定手続は、手続の全面適用か、それとも全面不適用かのいずれかである。こうした対応よりも、部分的な適用除外を認める仕組みの方が、よりきめ細かな制度であるといえよう[24]。たとえば、意見の提出要請や提出意見の考慮という手続は必要ないとしても、理由提示は必要という類型を認めることがあってもよいはずである。それは、民意反映の手続は欠くとしても、理由提示を課すことで、より妥当な行政立法の制定が期待できるからである。

　最後に、いくつか実務上の問題も指摘されている。それは、提出意見が少ないこと[25]、さらに、原案修正が少ないことである。これには、様々な要因が考えられる。意見提出期間が短いこと、意見提出に向けたPR不足、

---

[24]　本書第6章第2節2（2）(オ)参照。
[25]　白岩俊「行政手続法の一部を改正する法律」ジュリスト1298号62頁脚注6）（2005）は、その原因として、難解な案等が提示されたこと、手続自体を知らなかったことを指摘する。

意見提出の意義ないしパブリック・コメント制度の趣旨が国民一般に十分に理解されていないこと、原案や関連資料がわかりにくいこと等々である。

こうしたいくつかの問題点を解消するためにも、行政立法手続の法制化が待ち望まれたところである。

第3節　行政手続法検討会における審議

今回の改正法成立に至るミクロの過程について触れておこう。時期的にいうと、2003年の夏頃から、2005年6月22日の改正法成立に至るまでの時期である。[26] 2003年11月の第43回衆議院議員総選挙に際して、自由民主党は、マニフェストを公表し、その中で、行政立法制定に関し厳格な手続を定める行政手続法の抜本的改革を目標として掲げた。[27] この選挙の結果、自由民主党は他の与党とともに過半数を制し、引き続き政権を担うことになった。このマニフェストの公約が、選挙後の連立政権の政策にどのように作用したのか、外からは不透明である。それはともかく、2004年3月19日の閣議決定「規制改革・民間開放推進3か年計画」は、行政手続法の見直しを行い、パブリック・コメント手続の法制化を検討すると明言した。[28] これを受けて、総務大臣の下に行政手続法検討会が設置され、2004年4月から同年12月まで10回の会議を開き、行政立法手続の法制化に関する調査・審議を行った。この間、6月から7月の検討会の会議において、各省庁におけるパブリック・コメント手続の実情について聞き取り調査を行った。7月下旬には、1か月の期間を定めて、行政立法手続の論点を公開して広く意見

---

26) これより前の2002年5月20日、日本経団連は、「『民主導・自律型システム』の確立に向けた新たな規制改革の推進方策について」と題するプログラムにおいて、パブリック・コメント制度の法制化を検討すべきことを提言した。

27) 平成15年10月7日党本部政務調査会・自民党重点施策〈2004〉「日本の再生と発展をめざして」。http://www.jimin.jp/jimin/jimin/sen_syu43/sengen/

28) これより前、2003年12月22日、政府の総合規制改革会議は、「規制改革の推進に関する第3次答申——活力ある日本の創造に向けて」において、行政立法手続等を含めた行政手続法の見直しを行うべきであり、その際、閣議決定手続の法制化について検討を行うとしている。

第3節　行政手続法検討会における審議　*41*

を募集した。また、ワーキンググループを設置し7月末から9月上旬にかけて3回の会合を開き、手続の対象や審議会手続との関係などについて集中的な討議を行った。

　検討会の内部での委員の意見の分布状況について簡単に触れておこう。官庁OBの委員は、やはり官庁の事情についてかなり神経質で、手続の負担が重くなりすぎないよう、そしてまた行政運営の効率性を阻害しないよう配慮すべきであると力説していたように思われる。しかし、これらの委員から、「法律案要綱（案）」の「命令制定手続」に対してなされたような否定的な意見はほとんど聞かれなかった。民間出身の委員は労使とも、手続の対象がなるべく広がるよう主張していた。さらにこれまでのパブリック・コメントが、あまり利用されていなかったのではないかという認識のもとに、制度のPRに努めるべきことや、具体的に手続を行う際国民がわかりやすいものにすべきであることを主張していた。

　2004年12月17日にまとまった検討会の報告には、改正手続法の要綱が盛り込まれた。[29] この要綱をベースにして総務省行政管理局行政手続室の課員が法案の立案作業に携わった。行政手続室の課員は、一方で、内閣法制局との法律案の法制的な詰めの作業を行うとともに、他方で、与党会派の議員を中心に法案の内容について根回しの作業を行ったようである。[30] 法案化作業の過程で、手続の名称が「意見公募手続」に変わり、また手続の対象について若干の変更があった。そして、3月11日に閣法第72号として衆議院に提出された。その後、参議院本会議で6月22日に可決成立するまで、法案は修正を受けていない。いずれの議院でも法案は、全会一致で可決された。改正法は同年6月29日に公布された。

---

[29]　行政手続法検討会の報告については、宇賀克也「行政手続法検討会報告と改正行政手続法」法学教室302号6頁（2005）が詳しい。また、明渡将「行政手続法の改正㈠・㈡——パブリック・コメント手続の法制化」自治実務セミナー44巻10号28頁、11号24頁（2005）も参照。

[30]　根回し作業の過程で、要綱が言及している「国民参加」という手続の目的に対して強い拒否反応を示した議員がいたようである。

第4節　改正法の概要

　改正法は、検討会報告を下敷きにしてできた法案が修正を受けずにそのまま成立したものである[31]。改正法は、検討会報告と内容的に若干変化している部分もある[32]。そうした点にも留意しつつ、改正法の内容について紹介しよう。

1　手続の対象

　行政立法手続の対象たる行政立法は、行政機関が定立する定めのうち一定範囲のものに限定されている。改正法2条8号は、「命令等」に関する定義を定め、「命令等」とは、内閣または行政機関が定める以下のようなものを指すとしている。第1に、法律に基づく命令（処分要件を定める告示を含む）または規則[33]、第2に、審査基準、処分基準、行政指導指針である[34]。このうち、「法律に基づく命令」とは、政令、内閣府令、省令、外局規則、行政委員会規則、人事院規則、会計検査院規則等である。「または規則」の「規則」は、2条1号に定義規定があり、地方公共団体の執行機関の規則を指す。審査基準等で改正法第6章の行政立法手続に関する規定が適用になるのは、公にされるものに限られる。それは、3条2項6号によって、公にされるもの以外の審査基準等は適用除外されているからである。かくして、改正法は、行政立法手続の対象を政令や府省令および公にされる審

---

31) 宇賀克也「ベーシック行政法(16)　行政手続(2)」法学教室298号13頁（2005）は、改正法案の内容にも言及している。
32) 白岩前掲注25) 論文60頁、行政管理研究センター編『Q＆Aパブリック・コメント法制』（以下、『パブリック・コメント法制』として引用）1頁以下（ぎょうせい・2005）が簡潔に解説している。
33) 行政手続法検討会報告では、「行政立法」のうち「規準」について意見提出手続が行われるべきこととされていたが、改正法では、手続が課される対象範囲は「命令等」となっている。
34) 従来の行政手続法によると、審査基準・処分基準は行政庁が定めるものとされていた。しかし、改正法では、これらの基準の制定主体を行政庁に限定していない。そこで、行政庁以外の機関が定める基準でも、許認可や不利益処分をする際に「法令の定めに従って判断するために必要とされる基準」に当たるものは、すべて審査基準、処分基準になる。

査基準等に限定している。手続の対象となる行政機関によるこれら定めの性質については、後により深く検討する。

2 行政立法制定手続が課される行政機関の範囲

　改正法は、上に述べた「命令等」について第6章の行政立法手続を課しているが、「命令等」の制定機関の範囲が問題になる。従来の行政手続法は、会計検査院を行政機関に含めていなかったが、改正法はこれを行政機関に含めている。ここから、第6章の規定が適用される行政機関の範囲が拡大した。38条は、「命令等」を定める機関のことを「命令等制定機関」と呼んでいる。それは、結局のところ、国レベルでは、内閣、各府省、庁、委員会、人事院、さらには会計検査院、ならびにこれらの府省等の機関や職員のことである。

3 行政立法の一般原則

　改正法の特色の一つは、行政立法について実体的要件を定めたことである。これは、閣議決定のパブリック・コメント制度にはなかった。改正法38条は、命令等制定機関の実体的義務として二つの事柄を定めている。第1に、同条1項は、命令等を定めるに当たり、根拠法令の趣旨に適合しなければならないという。これは、法律の優位の原則、または委任命令は委任の範囲内で制定されなければならないという法理からして当然のことを定めたものといえよう。第2に、命令等制定後、社会経済情勢等の変化に応じ、必要に応じて検討を加え、場合によっては見直しを行う努力義務を負うことが規定された。この点については、たとえば、監獄法施行規則の幼年者接見禁止規定の違法判決を想起されたい。最判平成3年7月9日民集45巻6号1049頁は、施行規則の定めが監獄法の委任の範囲を超えると断言したが、その背後には、接見の自由に対する考え方の変化や幼年者の心情への配慮についてのとらえ方の進化があったはずである。このように行政立法を取り巻く環境変化があって、行政立法の内容の妥当性・適切性に疑問が生じたとき、改正法38条2項は、行政機関が当該行政立法の見直しを行うよう努めるべきであるというのである。この点は、政策評価と関係[35]

があるように思われる。政策評価法3条1項によれば、行政機関は、政策評価において、有効性や必要性等の評価を行い、その評価の結果を当該政策に適切に反映させなければならないが、行政立法も広い意味での政策の一種だとすれば、行政立法制定機関はこれについて評価し、必要とあれば見直しが望まれるところである。

ところで、以上の行政立法の一般原則に関する規定は、意見公募手続等が適用除外される行政立法には適用されていない。しかし、以上の二つの一般原則はいずれも当然の事柄を定めるものであるから、改正法38条は確認規定と見るべきであり、意見公募手続等が適用除外される命令等にも、この二つの原則は、明文規定の有無にかかわらず、妥当するものと解される。

4　意見公募手続等

「命令等」制定手続の具体的な内容を見てみよう。改正法は、命令等の制定手続として意見公募手続という仕組みを用意した。ここで、この手続の主体が行政機関になっていることに注意したい。検討会の審議においては、終始、パブリック・コメント手続または意見提出手続と呼ばれていた。検討会による要綱も「意見提出手続」と書いている。閣議決定手続も、市民・国民が主体となる命名になっていた。しかし、法案化の段階で、「意見公募手続」と変更された。そして、改正法も、行政機関が主体となる命名になっている。このように名称が変わった理由は、改正前の行政手続法が、行政機関または行政庁を主体として手続を定めていることと平仄を合わせたからではないかと推測される。[36]

具体的な手続内容は、閣議決定手続などの従来のパブリック・コメント

---

35)　白岩前掲注25)論文62頁脚注7)は、別の理解を示している。白岩論文によると、情報公開法等の最近の法律はその附則で一定期間経過後の見直し規定を盛り込んでいるが、改正38条2項の一般原則は、この見直し規定と同様の考え方に基づくものであるという。

36)　筆者は、改正法による命名にもかかわらず、改正法が規定している意見公募手続を含めた命令等制定手続という行政立法制定手続のことを、従来どおり「意見提出手続」、または「パブリック・コメント手続」と呼び続けたい。それは、第1に、行政立法の制定手続について、これら市民・国民を主体にした名称が既にかなり定着していると思われ

手続と大きな違いはない。手続は大きく四つの要素からなっている。第1に、原案等の公示。第2に、意見提出。第3に、提出意見の考慮。最後に、結果の公示である。改正法39条は、このうちの第1及び第2段階を意見公募手続と呼んでいる。

第1の原案等の公示段階では、原案や関連資料、根拠法令等がインターネットのホームページで公表されることになっている。これら公示事項について、改正法39条2項が「具体的かつ明確」なものであることを要求している。この規定は、原案等が国民にとってわかりやすいことが重要であるというメッセージを含んでいる[37]。

第2の意見提出の段階において、意見提出期間がしっかりと確保されている。39条3項は、公示日から起算して30日以上と定めている。これは、パブリック・コメント手続が「1か月程度を目安として」と定めていたところを参考にしたものである。両者に大差はなさそうであるが、最低30日を確保したことが進歩した点である[38]。すなわち、閣議決定手続のように「1か月程度」だと、3週間や25日でもさして問題はなかったが、改正法はそれでは許されなくなった。30日については、2004年7月の意見募集の際、短すぎるという意見がいくつも出された。たとえば60日にせよという[39]。確かに、30日では、案件によっては短すぎるということもあろう。しかし、一律に60日とすると、この期間を守れないものが数多く出てくるおそれがあり、その場合、まったく意見提出の機会を設けないで行政立法を制定する事態となってしまう懸念があった。こうした事態を回避するため、意見

るからである。また、第2に、市民・国民を主体にした名称の方が象徴的意義があると思われるからである。つまり、意見提出手続の方が一般にアピールし、国民・市民に意見提出を強く促す効果が期待できるのではないかと思われる。手続を通して多様な意見が広く提出されれば、最終的に制定される命令等の質が高まるのではないかと思われるが、そのためには、手続の名称の面で、市民・国民に意見提出を強く訴えかけるものの方が望ましいのではなかろうか。なお、改正法39条1項、3項、40条1項等には「意見提出」期間という文言があることにも注意したい。

37) 白岩前掲注25)論文63頁は、「具体的かつ明確な内容のもの」とは、一般国民による理解が容易なものをいうとしている。
38) 本書第6章第3節1は、ミニマムの期間を一律に要求し、行政立法の性質に応じてこの期間を延長する余地を認める仕組みを提唱した。
39) 前掲注32)『パブリック・コメント法制』139頁参照。

提出期間は30日とされたという経緯がある。複雑な案件、重要な案件については、30日といわずより長期間の意見提出期間を定めて意見を求めるよう実務上の工夫をすべきであると思われる。幸い、改正法は、最低30日としているので、より長期の期間を行政機関の裁量で定めることは禁止されていない。

意見公募手続には二つの特例がある。第1に、やむを得ない理由があるとき、30日を下回る意見提出期間を設けることができる。これは、30日の期間要件を満たせない場合、まったく意見提出手続を行わずに済ませるのではなく、短い期間でも、意見提出手続を行った方がよいという趣旨である。第2に、審議会等が意見公募手続に準ずる手続を行ったとき、命令等制定機関自体は改めて意見公募手続を行う必要はない。

さて、第3の提出意見の考慮については、42条が、提出された意見を命令等制定機関は十分に考慮しなければならないとしている。閣議決定手続も考慮しなければならないという責務を課していた。改正法はこれを法的義務に格上げしたところがポイントである。ここでの考慮義務は採用義務ではない。つまり、提出意見を十分に考慮するというだけで足り、そこからさらに進んで提出意見を必ず採用する必要まではない。もちろん、提出意見を単に考慮すれば足りるというのではなく、これを適切に考慮する必要があろう。したがって、採用されてしかるべき適正妥当な意見であるにもかかわらず、これについて一応考慮するのみで簡単に排斥してしまうのは許されないと考えられる。また、同趣旨の意見が相当多数提出されたとしても、それで命令等制定機関の判断が拘束されるわけではない[40]。同趣旨の意見が極めて多数に上っても、最終の命令等がこの意見を採用するよう拘束されることはない。もちろん、命令等制定機関が最終の命令等を制定するに当たって、同趣旨の意見が国民から極めて多く提出されたという事実をそれなりに重く受け止めるべきであろう。

最後に、結果の公示について。提出意見を考慮し、これを採用する場合

---

40) この制度は、多数決の制度ではない。宇賀前掲注29) 論文15頁、白岩前掲注25) 論文63頁。

にはその理由を、また採用しない場合は不採用理由を公示するというものである。これも従来のパブリック・コメント手続の実務で行われていた「考え方」の提示と同趣旨のものである。改正法が目新しい点は、「考え方」ないしはこれと同趣旨のものをインターネットを通して広く公表することを義務づけた点である。

5　公示制度の創設

政省令等は公布行為を行って初めて法効果が生ずるが、従来から政省令等の公布は官報に登載するという形式が用いられてきた。しかし、官報登載方式にはいくつかの問題点がある。それは、利用者が限られていること、官報登載までの手順が役所にとって面倒なことなどである。そこで、改正法は、インターネットのホームページを利用する公示制度を新たに設けた。[41] インターネットを利用することで、各行政機関がそれほど手間をかけず、また官報登載の事務手続の煩雑さを回避しながら、広く一般に行政立法の趣旨などを公表できるようになる。情報リテラシーの問題やネット環境の普及度の問題はあるものの、これまで以上に多くの者が安価で容易に行政機関の「考え方」等にアクセスできるという利点がある。

この公示制度によって公表が行われるのは、原案段階と、結果段階との二つである。原案段階では、原案の他、根拠条項、関連資料等が公示制度によって公表される。また、結果段階では、二つの場合に分けて、それぞれで異なる項目が公表される。第1に、意見提出手続が行われた場合、提出意見考慮結果及び理由が公表される。第2に、緊急の必要性などがあって適用除外に当たり、意見提出手続が行われなかった場合、命令等の趣旨が公表される。

6　理由提示

公示制度は、理由提示の要素も含まれている。前述の二つの場合に分けてこの点を敷衍してみよう。第1に、意見公募手続が行われた場合につい

---

41)　この公示には、「電子政府の総合窓口」が利用される。

て。この場合、改正法が、結果公示段階で当該命令等の趣旨目的や制定理由を公示せよと要求しているわけではない。しかし、この場合、原案公示段階で、制定理由や趣旨について公示されるのが普通で、原案と最終的に制定された命令等との内容に大きな変更点がないとき、原案公示段階での制定理由等が、最終命令等の制定理由であると考えて大きな間違いはない。また、結果公示段階で「考え方」等を公表することになっている。この「考え方」は制定理由そのものではないが、当該命令等のいくつかの論点に対する「考え方」が出ているわけで、そこから当該命令等の全体の制定理由を推測することは容易であるといえよう。つまり、「考え方」から、命令等の制定理由や趣旨をうかがい知ることができる。

　第2に、緊急の必要性などがあって、意見公募手続が適用除外された場合について。この場合、43条5項によって結果公示の際に命令等の趣旨を公表すべきことになっている。

　いずれにしても、公示制度によって行政立法の趣旨目的が明らかになることがうかがえる。そうすると、公示制度によって、理由提示のいくつかの機能が果たされることが期待できる。[42] 周知のように、行政処分の理由提示制度は、行政手続の重要な仕組みの一つであり、いくつかの有益な機能を果たす。一般に、理由提示には、①恣意抑制機能ないし慎重配慮確保機能、②不服申立便宜機能、③決定過程公開機能、④説得機能があるとされる。行政立法手続においても、「考え方」や趣旨が公示されると、同様の望ましい機能が果たされることになろう。たとえば、提出意見に対して行政機関の「考え方」が明らかにされると、提出意見を考慮しなかったり、これをぞんざいに扱ったりすることが抑止できるであろう。これによって、提出意見に対する慎重配慮が確保される。また、公示された「考え方」を見れば、提出意見に対する考慮に遺漏がないかどうかが外部から容易にチェックでき、仮に遺漏があることが分かれば、それについて争うこともできる。さらに、提出意見に対する「考え方」や提出意見を受けての修正の

---

[42] 白岩前掲注25) 論文64頁は、結果の公示等の義務づけで、命令等制定機関は、自らの判断の過程を明らかにすることとなり、国民等に検証の材料を提供することになるという。

有様が公示されるので、どのような意見に基づき、どのような点を重視して、原案の修正に至ったのか、外部に明らかになる。まさに決定過程の透明性が高まるといえよう。[43]

7 適用除外

最後に、適用除外について見ておく。適用除外は、改正法が要求する規定のどの部分を適用除外にするかという観点から、大きく二つのものに分類できる。[44]

第1に、改正法第6章の規定全体を適用除外する類型である。これは、第6章の実体規定と手続規定の両方を適用除外するものである。3条2項、3条3項、4条4項がこれについて定めている。3条2項は、命令等の内容や性質に着目した適用除外である。内容的に抽象的・一般的規範とはいえないようなもの、たとえば、地域指定の命令、行政処分としての命令等である。3条3項は、地方公共団体が定める命令等について適用除外している。4条4項は、主に組織や人事等の行政内部事項を対象とした定めについての適用除外である。典型例は行政組織に関する命令等である。この第1の類型においては、第6章全体が適用されない。したがって38条の一般原則も適用されないことになる。しかし、既に見たように、38条は当然の事柄を確認的に定めたものであるので、この第1の類型において、38条の適用がないとしても、根拠法令の趣旨に従うべきであるという制約や社会経済情勢の変化に応じて見直すべきであるという制約は当然かかっているといえよう。

第2に、意見提出に係る手続規定が適用にならない類型がある。それは、39条4項が列挙している。これらは、軽微である、緊急の必要性がある、技術的読替であるとかで、わざわざ、意見提出手続を行って広く意見を求

---

[43] 宇賀前掲注29)論文12頁は、アカウンタビリティの観点から、行政立法を制定した根拠・趣旨・考え方を国民に説明すべきであるという。

[44] 39条1項が定める意見公募手続を完全な形で履行する必要がない類型がある。前に見たように、改正法40条は、これを「特例」と呼んでいる。この「特例」は、39条が定める意見公募手続の完全型を採用する必要がないという意味では、適用除外と考えても大きな間違いではないと思われる。

める必要性や合理性がない場合である。この第2の類型では、意見公募手続を行わずに済ませることができるが、43条5項によって、命令等の趣旨や意見公募手続を行わなかった理由を公示することになっている。

第5節　改正法の特徴

以下では、改正法の特徴点について少し立ち入った検討を加えてみよう。

1　行政立法手続の目的

行政立法手続の目的をどう捉えるのか、そしてそのことが既存の行政手続の目的つまりは行政処分手続や行政指導手続等の目的にどのような影響を及ぼし、1条の目的規定がどのように変わったのか、あるいは変わらなかったのかについて考えてみる。

検討会においては、行政立法手続の目的はいくつかあると考えられていた[45]。具体的には、①行政運営における公正の確保と透明性の向上、②行政機関による情報収集と判断の適正の確保、③判断過程への国民の適切な参加といった点が挙げられていた。その他、④政策情報の積極的提供を目的の一つとしてあげる意見もあった。ところが、改正法は、従来の行政手続法の目的規定の内容に基本的な変更を加えてない。行政立法手続の目的も、①行政運営における公正の確保と透明性の向上、そして究極的には、②国民の権利利益の保護に収斂する、あるいはそれらに尽きると考えている。

ここで明確なことは、検討会段階では出ていた「参加」という観点が改正法では抜け落ちていることである。これは、法案作成の過程で落ちたということで、こうした変更の真相は不明である。一つの可能性は、法案作成段階で、総務省行政手続室の担当者で手分けして、総務委員会のメンバーに根回しをしたとき、「参加」という点について強い異論が唱えられた可能性があり、議会対策、議員対策の観点から、「参加」という用語を前

---

[45]　検討会では、行政立法手続も含めた行政手続法の目的規定として、民主主義の理念や複雑な利害対立の調整ないし合意形成という点を盛り込むべきであるという見解（塩野宏「行政手続法典における総則規定について」公法研究47号173頁（1985））が紹介された。

面に出さなかったということが考えられる。

　しかし他方、「透明性」概念が構造転換したことも一因かもしれない。行政処分手続や行政指導手続との絡みでの「透明性」は、基本的には手続関係者である処分や行政指導の相手方に対する透明性が中心であったといえる。しかし、審査基準、処分基準、行政指導指針の関係でも透明性確保のためと言われると、透明性の中身は、直接の当事者を超えた関係者・第三者、さらに広く市民一般に対する透明性に変わってきたといえよう。このように透明性概念がより広い視角から捉えられるとすると、それと行政立法手続の目的とは親和的になってくる。中央省庁等改革基本法50条2項は、パブリック・コメント制度の活用や導入を提唱しているが、そこでは、パブリック・コメント制度の目的は政策形成過程の公正性・透明性の確保にあるとされている。

　最後に、意見提出手続の対象がある意味で限定されたことと、目的規定に基本的変動がなかったこととが、密接に関係している可能性がある。後に言及するように、手続の対象は要するに法規命令と審査基準等である。まず、前者は、従来の定義に従うと、権利義務に関する一般的規範ということで、まさに手続法の最終目的たる「権利利益の保護」に関係する対象だといえよう。次に、審査基準等についてであるが、これらも、実は権利義務に直接関係する処分や行政指導についての基準である。そうすると、やはり、これらを対象にすること自体、権利利益の保護に関わっているといえる。とにかく、権利義務に法的効果を及ぼしあるいは事実上強く影響する基準のみが対象になっていることから、その手続の目的は権利利益の保護に収斂されるという考え方が出てきても不思議でない。検討会をリードした見解がそのような考え方をもとにして手続を構想しようとしたのではないかと思われる。

2　行政立法手続の対象

　まず、行為形式面から、対象を画してみよう。改めていうまでもないが、行政の各種行為形式のうち、改正法の定めた手続は、講学上の「行政立法」を対象にしていることがわかる。そして、一般処分や行政計画は対象

から除くという方針が垣間見える。たとえば、3条2項3号は、処分としての命令を適用除外し、また2項4号では、地域指定命令なども除いている。

次に、改正法は行政立法の形式面から対象を限定している。第1に、政令、府省令、外局規則、人事院規則、会計検査院規則等である。第2に、審査基準、処分基準、行政指導指針である。この第2の類型は、1999年の閣議決定手続から対象に入った。この点は、1983年の「法律案要綱（案）」の「命令制定手続」と比較して大きな進歩であった。第2の類型が、閣議決定手続において対象に加わった理由の一つは、当時、パブリック・コメント手続を審議会手続に代替するものとして仕組むことが考えられており、審議会では、政省令だけではなく、審査基準等をも対象にして審議していたという経緯があったということである。

さて、内容面から手続対象を分析してみよう。第1に、改正法は、規制に係る命令等に対象を限定していない。給付等に係る命令等も対象にしている。この点は、閣議決定手続から大きく進歩した点である。第2に、対象となる命令等には、2条8号によると「法律に基づく命令」および「規則」が含まれるが、これらについて、3条2項と4条4項が適用除外を定めており、処分的性質のもの、地域指定等を行うもの、行政組織に関するもの、予算・決算・会計に関するもの等が除かれる。かくして、これら除外されたものを差し引いた「法律に基づく命令」および「規則」とは、結局のところ、講学上の法規命令概念──国民の権利義務に関する一般的規範──にほぼ相当するといえよう。そうすると、対象となるいくつかの命令等の形式は、要するに法規命令と審査基準等になる。いずれにしても国

---

46) 行政改革会議においては、パブリック・コメント制度の導入は、審議会の整理やその運営改善との絡みで議論されていた。行政改革会議事務局OB会編『21世紀の日本の行政』438頁、566頁、81-82頁（行政管理研究センター・1998）参照。
47) 2005年7月17日総務省内で行った津村晃氏に対するインタヴューによる。
48) 本書第6章第2節2（1）(イ)は、規制以外の分野でのパブリック・コメント手続の制度化を提唱した。
49) 改正法のもとになった行政手続法検討会報告は、「行政立法」の中の「規準」について意見提出手続を義務づけるとしているが、ここでの「規準」とは、①命令による定めで

民の権利義務に密接に関係する規範なり基準である。

　このことは、対象たる命令等のすべてが外部効果を持つということでは必ずしもない。外部効果を持ちうる形式である政令、府省令、外局規則等というものもあるが、それに加えて、外部効果はないと考えられている審査基準等も含まれている。しかしながら、最近の判例によると、審査基準や処分基準でも行政機関外の関係者に対して事実上強い拘束力を及ぼす基準であると理解されている。そうだとすると、改正法の対象たる命令等は、いずれにしても国民の権利義務に法律上または事実上強い拘束力を及ぼす規範なり基準であるといえよう。

　このことについて、最近の判例法を参考により深く考えてみたい。甲府地判平成17年6月24日（平成16年(ワ)第133号　損害賠償請求事件）[50]では、平等原則を媒介にして、通達にある種の法的効果を認めている。しかし、本判決は、平等原則を媒介にするのとは別の論理で、通達にある種の法的効果があることを基礎づけている。それは、通達の内容が合理的であると判断している点である。従来のように通達の外部効果を否定する立場からは、通達内容の合理性の有無にかかわらず、裁判所が判断代置できたといえる。[51]

　　　あって、国民の権利または義務について定めるもの、および、②上記①以外であって、処分または行政指導に際し行政機関が依るべきこととされる規準、指針その他これに類するものを指す。そこで、①は、法規命令、②は、審査基準、処分基準、行政指導指針といえよう。

50)　甲府地判平成17年6月24日（平成16年(ワ)第133号　損害賠償請求事件）は、認定基準は通達であって裁判所を拘束するものではないが、その内容が合理的であることに加え、同様の事例を同様に判断するという公平の見地からしてもこれにしたがうのが妥当である、と判示している。

51)　最判昭和43年12月24日民集22巻13号3147頁は、通達の外部効果を否定し、通達について裁判所は判断代置審査ができることを示した典型例である。同判決は、裁判所は、「通達に定める取扱いが法の趣旨に反するときは独自にその違法性を判定することもできる」と判示する。

　　　東京地判平成17年7月6日（平成11年特(ワ)第2719号　証券取引法違反被告事件）は、資産査定通達及び4号実務指針は、それらが（平成17年法第87号による改正前の）商法32条2項に定める「公正ナル会計慣行」に該当する場合には、同条項を介して、金融機関に対し、それらに従った会計処理をすることが義務付けられることになる、という。本判決は、通達が関連法令の解釈を示す場合、当該関連法令の外部効果を援用して通達も外部効果を持ちうることを明らかにしている。

54　第2章　行政立法手続の法制化

ところが、本判決ではそれをしていない。本判決の判断をさらに押し進めると、平等原則等という法の一般原則の媒介を経ることなく、合理性の審査をパスした通達に限定的な法的効果を認めるという対応が出てくることになると思われる。こうした対応は、合理性審査基準を満たすことで関係者を一定程度拘束する行政規則があるということに他ならない[52]。あるいは、行政規則でも合理性審査基準を満たす限りにおいて、裁判所が当該行政規則にある種の法的効果を付与するということである。

　既に、最高裁でも同様のことが事実上行われている。それは、伊方原発訴訟（最判平成4年10月29日民集46巻7号1174頁）などである[53]。そこでは、行政庁の判断に不合理な点があるかどうかが審査されているが、その審査の一

---

52) 大橋洋一『行政規則の法理と実態』54頁以下（有斐閣・1989）は、通達のこのような効果を「自己拘束論」によって基礎づけている。同前掲注1)書274頁は、裁判所は規律内容が合理的である限りにおいて行政規則を裁判の基準とする、という。同書は、また、このような考え方は、行政は自ら作成した基準に拘束され、合理的な理由がない限り、基準から離脱できないという意味で、「行政の自己拘束論」と呼ばれる、という。自己拘束論については、乙部哲郎『行政の自己拘束の法理』（信山社・2001）を参照。

53) 最判平成17年5月30日民集59巻4号671頁（平成15年(行ヒ)第108号　原子炉設置許可処分無効確認等請求事件）は、「規制法は、上記基準の適合性について、上記のとおり原子力安全委員会の意見を十分に尊重して行う主務大臣の合理的な判断にゆだねていると解されるから、現在の科学技術水準に照らし、原子力安全委員会若しくは原子炉安全専門審査会の調査審議において用いられた具体的審査基準に不合理な点があり、あるいは当該原子炉施設が上記の具体的審査基準に適合するとした原子力安全委員会若しくは原子炉安全専門審査会の調査審議及び判断の過程に看過し難い過誤、欠落があり、主務大臣の判断がこれに依拠してされたと認められる場合には、主務大臣の上記判断に不合理な点があるものとして、同判断に基づく原子炉設置許可処分は違法と解される」と判示する。

　最判平成15年7月18日判時1839号96頁は、固定資産課税台帳に登録された建物の平成9年度の価格を不服としてなされた審査の申出に係る事件であるが、次のように判示する。「評価基準は、平成9年度の家屋の評価における評点1点当たりの価額を、自治大臣が別に指示する金額を基礎として市町村長が定めるものとしている……。そして、自治大臣が別に指示する金額は、通達により、1円に『物価水準による補正率』と『設計管理費等による補正率』とを相乗した率を乗じて得た額とされ、非木造家屋については、全市町村を通じ、『物価水準による補正率』が1.00、『設計管理費等による補正率』が1.10とされている。……伊達市長は、本件建物について評価基準に定める総合比準評価の方法に従って再建築費評点数を算出したところ、この評価の方法は、再建築費の算定方法として一般的な合理性があるということができる。また、評点1点当たりの価額1.1円は、家屋の資材費、労務費等の工事原価に含まれない設計監理費、一般管理費等

環として、原子力安全委員会もしくは原子炉安全専門審査会における専門技術的な調査審議において用いられた具体的審査基準に不合理な点がないかどうかが審査されている。そして、この具体的審査基準に不合理な点がなければ原子力安全委員会等は基本的に係争審査基準に基づいて判断してよいが、この具体的審査基準に適合するとした原子力安全委員会等の調査審議及び判断の過程に看過しがたい過誤・欠落があり、被告行政庁の判断がこれに基づいてなされたと認められる場合には、被告行政庁の判断は不合理なものとして処分は違法となるという。この最高裁の判断は、具体的審査基準が、不合理でなければ、それは関係者特に原子力安全委員会等を拘束しうる、という趣旨ではなかろうか。そうすると、伊方原発訴訟最高裁判決は、具体的審査基準について合理性の有無という司法審査基準による審査を行い、これをパスする場合、具体的審査基準に一定の法的効力を認めたものといえる。それは、裁判所が司法審査の結果、行政機関の審査基準に一定の法的効果を付与したものと捉えることができる。

　　負担額を反映するものとして、一般的な合理性に欠けるところはない。そして、鉄骨造り……の店舗及び病院用建物について評価基準が定める経年減点補正率は、この種の家屋について通常の維持管理がされた場合の減価の手法として一般的な合理性を肯定することができる。」
　「そうすると、伊達市長が本件建物について評価基準に従って決定した前記価格は、評価基準が定める評価の方法によっては再建築費を適切に算定することができない特別の事情又は評価基準が定める減点補正を超える減価を要する特別の事情の存しない限り、その適正な時価であると推認するのが相当である。」
　最判平成17年7月14日判タ1189号163頁（平成15年（受）第1284号　損害賠償請求事件）は、「平成4年法律第73号による改正前の証券取引法の施行されていた当時にあっては、適合性の原則を定める明文の規定はなかったものの、大蔵省証券局長通達や証券業協会の公正慣習規則等において、これと同趣旨の原則が要請されていたところである。これらは、直接には、公法上の業務規制、行政指導または自主規制機関の定める自主規制という位置付けのものではあるが、証券会社の担当者が、顧客の意向と実情に反して、明らかに過大な危険を伴う取引を積極的に勧誘するなど、適合性の原則から著しく逸脱した証券取引の勧誘をしてこれを行わせたときは、当該行為は不法行為法上も違法となる」という。
54)　宮田三郎「裁量と専門技術性」行政判例百選Ⅰ（第4版）169頁（1999）は、本最高裁判決による司法審査方式を「合理性コントロール」と呼び、それが具体的審査基準自体の内容の合理性と、係争施設がこの具体的審査基準に適合するとした判断の合理性の2点に及ぶことを本最高裁判決は明らかにしたという。

ところで、審査基準、処分基準の多くは伊方原発訴訟などで問題となった審査基準や通達と同様の性質を持っているのではなかろうか。つまり、許認可等や不利益処分を行う際の法令の定めに従って判断するために必要な基準であり、こうした基準を行政機関が制定する際には行政機関に一定の判断の余地があるものといえよう。そこで、意見公募手続の第2の対象である審査基準、処分基準の多くは、純粋な外部効果とはいわないまでも、合理性の司法審査基準さえ満たせば外部効果類似の効果が認められる基準といえよう。その意味で、改正法が手続の対象としたものの多くは、何らかの法的効果を持つ基準であると整理することができる。そして、改正法の立案者は、命令等がこのように何らかの法的効果を持ち、同時に国民の権利義務に直接関係するからこそ、広く意見を求めて権利利益の保護に役立てる必要があると判断したものと理解することができよう。

---

55) 常岡孝好「司法審査基準の複合系」『法治国家と行政訴訟　原田尚彦先生古稀記念』388頁（有斐閣・2004）は、各種の司法審査基準の意義について分析し、係争行政決定の適否を判断する最終決定権が裁判所と行政機関のどちらにあるかという観点から各種司法審査基準を整理する。すなわち、一方で、判断代置を行う司法審査基準は、行政決定の適否についての最終判断権が裁判所側にあるというものであり、他方で、司法審査を排除する司法審査基準は、最終判断権が行政機関側にあるというものである。合理性の司法審査基準は、この中間に位置づけられる。行政決定の適否についての最終判断権が行政機関側にある場合、行政決定は、司法審査の機会があったにもかかわらず、裁判所によって審査されないので、当該行政決定は、結果として、行政機関が意図したとおりの効果を発揮することになる。したがって、司法審査を排除する司法審査基準が用いられる場合、行政機関が当該決定によって関係者を法的に拘束しようと意図したのであれば、そのような効果が発生することになろう。これは、当該行政決定が結果的に法的拘束力を有するということである。ここでの行政決定は必ずしも個別具体の行政処分に限定されない。行政立法であることもある。その場合、司法審査を排除する司法審査基準によって司法審査が行われたら、当該行政立法は、たとえ類型的には行政規則に分類されるものでも、結果的に関係者を法的に拘束する効果を持ちうることになる。こうした司法審査が現実に行われるかは、実は疑わしい。それは、本来法的効果がないと理解されている基準について、裁判所が司法審査を行わずに、これについて結果として法的効果を付与することになり、憲法上問題が多いからである。しかし、司法審査を排除する司法審査基準ではなく、中間的な司法審査基準が用いられ、問題の行政立法に関係者を法的に拘束する効果を結果的に認めることは、より問題が少ないであろう。それは、裁判所が当該行政立法について一応の司法審査を行っているからである。

3　意見提出資格者

　改正法は、意見・情報を提出できる者の範囲について正面から定めているわけではない。ただ、39条1項は、「広く一般の意見を求めなければならない」と定めている。ここから、「広く一般」が、意見を提出できることになろう。そして、「広く一般」とは日本国籍を有する者に限定されていない。外国人、外国法人、外国政府なども「広く一般」に含まれる可能性がある。

　以上のように、意見提出が認められる者の範囲は極限にまで広がっている。従来の閣議決定手続と同様、意見提出資格者の範囲に限定はない。したがって、興味関心しかない者でも意見提出することができる。この点は、たとえば横浜市のパブリック・コメント制度のように広い意味での住民[56]——それは利害関係を有する者——に限定している例と対照的である。

　意見提出することができる者の法的地位はどのように解されるべきか、今後より深く検討する必要がある。筆者自身は、「広く一般」人は、各種の参加権を有すると捉えている[57]。まず、意見提出の前提として、原案や関連資料等を十分に開示してもらう請求権があると解される。そうでなければ、十分な情報が得られず、適正な意見をまとめることもできないからである。そして、「広く一般」人は、原案に対する意見を提出する権利があると解される。これが参加権の中核である。さらに、意見提出者は、自らが提出した意見を適正に考慮してもらうことを請求する権利を有するといえよう。

　このような各種の参加権が侵害された場合、それなりの救済手段を用意する必要がある。場合を分けて考えてみよう。第1に、本来行われるべき意見公募がまったく行われなかった場合である。あるいは、第2に、意見提出期間が短すぎ、意見提出が事実上できなかった場合である。さらに、

---

56) 横浜市パブリックコメント実施要綱3条3項は次のように定めている。この要綱において「市民」とは、次に掲げるものをいう。(1)本市の区域内に住所を有する者、(2)本市の区域内に事務所または事業所を有する者、(3)本市の区域内に存する事務所または事業所に勤務する者、(4)本市の区域内に存する学校に在学する者。

57) 本書第4章第6節以下、第5章参照。

58　第2章　行政立法手続の法制化

第3に、意見提出はできたが、提出意見がまったく看過された場合である。第1の場合、国民は一般に意見提出の機会を奪われたのであるから、国民一般が参加権を侵害されており、これについて国民一般が被害回復を要求する権利があるといえよう。第2の場合も同様であろう。しかし、第3の場合、提出意見を適正に考慮してもらえず、その点で不利益を受けているのは、一部の意見提出者だけである。そこで、この不利益を現実に受けた意見提出者が、提出意見についての不適正な処理について争う資格があると思われる。とにかく、意見提出という参加権を何らかの形で侵害された者は、裁判的救済を受ける資格があると解すべきである。

4　意見提出手続における協議過程の密度

　意見提出手続は、情報の相互交換の過程としてみたとき、行政機関と国民との1回半の情報交換の過程と捉えることができる[58]。すなわち、行政機関からの原案、関連資料の公示→国民からの意見提出→行政機関による考慮→行政機関による結果及び「考え方」の公示という過程である。このような過程は、審議会過程などと比較して、大きな利点がある。それは第1に、特別の利害関係人との不透明な根回しの過程を透明化できる点である。第2に、審議会委員の人選の不公平や偏りからくる答申内容の偏向という問題を回避することができる。第3に、従来埋もれていた意見・情報を広く（浅く？）吸い上げることができる。

　しかし反面この過程には陥穽もある。それは、意見・情報交換の過程において、誤解、説明不足、理解不足が起こりやすいということである。実例を挙げよう[59]。行政手続法検討会が2004年7月に行った意見募集での出来事である。このとき、説明が必ずしも十分ではなかったので、「設問の意

---

58)　本書第7章第4節は、「一往復半の（情報）流通」と呼ぶ。
59)　横須賀市のパブリック・コメント手続制度素案（平成13年6月）が公表され、それについて筆者も意見を提出し、条例化により手続権を認めるべきだと主張した。筆者の説明不足のせいか、筆者の主張は侵害留保説に立脚していると誤解された。本質性留保説によって条例が制定されるときでも、一定の場合、住民等に権利が生ずることはありうるはずである。

味が不明で意見の出しようがない」という意見（批判）が出された。こうした説明不足や誤解を起こさない工夫が必要だと思われる。濃密な意見交換が行われれば、こうした事態が起きることは減らせるはずで、1回半の情報交換といわず、場合によっては何回かの情報交換を行うよう実務で工夫する必要があろう。そのために、たとえば、関連情報の提供（41条）を活用して情報の相互交換の充実化に努めることを勧めたい。また、強い利害関係を有する者に対し特別の接触を持つこともあり得ると考える。ただし、その場合には、その特別の接触が透明性を保った形で行われるようにすべきである。

結びに代えて──今後の課題

　2006年4月1日、改正法が施行されたが、これをきっかけとして、今後解決していかなければならない課題についていくつか指摘しておきたい。第1に、改正法が既存の行政手続に対して与えるインパクトについて考察すべきであろう。今回制度化された行政立法手続は、明文規定の有無はともかく、国民主権・民主主義原理に基礎づけられた手続と見ることもできる。ここから、民主的契機を既存の行政手続にもより強く盛り込む必要がないかが問題になる。特に、申請に対する処分手続における第三者関与の手続を改善する必要があるのではないかと思われる。行政手続法10条で例示されている公聴会等の第三者関与の手続を民主的契機に照らして再検討すべきであると思われる。

---

60) 行政手続法検討会「行政立法手続に関する意見募集」（平成16年7月）は、「行政立法手続を定めるに当たって、行政立法の一般原則として定めるべきものがあるか」と問いかけた。これに対して、ある団体から、〈設問の趣旨が不明であり、意見を述べようがない〉という意見が出された。

61) 本書第7章「結びに代えて」は、より充実した討議・協議過程を導入すべき場合があることを主張する。

62) 改正法運用のための実務上の課題のいくつかについては、白岩前掲注25）論文参照。

63) 原田尚彦『行政法要論（全訂第6版）』114頁（学陽書房・2005）は、法律の施行区域を定める地域指定、行政上の給付水準の定め等を「準立法」と呼び、具体的状況に応じて

第 2 に、言うまでもないが、改正法違反は手続的に違法と評価されるので、この手続違法を是正する手段が何かを考えておく必要がある。とりわけ、手続違法についての裁判上の是正手段、訴訟形式は何であるべきかについて究明する必要がある[64]。同時に、手続違法のすべてが命令等の法的効果を否定する事由になるかどうか、すなわち手続的瑕疵の効果についても検討を深めるべきであろう。

第 3 に、意見提出の過程を充実したものにして意見交換の密度を高めるため、実務上の工夫をすべきである。

第 4 に、改正法 3 条 3 項は地方公共団体の命令等を適用除外したが、改正法46条によって、地方公共団体は、命令等制定手続について必要な措置を講ずるよう努めなければならない。つまり、地方公共団体の執行機関の規則の制定手続について制度化を図るよう検討する必要がある。自治体によっては、条例案や、基本的計画等を対象にしたパブリック・コメントの仕組みが要綱等によって出来上がっているが、そうした仕組みと改正法46条が要請する仕組みとの関係についても考える必要があろう。

第 5 に、行政手続に関する未だ解決されていない立法課題について早急に検討を深めるべきであろう。今回の改正法で行政手続の整備が尽くされたわけではなく、未解決の課題が残っている。特に、行政計画の策定手続については早急に検討を進めるべきであろう。

最後に、改正法によって制度化された意見提出手続が国民に十分に認知され、国民がこの手続を十分に活用することを期待したい。そして、行政

処分に準じた扱いをすべきであるという。他方、この準立法は、一般的な法規範の定立と同様の性質を持っているという。改正法はこうした準立法のすべてについて意見公募手続を課すことにはしていない。特に処分的な準立法は意見公募手続の対象から除かれる。こうした対応が妥当かどうか、および、いわゆる一般処分も意見公募手続の対象に含めるべきかどうか、今後検討を深めるべきであろう。

64) 塩野宏『行政法Ⅱ（第 4 版）』238頁（有斐閣・2005）は、通達の違法・無効の確認を直接に求める確認訴訟の可能性を示唆している。これに対して、芝池義一「抗告訴訟の可能性」自治研究80巻 6 号 3 頁以下（2004）は、行政立法の違法性を争う訴訟形式として無名抗告訴訟を示唆する。橋本博之『解説改正行政事件訴訟法』91頁（弘文堂・2004）は、紛争の成熟性が満たされている限り、行政立法の段階でダイレクトに確認の訴えを提起するルートが開かれることに一定の意義があるという。

機関の側ではなかなか気がつかない有益な情報・意見が国民から十分に提出され、最終的に制定される命令等の内容がより適正なものになることを願っている。[65]

---

[65] 本稿は、宇賀前掲注29）論文15頁に示された期待に強く賛同するものである。

第 3 章　改正行政手続法

はじめに

　2006年 4 月から、インターネットのウェブサイト「電子政府の総合窓口」(e-Gov) に新しいコーナーが設けられた。「意見・要望を述べる」箇所に、「パブリックコメント」として「意見公募手続等」という制度が出ている。この「意見公募手続」こそ、2005年 6 月29日に公布され、2006年 4 月 1 日に施行された「行政手続法の一部を改正する法律（平成17年法律第73号）」(以下、「改正法」という) が定めている行政立法の制定に係る手続である。e-Gov に意見公募手続に関係する情報が掲載されているのは、改正法45条 2 項を受けて、2006年 2 月 3 日に出された総務省告示第78号による。同告示は、意見公募手続の関係の公示は、「電子政府の総合窓口」(e-Gov) を利用するとしている。かくして、多数の案件が e-Gov に登載され、意見の提出を広く国民に呼びかけている。

　本章では、改正法の特徴と運用について、いくつかの視点から、検討したい。まず、改正法が成立する立法過程の議論を追い、改正法の意義や特徴を浮き彫りにしたい。[1]次に、改正法を特徴付ける点の一つとして、適用範囲の問題があるが、適用除外について検討し、改正法の限界を明らかにしたい。最後に、改正法を所管する総務省が改正法の運用について発出した文書を紹介・検討したい。これによって、改正法がどのように運用されるのか、おおよその見当を付けることができる。こうした考察を通して、改正法が定める意見提出手続が持つ法律上および実務上の課題を明らかにしたい。

---

1) 国会審議に至る改正の過程について、本書第 2 章第 1 節から第 3 節、宇賀克也編著『改正行政手続法とパブリック・コメント』1 頁（第一法規・2006）がある。

第1節　立法過程における議論

　法律を解釈するに当たって、立法過程における質疑応答の内容が参考になる。委員会や本会議において法律の趣旨や内容について提案者や大臣から説明がなされたとき、その説明は当該法律を解釈する上で特に参照される必要があろう。改正法の法案については、衆議院および参議院のそれぞれの総務委員会においてかなり詳細で突っ込んだ質疑応答がなされている。したがって大臣等の答弁から改正法案の概要、趣旨・目的、特徴をうかがい知ることができる。本節では、衆議院総務委員会および参議院総務委員会の質疑を詳しく分析して改正法の意義や特徴を改めて浮き彫りにしたい。

1　衆議院総務委員会における審議

　2005年6月9日に開催された衆議院総務委員会において、「行政手続法の一部を改正する法律案」(以下、「改正法案」という)について集中的に審議が行われた。そこでは、民主党から3名、共産党から1名の委員が質問に立ち、当時の麻生太郎総務大臣、および政府参考人の総務省行政管理局長等との間で、法案の趣旨や問題点について質疑応答が行われた。これらの質疑応答のうち、以下、主要な論点に限って紹介・検討することにする。なお、総務委員会においては、採決の結果、委員全員が法案に賛成した。

(1)　手続の趣旨・目的

　改正法案が導入しようとするパブリック・コメント手続の趣旨や目的をどのように見るのかが問題である。最初に質問に立った民主党の五十嵐文彦委員は、改正法案の趣旨について、「官の側からいくと政策を民主的に正当化しようということだろう」と述べている。これに対し、総務大臣は、

---

2) もちろん、注意すべき点もある。たとえば、委員の質問と大臣等の応答が必ずしもかみ合っているとはいえない部分がある。また答弁に立った大臣や政府参考人の答弁の趣旨が必ずしも明瞭でないこともある。質問者や大臣が、制度を細かな点まで精確に理解していないこともある。

3) 第162回国会衆議院総務委員会議録第18号平成17年6月9日1頁。以下、単に「議録」という。

本手続は事前に案を公示し、意見を公募し、出された意見を参考にして命令等を制定するというもので、それは「外から見たときの透明性と、……公正というものをより一層確保したい」、「国民の権利利益の保護」を図るという趣旨のものであると答えている[4]。また、「制定の手続を、……目に見えるようにする、透明化することによって公正を確保しようとするというのが本来の目的」であると応じている。ここで注目されてよいのは、大臣が、本手続の目的について、民主制、民主的正当化、参加について触れていないことである。

3番目に質問に立った民主党の寺田学委員も、改正法案が導入するパブリック・コメント制度の意義や役割について質問した。寺田委員は、パブリック・コメント制度の主たる役割は行政運営の公正さの確保と透明性の向上であるが、国民参加という視点も考えられるとする。そして、国民参加の重みがどの程度あるのかと問い質した[5]。これに対する大臣の答弁はかなり抽象的で不明瞭である。大臣は、パブリック・コメントを行うこと自体が広く一般の意見を大事にしているという意味であるという。市民の目線を重要視しているということであるともいう。ここでのやりとりにおいて、参加とは何か、パブリック・コメント制度が参加とどのように関係するのか、あるいはパブリック・コメント制度が参加に資することになるのかなどの点について深く立ち入った議論がなされているわけではない。

（２）「行政の隠れ蓑」

行政立法を制定する際、従来から、しばしば審議会が用いられてきた。しかし、この手法に対しては、行政側に都合のよい者だけを委員にして、行政に都合のよい答申をまとめてもらうという弊害があったといわれている。審議会手続は行政に都合のよい結論にお墨付きを与えるための仕組みで、審議会はまさに行政の「隠れ蓑」ではないかとされた[6]。五十嵐委員は、パブリック・コメント手続もこうした望ましくない作用を果たすおそれが

---

4) 議録1頁。
5) 議録8頁。
6) 兼子仁「審議会制度と国民参加」『法学セミナー増刊内閣と官僚』194頁（1979）、金子正史「審議会行政論」『行政法大系7』113頁（有斐閣・1988）、塩野宏『行政法Ⅲ[第三版]』80頁（有斐閣・2006）、藤田宙靖『行政組織法』92頁（有斐閣・2005）。

あるのではないかと詰め寄った。これに対して、総務大臣は、本手続の本来の目的は透明性と公正の確保であり、意見考慮結果を公開するなど、国民の目に曝し、各府省の不適切な実務については総務省として適宜指導してゆくことがあり得るので、パブリック・コメント手続が「隠れ蓑」になるという心配は必ずしも当たらないとしている。

（3）　政令・府省令への不適切な委任の増大？

五十嵐委員は、パブリック・コメント手続が法制化される結果、本来法律で定められるべき事項が、法律より下位の政令や府省令に委ねられ、一般の目に曝されない形で定められることが多くなる危険性があるのではないかと懸念を表明した。また、国会の場で本来明らかにすべき政策の基本的事項が政令や府省令に委ねられ、それらが国会審議の場にあまり上がってこないおそれがあるのではないかと問い質した。総務大臣はそのような懸念には及ばないと応じている。大臣は、本手続が国会審議に代替するものではないと断言する。また、法律規定事項は法律できちんと定めるのは当たり前で、本手続があるからといって法律事項について法律で規定しなくてよいということにはならないと述べた。大臣は、政令・府省令等への不適切な委任がないかどうか、国会が法律案審議の段階できちんと判断する責任があるとしている。おそらく、こうした国会の責任が適切に果たされるのであれば、不適切に多くの委任がなされることはないということであろう。

（4）　意見反映の担保制度

提出意見を反映して命令等を制定することを担保するため、結果を公示する制度が設けられている。しかし、この担保制度によっても、提出意見が最終の命令等の内容に必ずしも反映しないことが起こりうる。この点を捉えて、五十嵐委員は、提出意見が反映されない場合、意見提出者には対抗措置が無いのではないか、あるいは意見提出者を救済する仕組みがないのではないかと指摘した。これに対して、大臣は、本法案は命令等の制定

---

7)　議録1頁。
8)　議録2頁。
9)　議録2頁。

のための事前手続を定めるもので、事後手続たる救済措置について定めるものではないという。ただ、生じた権利侵害については行政事件訴訟の提起が考えられるとする。また、本手続の趣旨を活かすよう命令等制定機関に徹底することによって、提出意見の取扱いが適正になされることが確保されるという趣旨の答弁をしている。

なお、政府参考人は、別の質問に対する回答の中で、各省庁がこの法律の趣旨に沿ってこの法律を施行しているかどうかについて総務省は実情を調査し、問題のある事例があれば、その是正を進めていく必要がある、と述べている。[10] 総務省として、問題事例について各省庁に対して事後的に指導してゆくということであろう。しかしながら、寺田委員は、総務省による施行状況調査の際に問題事例が発覚したとしても、それは後の祭りであり、本制度そのものの信用性は担保されないと切り返している。

寺田委員は、手続違反を防止するため、手続違反に対して罰則を科す必要があるのではないかと質問した。[11] これに対して、政府参考人は、本改正法案が罰則規定を置いていない理由を説明する。行政機関の職員がこの法律に反した手続を行わないようにするため、既に国家公務員法等の一般法の仕組みが存在するという。つまり、国家公務員法が公務員の法令遵守義務、職務命令遵守義務を定めており、また国家行政組織法が行政機関の長に指揮監督権を認めており、これらによって法律の適正な執行が担保されている、という。大臣は、これまでの閣議決定に基づくパブリック・コメント手続の実務の中で悪意に基づいた実務が目につくわけではないので、職員を信用してよいのではないか、また、今後もそのような手続違反が生ずることのないよう指導してゆくのが基本である、と応じている。[12]

(5) 「組織票」への対応

これまでのパブリック・コメントの実務では、同種または同一内容の意

---

10) 議録8頁。
11) 議録10頁。
12) 悪意に基づいたものかどうかはともかく、これまでのパブリック・コメントの実務において適当ではないと見られる事例が散見された。これについては、明渡将「行政手続法の改正(五)——パブリック・コメント手続の法制化」自治実務セミナー45巻2号24頁(2006) 参照。

見が組織的に多数提出されることがあった。こうした場合、どのように取り扱うべきなのか。この点について、大臣は、提出意見を取り入れるかどうかについて、提出意見の数量ではかるのではないと断言している。そうではなく、「意見の内容の適正とか合理性とかいうものに着目しなければなら」ず、「合理的なものでありさえすれば反映されるべき」であると述べている[13]。つまり、同種・同内容の意見が多数出されたからといって、これを必ず取り入れて最終判断する必要はない[14]。

(6) 意見提出期間

パブリック・コメント手続の対象となる命令等の内容、規模、専門性等は千差万別である。大規模、複雑難解、重要性の高い命令等については意見を提出するまでに慎重な準備・検討の時間が必要であろう。そこで、委員は、影響が広範囲に及んだり、深刻な利害に関わったりする命令等については意見提出期間を十分に確保する必要があるのではないかと詰問した[15]。これに対する大臣の答弁は興味深い。本手続は一般的ルールを定めるものであるという。そして、行政機関によっては本手続の1か月というルールとは別に2か月にしたり、期間の延長を認めたりすることが十分あり得るとしている。これは、個別の作用法等によって意見提出期間を延長したり、実務上期間を延長したりすることもあり得るということである。

本改正法案は、意見提出のためのミニマムの期間を定めている。それゆえ、このミニマムの期間を超える期間を設定すれば、それでこの期間要件は満たされたことになる。しかし、この期間要件は、ミニマムの期間を超える期間を設定した後その期間を途中で変更・短縮することを禁止するものではない。たとえば、60日の意見提出期間を設けながら、それを途中で切り上げ40日に短縮することが禁止されるわけではない。こうした問題点について、寺田委員は、こうした信頼を裏切るような締め切り期限の前倒しを禁止する必要があるのではないかと迫った[16]。これに対して、政府参考

---

13) 議録2頁。
14) ただ、同種、同内容の意見が、組織票といえないにもかかわらず、多数提出された場合、命令等制定機関は、その多数の意見の重みを無視すべきではない場合があろう。
15) 議録2頁。

人は、この法律案は一旦定めた意見提出期間を途中で変更するということを前提にした仕組みを設けていないという。この法律の趣旨からすると、行政機関と国民との信頼関係のもとでこの法律が運営されるべきである、という。寺田委員は、さらに、行政機関に対する信頼感が万全とはいえない現状からすると、行政機関が信頼を裏切って締め切り期限を前倒しすることが想定できるが、そうした事態を封ずるため、これを法律で禁止しておく必要があるとたたみ掛けている。

(7) パブリック・コメントの対象

周知のように、政府や国会が関係したパブリック・コメント制度に関する取り組みは、政府部内で1997年12月に出された行政改革会議最終報告書がきっかけであるが、それが1998年の中央省庁等改革基本法50条2項に結実している。そこでは、パブリック・コメント手続の対象は、「重要な政策等」であった。これと比較すると、本改正法案は対象を命令等という行政立法に限定しているのが特徴である。稲見哲男委員は、パブリック・コメント制度のこうした沿革を踏まえて、パブリック・コメント手続の対象について質問した。稲見委員は、広く重要政策についてパブリック・コメント手続を採用していこうという検討がなされたのかと問うた[17]。これに対する大臣の答弁は、やはりパブリック・コメント制度の沿革を踏まえて、本改正法案の性格について論じている。すなわち、1999年の閣議決定で制度化されたパブリック・コメント制度の実績を踏まえて、そこで対象となっていた命令等について検討を行い、統一的な手続についての成案がまとまったので、今般、命令等について法制化の提案を行った、という。他方、「重要な政策」について積極的に広く国民の意見を聴くことの重要性について否定するものではないと補足している。

稲見委員は、さらに、行政計画など重要な施策についてパブリック・コメントを求めることを法制化するつもりがあるのかとたたみ掛けた[18]。この点に関する大臣の答弁は必ずしも明快ではない。パブリック・コメント手

---

16) 議録8頁。
17) 議録4頁。
18) 議録5頁。

続を行う対象を基本的に広げてゆきたいという。ただ、重要政策に関するパブリック・コメント手続を行政手続法の中に規定することについては検討すべきことが多々あろうと思われるという。[19]

（8） 現行の自治体のパブリック・コメント制度への悪影響？

多くの自治体でパブリック・コメントの仕組みが導入されている。ほとんどの都道府県、政令指定都市、かなりの中核市、特例市が、要綱、要領、条例によってこの仕組みを制度化している。そこでの特徴は、ある一定の条例案、基本的施策についてパブリック・コメントが求められることである。これらの行政の活動形式は、命令等とは違っている。そこで、自治体の行政手続条例が改正され、命令等についてのみパブリック・コメント手続が条例化されると、多くの自治体で現に行われている条例案、基本的施策等に関するパブリック・コメント制度はどのようになるのか。稲見委員は、命令等以外の行為形式についての現在の自治体のパブリック・コメントの実務が後退するのではないかとの懸念を表明した。[20]この点に関する大臣の答弁は簡潔である。従来自治体で広く実施されていた命令等以外の行為形式に関するパブリック・コメント手続を、今回の改正によって妨げるつもりはまったくない、という。

（9） 原案の具体性・明確性

改正法案39条2項は、原案は具体的かつ明確なものでなければならないと定めていた。この規定の意味について質問があった。[21]大臣の答弁は、「最終案」ではないが「最終的な段階の案」を示す必要があるという。つまり、成熟度が低いもの、検討が始まったばかりのものでは足りず、相当検討した上で自信を持ってまとめたという熟度のものこそが、39条2項の具体的・明確な案に当たるというのである。[22]

（10） 命令等の制定時期

本改正法案によると、意見提出期間が満了した後、行政機関は提出意見

---

19) これに対する稲見委員の反論は奮っている。稲見委員は、自治体では、命令等に限らず、条例案や基本計画の策定についてパブリック・コメントを実施しているという状況があるので、総務省のリーダーシップを発揮すべきであると要望している。
20) 議録5頁。
21) 議録8頁。

を検討し、提出意見を考慮しながら最終的な命令等を制定することになる。意見提出期間満了日から、最終的な命令等の制定日までの期間について、改正法案は定めていない。そこで、激しい反発が予想される命令等については、意見提出期間が満了した後、ある程度の冷却期間をおき、ほとぼりが冷めた頃、最終的な命令等を制定するという事態が生ずるかもしれない。[23] 寺田委員は、意見提出期間が満了してから命令等を制定するまでの期間を一定期間に区切るべきであり、もしその期間内に命令等の制定ができないのなら、その理由を提示したり、再度パブリック・コメントにかけたりすべきであると主張した。[24]

　政府参考人は、意見提出期間の満了日から命令等の制定日までの期間について一律の基準を設けるのは難しい、と応じている。それは、具体の命令等が、規模、内容等の点で多様だからである。ただ、この法律案の趣旨からすると、命令等は、意見提出期間満了日から可能な限り速やかに決定すべきである、ともいう。現実の命令等の制定日は、法律で定められた施行期日に沿ってほぼ決まってくる。また、周知期間や準備期間という要素を勘案して行政機関は命令等の制定期日を決定している。それゆえ、通常、一定期間寝かせたり、冷却期間を置いたりということはあまり想定できない。大臣も、一定期間寝かせておくということは現状ではおよそ考えられないという。[25] ただ、こうした不適切な実務が絶対に起こらないわけではな

---

22) このように、改正法案が定める意見提出手続は、命令等制定の初期の段階で広く国民の意見を求めるものではなく、早期の参加が保障されていないきらいがある。そこで、後戻りできないような段階になって意見を求めるもので、その段階で提出された意見を考慮しても、原案の微修正しか起こりえないのではないかと言われるかもしれない。宇賀前掲注1）書45頁は、案が具体的になるほど修正が困難になる傾向があるので、提出意見を十分に考慮して柔軟に対処することが期待されるという。

　ただ、改正法案は、後戻りの可能性を認めているといえよう。つまり、原案の大幅修正が起こりうることを認めており、その場合、第2ラウンドの意見提出手続が行われるとしている。宇賀前掲書54頁は、当初案から同一性が失われる程度に大幅修正が行われたとき、修正案については意見提出手続をとっていないので、改正法43条4項括弧書きを根拠に、改めて意見提出手続を実施しなければならない、とする。

23) こうした問題点については、既に、本書第6章第5節が指摘しているところである。

24) 議録9頁。

25) 必ずしも説得的ではないが、情報公開や「行政評価」があるので、そうした不適切な実務は回避できるという。

い、という。そして、大臣は、この不適切な実務が頻発してきた時点で、改めて行政手続法を改正する必要があるとする。

　なお、この命令等の制定時期ないし意見募集期間満了日から命令等の制定日までの期間に関連して、政府参考人は、意見提出手続の再実施について触れている。すなわち、一旦、意見提出を求めたにもかかわらず、ずっと放置していた場合、あるいは意見提出が終わった後で状況の変化が起こった場合で、意見提出を求めた案自体の実質に変化があったといえるときは、意見の提出を改めて求めるべきである、と述べている。[26] 意見提出の再実施の義務が、明文上は規定されていないが、この法律の趣旨から再実施が要求されるというのである。つまり、状況変化等が生じて、原案とはまったくかけ離れた内容の命令等が最終的に制定される必要が生じたとき、このまったくかけ離れた内容の命令等をそのまま制定することは許されない。それは、このかけ離れた内容の命令等についてそもそも原案を公示して意見提出を求めるという手続が行われていないからである。

(11)　原案修正の限界点

　本改正法案のパブリック・コメント手続は、提出された意見を考慮して原案をよりよいものに修正し命令等を最終的に決定する手続である。それゆえ、原案の修正がもともと織り込まれた手続である。しかし、原案が無制限に修正可能だとすると逆に問題が生じる。たとえば、国民の大きな反発が予想される条項を外した原案を作成してそれについて意見を求め、提出意見を考慮して修正したと称して、反対の強い条項を最終的な命令等に潜り込ませることが起きるかもしれない。[27] こうした不誠実な対応を心配して、寺田委員は、修正の限界点はあるのかと問い質した。[28] 政府参考人の答弁は誠に明快である。修正の限界について一般的な基準で答えることは難しいという。しかし、反発の強い条項を隠した原案について意見を求め、最終的な命令等にはこの条項が入っているという場合、国民に意見を聞い

---

26)　議録9頁。
27)　こうした問題点については、本書第6章第6節1が既に指摘しているところである。
28)　議録10頁。

ていないものについて決定することになり、それはこの法律の趣旨に反すると明言している。特に、原案を公示せず、国民の権利義務に実質的に影響のあるような変更を行うことは、この法律によっては認められないという。

それでは、原案に含まれておらず、意見も提出されていない事項を盛り込んで命令等を制定することは許されるか。それは、許される余地がある。政府参考人は次のように述べている。[29] どのような場合にそれが許されるか明確で一般的な基準を設定することは難しく、個別の事例に則しての判断になるが、形式的修正、軽微な修正、国民の権利義務に直接かかわらない修正の場合、原案に盛り込まれていない修正もあり得るとするようである。

2　参議院総務委員会における審議

2005年6月16日、参議院総務委員会が開催され、行政手続法の一部を改正する法律案について質疑応答が行われた。民主党、公明党、共産党、社民党からそれぞれ1名の質問者が立った。改正法案に関する参議院総務委員会における議論の質は、6月9日の衆議院総務委員会のそれと比較すると若干低調である。既に衆議院において法案の重要論点についてかなりの検討が行われたためであろうか。[30] ただ、いくつか実務的に重要な点に深く立ち入って議論しているのは特徴的である。以下では、質疑応答のうち、本改正法案の内容や問題点を理解するため必要な箇所のみを取り上げ考察することにする。なお、総務委員会においては、採決の結果、全会一致で法案は可決すべきものとされた。

（1）　法制化の意味

周知のように、1999年の閣議決定は、規制にかかる政省令等について行政機関が遵守すべきパブリック・コメント手続を制度化した。本改正法案は、このパブリック・コメント手続を法制化するものであるが、本改正法

---

29) 議録10頁。
30) 参議院総務委員会でなされた質問には、それほど高くないレベルの質問もわずかに見受けられ、これは質問に立った当該委員の勉強不足、理解不足を表しているように思われる。

案によって何が変わるのか。政府参考人は、今回の法制化の意味をいくつか列挙している[31]。第1に、パブリック・コメント手続を行う対象たる行政立法の範囲を拡大したことである。すなわち、規制にかかる政省令等から、国民の権利義務にかかる命令等に広げたことである。第2に、パブリック・コメント手続を行うべきことを法律上の義務として行政機関に課したことである。第3に、行政立法の一般原則を新たに定めたことである。従来、政省令等が濫用的に使われてきたきらいがあったが、そうした濫用的使用に歯止めをかけることが期待できるという。第4に、運用状況のチェックという点があるとする[32]。チェック機関として第三者機関を創設したわけではないが、国民一般に実際の運用状況を公表して批判を仰ぐという仕組みを作っているという。

(2) 意見提出権者

39条1項は「広く一般」の意見を求めなければならないと規定している。この「広く一般」とはどの範囲の者まで含まれるのか。たとえば、外国政府、地方公共団体、業界団体は含まれるのか。政府参考人である行政管理局長の答弁は次の通りである[33]。基本的に、日本人であろうが、外国人であろうが、自然人であろうが、法人であろうが一切問わないという。この答弁からすると、外国政府、地方公共団体、業界団体のいずれも、「広く一般」に該当し、意見を提出できる資格があることになる。ともあれ、本制度において意見を提出できる者について限定はされていないということである。つまり、特定の利害関係者、あるいは特定の資格者のみが意見提出権を持つという制度にはなっていない。

このように意見提出資格者の範囲に限定が無いとすると、逆に「不都

---

31) 第162回国会参議院総務委員会会議録第16号平成17年6月16日10頁。以下、「会議録」という。

32) 本章第3節で見るように、行政管理局長の「行政手続法第6章に定める意見公募手続等の運用について」と題する通知によると、総務省は施行状況調査を行って適正な運用を確保するという。また、同通知は、手続終了後も一定期間、案件をe-Govに掲載しておくとしている。これによって、広く国民一般からのチェックもある程度期待できるかもしれない。

33) 会議録3頁。

合」な事態が生ずるかもしれない。それは、特定の利益集団が「組織票」を大量に投入する、つまり同種・同一内容の意見を大量に提出し行政機関に負担をかけるという事態が生じかねないのである。藤本祐司委員は、こうした事態を招かないため、意見提出者の要件を定めるべきではないかと詰め寄った。[34] これに対する大臣政務官の答弁は、本制度のポイントがどこにあるのかを明瞭に示している。大臣政務官は、本制度は、広く一般から意見を提出してもらうことに力点を置いたものであるから、たとえば意見提出者の氏名や団体名を公示するという要件を課したとき、逆に意見提出を萎縮させることになり、広く意見を提出してもらうという趣旨を妨げることになるので、そうした要件を定めなかったという。

（3） 公表資料

39条1項は、原案と「関連する資料」を予め公示するとしている。同条2項は、原案は「具体的かつ明確」な内容でなければならないとしている。この2項を反対解釈すると、「関連する資料」の内容は「具体的かつ明確」である必要はないのかもしれない。1999年の閣議決定は、可能な限り公表すべき資料として、次のようなものを列挙していた。原案を作成した趣旨・目的・背景、根拠法令・規制影響分析等の原案に関連する資料、原案の位置づけである。この点を捉えて藤本委員は、閣議決定では、関連資料として具体的にいくつかの項目が列挙されていたが、本改正法案の関連資料の中身については具体性が無いのではないかと質問した。この点についての大臣政務官の答弁は、回りくどいものとなっている。[35] ただ、閣議決定の「案等」と「公表資料」を整理した上で、本改正法案の「案」と「関連する資料」の条文を作成したという。そして、閣議決定が列挙した「趣旨・目的・背景」は、改正法案において「当該命令等の案（命令等で定めようとする内容を示すもの）」の中に既に含まれているし、同じく閣議決定における「根拠法令」は、本改正法案39条2項において、「当該命令等を定める根拠となる法令の条項」と明示している、という。このように、閣議決

---

34) 会議録3頁。
35) 会議録4頁。

定が列挙していた事項の一部は、改正法案に取り込み済であるとする。そして、それ以外のものが「関連する資料」ということになるが、そうした資料を幅広く取れるように「関連する資料」という文言を使用したとする。大臣政務官は、最後に、総務省は運用指針を作成するので、その中で上述の点を詳細に決めたいという。総務省の運用指針によって「関連する資料」としてどのようなものがあるのかいくつか具体的に例示するということであろう。[36]

（4）　意見提出期間

本改正法案39条3項によると意見提出期間は30日以上である。1999年の閣議決定では1か月程度が目安となっていた。両者で大差がないように見えるが、改正法案では最低30日が確保されることになった点が進歩である。[37]ただ、閣議決定の下においても、2003年度の調査では、全体の54パーセントが28日以上56日未満で行われたとなっている。こうした実情を踏まえると、30日ではなく、もっと長い期間を定めることもあり得たはずである。藤本委員は、まさに、実績を勘案すると、意見提出期間は60日にしておき、緊急性がある場合に限って理由を付して30日にするというシステムの方が望ましいのではないかと述べた。[38]大臣の答弁は必ずしも歯切れのよいものではない。大臣は、意見提出期間と提出意見の多寡との相関関係は必ずしも高くないという。意見提出期間は長ければそれでよいというわけではなく、国民の関心が高いテーマに関しては短期間でも意見が多数提出されるので、30日あれば有用な意見は相当提出されるのではないかと述べた。国民の関心が高まり、提出意見が一般に増えてきた段階においては、意見提出期間の定めを見直す必要があるかもしれないが、現状では30日が適当ではないかと付け加えた。

またある委員は、大規模あるいは重要な案件については50日または60日

---

36)　本章第3節で検討する行政管理局長の通知が、まさにここでいう指針に相当するものといえよう。
37)　閣議決定のパブリック・コメント手続の原案についてであるが、本書第6章第3節1は、ミニマムの期間を一律に要求するという仕組みを提言している。
38)　会議録5頁。

というより十分な意見提出期間を設けるよう総務省・総務大臣は各省庁に呼びかけるべきではないかと提言した[39]。大臣は、案件によっては意見提出期間を30日といわず十分に取るよう総務省として各省庁に申し伝えなければならないと応じた。

（5）　結果の公示時期

　改正法案43条1項によると、命令等制定機関は、意見提出を求めて命令等を定めた場合、当該命令等の公布と「同時期」に提出意見を考慮した結果やその理由について公示すると定めている。1999年の閣議決定の下では、行政機関は提出された意見に対する「考え方」を取りまとめ公表するが、この公表は意思表示の時点までに行うことになっていた。したがって、閣議決定の下では、「考え方」の公表と、命令等の制定との間にタイムラグが生ずることがあり得た。つまり最終的な意思決定の前に、提出意見に対する考え方が公表されるという実務があった。ところが、改正法案では、こうしたタイムラグが生ずる可能性はほぼ塞がれた。それは何故なのか。政府参考人の説明は次のようにいう[40]。提出意見を考慮しそれを反映させながら命令等を定めることが確保できればよく、また、提出意見がどのような理由で命令等に反映したのかしなかったのか理解できればそれでよいので、前もって行政機関の「考え方」なり考慮理由を公表する意味は無いのではないかと考えたという。加えて、命令等の策定手続全体をできるだけ圧縮する方が事務負担の観点から望ましいと考えたという。つまり、命令等の公布に先立って結果の公示を行うことになると、結果の公示と公布との間にわざわざ期間を置くことを義務づけることになるが、その分、全体の命令等の制定に時間や人員がかかることになり、望ましくなく、簡素化できる部分は簡素化したいということである。

　政府参考人は、さらに、「同時期」の公示が、この制度の趣旨からしても望ましいという。すなわち、本制度の重要点は、透明性を確保するところにもあるので、どういう意見が提出され、それがどのように考慮されて

---

39)　会議録13頁。
40)　会議録6-7頁。

最終的な命令等の条文になったのか、国民一般が見られるようにすることが重要であるが、このような観点からすると、命令等の最終的な条文と提出意見やこれに対する行政機関側の採否の理由を一体的に同時期に出した方が国民に理解されやすい、と述べている。[41]

（6） 理由提示

改正法案43条は結果の公示について定めている。同条1項は、意見提出を求めて命令等を定めた場合、提出意見について考慮した結果やその理由を公示するとしている。これに対して、同条4項は、意見提出を求めたものの命令等を定めないことにした場合、提出意見について考慮した結果やその理由を公示するとは明定していない。藤本委員はこの点をつき、意見提出を求めたが命令等を制定しない場合、命令等を制定しない理由、提出意見を公示すべきではないかと迫った。[42] 意見提出者からすると何故制定されなかったのかは興味・関心があるところであり、制定しないという判断に至った理由を明らかにすることが過程の透明性を確保することにつながるという。これに対する大臣の答弁は、43条4項括弧書きに焦点を当てる。意見提出を求めたが、結局命令等を制定するに至らなかった場合、異なる案を出して再度パブリック・コメント手続を行うことが想定できるという。そのために43条4項括弧書きがあるという。おそらく、再度のパブリック・コメント手続が行われれば、その結果命令等が制定され、それと同時期に結果の公示がなされることになり、したがって、この過程の全体を見れば、提出意見に対する行政機関側の「考え方」なり採否の理由が公示されることになるということであろう。ただ、このように別の原案を作成して再度のパブリック・コメント手続が必ず行われるわけではないであろう。つまり、当初の原案に対する意見を考慮した結果、そもそも命令等の制定が必要ではないとか妥当でないと判断して、そこで手続が終了してしまうことがあり得る。このような場合、命令等を制定しないとする行政機関側の判断の理由は結局明らかにされないことになる。この点の改善は、今後

---

41) 会議録7頁。
42) 会議録8頁。

の課題であろう。

(7) 三者構成委員会等に係る命令等の適用除外

　改正法案39条4項4号は、相反する利害の調整を目的として相反利害関係代表者および公益代表者の三者からなる委員会等において審議を行うこととされている一定の命令等については、パブリック・コメント手続を行う必要がないとしている。法律上、公労使等の三者の代表者からなる委員会等において審議されることになっている一定の命令等については、パブリック・コメント手続は必要ないということである。その理由は何か。大臣は、三者構成の委員会の趣旨に言及する。[43] すなわち、中央労働委員会等の三者構成の委員会が関与する命令等については、この種の三者構成委員会の審議を踏まえ調整した上で制定するよう法律上義務づけられているという。そうした三者による利益調整に期待すべき場面では、広く国民に意見を求めることがかえって具合の悪いことになるという。

　三者構成委員会は、たとえば労使間の利害の調整を公平・中立的に行うことを目指したものである。しかし、現実には、この利害の調整が公平・公正に行えない制度的バイアスがかかっている場合がある。特に、委員会構成が偏っている場合、あるいは争点となっている事項について利害を有する者の代表者が委員として参加していない場合などである。公労使の三者構成委員会を例にとって考えてみよう。この場合、「労」といっても決して一枚岩ではない。「労」の中にも多様な利害がある。大企業労働者、中小企業労働者、派遣労働者、パートタイム労働者等々である。それぞれの利害は微妙に異なっている。それゆえ、パートタイム労働者の利害が絡む事項についてそれ以外の労働者の代表だけが委員となっている三者構成の委員会で、パートタイム労働者の利益を十分に確保する判断を下すことが果たしてできるのか、大いに疑問である。吉川春子委員は、三者構成委員会のうち最低賃金審議会を取り上げ、賃金が低廉な労働者の典型ともいうべきパートタイム労働者を比較的多く組織している労働組合の代表者が最低賃金審議会には加わっていないのは不当であるという。[44] そして、パー

---

43) 会議録11頁。

トタイム労働者を多く抱える労働組合の代表者を最低賃金審議会の委員に就任させるべきであると提言する。他方、このように最低賃金審議会の関係での命令等はパートタイム労働者だけではなく広く労働者一般に影響を及ぼすのでパブリック・コメントを行って広く国民の意見を求めることが行政運営の公正の確保と透明性の向上につながるのではないかと述べた。[45]これに対する大臣の答弁内容はやや抽象的である。すなわち、法律上三者構成委員会の調整に期待している場面でパブリック・コメントを行うというのは一般論として少々疑問があるという程度である。[46]

第2節 「命令等」と適用除外

　改正法は、行政立法についてパブリック・コメント手続を行うよう法制化するものであるが、パブリック・コメント手続を課す対象を画定している。それが、「命令等」である。[47]行政立法という用語は講学上のもので、その意味内容は学者によって必ずしも一致しているわけではない。そこで、手続を課す対象範囲を明らかにするため、改正法は「命令等」という定義規定を置いた。「命令等」とは、①法律に基づく命令（処分の要件を定める告示を含む）または規則、②審査基準、③処分基準、④行政指導指針である。このうち、①の類型の行政立法は国ないし中央レベルのものと、地方自治体レベルのものと2種類ある。中央レベルのものとして、「法律に基づく

---

44) 会議録11頁。
45) なお、最低賃金審議会に関しては、改正法39条4項4号が問題となるが、改正後の行政手続法施行令は、最低賃金審議会が定める命令等を改正法39条4項4号の適用除外に該当するとしてはいない。この点については、明渡将「行政手続法の改正（六）——パブリック・コメント手続の法制化」自治実務セミナー45巻4号21頁（2006）参照。ただ、最低賃金審議会に限らず、三者構成の委員会・審議会等で、委員構成が公正でないものが存在しないかどうか、吟味すべきであろう。特に、改正法39条4項4号の関係で適用除外とされる命令等に関与する、労働政策審議会、中央社会保険医療協議会、および船員中央労働委員会の構成が公正か、詳しく検討する必要がある。
46) 会議録12頁。
47) 「命令等」の内容、範囲、法的性質については、本書第2章第4節1、第5節2、を参照。

命令」があるが、より具体的には、法律に基づき定められる政令、府省令、委員会規則等である。また、「処分の要件を定める告示」もある。地方レベルのものが「規則」である。これは、地方公共団体の執行機関が定める規則のことで、個別法の委任を受けて地方公共団体の長等が定めるもの、または地方自治法15条、138条の4第2項に基づいて普通地方公共団体の長等が定めるものである。

　②③は、従来、行政庁が定めるもののみを指していた（旧5条1項、旧12条1項参照）。ところが、改正法では、行政庁が定めるものに限っていない。たとえば行政庁A以外の機関、仮に行政機関Bとすると、行政機関Bが定めた基準でも、行政庁Aが処分を行う際、法令の定めにしたがって判断するためにこれが活用される場合、行政機関Bの定めた基準は、審査基準なり処分基準となる。かくして、改正法は、審査基準、処分基準の概念を拡大した。同様に、④は、従来、行政指導をしようとする行政機関が定めるものを念頭に置いていた（旧36条参照）。しかしながら、改正法では、行政指導を行おうとする当該行政機関が定めるものに限っていない。行政指導を行う行政機関C以外の機関を仮に行政機関Dとすると、行政機関Dが定めた指針でも、行政機関Cが行う行政指導に共通してその内容となる場合、行政機関Dの定めた指針は、行政指導指針となる。ここでも改正法は行政指導指針の概念を拡大している。

　ともあれ、改正法はパブリック・コメント手続を課す対象となる行政立法の範囲を形式的に「命令等」に限定した[48]。そこには、多種多様な行政立法が含まれる。国民の権利義務を直接規律するものから、一般的な指針を定めるもの、行政組織の構造について定めるもの、行政組織の内部関係について定めるもの、行政処分的な性質を持つものなど多種多様である。このように、多様な「命令等」のすべてにパブリック・コメント手続を課すことは必ずしも妥当ではない。パブリック・コメント手続は行政立法の制定に当たって広く一般の意見の提出を求め、提出意見を反映しながら行政

---

48) いうまでもなく、「審査基準」、「処分基準」、「行政指導指針」という形式が存在しているわけではない。これらは、行為の形式に着目した概念ではない。審査基準等は、訓令、通達、告示などの形式で定められることがある。

立法を最終的に制定することを狙った制度であるが、命令等の中にはそもそも広く一般の意見を求める必要のないもの、または広く一般の意見を求めるのに馴染まないものがある。あるいは、広く一般の意見を求める手続を行うのが合理的でないものがある。そこで、改正法は、パブリック・コメント手続に関していくつかの適用除外を設けている[49]。本節では、この適用除外の内容を法律レベルと政令レベルに分けて詳しく検討することにしたい。そこから、改正法が抱える問題点の一端が明らかになるであろう。

1　適用除外に関する法律の定め

改正法は適用除外について大きく二つの類型を設けている。第1に、「意見公募手続等」と題する改正法第6章の全体を適用除外する類型、第2に、改正法39条1項の意見提出手続の規定を適用除外する類型である。第1類型は、39条1項の手続規定の適用を排除するだけではなく、第6章全体を適用除外しているので、38条の適用もない。また、43条も適用除外されるので、結果の公示を行う必要もない[50]。以下、第1類型、第2類型の詳しい内容を順に検討することにしよう。

（1）　第1類型

第1類型は、さらに三つの下位類型に区分することができる。第1に、改正法3条2項が列挙する類型がある。第2に、改正法4条4項が定める行政組織等に関する命令等がある。第3に、改正法3条3項が規定する地方公共団体の機関が定める命令等がある。

　(ｱ)　まず、改正法3条2項が列挙する命令等から検討しよう。3条2項は、行政立法の内容や性質の特殊性から意見提出手続を課すことが必ずしも妥当でないものについて定めている。3条2項は、1.法律の施行期日

---

49) 平成17年法律第73号の行政手続法の一部を改正する法律の制定に際しては、従前のような「整備法」は制定されていない。それゆえ、命令等制定手続に関する適用除外は、改正法が定めるものだけである。
50) 第1類型については、行政立法の一般原則を定めた38条も適用を排除されているが、38条は確認規定と見られるので、38条の適用がないとしても、第1類型の命令等を制定する行政機関は、38条が課している法令趣旨適合義務や見直し努力義務は当然に負っていると解される。

について定める政令（1号）、2.恩赦に関する命令（2号）、3.性質上処分に該当する命令・規則（3号）、4.施設・区間・地域等を指定する命令・規則（4号）、5.公務員の勤務条件について定める命令等（5号）、6.審査基準・処分基準・行政指導指針であって公にされるもの以外のもの（6号）を列挙している。これらの命令等は、必ずしも国民の権利義務に関係する一般的抽象的規範ではない[51]。たとえば、第2号について言うと、恩赦は内閣が恩恵によって与えるものであるから、恩赦を受ける権利を観念することはできない[52]。また、第3号について、形式は命令等でも性質上処分といえるものは、権利義務に関するが一般的抽象的規範定立行為とはいえない。この種の処分性を有する行為については、むしろ処分手続を行うことが必要で、意見提出手続を行うことは妥当ではない[53]。このように、意見提出手続は、特定人の権利義務に直接的個別具体的影響を及ぼす行為については必ずしも妥当ではなく、不特定人の権利義務に一般的抽象的影響を及ぼす行為について妥当する手続といえる。第4号の地域指定等も、一般的抽象的規範を定立する行為とは必ずしもいえない[54]。一般的抽象的規範定立行為と

---

[51] 3条2項1号の「法律の施行期日について定める政令」は、厳密に言えば、権利義務に関係する一般的抽象的規範といえよう。つまり、施行期日政令は、権利規制や義務賦課等が現実にいつから効力を発するかについて定めているが、これはまさに時間的観点から権利義務について定める規範といえよう。総務省行政管理局編『逐条解説行政手続法 平成18年4月』86頁（以下、『逐条解説』として引用する）は、施行期日の範囲は当該法律の附則において客観的に定められており、その範囲であれば、いずれの期日を定めることも許容されており、このような政令について広く一般の意見を求める必要性は乏しいと述べており、権利義務に関係しないことを理由にして意見提出手続の必要性が少ないとはしていない。

[52] 宇賀克也『行政手続法の解説（第5次改訂版）』70頁（学陽書房・2005）は、恩赦に関する命令は政府の高度の政策判断に基づくものであり、国民の意見を聞くのに馴染まないという。宇賀前掲注1）書36頁も参照。

[53] 明渡将「行政手続法の改正(三)——パブリック・コメント手続の法制化」自治実務セミナー44巻12号21頁（2005）、原嶋清次「行政手続法の一部を改正する法律」法令解説資料総覧284号13頁（2005）は、改正法3条2項3号の規定は、「具体的な法律関係や権利義務に直接影響を及ぼす場合」が該当すると述べている。明渡前掲論文は、具体例として、特定商取引に関する法律61条1項に規定する指定法人を指定する命令を挙げている。なお、宇賀前掲注52）書70頁は、このような命令・規則が私人に不利益な法効果を及ぼす場合であっても、特定の者を名宛人としない場合、不利益処分手続が適用されないため、かかる処分性を持つ命令・規則の制定手続は残された課題である、と指摘している。

個別具体的行政処分との中間に位置づけることができる行為といえよう。第 5 号の公務員の勤務条件に関する命令等は、公務員の権利義務には関わるが、国民一般の権利義務を規律するものでは必ずしもない。

　最後に、第 6 号の「公にされるもの以外のもの」について。この類型は、権利義務に関連する一般的抽象的定めといえないというわけではない。「公にされるもの以外のもの」の中には、権利義務に関する一般的抽象的定めといえるものが相当あるといってよい。それゆえ、この第 6 号の類型が適用除外されたのは、権利義務に関わらないとか、一般的抽象的定めでないからというわけではない。むしろ、当該命令等が非公開にされる必要性があることの結果、原案公示段階以降の手続全体を非公開で行う必要性が強いからである。たとえば、命令等を公にすると、かえって公共の安全や秩序が害されるおそれがある場合、国民の間に無用な混乱を生じさせる場合、監督や取締の実がかえって損なわれる場合等である。そもそも、行政手続法は、審査基準や処分基準を常に公にしたり公表したりすべきであると定めてはいない。また、行政手続法 3 条 1 項により、処分手続が適用

---

54)　前掲注51)『逐条解説』88頁は、告示の形式で行われる地域指定については、「処分の要件を定める告示」のみが「命令等」に該当するので、告示形式の地域指定は、「処分の要件を定める告示」に該当せず、したがって「命令等」にも該当しないという。つまり、地域指定告示については意見提出手続の対象外であるとする。

55)　地域指定等が、特定人を名宛人とした個別具体の処分と性質がまったく同じかというと必ずしもそうではない。地域指定等にあっては、関係者の範囲や人数が個別具体の処分と比較すると多いといえよう。小早川光郎『行政法　上』275頁（弘文堂・1999）は、地域指定を一般処分との関係で論じている。地域指定等は、一般的抽象的規範定立行為のように対象が広く国民一般というわけではない。しかし、にもかかわらず、個別具体の処分と比べると関係者の数は多数に上っており、この種の行為が命令等でもなく、通常処分でもないとすれば、意見提出手続も処分手続も課されず、まったくエアーポケットに入ってしまい手続保障を受けられない行為となってしまう。こうした事態は妥当ではない。地域指定等が規範定立行為と通常処分の中間的行為だとすれば、手続の面でも意見提出手続と処分手続の中間的な手続が必要であるといえよう。あるいは、最低限、意見提出手続程度の手続が必要であるといえよう。なお、宇賀前掲注52) 書71頁は、地域指定等に関する命令・規則の制定手続は、計画策定手続と密接に関係するため、両者を併せて検討することが望ましいと指摘している。宇賀前掲注 1) 書37頁も参照。

56)　なお、前掲注51)『逐条解説』90頁は、職員の採用、再就職規制、官民交流、職員団体について定める命令等は「勤務条件」に含まれず、本号により適用除外となるわけではないとしている。

除外される場合、当該処分に係る審査基準、処分基準は必ずしも公にする必要はない。行政指導指針についても同様である。このように、審査基準、処分基準、行政指導指針は、それらを公にすることから様々な支障が生ずることがあり、改正法はこのことを慮ってこれらを公にしないことを許している。このような場合、意見提出手続を行うと、原案公示段階、結果公示段階で、当該審査基準等の内容が明らかになってしまい、回避しようとしていた支障が生じてしまう。こうした支障を生じさせないため、意見提出手続を課さないことが妥当であるとされた。

　(イ)　第2に、改正法4条4項が列挙する類型がある。具体的には、1.国または地方公共団体の組織について定める命令等（1号）、2.皇統譜について定める命令等（2号）、3.公務員の礼式、制服、研修、教育訓練、表彰および報償ならびに公務員の間における競争試験について定める命令等（3号）、4.国または地方公共団体の予算、決算および会計について定める命令等（4号）、5.会計検査について定める命令等（5号）、6.行政機関相互間について定める命令等（6号）がある。これらの命令等は、行政組織、行政機関相互間関係、予算・決算・会計に関する命令等であり、または人事院や会計検査院関係の命令等である。

　このうち、皇統譜、人事院、会計検査院関係のものはさておき、それ以外のものはいずれも行政組織、行政組織内部事項、または行政機関相互間に関係する命令等である。これらの行政組織に関連する命令等は、国民の権利義務に直接関わるわけではない。これらの命令等は、そもそも行政機関と私人との関係について規律するものでもない。まず、1号の「国又は地方公共団体の……組織について定める命令等」を見てみよう。ここで、「組織」とは、例示にあるように、機関の設置、所掌事務、任務、内部組織等である。1号に該当する命令等の具体例として、各省設置令、各省設

---

57)　前掲注51)『逐条解説』93頁は、「公にされるもの以外のもの」すなわち秘密にしておくものの類型として、公にすることにより、「国民の安全が害されるおそれのあるもの」、「公共の安全と秩序の維持に支障を及ぼすおそれのあるもの」、「国民の間に混乱を生じさせるおそれのあるもの」、「監督等の目的が達成できないおそれがあるもの」等を挙げている。

置規則等がある。これらは、行政機関と私人との関係について規律するものではない。次に、4号の「国又は地方公共団体の」「予算、決算及び会計について定める命令等」、ならびに「財産及び物品の管理について定める命令等」は、基本的に、行政組織内部的な事項に関する規範である。これらも、基本的に行政機関と私人との関係について規律するものではない。最後に、6号の「国の機関相互間について定める命令等」は、行政機関相互間についての命令等であり、行政機関と私人との関係に係る命令等ではない。同号の「国と普通地方公共団体との関係及び普通地方公共団体相互間の関係」についても同様である。

かくして、4条4項各号に列挙された類型は、行政組織に関連する命令等が中心で、それらは基本的に行政機関と私人との関係について規律するものではなく、国民の権利義務に関する規範とはいえない。行政手続法は、基本的に行政機関と私人との関係について規律するものであるといわれる。この見解からすると、行政機関と私人との関係に関わらない事項は、行政手続法の対象外の事柄といえるかもしれない。さらに、この見解からすると、行政機関と私人との関係に関わらない行政組織等に関する命令等について手続規律を定めることは、行政手続法の守備範囲外の事項ということになろう。また、行政組織等に関する命令等については、それが行政機関と私人との関係について規律するものではないので、行政機関と私人との

---

58) もっとも、4号括弧書きにあるように、予算、決算、会計関係、または財産管理、物品管理関係の命令等の中には、行政機関と私人との関係について規律するものもある。それらは、適用除外からは除かれており、意見提出手続の対象となる。

59) なお、法定受託事務に係る処理基準の扱いについては争いがある。塩野前掲注6)書217頁は、処理基準は行政手続法上の審査基準、処分基準に該当するものがあるが、意見公募手続の対象とはならないという。宇賀前掲注1)書40頁も参照。これに対し、前掲注51)『逐条解説』127頁は、地方自治法245条の9に定める処理基準は、行政手続法4条4項6号に該当するとは限らないという。その理由として、処理基準は、法定受託事務について定める基準であるが、当該事務が都道府県と住民との関係に係る事務であれば、それについて定める処理基準は都道府県と住民との関係について定める基準であり、必ずしも国と都道府県との関係について定める基準とはいえないからである、という。

60) 明渡前掲注53)論文22頁、原嶋清次「行政手続法の一部を改正する法律の概要」季刊行政管理研究111号54頁（2005)、前掲注51)『逐条解説』118頁参照。

関係を規律するものと同様の手続規制を設けることは適切ではないといわれる。[61]

確かに、国民の権利義務に関する一般的抽象的規範の定立と組織規範の定立とでは、手続に差があってしかるべきかもしれない。しかしながら、行政機関と私人との関係に係る命令等について改正法が要求している手続は簡便な手続である。こうした簡便な手続は、行政機関が国民一般を対象にして策定する命令等の場面でだけ有効というわけではないであろう。広く一般の意見を聴取して策定するのが望ましい命令等は、必ずしも、国民一般の権利義務に関係する規範に限られないのではなかろうか。行政機関が策定する組織規範の中にも、広く一般の意見を求めこれを考慮して制定するのが適切なものが存在するのではなかろうか。[62] 意見提出手続は広く一般の意見を提出することができる手続であるが、それは広く一般が自己の権利利益を擁護するという意味があると同時に、広く一般が参加して行政決定を統制するという意味もある。こうした民主的統制の観点からすると、意見提出手続の対象は国民の権利義務に関わる規範だけに限定する必要はない。[63] 今後、改正法4条4項の政策的な妥当性を吟味していく必要があろう。

(ウ) 第3に、地方公共団体の機関が制定する命令等について。地方公共団体の機関が制定する命令等としては、具体的には、知事や市町村長が

---

61) 前掲注51)『逐条解説』118頁。
62) 宇賀前掲注1)書39頁は、組織規範が国民生活に大きな影響を与え、国民の大きな関心事になることがあるので、そのような場合には、運用上、意見提出手続を行うのが望ましい、という。
63) 確かに、行政手続法は、国民の権利利益の保護に資することを目的とする(1条)。そしてここにいう「国民」は、一般私人を想定しているものといえる。宇賀前掲注52)書75頁。塩野宏・高木光『条解行政手続法』3頁(弘文堂・2000)も参照。それゆえ、国の機関や地方公共団体等に対する処分や行政指導は基本的に行政手続法の適用除外になっている。しかし、意見提出手続が、国民の権利利益の保護に資する手続であるとすれば、そうした手続が、対私人との関係での行政活動の場面で要請されるだけではなく、対行政機関との関係での行政活動の場面でも妥当してよいのではないか。すなわち、行政機関が他の行政機関との関係で活動する場面でも、国民の権利利益の保護が要請される場合があり、そうした場合には、国民の権利利益の保護に資する意見提出手続を行う必要があるかもしれないのである。

制定する規則、教育委員会等の委員会が制定する規則や規程がある。さらに、こうした法規たる性質を持ちうる自治立法の形式ではないものもある。すなわち、地方公共団体の機関が定める審査基準、処分基準、行政指導指針である。これらの規則等の制定手続について本法3条3項は適用除外としているが、これは地方自治に配慮した結果である。

　改正法3条3項は、地方公共団体の規則等を一括して適用除外している。これら長等の規則は、条例に根拠を有するものだけではなく、法律に根拠を有するものも適用除外されている。この点、地方公共団体の機関が行う行政指導に係る適用除外と同様である[64]。地方公共団体の機関が行う行政指導について、行政手続法は適用されないが、それは、地方自治への配慮という観点とともに、別の理由がある。すなわち、地方公共団体の機関が行う行政指導について、それが法律所定事項との関連で行われるものか、それとも条例所定事項との関連で行われるものかを区別することが困難であるという事情である。このように、行政指導については、根拠法規を基礎にして行政手続法の適用関係を切り分けることが難しかったことから、行政指導を行う組織の相違を基礎にして本法の適用関係を整序することになったのであった（組織区分型という）。命令等制定手続に関しても、本法は、組織区分型を採用している。つまり、国レベルの行政機関が制定する命令等については本法が適用され、地方公共団体レベルの行政機関が制定する命令等には本法第6章の規定は適用されない。

　このように命令等制定手続について組織区分型が採用されたが、その理由は行政指導におけるのと同じというわけではない。前述のように、行政指導について組織区分型が採用された背景には、地方公共団体が行う行政指導をその根拠法規の観点から区別することが困難であるという事情があった。しかし、地方公共団体の機関が制定する命令等をその法的根拠によ

---

64) 地方公共団体が行う行政活動について行政手続法がどのように適用されるかについては、いくつかの選択肢があり得る。一律適用型、根拠法規区分型、組織区分型等である。宇賀克也『自治体行政手続の改革』7頁以下（ぎょうせい・1996）、塩野・髙木前掲注63)書107頁参照。行政手続法は、処分については、根拠法規区分型、行政指導については組織区分型を採用した。宇賀前掲注1）書29頁も参照。

って分類することは必ずしも困難ではない。長等の規則は、その法的根拠の観点からいくつかに分類することができる。すなわち、(i)法律や政令の委任を受けまたは法律や政令を執行するための規則、(ii)条例の委任を受けまたは条例の規定を執行するための規則、(iii)法律、政令、条例の個別的委任等はないが、長等の権限に属する事務について定める法規たる性質を持つ規則、(iv)単なる内部的規律たる性質しか持たない規則がある。このうち(i)や(ii)は、根拠法規が明確である。また(iii)や(iv)は、個別的な法令の根拠はないといえる。もっとも、地方自治法15条1項が(iii)の類型の規則の根拠規定であると見れば、これらは法律に根拠がある規則といえるかもしれない。

　それはともかく、地方公共団体の機関が定める命令等は、その法的効力の面で、国の機関が定める命令等とは異なる特徴がある。地方公共団体の機関が定める命令等は、地域的効力に限界がある。これら地方公共団体の機関が定める命令等は、基本的に、当該地方公共団体の区域内において効力を有するのみである。[65] その点で、当該地方公共団体の住民や居住者、滞在者等にのみ影響を及ぼすに過ぎないといえる。ここからすると、地方公共団体の機関が定める命令等は、必ずしも広く国民一般の権利義務に関係するものではない。それゆえ、これら地方公共団体の命令等の制定に当たっては広く国民一般の意見を聴取する必要まではないかもしれないのである。[66] この点については、地方公共団体の議会が定める条例が参考になる。条例という自主立法は、当該地方公共団体の議会で制定されるが、議会の議員は当該地方公共団体の住民が選出し、広く国民が選出するわけではな

---

65) 当該地方公共団体の区域外において、効力を有する規則等が存在するとしても、それは例外的である。
　　地方公共団体の機関が定める命令等は、基本的に当該地方公共団体の区域内に効力を及ぼすのみであるが、この理は、これら命令等の適用対象たる者が当該地方公共団体の住民であるかどうかに関わらない。つまり、当該地方公共団体の区域内に属する限り、当該地方公共団体の住民ではない居住者や滞在者に対しても効力を及ぼす。
66) 前掲注51)『逐条解説』96頁は、効果の地域的限定性を根拠に国民一般の意見を求める必要性は乏しいという。もっとも、これらの地方公共団体の命令等についても、当該地方公共団体の住民等の意見を広く聞く必要はあろう。なお、宇賀前掲注52)書74頁は、命令等制定手続には民主主義的要素があり、民主主義的参加の色彩が濃い手続には、地方自治尊重の要請が大きいという。

い。かくして、長の規則とならび自治立法の一つである地方議会の条例は、広く全国民一般の意見を聞いて制定されているわけではないのである。

ところで、地方公共団体の機関が定める命令等においては、改正法3条2項の権利義務に関わらない命令等や同4条4項の行政組織に関する命令等とは異なり、意見提出手続を行う必要性が強いものがある。地方公共団体の命令等の中には、法規命令や公にされる審査基準、処分基準、行政指導指針が存在するのである。地方公共団体のこの種の命令等については、地方公共団体が独自に意見提出手続を制度化する必要があろう[67]。改正法46条は、地方公共団体自身が当該地方公共団体の命令等について意見提出手続と同様の手続を制度化する等必要な措置を講ずるよう、地方公共団体に努力義務を課している。その点で、地方公共団体の命令等についての適用除外は、改正法3条2項の適用除外や4条4項の適用除外の趣旨と異なっている。後者の適用除外にあっては地方公共団体は意見提出手続を条例で定める努力義務を必ずしも負っていないのであるが、前者の適用除外にあっては、地方公共団体は意見提出手続を条例等で制度化する努力義務を負っている。要するに、改正法3条3項の適用除外は、同46条の規定と併せて見たとき、地方公共団体の命令等の制定について意見提出手続がまったく不要であるとしているわけではないのである。

(2) 第2類型

㋐ 改正法39条4項は、一定の場合、39条1項の意見提出手続を行う必要がないとしている。これは、緊急の場合、軽微な場合などにおいて、原案公示、意見提出要請という手続を行わなくてよいということである。つまり、時間的余裕がなく意見提出手続を行うのが困難であるとき、あるいは時間をかけて意見提出手続を行い広く意見を求める必要性までないとき、意見提出手続を省略することができる。

---

[67] 宇賀前掲注1)書64頁以下は、改正法46条の規定を受けて意見提出手続について自治体がいかなる対応を取るべきか、提言している。そして、46条の「必要な措置」とは、条例の制定・改正であるべきであると主張する。この場合、条例といっても、行政手続条例、パブリック・コメント手続条例、市民参加推進条例、自治基本条例といったいくつかの対応があり得ると指摘する。

39条4項は、同1項の適用を除外しているだけである。したがって第6章の他の規定は適用除外されていない。緊急を要する場合、あるいは軽微な場合、必ずしも意見提出手続を行う必要はないが、それでも改正法38条の命令等を定める場合の一般原則の規定、および結果の公示に関する43条の規定は適用される。したがって、39条4項のいずれかの条項に該当して意見提出手続を行わずに命令等を制定する場合でも、根拠法令の趣旨に合致するものでなければならず、社会情勢の変化に伴って見直しに努めなければならず、また、意見提出手続を行わなかった理由と命令等の趣旨を公示しなければならない。

(イ) 39条4項は、原案公示・意見提出要請という手続を省略してよい類型として、八つの場合を限定列挙している。(i)公益上緊急に制定する必要があって意見提出手続を行うことが困難であるとき（1号）、(ii)納付すべき金銭について定める法律の施行に関し必要な事項を定める命令等（2号）、(iii)予算の定めるところにより金銭の給付決定を行うために必要となる事項を定める命令等（3号）、(iv)相反する利害を有する者の利害調整を目的として、これらの者と公益代表委員をもって組織される「委員会等」の議を経て定めることとされている命令等であって一定のもの（4号）、(v)他の行政機関が意見提出手続を実施して定めた命令等と実質的に同一のもの（5号）、(vi)技術的読替を定める命令等で一定のもの（6号）、(vii)根拠法令の規定の削除に伴い当然必要とされる当該命令等の廃止の場合（7号）、(viii)軽微な変更として政令で定めるものを内容とする命令等である（8号）。これらのうち(iv)と(viii)は政令が関係するので次項で詳述することにする。

(ウ) 上記の八つの類型は、いずれも「行政手続法検討会」の「報告」[68]に沿ったものである。「報告」は、命令等でも、意見提出手続の必要性または合理性が認められず、意見提出手続の義務づけを解除すべき場合があるとして四つの類型を挙げていた[69]。具体的には、第1に、著しく軽微な内

---

[68] 平成16年12月「行政手続法検討会報告」。行政管理研究センター編『Q＆Aパブリック・コメント法制』99頁以下（ぎょうせい・2005）も参照。
[69] 宇賀前注1）書19頁以下は、行政手続法検討会報告における「適用除外」について検討する。

容の定めの場合である。これは、用語の整理、条項の移動、他法令の改正に伴う規定の整理等の場合である。改正法39条4項の6号、7号、8号は、まさに「報告」の第1の類型に相当する。

「報告」は、第2に、法令で定められた算式に統計で得られた数値を法令で得られたところにより当てはめて算定される率もしくは額のみを定める場合、または、他の行政機関の定めた命令等の内容のみの定めをする場合、を挙げている。前者は、軽微な場合であるが、改正法39条4項の2号に関連し、後者は、同5号に相当する。5号で想定されているのは、上級機関が意見提出手続を踏まえて審査基準を定め、これを下級行政機関において利用するよう通達を発し、下級行政機関が当該審査基準と同内容の審査基準を制定しようとする場合である。[70] このような場合、すでに上級行政機関が意見提出手続を実施しているので、上級行政機関が制定したのと同様の命令等を制定するに当たって下級行政機関が改めて意見提出手続を行うのは非効率であり、行政経済に反するといえよう。

「報告」は、第3に、意見提出手続を行う合理性が認められない場合を挙げている。[71] より具体的には、災害時の緊急対策等、緊急・迅速な決定が必要である場合である。これは、改正法39条4項1号に相当する。このように緊急・迅速な決定が必要である場合、通常、時間的制約から意見提出手続を行うことは困難である。ここにいう緊急・迅速な決定が必要である場合には、緊急事態が発生した場合だけではなく、公益上、迅速に命令等を制定すべき場合や、命令等の制定期限について法律が間近に迫った日を指定している場合も含まれる。[72]

「報告」は、第4に、審議会や国会との関係で意見提出手続を義務づけ

---

70) 前掲注51)『逐条解説』289頁参照。
71) 「報告」は、同じく第3項目として、公表することにつき行政上特別の支障がある場合を挙げている。39条4項各号の中にこれに相当する規定はない。この項目は、むしろ3条2項6号に相当する。それゆえ、公表されない審査基準等については、意見提出手続が実施されないだけではなく、結果の公示もない。ここでは、改正法は、「報告」が意見提出手続の義務づけを解除した事項について、前述の第1類型として扱っているといえよう。
72) 前掲注51)『逐条解説』283頁参照。

る合理性がない場合を三つ列挙している。①命令等を定めるにあたり法律が審議会の議を経ることとしている場合であって、当該審議会において、意見提出手続類似の手続をとるべきことが法律または政令で定められている場合である。同じく、②命令等を定めるにあたり法律が審議会の議を経ることとしている場合であって、労使協議で決めるべき賃金に係る基準のように、利害対立当事者が交渉しその合意事項をそのまま命令等とする場合である。さらに、③法律案、予算案の国会審議に際し、当該法律案、予算案に係る命令等が既に公表されていて、これと同一内容の命令等を定める場合である。

　(エ)　「報告」が挙げる上記第4の項目のうちの①の場合については、改正法40条2項が定めている。同項は、審議会等の議を経て命令等制定機関が命令等を制定しようとする場合、当該審議会等が意見提出手続に準じた手続を実施したとき、自ら意見提出手続を行う必要はないと定めている。「報告」と比較すると、命令等制定機関自らが意見提出手続を行う必要がない場合が、改正法では広がっている。すなわち、「報告」は、審議会等の審議に当たって意見提出手続類似の手続をとるべきことが「法律又は政令で定められているとき」に限って、意見提出手続の義務づけが免除されるとしていた。ところが、改正法は、審議会等の審議において意見提出手続に準じた手続を行うべきことが「法律又は政令で定められているとき」に限らず、審議会等が意見提出手続に準じた手続を任意に行った場合でも、命令等制定機関は自ら意見提出手続を行う必要はないとしている。このように、審議会が、法律や政令に基づいて意見提出手続類似の手続を行う場合だけではなく、任意にこれを行う場合でも、命令等制定機関自身、意見提出手続を行う必要はない。[73]

---

73)　前掲注51)『逐条解説』299頁は、改正法40条2項の特例が適用になるのは、①法律の規定により、「委員会等」の議を経て定めることとされている命令等、②法律または政令の規定により、三者構成の「委員会等」において審議を行うこととされているものとして政令で定める命令等のいずれか一方、または両方に当たらないものである、とする。たとえば、単に政令によって、「委員会等」の議を経て定めることとされている命令等である。あるいは、三者構成でない「委員会等」において審議を行うことと法律または政令の規定によって定められている命令等である。

第 2 節 「命令等」と適用除外　93

　こうした改正法の立場は、審議会における任意の意見提出手続を好意的に評価したものといえよう。そもそも、審議会は公務員には備わっていない専門的知識や経験を意思決定過程に導入するための装置であるとされる[74]。そこでは、多様な専門的知見が投入される。それゆえ、審議会手続には、意見提出手続と類似の機能があるといえよう。そこで、このように類似する機能を果たす二つの手続について、どちらか一つで足りるとしたり、あるいはどちらかを優先利用するという見解もあり得るところである[75]。ところが、改正法は、審議会手続と意見提出手続との相互の関係について、どちらかを優先するとか、どちらかで代替するという発想をとっていない。40条2項は、審議会が広い意味での意見提出手続を行った場合、命令等制定機関は改めて意見提出手続を行う必要はないと定めるのみである。つまり、命令等制定過程に審議会付議手続が組み込まれているとき、広い意味での意見提出手続は審議会か命令等制定機関自身のいずれか一方で行われればそれで足り、二重に行われる必要はないということである。

　いずれにしても、改正法は審議会手続と意見提出手続とが併存することを念頭に置いており、どちらか一方を優先するとか、どちらか一方で代替することは意図していないといえよう。このように、これら二つの手続が併存するのだとすれば、それぞれで機能分担を図るべきであろう。たとえば、意見提出手続は広く国民一般の埋もれた声を集めることに主眼を置き、審議会手続は意見を広範囲に収集することよりも、限られたソースからより専門的な知見を収集することを狙うという具合である。審議会の現状は千差万別であるが、審議会手続と意見提出手続とを単純に比較すると、一般に、後者の方がより民主的で、透明性のより高い手続といえる。それは、

---

74) 審議会の役割は多様である。行政過程への専門知識の導入、行政決定の公正の確保、行政過程における各種利害の調整、さらには行政過程の民主化ないしは行政過程の民主的統制といった意義がある。佐藤功「審議会」田中他編『行政法講座第 4 巻』108頁（有斐閣・1965）、豊島明子「審議会における住民参加の課題」室井力編『住民参加のシステム改革』198頁（日本評論社・2003）、塩野前掲注 6 ）書80頁、藤田前掲注 6 ）書90頁。

75) 藤田前掲注 6 ）書94頁後注47参照。中央省庁等改革基本法30条 2 号による、政策提言型審議会の原則廃止という方針は、パブリック・コメント制度の導入とセットになったものであるとする。つまり、この方針は、パブリック・コメント制度が政策提言型審議会に代替するという発想である。

意見提出手続においては、広く国民一般が参加でき、しかも提出意見について考慮結果が公示されるので外部から意見の処理過程を垣間見ることができるからである。このように、意見提出手続の方が民主性、透明性の点で優っているのだとすれば、命令等制定機関は意見提出手続の意義をより重視し、そこで提出された多様な意見について慎重に考慮すべきであるといえよう。他方、審議会手続が意見提出手続に伍してその機能を発揮してゆくためには、意見提出手続が備えている民主性や透明性をより強く摂取してゆくことが望まれる。たとえば、委員の人選の公正さを確保するため、委員の人選に国民各層の意見を反映させる手続を組み込んではどうであろうか。[77]

　ところで、40条2項の審議会の特例においては、命令等制定機関が改めて意見提出手続を行う必要はないとするだけである。これは、命令等制定機関が改めて意見提出手続を行うことを禁止しているわけではない。それゆえ、命令等制定機関が裁量権を行使して、審議会が意見提出手続類似の手続を行ったにもかかわらず、なお39条1項にしたがって意見提出手続を行うことは許される。また、40条2項の特例で免除されているのは、原案の公示、意見提出の要請という段階の手続である。それゆえ、命令等制定機関は、提出意見の考慮義務に関する42条の規定や43条の結果の公示に関する規定はなお遵守しなければならない。

　(オ)　前述の「報告」が挙げる第4の項目のうち、②の場合は、改正法39条4項4号に相当し、政令が関係するので、次項で触れることにする。最後に、③の場合は、改正法39条4項2号、3号に関連する。2号の「納付すべき金銭」とは、税金や社会保険料などであるから、「当該金銭の額の算定の基礎となるべき金額及び率並びに算定方法についての命令等その他当該法律の施行に関し必要な事項を定める命令等」とは、各種租税法の

---

76)　豊島前掲注74）論文206頁は、審議会の構成の公正さを確保する仕組みとして実行されている公募制について、公募委員の採用＝民主主義的という論理には飛躍があるという。

77)　豊島前掲注74）論文206頁以下は、審議会制度に対する改善策として実行されている委員の公募制に関連して、審議会設置の目的には、利害調整的諮問と専門技術的諮問とに分類できるが、公募制を実施する際、審議会の制度目的に合致した公募制導入の基準を作成すべきであると主張する。

第 2 節 「命令等」と適用除外　95

施行令や施行規則、各種年金保険料について定める命令等が代表例である。これらのうち租税法施行令等の中には、法律案や予算の国会審議の際に既に公表されており、国会審議の対象となりうるものがある。このような場合、国会に対する信義の関係で、国会審議の後に命令等だけ変更することは通常考えられない。また、国会という国民の代表者で構成される機関の審議に曝されたのであれば、さらに国民の意見を求める必要はないともいえる。つまり、国会審議との重複を避けるため、意見提出手続を省略してよい。

39条 4 項 3 号の「予算の定めるところにより金銭の給付決定を行う」とは、毎年の予算に基づいて支給される補助金や負担金等の給付決定のことである。そこで、本号の命令等とは、毎年の予算に基づいて支給される補助金の支給要綱等が含まれる。こうした命令等につき意見提出手続が適用除外になった理由は、一言でいうと、この種の命令等を迅速に定める必要があることによる。それ故、本号の適用除外は、「報告」が「義務付けを

---

78)　改正法の文言は、命令等の案が国会審議に際し既に公表済で国会審議の対象になっていることを要件にしているわけではない。「法律の制定又は改正により必要となる」と限定しているのみである。この限定からすると、「法律の制定又は改正」ではなく、命令等が単独で制定される場合には、39条 4 項 2 号の対象外であり、意見提出手続を行うべきこととなる。前掲注51)『逐条解説』285頁参照。しかし、「法律の制定又は改正により必要となる」場合でも、命令等の案が国会審議に曝されていない場合がある。このような場合、命令等の案は国会審議の対象となっていないので、国会審議と意見提出手続の重複という事態は生じていない。それゆえ、「法律の制定又は改正により必要となる」場合でも、命令等の案が国会審議に曝されていない場合には、むしろ意見提出手続を行うべきであろう。
79)　宇賀前掲注 1) 書20頁は、国民からの意見提出を受けて、国会審議において示した案とは異なる命令等を定めるのは、国会軽視であるという。
80)　宇賀前掲注 1) 書49頁は、予算補助の補助金要綱等を念頭に置いているという。
81)　前掲注51)『逐条解説』284-285頁は、国会で十分議論され決定された事柄についてこれを補完する命令等を「迅速」かつ「正確」に定めることが求められている、と述べている。しかし、国会の意思を命令等で正確に具体化すべきことは、意見提出手続を省略してよい理由にはならないと思われる。意見提出手続を実施しない方が国会の意思を正確に反映できるというのであろうか。ここには、行政官の方が国民よりも国会の意思を正確に理解できるという誤った発想がある。また、意見提出手続を行って命令等を制定する場合でも、国会が示した意思を正確に実現することが必要なのである。国会の意思を正確に実現しない命令等は違法な命令といえよう。

解除すべき場合」として挙げている第2項目の「迅速な決定が必要」という類型に相当するものといえよう。

　ただ、予算に基づく補助金等に関する支給要綱一般が、迅速に決定すべきものであるかどうか疑問がある。補助金支給要綱が年度初めに定まっていて、これに基づいて補助金が適正かつ迅速に支給されるに越したことはない。しかし、現状では、必ずしもそのようになっていないのではないか。補助金支給要綱を定める時間的余裕がある場合もあり、そのような場合には意見提出手続を行う合理性がある。ともあれ、本号の適用除外が濫用されないよう注意する必要があろう。なお、39条4項2号についても、迅速な決定を行う必要から適用除外になっているという理解も可能であろう。[82] しかし、そうだとしても、3号の場合と同様、濫用されてはならない。

2　適用除外に関する政令の定め

　改正法39条4項は、二つの類型について、適用除外の詳細を政令に委ねている。第1に、改正法39条4項4号の三者構成の「委員会等」に関する場合であり、第2に、改正法39条4項8号の軽微な場合である。これら二つの規定を受けて、2006年2月3日、「行政手続法の一部を改正する法律の施行に伴う関係政令の整備に関する政令（平成18年政令第18号）」（以下、「改正政令」という）が公布された。改正政令は、従来の行政手続法施行令（以下、「施行令」という）を改正し、新たに第4条を追加した。施行令4条1項が前記の第1の場合について定め、同2項が第2の場合について定めている。以下、順に検討しよう。

（1）　改正法39条4項4号

　㋐　改正法39条4項4号は、法律によって三者構成の「委員会等」が関与して定めることになっている命令等のうち政令で指定する一定のものについて、39条1項の手続を適用しないとしている。こうした三者構成の委員会や審議会の議を経て命令等が制定されることが法律によって規定されているとき、相対立する利害関係者による交渉、利害調整を基礎にして

---

82)　前掲注51)『逐条解説』284頁参照。

命令等が制定されることになっている。このように利害調整の結果達成された合意をそのまま命令等の内容にすべきことが法律上意図されているとき、この合意に加えてさらに広く国民の意見を踏まえることは意図されていないといえよう。改正法39条4項4号を受けて施行令が改正され、新たに4条1項が付け加わったが、同項は、三者構成の委員会等が関与する命令等について、根拠法律の観点から分類し、15の項目を列挙している。このうち、主要なものを見てみよう。[83]

　(イ)　施行令4条1項1号は、健康保険法70条1項、72条1項等に基づく命令等を挙げている。健康保険法82条1項によれば、厚生労働大臣は、同法70条1項、72条1項の規定による厚生労働省令を定めようとするとき、中央社会保険医療協議会に諮問するものとする、としている。また、施行令4条1項1号は、健康保険法86条1項1号に基づく命令等を挙げている。これについて健康保険法86条11項は、厚生労働大臣は、同条1項1号の高度の医療を提供する病院もしくは診療所の要件を定める厚生労働省令を定めようとするとき、中央社会保険医療協議会に諮問するものとする、としている。同様に、施行令4条1項1号は、健康保険法92条2項に基づく命令等を挙げている。これについて健康保険法92条3項は、厚生労働大臣は、同条2項に規定する指定訪問看護の事業の運営に関する基準（指定訪問看護の取扱いに関する部分に限る）を定めようとするとき、中央社会保険医療協議会に諮問するものとする、としている。いずれにしても、省令や基準を定

---

[83]　本文で以下に見るものの他、施行令4条1項6号が定める船員職業安定法に係る命令等については、船員中央労働委員会が、同7号が定める国民健康保険法に係る命令等については、中央社会保険医療協議会が、同9号が定める高年齢者等の雇用の安定等に関する法律に係る命令等については、労働政策審議会が、同10号が定める雇用の分野における男女の均等な機会及び待遇の確保等に関する法律に係る命令等については、労働政策審議会が、同11号が定める雇用保険法に係る命令等については、労働政策審議会が、同12号が定める老人保健法に係る命令等については、中央社会保険医療協議会が、同13号が定める労働者派遣事業の適正な運営の確保及び派遣労働者の就業条件の整備等に関する法律に係る命令等については、労働政策審議会が、同14号が定める育児休業、介護休業等育児又は家族介護を行う労働者の福祉に関する法律に係る命令等については、労働政策審議会が、同15条が定める短時間労働者の雇用管理の改善等に関する法律に係る命令等については、労働政策審議会が関与することになっている。

めるに当たって厚生労働大臣は中央社会保険医療協議会に諮問することになっている。社会保険医療協議会法によると、中央社会保険医療協議会は三者構成の審議会となっている。すなわち、同法3条1項は、中央協議会または地方協議会は、(i)健康保険、船員保険および国民健康保険の保険者ならびに被保険者、事業主および船舶所有者を代表する委員、8名、(ii)医師、歯科医師および薬剤師を代表する委員、8名、および(iii)公益を代表する委員4名の合計20名で構成されるとしている。[84]

施行令4条1項3号は、労働基準法32条の4第3項を挙げている。[85] この規定は、労働日数の限度、労働時間の限度等に係る厚生労働省令に関するもので、厚生労働大臣は労働政策審議会の意見を聴いて当該厚生労働省令を定めるとしている。労働政策審議会令によると、労働政策審議会は、委員30人で組織され(2条1項)、委員は、(i)労働者を代表する者、(ii)使用者を代表する者、および(iii)公益を代表する者のうちから、厚生労働大臣がそれぞれ10名を任命するとしている(3条1項)。つまり、労働政策審議会は同数の三者で構成される審議会である。[86]

施行令4条1項5号は、船員法60条3項等を挙げている。[87] 同項は、海員の基準労働期間に係る国土交通省令に関するもので、同条4項は、前項の国土交通省令の制定または改正の立案をしようとするとき、国土交通大臣

---

84) 施行令4条1項2号は、船員保険法28条の2第2項を挙げている。これは、保険医療機関等が船員保険の療養の給付を担当する場合の準則に関する規定で、健康保険法70条1項、および72条1項の規定による厚生労働省令の例に依りがたい時に厚生労働省令を別に定めるとしている。船員保険法28条の5は、健康保険法82条1項の規定は本法による療養の給付につきこれを準用するとしている。それゆえ、ここでも、中央社会保険医療協議会に諮問することになる。施行令4条1項2号は、船員保険法29条の4第10項も挙げている。同条は、指定訪問看護事業者が船員保険の指定訪問看護を行う場合の準則については健康保険法92条2項に規定する指定訪問看護の事業の運営に関する基準(指定訪問看護の取扱に関する部分に限る)の例によるものとし、これにより難きときまたは依ることを適当としないときの準則については厚生労働省令をもって定めるとしている。これについて、同条12項は、健康保険法92条3項は本法による訪問看護療養費の支給及指定訪問看護に関しこれを準用すると定めている。要するに、この場合も、中央社会保険医療協議会に諮問することになる。
85) 同じく、労働基準法38条の4第3項が挙がっている。ここでも、厚生労働大臣は、労働政策審議会の意見を聴いて指針を定めるものとする、となっている。

第 2 節 「命令等」と適用除外　99

は予め船員中央労働委員会の議を経なければならない、と定めている。船員中央労働委員会については、労働組合法19条の13が、船員中央労働委員会は、(i)使用者委員、(ii)労働者委員、および(iii)公益委員、各 7 人をもって組織する、と定めている。

　(ウ)　以上のように、施行令 4 条 1 項は15の法律を列挙しているが、そこで問題となっている「委員会等」は、既に見たように、いずれも三者構成の会議体であり、その種類はわずかである。すなわち、中央社会保険医療協議会、労働政策審議会、船員中央労働委員会である。これら以外にも、三者構成の委員会等として、中央労働委員会、最低賃金審議会といった機関が存在する。施行令 4 条 1 項は、これらの三者構成の委員会等が関与する命令等のうち、「相反する利害を有する者の間の利害の調整を目的」（改正法39条 4 項 4 号）として「委員会等」が関与する命令等に限定している。そこで、これら三者構成の委員会が制定過程に関与するが、「相反する利害を有する者の間の利害の調整を目的」として関与するわけではないものは、必ずしも適用除外されない。また、三者構成の委員会が関与するとともに、知事や他の行政機関が関与する命令等も、適用除外とはならない。

（ 2 ）　改正法39条 4 項 8 号
　改正法39条 4 項 8 号は、「意見公募手続を実施することを要しない軽微な変更として政令で定めるものを内容とする命令等」を挙げている。これを受けて、施行令 4 条 2 項は、 2 つの項目を掲げている。第 1 に、他の法

---

86)　施行令 4 条 1 項 4 号は、労働者災害補償保険法が定めている命令等に係る多数の条文を列挙している。これらについては、同法 5 条が関係してくる。同条は、「この法律に基づく政令および厚生労働省令……は、その草案について、労働政策審議会の意見を聞いて、これを制定する」と定めている。ここでも、三者構成の労働政策審議会が絡んでいる。労働者災害補償保険法 5 条は、また、労働保険の保険料の徴収等に関する法律（昭和44年法律第84号）に基づく政令および厚生労働省令（労働者災害補償保険事業に係るものに限る）についても、その草案を労働政策審議会に示し当該審議会の意見を聞いた上で制定するとしている。これについては、施行令 4 条 1 項 8 号が関係する。
87)　この他、施行令 4 条 1 項 5 号は、船員法73条、および同79条の 2 が定める命令等を挙げている。前者は、一定の船員の労働時間、休日及び定員に関する国土交通省令であり、後者は、漁船に乗り組む船員の有給休暇に関する国土交通省令である。
88)　明path前掲注45) 論文21頁によると、施行令により適用除外となる委員会等とは、これら三つの委員会等であるという。

令の制定または改廃に伴い当然必要とされる規定の整理、第2に、その他、用語の整理、条、項または号の繰上げまたは繰下げその他の形式的な変更である。これらの軽微な変更を行う場合、わざわざ意見提出手続を行って広く意見を求める必要性は乏しい。

上記の第1の項目は、改正法39条4項8号自体が、軽微な変更の例として規定しているところである。そこで、上記の第2項目こそが、施行令独自の定めといえる。いずれにしても、用語の整理や条項の移動など形式的な変更でしかない場合、意見提出手続は行う必要はないということである。[90]

第3節　意見提出手続の運用

改正法を所管する総務省は、改正法の施行を前にして、各府省に向けて改正法の運用の指針を通知した。また、総務省内の各課に向けて、改正法を運用するための省内手続に関する文書を発出した。本節では、これらの

---

89) この点については、雇用の分野における男女の均等な機会及び待遇の確保等に関する法律の規定が示唆的である。同法10条1項は、厚生労働大臣は、募集および採用ならびに配置、昇進および教育訓練に関し、事業主が適切に対処するために必要な指針を定めるものとし、同2項は、同法4条4項の規定は指針の策定および変更について準用し、この場合において、同条4項中、「[労働政策審議会の意見を]聴くほか、都道府県知事の意見を求める」とあるのは、「聴く」と読み替えるものとする、としている。4条4項の規定は、「厚生労働大臣は、男女雇用機会均等対策基本方針を定めるに当たっては、あらかじめ、労働政策審議会の意見を聴くほか、都道府県知事の意見を求めるものとする」というものであるため、仮にこの規定がそのままの姿で10条2項において準用されていれば、厚生労働大臣が指針を定めるに当たっては、労働政策審議会の意見を聴くほか、知事の意見を求めることになる。そうなると、相対立する利害の調整以外の手続が絡むことになる。10条2項は、実際には、労働政策審議会の関与を認めるのみで、知事の関与はない。それゆえ、10条1項の指針は三者構成の委員会等が関与するだけで策定されることになっている。施行令はまさにこの種の命令だけを拾い上げたといえる。
90) 前掲注51)『逐条解説』293-294頁は、施行令4条2項1号の「規定の整理」には、用語の整理や条項の移動が含まれるという。したがって、この点は、同2号の「用語の整理、条、項又は号の繰上げ又は繰下げ」と同様である。そこで、これら二つの条項の関係は、1号が、「他の法令の制定又は改廃」に伴うものであるのに対し、2号が「他の法令の制定又は改廃」に伴うものではないもの、たとえば、同一法令の改廃に伴うものということになる。そして、当然、2号は、「規定の整理」に該当しない「形式的な変更」を含んでいる。

文書を参考にして、意見提出手続がどのように運用されるのか、運用上留意されることになっている点は何か、明らかにしたい。

1　意見提出手続の運用に係る行政管理局長通知

　改正行政手続法の施行を直前に控えた2006年3月20日、総務省行政管理局長は、各府省等官房長等に宛てて、「行政手続法第6章に定める意見公募手続等の運用について」(総管第139号)という通知を発出した(以下、「行政管理局長通知」という)。行政管理局長通知は、改正行政手続法の意見提出手続の趣旨について解説するとともに、制度を実施する際に留意すべき点を網羅的に挙げている。[91] 以下、行政管理局長通知の全体に流れる基本的スタンスについて検討した後、本通知が言及する各項目の概要および実務上重要と思われる部分ならびに特徴点を紹介する。[92]

（1）　全体のトーン

　行政管理局長通知には、意見提出制度の所管部局としての意気込みがにじみ出ている。意見提出手続の旗振り役として、その着実な推進を図ろうとする総務省としての思い入れが随所に現れているといえよう。中でも、意見提出手続を利用する国民への配慮が出ていることが大きな特徴である。その証拠の一つとして、行政管理局長通知は、「国民への分かりやすさ」を強調している。たとえば、行政管理局長通知【1．総論】（4）は、行政立法の中に命令等に該当する部分とそうでない部分が混在するとき、どの部分が命令等に該当するのかを明示することを要望しているが、その理由は、国民への分かりやすさである。【8．結果の公示の内容】（1）⑦は、提出意見と提出意見考慮結果およびその理由について対照表を利用するなどして国民に分かりやすい形で公表するよう努めるべきであるとしている。[93]

---

91)　すなわち、【1．総論】、【2．実施主体】、【3．公示の方法】、【4．意見公募手続】、【5．意見提出方法】、【6．提出意見の考慮】、【7．結果の公示】、【8．結果の公示の内容】、【9．その他】である。これらの項目は、ほぼ意見提出手続の流れに沿った構成になっている。

92)　行政管理局長通知については、明渡将「行政手続法の改正(七)——パブリック・コメント手続の法制化」自治実務セミナー45巻5号22頁(2006)も参照。

93)　行政管理局長通知【8．結果の公示の内容】（3）③も参照。

また、行政管理局長通知が、国民の便宜を重視している点も見逃せない。たとえば、デジタル・ディバイドへの配慮である[94]。行政管理局長通知【3．公示の方法】（2）は、デジタル・ディバイドに配慮して、インターネット以外の方法による周知・情報提供にも努めるものとすると述べている。同じく【5．意見提出方法】（1）は、インターネットを用いない方法を併せて確保するとしている。

さらに、行政管理局長通知は、国民の利益のために、改正法を杓子定規に適用しないことにも注意を向けている。たとえば、【4．意見公募手続】(10)は、意見提出期間について、長期にわたる休日期間が含まれる場合、相当期間、意見提出期間の延長を検討すべきであるとしている。また、【5．意見提出方法】（7）では、郵送による意見提出の場合、締め切り日を過ぎて到達したものについても、個々の事情に応じ、提出者に有利に判断するものとしている。

このように、行政管理局長通知は、意見提出手続の利用者である国民に対し様々な配慮をすべきであると各府省に要望している。まさに、国民にとって、分かりやすく、便利で、優しい制度であることが、意見提出手続の運用において目指すべき方向であろう。

(2) 個別的検討

行政管理局長通知は、【1．総論】において、主として、行政機関の意思表示が「命令等」に該当するかどうかの判断について触れている。そして、「命令等」とは何か、「命令等」に該当しても意見提出手続が適用除外されるものとしてどのようなものがあるかなどについて一般的説明をしている。興味深いのは、一つの行政立法の中で、「命令等」に該当する部分と、そうでない部分とが混在しているとき、これらの全体を意見提出手続に付すことは妨げないとしていることである（【1．総論】（4））[95]。この場合

---

[94] この点は、改正法41条の関係からも要請される。同条は、意見提出手続の周知等に関する規定であるが、意見提出手続の実施について周知を図り、関連する情報提供に努めるものと定めている。これは、改正法45条が規定しているとおり、公示方法として、インターネットを利用する方法が採用されているので、インターネットを利用できる環境にない国民や、これを利用できる資質や能力のない国民にも、意見提出手続の実施について周知徹底を図ることが重要となるからである。前掲注51)『逐条解説』301頁参照。

について、行政管理局長通知は、どの部分が命令等に該当するかについて示すことが、分かりやすさの点から望ましいともいう。

【２．実施主体】では、共同命令と、「委員会等」が行う「意見公募手続に準じた手続」(改正法40条２項)について説明している。このうち、後者の「準じた手続」については、基本的な要素として３点挙げている(【２．実施主体】(3))。第１に、意見提出手続について求められるものと同等の「案」および「関連資料」が公表されること。第２に、原則として、30日以上の意見提出期間を定めて広く一般の意見を求めること。第３に、公表手段として、原則としてe-Govを用いることである。結果の公示については、「委員会等」による「結果の公示」のみでは、改正法が定める義務を果たしたことにならないとしているのが注目される(【２．実施主体】(4))。つまり、「委員会等」が原案公示、意見提出要請などの手続を行ったとしても、命令等制定機関自身が結果の公示を行わなければならない。

【３．公示の方法】では、e-Govへの掲載方法・掲載期間、案件についての周知・情報提供について説明している。周知・情報提供の方法として、デジタル・ディバイドにも配慮してインターネット以外による方法、たとえば、窓口配布、新聞・雑誌・広報誌への掲載、報道発表等を示唆している(【３．公示の方法】(2))。また、意見提出の招請に際しては、どのような案件について意見を募集する趣旨か、原案や関係資料がどこで入手可能かについて伝えるよう努めること、と各府省に要望している(【３．公示の方法】(3))。

【４．意見公募手続】では、手続の開始時期、案の内容・形式、関連資料の内容・種類、意見公募要領、公示時期、意見提出期間等多数の項目について説明している。まず、手続開始時期は、e-Govに掲載された時期であり、それ以前の報道発表などの時点ではないという(【４．意見公募手続】(1))。案が「具体的かつ明確な内容」(改正法39条２項)でなければならないことについて、細かい注意を述べている。定める事項が網羅的に明示

---

95) 原則論からすると、個別の命令等の中に、適用除外に該当する条項と該当しない条項が含まれているとき、適用除外に該当する条項は、適用除外となり、意見提出手続を行う必要はない。明渡前掲注53) 論文21頁、原嶋前掲注60) 論文53頁参照。

されていなければならないという（【4．意見公募手続】（2）③）。逆にいえば、一部のみを明示しただけでは不十分である。あるいは、定める内容が部分的にしかわからない概括的なものでは不十分である。関連資料について、行政管理局長通知は、いくつか例示している。案の概略をつかめる要約、命令等が制定されることにより生じる影響等について分析した規制影響分析の結果等が挙がっている（【4．意見公募手続】（3））。意見提出期間については、30日の間に長期間の休日期間が含まれる場合、必要に応じ、相当期間延長することを検討すべきであるとしているのが目を引く（【4．意見公募手続】(10)）。

　【5．意見提出方法】では、意見提出の方法や様式、および意見到達時期等について説明し、同時に注意を喚起している。まず、意見提出方法は、原則、電子メールによる提出であるが、デジタル・ディバイドにも配慮して、郵送・ファクシミリ等による方法を併せて確保すると要請している（【5．意見提出方法】（1））。次に、意見提出を実質的に制約するような条件を付してはならない、と釘を刺している[96]。たとえば、提出意見について極端に少ない字数制限を設けることは許されない（【5．意見提出方法】（2））。

　【6．提出意見の考慮】では、提出意見の考慮が法律上の義務であることを強調している。また、留意点として、提出期間終了直後に命令等の制定を行い、提出意見を慎重に考慮したのかについて一般から疑念を呼ぶようなことがないようにすべきであるとしている（【6．提出意見の考慮】（2））。

　【8．結果の公示の内容】では、三つの場合に分けて、説明している。第1に、意見提出手続を実施して命令等を定めた場合である。ここで、行政管理局長通知は、興味深い要望を行っている。公示項目としての「命令等の題名」、「命令等の案の公示の日」は、国民が、当該結果公示が、どの命令等についてのものか、容易に判別し内容把握できるようなものにすべきであるという（【8．結果の公示の内容】（1）②）。

　また、提出意見の閲覧に関する次の指摘も興味深い。すなわち、提出意

---

96)　行政管理局長通知は、さらに、意見提出に関連して取得した個人情報については行政機関個人情報保護法の制約がかかることに注意を喚起している。行政管理局長通知【5．意見提出方法】（4）参照。

見の閲覧は、本制度に基づき可能なものであり、情報公開法や行政機関個人情報保護法に基づく開示請求の手続によることなく閲覧させる必要があるという（【8．結果の公示の内容】（1）⑤）。提出意見の閲覧が本制度に基づくという発想は、提出意見閲覧権が本制度に由来すると捉えるものである。提出意見の閲覧は、特に、提出意見が要約整理されて公示された場合、その要約整理が適正になされたかどうかをチェックするために大きな役割を果たす。まさに、提出意見の閲覧制度は、意見提出手続の適正化のためにあるといってよい。提出意見の閲覧が意見提出手続の適正な運営にとって重要な仕組みであるとすれば、そうした閲覧制度が意見提出手続自体の中に組み込まれていても不思議ではない。行政管理局長通知は、この点を正確に理解している見解といえ、評価できる。それはともかく、国民が本制度により提出意見を閲覧できるというときの具体的な条文の根拠は何か。この点については、結果の公示について定めた改正法43条1項3号または同条2項と解すべきであろう。つまり、命令等制定機関は「提出意見」を公示または公にしなければならないのであるが、これを国民から見れば、国民には、「提出意見」の閲覧を求める権利があるということになろう。[97]

行政管理局長通知は、第2に、意見提出手続を実施したにもかかわらず命令等を定めなかった場合について説明している。ここでは、命令等を定めないこととした理由についても可能な限り説明するよう要望している点が注目される（【8．結果の公示の内容】（2）②）。この理由の説明については、改正法が明文上要求しているわけではない。

第3に、39条4項各号に該当して意見提出手続を実施せずに命令等を定めた場合について。ここでも、行政管理局長通知の指摘は興味深い。まず、命令等の趣旨を示すに当たって、国民に分かりやすいよう、命令等の根拠条文、目的・背景、命令等の内容の要約、関連制度の概要等を示すよう努める、としている（【8．結果の公示の内容】（3）③）。また、意見提出手続を実施しなかった理由については、39条4項各号に言及するだけでは足りず、

---

[97] 結果の公示義務に対応する国民の側の権利については、本書第5章第3節2（1）(オ)も参照。

各号に該当するとの判断に至った理由をも説明する必要があるという（【8．結果の公示の内容】（3）④）。詳細な理由提示を要求するもので評価できる。

　最後に、【9．その他】の項目について。ここで、最も注目されるべきは、「照会等対応窓口の活用」という項目である。行政管理局長通知は、たとえば、意見提出手続の適用除外の理由、意見提出期間の特例適用の理由等の明示について、責任が果たされ、意見提出手続が適正に果たされるよう、各部局の連携をとることとし、意見提出手続に関する照会や苦情相談を受け付ける統一的な窓口を明確にして、これをホームページ等により公表するよう努める、と各府省等に要望している（【9．その他】（4））。ここで、行政管理局長は、意見提出手続の運用について国民からの問い合わせや相談に対応できる統一的窓口を設置することを各府省に求めている。そして、意見提出手続の不適切な運用については、少なくとも、行政相談制度を活用して対応し、不適切な実務を改めるよう努めるべきことを各府省に要望しているといえる。苦情処理ないし行政相談を活用して、意見提出手続に係る不適切な実務を是正してゆくことはそのとおりであろう。ただ、問題は、それで足りるかどうかである。違法な意見提出手続が実施されて命令等が制定されたとき、この瑕疵をどのような手段で是正したらよいのか、検討する必要がある。[98]

2　意見提出手続に係る事務要領

　総務省大臣官房政策評価広報課は、2006年4月1日付けで、「行政手続法に基づく意見公募手続等に係る事務要領」（以下、「事務要領」という）を発

---

[98]　行政管理局長通知【9．その他】（5）は、総務省は意見提出手続も含めて行政手続法の適正な運用に資するため、施行状況調査を行うとしている。これまで、1999年の閣議決定「規制の設定又は改廃に係る意見提出手続」の下でも、毎年、施行状況調査が行われ、各府省の不適切な事例が指摘されてきた。これによって、その種の不適切な運用を行った部局が今後同種の不適切な運用を行うことがないよう一定の抑止的効果が果たされたといえよう。しかし、施行状況調査で明らかになった問題の不適切な事例そのものが、これによって是正されたわけではない。ともあれ、施行状況調査による不適切事例の是正にも限界がある。

出している。この事務要領は、「行政手続法推進部局」としての政策評価広報課が、意見提出手続に係る総務省の事務を円滑に行うための参考資料として作成したものである。「事務要領」は、行政管理局長通知とは異なり、総務省内の各課が意見提出手続を適切に行うためのマニュアルというべきもので、総務省以外の他の各府省には直接関係しない。それでも、総務省は行政手続法を所管しており、その大臣官房政策評価広報課が作成したマニュアルは、省内向けとはいえ、他の各府省も大いに参考にすることであろう。

　事務要領は、行政管理局長通知と異なり、意見提出手続の事務を行うための技術的問題を取り扱っている。特に、決裁手続、合議手続という省内手続について詳細に定めている。そして、事務要領の「文書施行名義人」である当の大臣官房政策評価広報課の関与のあり方について定めている。

　事務要領は、全体で三部構成になっている。第1に、「行政手続法に基づく意見公募手続等に係る事務のポイント」（以下、「事務のポイント」という）、第2に、「行政手続法に基づく意見公募手続等に係る事務の基本事項」（以下、「事務の基本事項」という）、第3に、参考資料である。以下、概要を紹介する。

　（1）「事務のポイント」で、特記すべき事項は、意見提出手続について命令等制定機関の種別、意見提出手続内の各個別手続の種類に応じて、決裁権者の決裁を受けなければならないとしていることである。たとえば、(i)命令等制定機関が、総務大臣、総務副大臣、または事務次官であるとき、原案等の公示については、原則として、局長までの決裁が必要であり、この場合、大臣官房政策評価広報課に合議することとしている。また、(ii)命令等制定機関が、「総務大臣、総務副大臣、または事務次官」以外のものであるとき、課長までの決裁が必要であり、政策評価広報課への合議は不要であるとする[99]。このように、「事務のポイント」は、決裁権者や合議先を示して、意見提出手続に関する省内手続を明確にしている。

99）改正法43条4項が定めているように、意見提出手続を行ったにもかかわらず、結局、命令等を定めないこととした場合も、命令等制定機関の種別によって、前記(i)または(ii)と同様に処理することとしている。

（2）「事務の基本事項」は、全体で、三つの部分から成り立っている。第1に、行政手続法の用語等、第2に、「意見公募手続の流れ」（以下、「流れ」という）、第3に、意見公募手続等に関連して決裁を受ける場合の文例である。このうち、第1のものは、改正法の簡単な説明であり、第3のものは、書式を示している程度であるので、詳細は省略する。第2の「流れ」は、事務の留意事項についても触れているので、その内容を簡潔に紹介しておく。「流れ」は、意見提出手続の全体のプロセスを7段階に区分する。第1に、「命令等」に該当するかどうか判別する段階、第2に、命令等の原案作成段階、第3に、原案・関連資料の公示の起案、決裁段階、第4に、原案・関連資料の公示段階、第5に、提出意見の考慮段階、第6に、結果の公示の起案、決裁段階、および命令等の制定の起案、決裁の段階、最後に、結果の公示段階である。その上で、「流れ」は、それぞれの段階における法令所管部局の事務の内容と、官房政策評価広報課の職務について定めている。官房政策評価広報課が関与するのは、前記の第1、第3、第6段階である。まず、第1段階において、法令所管部局は、制定しようとするものが「命令等」に該当するかどうか判断するという事務を行うが、このとき、官房政策評価広報課が適用除外に該当するかどうか相談を受けることになっている。ここで、官房政策評価広報課は、行政手続推進部局としての立場から関与する。次に、第3段階では、法令所管部局は、命令等の案および関連資料の公示について起案し決裁を行うが、このとき、総務大臣、総務副大臣、または事務次官が命令等制定機関であるとき、官房政策評価広報課が決裁の合議を受けることになっている。最後に、第6の段階においては、法令所管部局が命令等の制定について起案、決裁を行う。同時期に、結果の公示について起案、決裁を行う。このとき、総務大臣、総務副大臣、または事務次官が命令等制定機関であるとき、官房政策評価広報課が決裁の合議を受けることになっている。

（3）　以上のように、事務要領は、命令等制定に実際に携わる総務省の職員が省内手続をどのように行ってゆくかという技術的な点について定めている。同時に、事務要領は、職員に対する注意点もいくつか記している。たとえば、十分な時間的余裕をもって企画立案する必要があると述べてい

る。また、e-Govへの掲載手続を行っても、実際の掲載は翌日以降になるので、30日の意見提出期間の設定を行う際には注意を要するとしている。

結びに代えて

　これまで、改正法の立法過程における議論、改正法の適用除外、行政管理局長通知等について紹介・検討してきた。そこから、改正法の内容や趣旨がより明確になったといえるのではないか。同時に、改正法の限界点や、運用上の留意点、課題がいくつか明らかになった。それらを思いつくままに挙げてみよう。

　衆議院、参議院のいずれの総務委員会でも問題になった点であるが、意見提出手続が適法・適正に行われなかった場合において、手続違反を是正する仕組みが必ずしも十分ではない[100]。総務省による施行状況調査、苦情処理などの制度があるが、それだけでは不十分である。今後、手続違反を是正するための不服申立や訴訟のあり方について深く検討する必要がある。

　同じく、衆参両院の委員会で指摘された点であるが、意見提出期間が最低30日で十分なのかという問題がある。案件の規模、複雑性の程度、重要度等によっては、30日といわず、より長期の十分な時間的余裕をもって意見提出手続を行うべきであろう。

　意見提出手続の結果が公示されることとなっているが、意見提出手続を行ったのに結局命令等の制定に至らなかった場合、命令等を制定しないことになった理由を公示する必要はない。これでは、必ずしも、過程が透明とはいえないであろう。それゆえ、参議院総務委員会での藤本委員の指摘や行政管理局長通知にもあるように、こうした場合にも、理由を公表することが望まれる。

　行政組織に関する命令等は一般に、国民の権利義務に直接関わらないと

---

[100] 宇賀前掲注1）書52頁は、提出意見を考慮した結果とその理由の公示が義務づけられていることに触れ、公示制度によって提出意見の十分な考慮義務の遵守が確保されうるという。ただし、それも「かなりの程度」という条件つきである。

いうことで、意見提出手続は適用除外されている。しかし、意見提出という国民参加の手続を経て定めた方が望ましい行政組織に関する命令等が存在するはずである。行政組織に関する命令等でも、参加の要請が強い命令等については、意見提出手続を実施して制定すべきであろう。

　改正法39条4項2号や3号は、行政手続法検討会が打ち出した線よりも適用除外の範囲を若干広げているように思われる。これらの規定を拡大解釈せず、適用除外の実例を乱発しないことが肝要であろう。

　意見提出手続と審議会手続が併存する場合がある。これら二つの手続で実質的に同じことをやろうとするなら、それは無駄ではなかろうか。そこで、今後は、両者でうまく機能分担を図ってゆくべきである。同時に、審議会手続の改善も行うべきであろう。その際、審議会手続の公正さの確保と手続の透明性の向上を目指すべきである。

　最後に、意見提出手続の成功の鍵は、この制度がどれだけ国民に定着し、国民が利用するかに掛かっている。国民がすすんで利用するためには、この制度が、分かりやすく、便利で、国民に対して優しい制度であることが必要であろう。この点は、行政管理局長通知が意図するところと同様である。分かりやすく、便利で、優しい制度とするため、この制度の運用を担当する現場で様々な工夫がなされることが期待される。

第4章　行政立法手続の日米比較
——情報参加権

はじめに

　日本行政法の通説的見解は、行政の行為形式論を基軸にして理論体系を構築してきた。最近の通説たる塩野説は、行政法学の方法論・体系論として「行政過程論」を提唱し、この行政過程論の一側面として行政の行為形式論を位置づけている。塩野説によると、行政の行為形式とは、行政の活動の基本的単位であり、具体的には行政立法、行政行為、行政契約、行政指導、行政計画である。

　これらの行為形式のそれぞれについて手続的整備を図ることが、過去20年あまり、学界の焦眉の課題であった。周知のように、1993年11月12日、行政手続法（以下、1993年制定時の行政手続法を「1993年手続法」という）が成立し、この課題の一部が達成された。しかしながら、1993年手続法は大きな宿題を残した。行政立法、行政契約、行政計画について行政手続法はカバーしておらず、これらについての事前手続は積み残しの課題となったわけである。

　1999年3月、「規制の設定又は改廃に係る意見提出手続」（以下、「パブリック・コメント手続」という）という閣議決定が出された。閣議決定のパブリ

---

1) たとえば、田中二郎『新版行政法上巻（全訂第2版）』96頁以下（弘文堂・1974）、塩野宏『行政法Ⅰ（第4版）』84頁以下（有斐閣・2005）、原田尚彦『行政法要論（全訂6版）』111頁以下（学陽書房・2005）参照。また、藤田宙靖『第四版行政法Ⅰ（総論）』181頁以下及び343頁以下（青林書院・2005）参照。
2) 塩野前掲注1）書79頁。
3) 臨時行政改革推進審議会「公正・透明な行政手続法制の整備に関する答申」中の「行政手続法要綱案とりまとめの基本的考え方」の第6項目参照。
4) 「パブリック・コメント」なる用語は、広狭二義で用いられるといわれる。広義では、行政機関が意思決定を行う際、広く国民の意見を聴取することであり、狭義では、行政

ック・コメント手続は、一般的な行政立法手続の初めての試みである。ただ、「規制」という対象限定があり、法律ではなく閣議決定による制度化である点などで限界がある。

総務大臣の「私的」諮問機関として設置された「行政手続法検討会」（以下、「検討会」という）は、行政立法手続等を含めた行政手続法の見直しを行うため、2004年4月から12月までに10回の会合を開催した。途中、ワーキング・グループの会合を3回開き、7月から8月にかけて行政立法手続に関する意見を広く募集した。そして2004年12月17日、ついに検討会は「行政手続法検討会報告[5]」（以下、「検討会報告」という）をまとめ、総務大臣に提出した。

本章は、行政立法手続に関する検討会報告を踏まえ、アメリカ法との比較をも交えて、国民の参加権の充実という観点から、行政立法手続のあり方について若干の検討を行おうとするものである。

第1節　行政立法概念

通説によると、行政立法とは行政機関が法条の形式で定めた規範である[6]。行政立法は、性質、内容、形式などの観点から様々なものを含んでいる。それは、外部効果を有する法規命令と内部効果しか持たない行政規則に大別することができる[7]。

　　　基準の制定に際し、広く一般の意見を聴取することであるとされる。宇賀克也「ベーシック行政法(3)　行政基準」法学教室285号10頁（2004）。ただ、本章では、より狭義に、1999年3月23日の閣議決定で制度化された手続を「パブリック・コメント手続」と呼ぶこともある。
5）　総務省行政管理局の以下のホームページを参照。http://www.soumu.go.jp/s-news/2004/pdf/041217_9_5.pdf
6）　塩野前掲注1）書84頁。
7）　通説の言う法規命令と行政規則の区別は、外部効果の有無に必ずしも対応するものではない。法規命令は外部効果を有する。しかし、外部効果を有する行政立法のすべてが法規命令であるとは限らない。法規命令を権利義務に関する一般的規範と定義したとき、権利義務に直接関係しないがそれでも行政機関を法的に拘束ししかも裁判所が裁判規範として利用できる行政立法を観念することができるが、この種のものは法規命令に分類されなくなる。

国レベルの法規命令は、制定主体の違いから、分類することができる。すなわち、法規命令は、内閣が制定する政令、各省大臣が制定する省令（内閣府の長たる内閣総理大臣が定める内閣府令もある）、各外局の長等が定める外局規則、独立機関の規則の形で存在している。

　行政規則の典型は、訓令や通達である。行政手続法が定めている審査基準や処分基準も行政規則の一種として扱われる。

　行政立法との関係で告示が取り上げられることがある。しかし、告示とは、行政機関等が決定事項または事実を広く一般に知らせる行為またはその形式を指しており、法規命令を内容とする告示もあれば、一般処分の告示もあり、さらには単に事実を周知するための告示もある。つまり、告示はその内容に応じて行政立法であることもありそうでないこともあるので注意を要する。

　1999年の閣議決定で制度化されたパブリック・コメント手続は、行政機関の「規制」を内容とする意思表示に手続対象を限定していた。「規制」概念は、その外延が不確定であるものの、行政立法はこの「規制」概念を軸にして大まかに二つに分類することができる。一つは「規制」を内容とする行政立法であり、他の一つは「規制」とは無関係か「規制」を内容としないものである。

第2節　1999年閣議決定前の行政立法手続

　1999年に閣議決定のパブリック・コメント手続が成立したが、それ以前に行政機関が何らの事前手続も取らずに単独で一方的に行政立法を制定していたわけでは決してない。従来でも、個別法が定める手続や事実上の手続がいくつか存在していた。そこには、関係省庁（自治体をも含む）との意

---

8)　訓令、通達について詳しくは、平岡久『行政立法と行政基準』143頁以下（有斐閣・1995）参照。

9)　「規制」行政活動とこれと対になる「給付」行政活動についての概念整理や行政法体系との関係については、小早川光郎「規制行政と給付行政」芝池・小早川・宇賀編『行政法の争点（第3版）』8頁（2004）参照。

10)　1999年の閣議決定によってパブリック・コメント制度が導入される以前の行政立法制定

見調整・協議を行うものと、省庁以外の者から意見を聴取するものと大きく二つのタイプがあった。

　後者のタイプとして注目されるのが審議会手続である。これにもいくつか種類があり、電波監理審議会のように、法令で設置され、しかもその議を経ることが法令上規定されているものから、「私的」諮問機関が事実上制定過程に関与するものまで多様である。

　電波監理審議会は、一定種類の省令の制定・変更・廃止について大臣から必要的諮問を受けることとされていた。そして、この必要的諮問を受けたとき、同審議会は利害関係人に意見の聴取を行うこととなっていた。

　同様に、行政立法の制定過程で公聴会手続が行われるものがある。この公聴会も法令で義務付けられているものと任意で行われているものとがある。ただ、公聴会手続が実際に利用されることはごくわずかである。

　その他、労働者・使用者・公益代表者の意見を聴取することになっているものがある[11]。また、極めて特殊な例であるが、利害関係人に行政立法の制定につき申出権が認められている例もある[12]。

　　手続の状況については、平岡前掲注8）書58頁以下が詳しい。そこでは、行政立法手続の類型として、①議会関与型、②審議会または私人関与型、③他の行政機関関与型の3種類が存在するという。

11) 労働基準法113条によると、公聴会において労使双方の代表者及び公益代表者の意見を聴取することになっている。他方、最低賃金法16条によると、最低賃金審議会の意見を聴いて最低賃金を決定することができることになっているが、この審議会は労使それぞれの代表者及び公益代表者からなっている。同法28条参照。なお、家内労働法8条1項、21条2項も参照。

12) 家庭用品品質表示法10条1項、2項は、表示の標準の告示につき何人にも申出権を認めている。工業標準化法12条1項は、利害関係人は原案を具して工業標準を制定すべきことを申し出ることができると定めている。同じく、農林物資の規格化及び品質表示の適正化に関する法律8条1項、飼料の安全性の確保及び品質の改善に関する法律26条2項参照。

　　内航海運組合法59条は、事業活動の規制に関する省令の制定につき、海運組合または連合会に申出権を認めている。同じく、生活衛生関係営業の運営の適正化及び振興に関する法律57条1項も参照。

第3節　閣議決定のパブリック・コメント手続

1　閣議決定のパブリック・コメント手続の特徴

　1999年の閣議決定によるパブリック・コメント手続は、意見提出資格者の範囲、手続の対象範囲、手続の具体的な内容などについて相当評価できるものとなっていた。1983年、第1次行政手続法研究会は行政法学者を中心として法律案要綱（案）(以下、単に「要綱案」という)を作成したが[13]、パブリック・コメント手続は要綱案に優るとも劣らない内容になっている[14]。

　第1に、意見・情報提出資格者の範囲が広くなっている。要綱案では、「利害関係人」となっていたが、パブリック・コメント手続では、「広く国民等」が意見・情報の提出資格があるとされている。第2に、意見提出手続を取るべき行政立法の範囲がある面で広がっている。すなわち規範形式面において、要綱案が政省令、外局規則という「命令」に限って対象としていたのに、パブリック・コメント手続は、「広く一般に適用される国の行政機関等の意思表示」を対象としており、政省令、外局規則、告示の他、行政手続法上の審査基準や処分基準さらには行政指導の要綱も含んでいる。第3に、案の公表段階で同時に公表されうる資料その他の情報が比較的充実している。要綱案は、「命令制定の法律上の根拠及びその命令案又は要綱」を公表するものとしていたが、パブリック・コメント手続は、「可能な限り」という留保付きではあるが、(1)案の趣旨・目的・背景、(2)根拠法令、規制影響分析などの関連資料、及び案の位置づけ、を公表するものとしている。第4に、意見・情報の提出期間について比較的明確な定めがあり、国民が意見・情報を提出できる期間をそれなりに確保している。要綱案は、案の公表から意見・情報の提出までの期間について言及していなかったが、パブリック・コメント手続は、意見・情報提出期間について「1

---

13)　雄川・塩野・園部編『現代行政法大系3　行政手続・行政監察』363頁以下（有斐閣・1984）参照。

14)　要綱案の理念、対象、手続に関する詳細な検討については、平岡久「行政立法手続」公法研究47号188頁以下（1985）参照。

か月程度」を一つの目安として行政機関が決定するとしている。第5に、提出された意見・情報に対する行政機関の対応について比較的詳細な定めがある。要綱案は、提出された意見を「斟酌」しなければならないと定めるのみであったが、パブリック・コメント手続は、提出された意見・情報を「考慮」して意思決定を行うことを要求すると同時に、提出された意見・情報に対する「行政機関の考え方」を取りまとめ、これを公表するとしている。

2 閣議決定のパブリック・コメント手続の問題点

　閣議決定のパブリック・コメント手続は、学界の要求水準を凌ぐ注目すべき内容の手続となっていた。しかし、それでもいくつかの問題点を指摘することができた。[15]

　（1）　最も大きな点は、この制度が閣議決定によって制度化されたことから生ずる致命的な欠陥である。パブリック・コメント手続を定めた閣議決定は、国民一般や裁判所との関係では法的拘束力を持たない。国民等は、パブリック・コメント手続の下で、意思決定の原案や資料を受け取り、これについて意見や情報を提出することができ、それらを行政に考慮してもらい、考慮の結果を「考え方」として公表してもらうことになっている。しかし、こうした資格や便益は法的に保障されたものとはいえないのである。

　（2）　パブリック・コメント手続が適正に行われなかった場合の正式な是正手段が存在しないのではないかという問題もある。[16] 閣議決定所定の手続に違反する行政立法が制定され、それが仮に何らかの種類の行政事件訴訟の俎上に上ったとしても、裁判所が手続違反を理由に当該行政立法を即取消もしくは違法と判断するかどうか疑問がある。閣議決定は裁判所にとって法的拘束力ある規範とはいえないので、通例、それは裁判規範として働かない。平等原則などの法の一般原則を介して裁判規範として作用する

---

15)　閣議決定のパブリック・コメント制度の問題点については、本書第6章参照。
16)　本書第6章「結びに代えて」参照。

こともあると考えられるが、現実にどのように作用するか不透明である。そもそも、パブリック・コメント手続の下で意見・情報を提出できる国民等が、意見・情報を提出する機会をまったく奪われ、またはそれを不十分にしか与えられなかったとしても、それで国民等の法的に保護された利益が侵害されたということにはならない。それゆえ、こうした国民が当該行政立法の違法性を争う原告適格を持つのかどうかという疑問も出てくる。

（3）　閣議決定のパブリック・コメント手続は、手続対象を限定し過ぎているという欠点もある[17]。つまりその対象が「規制」に係る意思決定に限定されていることである。「規制」以外の行政立法でも、国民等から広く意見・情報を収集することで、より適正な内容の行政立法を制定できることは多いはずである。また、規制を内容としない行政立法についても利害関心の強い者がいるはずで、そうした者の利益を保護するためにも広く意見や情報を提出できる制度がある方が望ましいのではないか。

（4）　細かいところでは、パブリック・コメント手続を行うべき行政機関に会計検査院が含まれていなかった。

（5）　最後に、行政立法の制定や改廃について国民が提案する制度が置かれていない[18]。この点、請願という手段が法律上用意されているが、それは行政機関に請願を受理してこれを誠実に処理する義務を負わせるにとどまる。通説は、請願を受けた場合、行政機関は請願内容について審査し回答する義務までは負わないとしている[19]。

第4節　行政立法手続法制化の動き

2004年3月末に「規制改革・民間開放推進3か年計画」が閣議決定された。この閣議決定は、規制に関する基本ルールの見直しの一環として、行政手続法の見直しを謳い、規制に係る手続の見直しとして、「パブリッ

---

17) 本書第6章第2節2（1）(イ)、同第6章「結びに代えて」参照。
18) 本書第6章「結びに代えて」参照。
19) さしあたり、佐藤幸治『憲法（第3版）』639頁（青林書院・1995）、松井茂記『日本国憲法（第2版）』407頁（有斐閣・2002）参照。

ク・コメント手続の見直し」と「行政立法手続等を含めた行政手続法の見直し」を行うとした。これを受けて、総務大臣の下に専門的な検討を行うため「行政手続法検討会」が設置された。2004年4月以来、検討会は10回にわたって会議を開き、行政立法手続の法制化を中心議題として審議を進めた。7月には、論点の詳細についてより突っ込んだ検討を行うためワーキング・グループが設置され3回の会合をもった。ワーキング・グループは、検討会の全体会議で整理された論点について個別により深く議論を重ね、論点についての方向性を打ち出した。とりわけ手続的規律の及ぶ行政立法の対象範囲について多くの時間を割いて議論した。また、7月下旬には、行政立法手続の主要論点について意見募集を行った。[20] これについて各方面から意見が寄せられた。それらの中には行政立法手続の個別論点について包括的に提言する意見があった。ワーキング・グループで行われた検討結果をベースにして、各方面から出された意見をも踏まえて、検討会はさらに詰めの審議を行った。

ワーキング・グループや検討会での審議の有様を観察したとき、指摘できるのは次の点である。まず、ワーキング・グループや検討会は、意見提出者の範囲、対象、適用除外、案の公表方法、提出意見に対する考慮、結果の公表等々、様々な論点について検討したが、それらはいずれも閣議決定のパブリック・コメント手続でも問題になる点である。つまり検討会は閣議決定のパブリック・コメント手続を常に意識していた。そして、パブリック・コメント手続の手続水準を維持するかもしくは向上させることを念頭に置いて検討作業を進めたといえよう。

2004年12月17日、検討会はついに検討会報告をまとめ総務大臣に提出した。検討会報告は、「行政立法」の中の「規準」について、原則として、「意見提出手続」を行い、また、「規準」の公示の際に、基本的に、その趣旨の明示ないし理由提示を行うべきことを要求している。かくして、報告書は、閣議決定のパブリック・コメント手続が抱えている問題点を克服することを狙っている。[21]

---

20) 参照、http://www.soumu.go.jp/s-news/2004/040723_1.html

さて、検討会報告が提言した「意見提出手続」の具体的な中身は、案及び関連資料を公示して、30日以上の期間を定めて、広く国民等の意見・情報の提出を求め、「規準」の公布・策定と同時期に、提出意見・情報を考慮した結果を公示すること等である。このように、検討会報告は、①案や資料を公表し、②意見・情報の提出を求め、③提出意見・情報を考慮して行政立法を定め、④その際考慮結果を公表するという四つの局面を持つ手続を打ち出したが、それはまさに閣議決定のパブリック・コメント手続と類似している。2005年6月29日、検討会報告を下敷にして、パブリック・コメント制度を法制化する行政手続法の一部を改正する法律が公布された。

第5節　アメリカ法との比較

1983年に公表された第1次行政手続法の要綱案はアメリカ法の影響を色濃く受けていた[22]。また、それ以前から存在した個別法の行政立法手続のうち審議会が関与するものにはアメリカ法の影響の片鱗が見られる例がある。その典型は電波監理審議会が関与する省令の制定・改廃である。

1999年の閣議決定のパブリック・コメント手続は、アメリカの連邦や州の行政手続法が定めている行政立法制定手続と多くの共通点がある。アメリカ法からの影響関係が完全に解明されたわけではないが、この制度の立

---

21) まず、検討会報告は、全体として、行政立法手続の法制化について提言し、具体的な法律要綱案を提示している（同17頁以下）。報告7頁は、意見提出手続を義務づける範囲に言及し、①命令による定めであって、国民の権利または義務について定めるもの、②上記①以外であって処分または行政指導に際し行政機関が依るべきこととされる基準、指針その他これに類するものという「規準」を対象として義務づけるとしている。したがって、閣議決定のパブリック・コメント手続の対象である「規制」という縛りは撤廃されている。報告4頁は、「行政立法機関」について触れ、会計検査院も行政立法制定手続を行う「行政立法機関」に含めるべきであるという。報告14頁は、行政立法自体を問題とする不服申立制度の新設については行政不服審査法全体の見直しの課題の一つとした。また、行政立法の制定改廃についての提案制度については、「更に検討を要する」としている。ただ、報告10頁にある一般原則の(2)の「行政立法の内容の公正を常に確保する」努力義務により、行政機関は国民から提案について真摯な扱いを求められるとしている。

22) 平岡前掲注14）論文188頁、196頁注(21)参照。

案過程でアメリカ法が大きな影響を及ぼしたことは間違いないと思われる。

それはともかく、検討会報告は2005年の改正行政手続法の基礎になったが、検討会報告が明らかにした行政立法手続の像とアメリカ法とを比較対照し、日本法の特徴を描き出してみたい。

1 アメリカの行政立法制定手続

アメリカの連邦行政手続法（Administrative Procedure Act（APA））が規定する行政立法手続すなわち規則制定（rulemaking）手続を概観してみる。[23] APAは規則（rule）を定義して、行政機関の意思表示で一般適用性もしくは個別適用性を持つ不遡及的なものと定めている。[24] 規則制定とはこの意味での規則を制定・改廃する過程のことである。規則は、外部効果に着目して、大きく立法規則（legislative rule）と非立法規則（non-legislative rule）に区別される。立法規則は法律の授権を受けて行政機関が制定するもので法的効果がある。後者には解釈規則（interpretive rule）や政策声明（policy statement）が含まれる。また規則の対象または内容に着目して、実体規則（substantive rule）、手続規則（procedural rule）、組織規則等に区別される。

APAは規則制定手続全体についての適用除外を定めている。[25] 行政作用の内容ないし分野による適用除外で、外交・防衛機能、内部管理、人事、公有財産、貸付金、助成金、給付金、契約に関する規則については以下に見る手続を行う必要はない。

APAは、立法規則の制定について公衆参加を意図した手続を定めている。この手続には2種類のものがある。一つは正式（formal）規則制定手続であり、他の一つは略式（informal）規則制定手続である。正式規則制定手続は、行政機関による聴聞の機会を経て記録に基づいて規則が制定される手続である。それは裁判所の事実審理手続にも似た手続といえる。正

---

23) アメリカの連邦行政手続法が定める規則制定手続については、たとえばE. ゲルホーン/R. M. レヴィン著大浜啓吉・常岡孝好訳『現代アメリカ行政法』237頁以下（木鐸社・1996）、宇賀克也『アメリカ行政法』44頁以下（弘文堂・1988）参照。
24) 5 U.S.C.A §551(4).
25) 5 U.S.C.A §553(a).

式規則制定手続においては、利害関係人に証言する機会を与えまた不利な証人に対し反対尋問する機会が与えられる。したがって、この手続は多くの時間と費用がかかる。こうした慎重な手続は他の個別法律がこの手続を用いることを要求している場合にのみ行われるだけで、現実には、そうした趣旨の法律は多くなく、したがって正式規則制定手続が行われることはごくわずかといえる。

より原則的な手続形態が略式規則制定手続である。この手続は正式規則制定手続より簡略な手続である。略式規則制定手続は基本的に四つの手続要素からなっている[26]。第1に、規則制定に関する公告（notice）である。この公告は、規則制定の根拠条文、規則案の全文もしくは大要、または主題及び関係争点についての説明を含んでいなければならない。規則案の全文が公告されることが多いようである。第2に、意見書提出という方式による利害関係者への参加機会の提供である。口頭による意見陳述を認めるかどうかについては行政機関の裁量に任されている。略式規則制定手続では、利害関係人は反対利害関係人が提出した証拠を知りこれについて反駁する権利までは認められていない。第3に、行政機関は、提出された意見書を検討したうえ決定し、根拠及び目的を簡単に説明することである。第4に、規則の公布は当該規則の発効日より30日前に行わなければならない。

なお、公告以下の手続について、2種類の適用除外がある[27]。第1に、規則の性質に関連する適用除外である。解釈規則、政策声明、組織規則、手続規則、実務規則は、公告や意見書提出の手続を行う必要はない。第2に、規則の制定を取り巻く事情や環境に関連する適用除外である。実行不能、不必要、または公益に反すると認める場合、公告や意見書提出の手続きを取る必要はない。

略式規則制定手続は単純で効率的な手続であるが、利害関係人からすると手続的な公正さに若干欠けるきらいがある。そこで、裁判所や議会は、略式規則制定手続よりも手続保障を追加した手続を考案してきた。それが

---

26)　5 U.S.C.A §§553 (b),(c),(d).
27)　5 U.S.C.A §§553 (b),(A),(B).

混成的 (hybrid) 規則制定手続である。これは、正式規則制定手続と略式規則制定手続の中間形態であり、様々なバリエーションがある。典型的なものは、略式規則制定手続において規則案の根拠たる事実情報についての開示義務を行政機関に課すものである。あるいは、特定争点について反対尋問手続を行うことを義務づけるものである。後者のような負担の大きい手続を、裁判所が法律上の根拠もなく課すことについて、Vermont Yankee 最高裁判決は、APA その他の法律や憲法が命じている手続を越えて裁判所限りで手続を課すことは許されないと判示した。

　混成的手続の試みが手続の硬直化さらには行政活動の機能麻痺を招来したことから、新たな構想が打ち出された。それが、交渉による規則制定 (negotiated rulemaking) 手続である。これは、関係利害集団を代表する者や行政機関の職員が諮問委員会的な会議体を構成し、ファシリテイタ (facilitator) の支援の下、あるべき規則の原案についてコンセンサスを目指して協議し、コンセンサスが得られた素案を行政機関に諮問し、行政機関はこの素案を略式規則制定手続に乗せるというものである。

　APA は利害関係人に規則の制定改廃を求める申出権を認めている。この申出がなされたとき、行政機関はこれを受理し検討しなければならない。しかし、行政機関は申出通りに行動すべき義務までは負わない。もっとも、

---

28) 古城誠「規則制定と行政手続法（APA）——規則制定手続および司法審査の変容」藤倉皓一郎編集代表『英米法論集』223頁以下、特に248頁以下（東京大学出版会・1987）、大浜啓吉「アメリカにおけるルールメイキングの構造と展開㈣、㈤・完」自治研究63巻5号111頁以下、63巻6号121頁（1987）参照。

29) Vermont Yankee Nuclear Power Corp. v. Natural Resources Defense Council, Inc., 435 U. S. 519（1978）.

30) 近時の新たな提言として、Direct Final Rulemaking と呼ばれる規則制定の方式がある。これについては、薄井信行「最終規則提示型規則制定（Direct Final Rulemaking）の生成と展開」関西大学大学院法学ジャーナル76号1頁（2004）が、R.レヴィン教授の所説を軸に詳細に検討している。

31) 交渉による規則制定手続については、本書第9章、比山節男「アメリカ合衆国規則制定協議法逐条論点解説」大阪経済法科大学法学論集34号61頁（1995）、同「アメリカ合衆国規則制定協議法制定の経緯とその意義」大阪経済法科大学法学論集35号83頁（1995）、本書第10章、村松直子「『交渉による規則制定に関する法律』とアメリカ合衆国における規制理論㈠㈡・完」法学論叢145巻4号57頁、147巻4号60頁（1999、2000）参照。

32) 5 U.S.C.A. §553(e).

申出を拒否するとき、行政機関は速やかに申出人に通知しなければならず、その際拒否の理由を簡潔に記載しなければならない。

2　行政立法制定手続の日米比較

　日米両国の制度を比較して、まず気付くのは、日本では正式規則制定手続が存在しないことである。今回の行政立法制定手続の立法化の動きの中でも、アメリカ法の正式手続を導入すべきであるという声は聞かれなかった。また、Vermont Yankee 判決が阻止したような混成的規則制定手続もこれまでのところ日本には存在しないといってよかろう。なお、日本では審議会とパブリック・コメント手続がセットになって行われる例があり、それは交渉による規則制定方式と外見上似ている。ただ、交渉による規則制定の協議会は、パブリック・コメントにかけるための原案を作成する装置であり、協議会で達成されたコンセンサスが規則案となってこれについてパブリック・コメントが求められるのであるが、日本では、むしろパブリック・コメント手続で提出された意見や情報を審議会が利用して答申や報告書をまとめて提言することが多いのではなかろうか。

　日本の制度は、閣議決定のパブリック・コメント手続にしても今次の検討会が提言し立法化された手続にしても、アメリカ法との対比でいえば、略式規則制定手続に相当するものである。それでは、日本法はアメリカ法の略式規則制定手続とまったく同じであろうか。細かく見るといくつかの相違点がある。

　（1）　まず、意見・情報を提出できる者の範囲について。APA は利害関係人としている。これに対し、閣議決定のパブリック・コメント手続や改正行政手続法では広く国民等としており、理論上は日本法の方が手続参加資格者の範囲が広くなっている。ただ、アメリカでも、「利害関係人」

---

33)　5 U.S.C.A. §555(e).
34)　利害関係人という文言の下では、参加のためには何らかの特別な利益を有することを立証する必要があるという解釈が成り立つ余地がある。ARTHUR E. BONFIELD, STATE ADMINISTRATIVE RULEMAKING 188 (1986).

の範囲は、学説上、経済的な利益等を持つ者からさらに各種の関心を持つ者にまで相当広がっているようである。[35]

（２） 次に、手続の対象範囲について。日本法は、手続の対象ないし範囲が、外部効果を持つ行政立法に限定されていない。外部効果のないものでも一定の形式のものについては対象になっている。この点、アメリカ法の立法規則の広がりについて注意する必要がある。従来、授権禁止法理（non-delegation doctrine）によって、具体的で明確な授権規定がある場合にしか立法規則を定めることができないと解されていたが、広範な授権規定の下でも行政機関は立法規則を制定できるとする趣旨の最高裁判決があり、[36]立法規則は、日本で行政規則に分類されるものの一部を含んでいる可能性が濃厚である。

（３） 日本法には外交・防衛事項に関する適用除外がない。閣議決定のパブリック・コメント手続には、行政作用の内容に応じた適用除外として「規制」かどうかという区分があるだけであった。それゆえ、外交関係の行政立法でも「規制」に当たれば、パブリック・コメント手続を行わなければならなかった。また、内部管理、人事、公有財産、貸付金、助成金、給付金、契約というアメリカ法の適用除外も日本法にはない。[37]これらは閣議決定のパブリック・コメント手続では「規制」に該当しないとして適用除外になることが多いであろう。ただ、検討会報告においては「規制」という限定を撤廃し、これを踏まえて制定された改正行政手続法も「規制」という限定を撤廃した。かくして日本法の方が対象をより広く取ることに

---

35) Paul Verkuil, *Judicial Review of Informal Rulemaking*, 60 VA. L. REV. 185, 236 (1974); 1 CHARLES H. KOCH, JR., ADMINISTRATIVE LAW AND PRACTICE 409 (1997).

36) たとえば、Yakus v. United States, 321 U. S. 414 (1944) は、「一般的に公正かつ公平で、……本法の（列挙する）目的を達成する」基準を制定することを認めた法律の規定を合憲と判断した。また、Mistretta v. United States, 488 U. S. 361 (1989) は、有罪宣告された者に対し科される量刑について拘束的な基準を定める権限を行政委員会に付与した法律を合憲と判断した。1 KENNETH CULP DAVIS & RICHARD J. PIERCE, JR., ADMINISTRATIVE LAW TREATISE 83 (3d ed. 1994).

37) これらの適用除外についての詳細は、荏原明則「行政機関による規則制定の諸問題㈠㈡――アメリカにおける Rulemaking を中心として」神戸学院法学12巻2号35頁、12巻3号99頁（1981）参照。

なった。なお、アメリカにおいては合衆国行政会議（Administrative Conference of the United States（ACUS））が上に見た二つの適用除外を大幅修正する提言を打ち出している。[38]しかし、そうした提言は未だ立法化されていない。

（4）原案の公表について。まず、原案とは行政立法の条文案に限らないとする点で、両国の制度は類似している。公表資料として、日本法における方が、より多くの資料が公表される可能性がある。それは、APAでは、意見書提出日時や場所、規則制定の法律上の根拠などが公表される程度であるが、閣議決定のパブリック・コメント手続でさえ、案を作成した趣旨・目的・背景、根拠法令、規制影響分析、案の位置づけを可能な限り公表するものとしているからである。ただ、アメリカの判例法は、規則案の作成に当たり行政機関が依拠した基礎的データの公開まで要求している。[39]

（5）意見・情報の提出について。日本法では、意見・情報の提出期間について定めがある。すなわち閣議決定では「1か月程度を一つの目安と

---

38) 軍事・外交問題について、1 C.F.R. §305.73-5、財産事項について、1 C.F.R. §305.69-8 参照。Arthur E. Bonfield, *Military and Foreign Affairs Function Rule-Making Under the APA*, 71 MICH. L. REV. 221 (1972); Arthur E. Bonfield, *Public Participation in Federal Rulemaking Relating to Public Property, Loans, Grants, Benefits, or Contracts*, 118 U. PA. L. REV. 540 (1970) も参照。

また、解釈規則や政策声明について、1 C.F.R. §305.76-5 参照。Charles H. Koch, Jr., *Public Procedures for the Promulgation of Interpretation Rules and General Statements of Policy*, 64 GEO. L. REV. 1047 (1976) も参照。

39) 従来、アメリカでは、公告（notice）は、主題や争点を説明するだけでもよい、とする見解があった。BERNARD SCHWARTZ, ADMINISTRATIVE LAW 172-73 (2d ed. 1984). しかしながら、連邦控訴裁判所の判例法によってこうした考え方は排斥された。その結果、公告要件が進化している。すなわち、利害関係人に規則案の内容を適正に知らせるため、公告は、規則案の事実的基礎、科学的データまで公表する必要があると解されるに至った。Portland Cement Association v. Ruckelshaus, 486 F. 2d 375 (D. C. Cir. 1973), United States v. Nova Scotia Food Products Corp., 568 F. 2d 240 (2d Cir. 1977); RICHARD J. PIERCE, JR., SIDNEY A. SHAPIRO, & PAUL R. VERKUIL, ADMINISTRATIVE LAW AND PROCESS 323 (3d ed. 1999); ALFRED C. AMAN, & WILLIAM T. MAYTON, ADMINISTRATIVE LAW 50 (2d ed. 2001). 規則案の根拠となる科学的データが公告されないと、市民は、規則案の基礎となった実験方法や前提について批判的な意見を提出することができなくなってしまう。*Id*. at 325. また、United States v. Nova Scotia Food Products Corp, 568 F. 2d 240, 252 (2d Cir. 1977) 判決は、行政機関が基礎データの開示を怠り結果として有意義な意見書提出を妨げるのは、意見書提出をまったく拒否することに近い、と判示している。

して」行政機関が明示するとし、改正行政手続法39条3項では30日以上の意見提出期間をもうけるとしている。APA はこのような期間を定めてはいないが、個別法で意見書提出期間について定めているものがある[40]。また、連邦行政命令集法は、原則として最低15日の期間を設けるよう規定している[41]。また、最高裁判決は、行政機関の提案に対して反論するのに十分な時間を与える必要があると判断している[42]。

（6） 意見提出の方法について。日米両国とも書面による意見提出が原則的な形態である点で共通である。日本の従来のパブリック・コメント手続では、電子メールによって意見・情報を提出する例が多く、改正行政手続法45条は公示についてインターネットを用いるとしている[43]。アメリカでもそうした例が急増しているようである[44]。

元来、APA の立法者意思も、公告は、争点を利害関係人に知らせるために十分なものでなければならないとしていた。Legislative History of the Administrative Procedure Act, S. Doc. No. 248, 79th Cong., 2d Sess. 200 (1946). ただ、APA が公告項目として明示的に要求している事項以外にどのような情報を公告すべきかについては行政機関の裁量に任されていた。CORNELIUS M. KERWIN, RULEMAKING—HOW GOVERNMENT AGENCIES WRITE LAW AND MAKE POLICY 53 (3d ed. 2003). しかし、上述のように、その後の判例法は、規則の基礎データ等の追加的情報を公告すべきことを要求した。このように十分な情報を公告すべしとする要件は、意見提出という参加を意義あるものにすることを目指している。JOHN H. REESE & RICHARD H. SEAMON, ADMINISTRATIVE LAW PRINCIPLES AND PRACTICE 208 (2d ed. 2003); 1 KOCH, *supra* note 35, at 398.

40) A. BONFIELD, *supra* note 34, at 188 は、APA には、意見提出期間についての明文規定はないが、意見提出の合理的な機会つまりは合理的な期間を与えるよう解釈できるという。また、1 C. KOCH, *supra* note 35, at 404 も参照。
41) 32 U.S.C.A. §1508.
42) United States v. Florida East Coast Railroad Co., 410 U. S. 224, 243-44 (1973) *on remand*, 368 F. Supp. 1009 (M. D. Fla. 1973), *affirmed*, 417 U. S. 901 (1974). 1 C. KOCH, *supra* note 35, at 404 も参照。
43) たとえば、2004年8月に公表された前年度のパブリック・コメント手続の施行状況の調査結果を参照されたい。http://www.soumu.go.jp/s-news/2004/040827_9.html
44) アメリカで規則制定に関しインターネットを利用することが普及していることには周知のところである。連邦行政機関はそれぞれインターネットのホームページを設営しており、その中で規則制定についての情報提供を行いまたコメント提出を求めている。たとえば、連邦通信委員会の以下のサイトを参照。http://gullfoss2.fcc.gov/ecfs/Upload/ コメント提出のため次のページを開くと、そこには氏名、住所、電子メールアドレス、およびコメント記入欄が揃った書式が現れ、意見提出が比較的容易に行える環境になっている。

第5節　アメリカ法との比較　　127

　（7）　意見・情報に対する行政機関の対応について。日米とも、提出された意見・情報について行政機関は、慎重に考慮・検討しなければならない。日本のパブリック・コメント手続においては、提出された意見・情報について行政機関は「考え方」をまとめてこれを公表することになっている（改正行政手続法43条1項4号参照）。一方、APAは制定規則の中に当該規則の目的及び根拠の概要を簡潔に記載すると規定するのみである。立法者はこの簡潔な説明という要件を文字通りに捉えていた[45]。しかし、この要件は、判例法によって、より詳細な理由を提示する義務へと転化しているといえよう[46]。とはいえ、判例法も、行政機関がすべての意見書について逐一応答することまで要求していない。しかし、重要な意見、核心的な意見に対しては必ず検討して応答しなければならないとしている[47]。

　（8）　公布から施行までの期間について。APAはこの点について、30日間の期間をおくことを要求している。一方、日本法には、この点についての定めはない。しかし、実際には、公布と施行との間に一定の期間をお

---

45)　APAの立法者意思によると、「根拠及び目的の説明」は「簡潔（concise）」かつ「一般的な（general）」もの――概要説明程度――でよく、それほど厳しい要件ではなかった。UNITED STATES DEPARTMENT OF JUSTICE, ATTORNEY GENERAL'S MANUAL ON THE ADMINISTRATIVE PROCEDURE ACT 32 (1947); 1 C. KOCH, *supra* note 35, at 476.

46)　この要件の内容は、1960年代後半から70年代の判例法の展開により、大きく変化した。すなわち、この要件は、制定規則の前文に決定根拠（それは、反対意見を拒否する理由も含む）を示すよう要求するものとなった。*See,* Automotive Parts Accessories Association v. Boyd, 407 F. 2d 330 (D. C. Cir. 1968); United States v. Nova Scotia Food Products Corp., 568 F. 2d 240 (2d Cir. 1977); STEPHEN G. BREYER, RICHARD B. STEWART, CASS R. SUNSTEIN, & MATTHEW L. SPITZER, ADMINISTRATIVE LAW AND REGULATORY POLICY 598 (4th ed. 1999); R. PIERCE, S. SHAPIRO, & P. VERKUIL, *supra* note 39, at 326; ARTHUR E. BONFIELD & MICHAEL ASIMOW, STATE AND FEDERAL ADMINISTRATIVE LAW 365 (1989); 1 KOCH, *supra* note 35, at 476.
　　1970年代に制定されたいくつかの個別法は、略式規則制定手続において事実認定や理由を提示すべきことを要求している。*Id.* 大気清浄化法の1977年改正法は、規則案に対する重要な意見について行政機関には応答義務があると定めた。42 U.S.C.§7607(d). A. AMAN, & W. MAYTON, *supra* note 39, at 43 n. 14.

47)　APAの実務においては、行政機関は提出された意見に逐一応答する必要はないとされている。判例法によると、行政機関は意見提出過程で受領した重要な意見・争点について応答するだけでよいとされている。A. BONFIELD & M. ASIMOW, *supra* note 46, at 366 ; A. AMAN, & W. MAYTON, *supra* note 39, at 55.

くのが普通である。

（9）　最後に、制定改廃の申出権について。APAは、規則制定改廃の申出権を規定しているが、日本の閣議決定のパブリック・コメント手続や改正行政手続法はこうした仕組みを明定してはいない。

このように、手続の細部では、日本法が関係者により手厚い手続的保障を与えていることもあれば、逆にアメリカ法の方が手厚い場合もある。日本法の中で、注目すべきことは、要約又は整理されはするが、提出された意見・情報に対して、逐一行政機関の「考え方」がまとめられそれが一般に公表されることである。

第6節　行政立法制定における参加権

以上に見たように、日本のパブリック・コメント手続とアメリカ合衆国の略式規則制定手続とは、細部で微妙に異なっている。しかし、全体としてみれば、日本のパブリック・コメント手続は、アメリカの略式規則制定手続と酷似しているといえよう。ただ、両者に顕著な相違点があることも無視することはできない。最も根本的な相違点は、意見・情報提出者の地位をどのように理解するかという点にある。アメリカでは、多くの学説が、行政立法制定に関する国民の地位を参加権と捉えているが、このことがアメリカ法の大きな特徴である。[48]

---

48)　たとえば、A. BONFIELD & M. ASIMOW, *supra* note 46, at 300 は、APA は利害関係人に規則制定における意見書提出権を付与している、と述べている。1 C. KOCH, *supra* note 35, at 408 も参照。なお、WILLIAM F. FUNK, SIDNEY A. SHAPIRO, & RUSSELL L. WEAVER, ADMINISTRATIVE PROCEDURE AND PRACTICE 99 (2d ed. 2001) は、規則案につき意見提出する関係者の利益と述べている。C. KERWIN, *supra* note 39, at 53 は、行政機関は意見書提出を認めるよう義務づけられたが、その他の形式の参加は権利問題ではなかったという。この指摘は、意見書提出という参加形式は権利であることを意味している。

　A. AMAN, & W. MAYTON, *supra* note 39, at 53-58 は、規則制定における市民の参加権はやせ細った（bare-boned）ものであると指摘している。こうした評価になるのは、正式裁決手続における当事者の権利と対比したとき規則制定の参加権は、権利といっても単純で簡略なものだからである。

第6節　行政立法制定における参加権　129

　この参加権の中核は、意見書提出等の方法によって規則制定の過程に参加することである。しかし、APA は、利害関係人に参加権があると正面から規定しているわけではない。APA の規定は、行政機関は意見書提出等の方法により規則制定過程に参加する機会を利害関係人に提供するものとするというのみである。このように APA は行政機関に参加機会提供義務を課しているのであるが、この行政機関の一般的な義務規定から関係国民の参加権が生ずると理解されている。

　意見書提出という方法による参加権に関係して、APA は規則制定の申出制度を規定している。申出について APA は明確に利害関係人の権利と定めている。[49] 元来それは請願権程度のものであった。[50] しかし、申出を拒否する場合、理由を付記して拒否決定を通知することになっている。そして、その後の判例は拒否決定について申出者が司法審査を求めることができるとしている。[51]

　閣議決定のパブリック・コメント手続の下において、国民に参加権が付与されていると捉えることは困難であった。それは、閣議決定が外部効果を持たないため、閣議決定が国民に権利を付与することは通常考えられないからである。しかし、2005年の改正行政手続法によって新たに行政立法手続が立法化されたので、国民の参加権を想定することも不可能ではなかろう。行政立法制定過程における国民の地位を権利と捉えるためには、アメリカのように法制化することが大前提であるが、2005年の改正行政手続法によってこの前提が満たされたのである。

---

49) 5 U.S.C.A. §553(e).
50) APA の立法者によると、規則制定の申出に応答する行政機関の決定は、司法審査に服さないと考えていた。Final Report of the Attorney General's Committee on Administrative Procedure 108 (1941); 1 C. KOCH, *supra* note 35, at 390. 司法長官の解説も参照。UNITED STATES DEPARTMENT OF JUSTICE, ATTORNEY GENERAL'S MANUAL ON THE ADMINISTRATIVE PROCEDURE ACT 39 (1947).
51) J. REESE & R. SEAMON, *supra* note 39, at 233; 1 C. KOCH, *supra* note 35, at 390. 申出拒否決定は司法審査の対象とはなるものの、この場面での司法審査の審査範囲は極めて狭いため、申出拒否決定が実際に取り消されるのは稀なようである。
52) 本文で以下に述べるように、行政立法制定手続において国民は包括的な参加権を有する

結びに代えて

　以下では、アメリカの参加権の考え方を参考にし、また日本の実務をも踏まえて、参加権の深化を図る試論を展開したい。[52]

　国民が行政立法の制定過程に参加する権利が参加権であるが、それは単に原案に対する意見・情報を提出するという機会を保障されるということだけであろうか。参加権の内実を明らかにするため、参加権に対応して行政機関にどのような義務が課されているのかを検討してみよう。アメリカ法によると、行政立法制定過程において行政機関に課されている義務として、（Ⅰ）行政機関が行政立法制定手続に着手した場合、①原案や資料の公表義務、②意見・情報提出機会の提供義務、③提出された意見・情報の考慮義務、④理由提示義務等がある。また、（Ⅱ）国民が行政機関に行政立法の制定を促す申出を行った場合、1申出を受理する義務、2これについて検討する義務、3申出を拒否する際申出人に理由を提示する義務等である。

　（1）　これらの義務のうち、（Ⅰ）の②が最も中核的な義務といえよう。そして、この義務に対応して、国民は意見・情報を提出することができる。アメリカにおいては、多数の論者が、意見・情報を提出しうる個々人の地位を参加権と性格規定している。個々人が参加できるのは、行政機関に課せられた一般的な義務から生ずる反射としての便益ではなく、権利と理解されているのである。このように、アメリカでは、行政機関の義務規定から国民の参加権が導かれていることに注意したい。日本においても、検討

と解することで、法定の行政立法手続に違背した行政立法が制定された場合の裁判所等による救済問題の解明がより容易になると思われる。アメリカ合衆国における規則の裁判的統制については、規則適用前の規則自体の司法審査の形式が重要であるが、これについては、大浜啓吉「インフォーマルな行政決定と司法審査の手続問題」専修大学法学論集52号67頁（1990）、早坂禧子「アメリカにおける排他的プリインフォースメント訴訟」『小嶋和司博士東北大学退職記念　憲法と行政法』678頁以下（良書普及会・1987）、小谷真理「行政立法の司法審査――プリ・エンフォースメント訴訟の課題と展望」法と政治55巻1号45頁（2004）参照。

会報告は、正面から国民等に意見提出権を認める体裁をとっておらず、行政立法を制定する機関に意見提出の手続を行うよう義務づけているのみである。検討会報告に基づいて2005年改正行政手続法が成立し、行政立法手続が法定され、行政立法機関に意見提出の手続を行うよう義務づけることになったので、日本においても、アメリカ合衆国のように、国民には行政立法の制定について意見・情報を提出しうるという意味での参加権が認められると解すべきである。[53]

　意見・情報を提出した者は、行政機関によってこれら意見・情報を適切に処理してもらう権利を有すると考えるべきである。このように適切な処理がなされないのだとすれば、意見・情報の提出は言いっぱなしで終わってしまう。提出意見が行政機関によって適切に汲み取られることがあってはじめて、提出意見ないし参加権は生きてくるといえよう。こうした適切な処理を受ける権利の中身は、提出意見・情報を行政機関によって受理してもらい、個別に考慮検討してもらい、それについて「考え方」をまとめてもらい、さらにこの「考え方」を通知してもらうということである。これらの行政機関の対応（＝受理、考慮検討、「考え方」提示）は、前述の（Ⅰ）の③提出された意見・情報の考慮義務、④理由提示義務に対応するものといえよう。アメリカ法では、重要な意見に対して必ず行政機関は応答する必要があるとされる。このことは、提出意見のすべてに対して個別処理、個別応答する必要まではないことを示している。しかし、パブリック・コメント手続の下における従来からの日本の実務はさらに進んでいる。行政機関は、提出された意見・情報のすべてに対応している。たとえそれが無関係な意見、取るに足りない意見であるとしても、それなりの対応を行政機関は行っているのである。日本の実務では、提出された意見・情報を細かく分類整理し、それぞれについて「考え方」をまとめるのが通例である

---

53)　この意見・情報提出という参加権はどのような強度のものなのか。行政機関は、提出された個々の意見・情報を採用する義務までは負っていない。参加権といっても行政機関の判断を決定し拘束する権利ではないのである。提出意見・情報は何らかの影響力ないし説得効果を持つに過ぎない。提出意見・情報が合理的で説得力があれば、行政機関はそれを採用することがあろう。とりわけ、提出意見が要考慮要素を指摘しており、原案がそうした要考慮要素を無視している場合、提出意見は採用される可能性が大であろう。

が、この方式は、提出意見・情報のそれぞれに対して逐一対応し回答することに限りなく近い。つまり、提出意見・情報を個別処理・個別回答していることと大差ないのである。日本において（Ⅰ）の③の提出された意見・情報の考慮義務、同④の理由提示義務が新たに法律によって課されたので、意見・情報を提出した者は、それに対する行政機関側の評価や判断内容ないしは考慮過程・考慮結果に関する情報等（＝「考え方」）を整理しかつ提示してもらえるという地位にあると解すべきである。[54]

（２）　意見・情報提出権という参加権の前提もしくはコロラリーとして、国民はさらにいくつかの具体的権利を持つと解すべきである。まず、国民は意見提出という参加を効果的に行うためその前提となる情報を十分に与えられる必要があり、そのため国民には情報開示請求権が認められるべきである。国民が提出する意見・情報はどのようにして形成されるのか考えてみよう。それは、大きく、三つのソースからの情報や意見を基にして形成されるであろう。すなわち、(1)行政機関から公表された原案や資料その他の十分なデータ・情報等（これは、前記の（Ⅰ）の①の義務に対応して公表される）、(2)持ち合わせているデータ、情報、知識等、(3)さらには他から入手したデータ、情報、知識、意見等をもとに、国民は、データを処理し、情報を調整し、意見を形成するのではないか。そうすると、意見提出者が提出意見を形成する際、行政機関が公表した原案や資料等が大きく与って

---

[54]　こうした地位は、理由公表義務の反射として意見提出者が結果的に受ける便益に過ぎないと批判されるかもしれない。しかし、これも、意見・情報提出者の持つ権利と見るべきであろう。すなわち提出意見・情報について個別的処理を受ける権利と見ることができるのではないか。このように権利と捉えるべき理由は、「考え方」をまとめてもらえるという地位が、参加権と密接に関係するからである。つまり、「考え方」が明らかにされることで、提出意見が適切に処理されたかどうか、参加権が無駄にならなかったかどうか、確認できるのである。

　提出された意見・情報について「考え方」を公表しなければならないという義務は、提出された意見・情報に対し回答を公表する義務といえる。そして、この回答公表義務に対応して、意見・情報提出者には回答受領権があるといえよう。それは、自らが提出した意見・情報について行政機関がどのように考え、どのように処理したかに関する情報の開示を求める権利である。「考え方」が一般に公表されることで、意見・情報を提出した者に限らず広く一般人も、「考え方」を知ることができるが、このように広く公表するのは、その方が個別回答方式よりも過程の公正さや透明性が増すからである。

力があるといえる。的を射た適切な意見を提出するためには、より適正で十分なデータ・情報を行政機関から入手しておくことが必須なのである。そこで、国民は、意見・情報提出という意味での参加権の行使を実りあるものにするため、行政機関から事前により十分なデータ・情報を受ける資格があるといえよう。まさに国民は、原案や関連資料について情報開示請求権を有すると考えることができる。この情報開示請求権は意見・情報提出という参加権の前提としての権利である。

（3）　前述の（Ⅰ）の②の義務に対応する国民の参加権は、行政機関の作成した原案を受けてこれにつき意見を述べるというものである。それは、行政機関のイニシアティブによって開始された行政立法制定過程に参加する権利である。しかし、国民により積極的・主体的な参加権が保障されてもよいのではないか。アメリカ合衆国では、国民に行政立法制定の申出権を認めている。すなわち、APA は、前述のように、行政機関に（Ⅱ）の①申出を受理する義務、②これについて検討する義務、③申出を拒否する際、申出人に理由を提示する義務を課している。このように、申出を拒否する場合、理由を提示して応答する必要があることから、この申出は日本法の申請権に近いものと解することができる。このような申出権に基づいて、国民は（案を添えて）行政立法の制定を行政機関に提言することができる。そして、国民の提言が説得的で真に行政立法制定の必要性があると認められる場合、行政機関は公式に行政立法制定手続に着手し、原案を作成

---

55) 意見・情報提出という参加権の行使を有効適切なものにするため、行政機関から十分な情報が事前に公告されていることが必要である。逆にいうと、行政機関は、参加権の行使を有意義なものとするため、国民に対し、適切で十分なデータ・情報を開示する義務を負っている。適切で十分なデータ・情報を入手できてはじめて、国民は的確な意見・情報を提出することができ、その結果、行政機関はより適正な意思決定を行うことができるようになるといえよう。
56) この情報開示請求権は、行政立法を制定する機関に課せられた（Ⅰ）の①の原案や資料の一般公表義務に対応するものである。一般的義務に対応するから、国民は反射的利益しか持たない、と解すべきではなかろう。行政機関の一般的公表は、国民個々人が持つ情報開示請求権の束に一括して応答するものと捉えるべきである。
57) 真摯に検討すればそれでよいといった請願権程度のものではなく、諾否の応答義務が課されているものに近いのである。

して、これを公表し、国民の意見提出を求め（ここにおいて意見・情報提出という意味での参加が可能となる）、提出された意見を考慮して最終決定し、理由を提示することになる。申出権は、原案について意見提出するという意味の参加手続を開始させるきっかけを与えるものである。それゆえ、申出権の仕組みがあってはじめて、意見提出という参加権もより十分に機能を発揮することができる。行政立法の制定申出権が保障されていない状況においては、参加権といっても、行政機関が行政立法制定手続に取りかからない限り、これを行使する余地はない。そこでは参加権といっても消極的、第二義的なものでしかない。参加権をより主体的・積極的な権利として位置付けるためには、参加権の行使が行政機関の判断に完全に依存することから脱却することが必要であろう。日本においても、行政立法制定の申出権を国民に認め、申出拒否決定については裁判所の審査が受けられるようにすることが重要である。このような制度にすることで、申出の違法な拒否決定が裁判所によって是正される。かくして国民は、申出権を行使して、行政機関に行政立法制定手続に着手するよう迫ることができ、この結果、適切な場合、行政立法制定手続が現実に行われ、その中で意見提出という意味での参加権を行使することができる。[58] 行政立法制定の申出権は、意見・情報提出という参加が保障された行政立法手続を開始するよう行政機関の判断を求める権利で、参加権の一環ないしコロラリーとしての重要な権利なのである。

（4）　本章は、新たな行政手続法の下で、意見・情報を提出する国民に包括的な参加権が認められると解すべきであると考えている。参加権の中核は、意見・情報を提出する権利である。この権利は、その前提としてより十分な情報の開示を求める請求権をも含んでいる。参加権に基づいて提出された情報は、受理され適正に考慮されることが保障される。同時に、

---

[58]　検討会報告は申出権を将来の課題と位置づけた。しかし、同報告は行政立法の一般原則の一つとして「行政立法の内容の公正を常に確保する」努力義務を課している。この常に確保すべき努力義務は、適切な場合には法的義務でもあることを意味しているのではないか。そうだとすると、適切な場合、右の法的義務に対応して、国民には、「行政立法の内容の公正を……確保する」ため申出ができると解することが可能ではなかろうか。

考慮過程や結果が「考え方」としてまとめられることも保障される。さらに回答（それは考慮過程、考慮結果に係る情報である）を受領できることも保障される。要するに、意見・情報提出による参加に対応して、考慮結果の情報がフィードバックされてくる。このように、行政立法手続は、まさに情報が行政機関と国民との間で相互交流する過程であると捉えることができる。[59]そして、こうした情報的相互作用の充実した過程を創設することで、最善の行政立法が制定されることが期待できるのである。

---

59) 多賀谷一照『行政情報化の理論』18頁注12（行政管理研究センター・2000）も参照。

第5章　行政立法制定における参加権

はじめに

　2004年4月、総務大臣の下に行政手続法検討会（以下、「検討会」という）が設置され[1]、行政立法手続の法制化等をテーマにして定期的に審議・検討が行われた。また、同年7月、「行政立法手続に関する意見募集」が行われた。その際、検討会が整理した論点（以下、「論点整理」と呼ぶ）も公表された[2]。この論点項目を見て分かるのは、検討会が審議し構想していた行政立法手続は、基本的に、1999年3月に閣議決定された「規制の設定又は改廃に係る意見提出手続」（以下、「パブリック・コメント手続」と呼ぶことがある）[3]に近いということである。事実、上記の「論点整理」の各項目に対応するものが、パブリック・コメント手続に係る閣議決定の中で定められている[4]。

---

1) http://www.soumu.go.jp/s-news/2004/040330_7.html は、「行政手続法検討会」の開催に関する報道資料である。
2) http://www.soumu.go.jp/s-news/2004/040723_1.html は、代表的論点を列挙している。それによると、「②適用範囲」、「③意見提出手続」として、(2)案の公表、(3)意見等の提出期間、(4)意見等の提出方法、(5)意見等を提出できる者の範囲、(7)意見等の取扱い、(8)結果の公表等々となっている。参照、http://www.soumu.go.jp/s-news/2004/pdf/040723_1_s1.pdf
3) http://www.soumu.go.jp/gyoukan/kanri/a_07_01.htm 参照。なお、一般に「パブリック・コメント」制度は、広狭二義で用いられる。すなわち広義では、「行政機関が意思決定を行うに際して、広く国民の意見を聴取すること」であり、狭義では、「行政基準の制定に際して、一般の意見を聴取する」ことを指すとされる。宇賀克也「ベーシック行政法(3)　行政基準」法学教室285号10頁（2004）。ここでは、さらに狭く、1999年の閣議決定が定めた手続を「パブリック・コメント手続」と呼ぶことがある。
4) すなわち前掲注2）の「②適用範囲」は、閣議決定の「1　対象」に相当し、「③-(2)案の公表」は、閣議決定の「2　意見提出の手続」の「(1)公表主体・公表時期」、「(2)公表資料」、「(3)公表方法」等に対応し、「③-(3)意見等の提出期間」は、閣議決定の「2-(4)意見・情報の募集期間」に対応し、「③-(4)意見等の提出方法」は、「2-(5)意見・情報の提出方法」に、「③-(5)意見等を提出できる者の範囲」は、閣議決定の前文の一部に、「③-(7)意見等の取扱い」、「同(8)結果の公表」は、「(6)意見・情報の処理」にそれぞれ対応するといえよう。

検討会が構想した行政立法手続はパブリック・コメント手続に近似するものであるから、それは、パブリック・コメント手続と同様、以下のような四つの段階からなる手続である。[5] 第1に、行政機関は原案や関係資料を公表する。第2に、行政機関は、公表された原案に対し意見、情報、データ等を提出する機会を利害関係国民に提供する。第3に、行政機関は、利害関係国民から提出された意見・情報を考慮して意思決定を行う。提出意見等の考慮段階である。最後に、提出意見・情報について行政機関側が「考え方」をまとめ、これを公表する。この「考え方」には、制定される行政立法に関する行政機関側の正当化根拠が含まれることが多いので、この第4段階は行政立法の制定理由の提示の段階と位置づけることもできよう。[6]

---

[5] このような4段階からなる手続は、極めて特徴的な手続である。まず、そもそも第1段階が存在することが、ある意味では特異なことである。というのは、第1段階で原案を公表するとしているのであるが、原案が完成していなければ、第1段階を行うことができず、したがってこの4段階からなる手続を行うことができないからである。原案作成が終わっている段階で初めてこの種の手続を行うことができる。その点で、この手続は行政機関内部での検討がある程度進んだ段階でしか利用できないものといえる。それゆえ、この4段階手続は、行政機関が論点を公開してそれについて意見等の提出を求める方式とは明らかに異なっている。また、政策提案の公募方式のように、原案作成のイニシアティブをむしろ国民に委ねてしまう方式とも違っている。もちろん国民に政策提案を求め、提出された提案をもとにして原案を作成し、これに基づいて4段階の手続を行うことが考えられる。しかし、政策提案の募集だけで終わってしまう方式なら、それは4段階手続とは明らかに異なっている。同様に、選択肢を提示してそのうちのどれが望ましいかについて意見を求める方式とも違っている。4段階手続の第1段階は既に一つに絞られた案が存在しているからである。

　言うまでもないことであるが、この4段階手続は裁判手続とはまったく異なる手続である。後に若干言及するように、アメリカ合衆国では、正式規則制定手続という裁判手続に類似する手続を経て行われる行政立法制定手続が存在しているが、検討会が構想した手続は、正式規則制定手続とは明らかに異なっている。両者の最も顕著な相違点は、正式規則制定手続が裁判手続に近い慎重な手続であり、そこでは、特に、行政立法の制定根拠となる事実について当事者に反対尋問権が保障されるのである。検討会が構想した手続においてその種の権利が保障されることはまず考えられない。つまり、4段階手続の第2段階がさほど手厚い手続になっていないということである。

[6] もちろん、厳密に言えば、理由提示と「考え方」公表とは異なっている。「考え方」はあくまで、原案に対して提出された意見・情報に対する応答である。しかし、行政機関は提出された意見・情報を根拠にするだけではなく、自らの専門的知識・知見、パブリック・コメント手続外で入手した情報などを根拠にして行政立法を制定することができる。つまり、提出意見に対する応答という意味での「考え方」とは異なる知見・情報を根拠

パブリック・コメント手続を導入した閣議決定自体、原案公表、意見提出、提出意見考慮、広い意味での理由提示という四つの手続を定めていた。しかし、閣議決定であるがゆえに、これら四つの手続は行政機関が行うべきものとして法的に義務付けられていたわけではない。閣議決定は、あくまでも閣議構成メンバーの合意でしかなく、国民との関係で外部効果を持つ規範とはいえない。それゆえ、閣議決定が定めている4段階手続に反する実務が行われたとしても、国民との関係で手続的に違法な行政立法が制定されたということにはならない。

しかしながら、検討会が答申し、その趣旨に従った行政立法手続が法制化されると、事態は変わってくる。2004年12月17日、検討会は「行政手続法検討会報告」（http://www.soumu.go.jp/singi/pdf/041217_9_6.pdf　以下「検討会報告」という）を総務大臣に提出し、上述のような4段階手続を答申した。これを受けて2005年6月行政立法制定手続が法制化され、4段階の手続は法律上裏付けのあるものとなった。一定範囲で、4段階手続のすべてが法律上義務づけられたのである。つまり、一定の行政立法を制定する際、行政機関は、原案公表義務、意見提出機会付与義務、考慮義務、理由提示義務が課されることとなった。

本章は、行政立法の制定に係る手続上の義務が法律によって新たに行政機関に課されたことを踏まえて、行政立法の制定に際し国民はどのような法的地位にあるのかを検討しようとするものである。一方で、日本におけるパブリック・コメント手続の運用状況を踏まえ、また他方で、日本のパブリック・コメント手続のモデルの一つであり、しかもパブリック・コメント手続と類似の制度を50年以上も前に法制化し長い経験を積んでいるア

にして行政立法を制定することができる。それゆえ「考え方」と行政立法の制定「理由」とは同じであるとは限らない。この点は、アメリカのAPAについても当てはまる。Carl A. Auerbach, *Informal Rulemaking: A Proposed Relationship Between Administrative Procedures and Judicial Review*, 72 Nw. U. L. REV. 15, 23 (1977). アメリカでも事情は似ている。つまり、行政機関は公告および意見書提出手続を通して入手獲得した意見や情報にのみ基づいて最終規則を制定する必要はない。意見提出手続外で関連情報・意見を獲得しそれらも加味して最終決定を下すことができる。JOHN H. REESE & RICHARD H. SEAMON, ADMINISTRATIVE LAW PRINCIPLES AND PRACTICE 211, 219 (2d ed. 2003).

メリカ合衆国の法状況を参考にしながら、検討を進めたい。

第1節　パブリック・コメント制度運用上の特色

1　全体的傾向

　各府省は、1999年以来、パブリック・コメント手続に係る閣議決定に従い多数のパブリック・コメント手続を実施してきた。これまで、総務省行政管理局（中央省庁改革以前は総務庁行政管理局）は、毎年、各府省におけるパブリック・コメント手続の運用実態について調査し、実施状況を取りまとめて公表している。この総務省による調査結果を参考にして、パブリック・コメント制度の運用実態の一端を見てみよう。

　2004年8月に公表された前年度の実施状況調査結果によると、2003年度には閣議決定対象案件として意見提出手続を経て意思決定を行ったものは、総数501件に上った。この数は、制度導入時の1999年の256件と比較してほぼ2倍となっている。1999年度から2003年度まで、その数は右肩上がりで着実に増加している。

　案の公表においては501件すべてでホームページ掲載という方法が用いられている。同時に全体の5ないし6割のものについて窓口配布か報道発表が行われている。

　意見・情報の提出方法は郵便やファクシミリという従来型の方法が最も

7）　本章第2節で見るように、アメリカ合衆国の略式規則制定手続が日本のパブリック・コメント手続に類するものであるが、この略式規則制定手続は、元来、議会の公聴会手続をモデルにして制度化されたといわれている。STEPHEN G. BREYER, RICHARD B. STEWART, CASS R. SUNSTEIN, & MATTHEW L. SPITZER, ADMINISTRATIVE LAW AND REGULATORY POLICY 566 (4th ed. 1999). CORNELIUS M. KERWIN, RULEMAKING‒HOW GOVERNMENT AGENCIES WRITE LAW AND MAKE POLICY 50 (3d ed. 2003) は、単純化して言うと、規則制定に当たりAPAは行政機関に議会のように振る舞うことを要求している、という。

8）　こうした調査や公表は、閣議決定自体に基づくものである。すなわち、閣議決定「3　その他」の「(3)実態の把握」にしたがったものである。

9）　参照、http://www.soumu.go.jp/gyoukan/kanri/tetuduki_03_02.html

10）　参照、http://www.soumu.go.jp/s-news/2004/040827_9.html

多いが、電子メールによるものもこの2者に肉薄している。501件のうち意見・情報が提出された案件は332件であり、全体の3分の2である。逆に言うと、全体の3分の1は意見・情報がまったく提出されなかった。意見・情報が提出された案件では、提出意見・情報の数が1件以上10件以下のものが209件（全体の4割程度）と最も多い。また、101件以上500件以下が16件（全体の3.2パーセント）、さらに500件を超えるものが8件（全体の1.6パーセント）となっている。なお、意見・情報の募集期間については、閣議決定は「1か月程度を一つの目安」にするとしていたが、全体の45パーセント強のものが、28日未満となっている。

　結果の公表内容としては、提出意見等の原文、提出意見等を整理したもの、行政機関の「考え方」となっている。このうち、行政機関の「考え方」は457件、すなわち全体の9割で公表されている。また、307件については、提出意見等を整理したものが公表された。提出意見等の原文を公表する例も少なくなく、実に87件に及んでいる。後2者を合計しても、行政機関の「考え方」が公表された457件にならないことに注意したい。

　通常、提出意見は整理されまたは体系化される。また多くの場合、原文から要約される。そして、これに対する行政機関の「考え方」も体系的で整理されたものであることが普通である。ともあれ、要約・整理された個々の意見に対して、行政機関の「考え方」が表明されることが多いことに注意しておきたい。[11]

　意見・情報の処理結果の公表方法については、ホームページへの掲載が全体の9割となっており、窓口配布や報道発表（いずれも全体の4割程度）と比較して、最も多用されている。

---

11) もっとも、2003年度分についての調査結果は、意見等が提出されたにもかかわらず、その意見等が公表されていない例が17件あるとしており、これについて総務省は、閣議決定に照らし処理が適切でないと注意を喚起している。また、2000年度分についての調査結果は、提出された意見等は公表されているものの、行政機関の「考え方」の公表が行われなかった例があったという。参照、平成15年度版『「規制の設定又は改廃に係る意見提出手続」の実施状況』の「1　閣議決定対象案件：規制の設定又は改廃を伴う政令、府省令、告示等」の「5　閣議決定の遵守状況等」。http://www.soumu.go.jp/gyoukan/kanri/tetuduki_f.html

2 個別案件の紹介

2003年度に行われたパブリック・コメント手続の実例を一つ取り上げ、この手続が実際にどのように行われているのか明らかにしたい。ここで取り上げるのは、「個人情報の保護に関する法律」関連の政令の制定に係るパブリック・コメント手続である。このケースは前記の501件のなかで標準的な例といえ、パブリック・コメント手続の実態を知る上で格好の素材であるので紹介する次第である。

「個人情報の保護に関する法律」の附則第1条ただし書によると、施行期日を政令で定めることになっている。そこで、内閣府は、国民生活局総務課個人情報保護推進室が担当課となって、「個人情報の保護に関する法律の一部の施行期日を定める政令」の制定についてパブリック・コメント手続を行った。すなわち、2003年9月26日、担当課は、「個人情報の保護に関する法律附則第1条ただし書に規定する規定の施行期日を2005年4月1日とする」という原案を添えて、同年10月24日までの29日間で意見や情報を提出するよう広く要請した。[12] 意見募集期間が30日を下回っているが、閣議決定が「1か月程度を一つの目安として」と定めているところから、問題ないと考えたようである。担当課は、この原案を内閣府のホームページに掲載して一般に公表した。同時に、報道発表も行った。ただ、原案や資料の窓口配布は行わなかった。この原案について特定の者に特別に周知を図るということは特になかった。意見や情報の提出方法としては、郵便、ファクシミリ、電子メールを利用するよう指定した。公聴会により意見を聴取することはなかった。

この「施行期日を定める政令」に係るパブリック・コメント手続は、「個人情報の保護に関する法律施行令」に係るそれとセットで行われた。そして、両者に関する意見が延べにして40件提出された。

担当課は、10月24日の締め切り期限後、この40件の意見・情報を処理して、最終結果を11月12日に公表した。[13] 公表方法としては、募集の時と同様、

---

12) http://www5.cao.go.jp/seikatsu/kojin/seireian.pdf は、国民生活局総務課個人情報保護推進室が公表した提案関係資料である。

13) 参照。http://www5.cao.go.jp/seikatsu/kojin/ikenkekka.html

ホームページ掲載と報道発表という方式が用いられた。公表されたものは、提出された意見・情報を要約・整理したもの、およびこれに個別に応答する行政機関の「考え方」である。提出された意見・情報の原文は公表されなかった。

　提出された意見と「考え方」を具体的に見てみると次のとおりである。まず、意見1として、大要、「平成13年3月の旧法案提出からすでに2年半以上を経過していることから、法律の施行日を平成16年4月1日とすべき」である、との意見があった。これに対して、行政機関は、「考え方」として、「個人情報の保護に関する法律（以下「法」という）の施行までには、広く国民への制度の周知、本人からの開示等の求めに対応する事業者の準備等に相当の期間を要するため、施行日を平成17年4月1日としています」と応答している。[14] また、意見2として、「本人からの開示等に対応するためのシステムの構築等事業者の体制整備には一定の時間を要するため、平成17年4月1日の法律の施行日について何らかの猶予が検討できないか」という要望があった。これに対して、「考え方」は、「法の施行日は公布日（本年5月30日）から起算して2年を超えない範囲内で定めることとされていることをご理解願います」と応えている。[15]

　このように、行政機関の「考え方」は、提出意見等の内容に対応する形で出されている。しかも、提出意見は体系的に整理されている。「個人情報の保護に関する法律施行令」関係のパブリック・コメントの結果公表においては、提出された40件弱の意見が、①個人情報データベース等、②個人情報取扱事業者から除外される者、③保有個人データから除外されるもの、④保有個人データから除外されるものの消去までの期間、⑤保有個人データの適正な取扱いの確保に関し必要な事項等々と整序されている。[16]

　「施行期日を定める政令」の関係では、原案修正は行われず、原案通りの最終意思決定がなされた。これに対し、「個人情報の保護に関する法律

---

14) 参照。http://www5.cao.go.jp/seikatsu/kojin/kangaekata.pdf
15) 前掲注14) 参照。
16) これらの項目は、意見募集の際に公表された原案の概要説明書に記載された論点項目に対応するものであった。

施行令」については、パブリック・コメント手続の結果、一件、修正が行われた。いずれについても2003年12月10日、内閣の最終的な意思表示が行われ、平成15年政令第506号、507号として成立した。

第2節　アメリカ合衆国の規則制定参加権

　日本のパブリック・コメント制度は、行政立法を制定するための手続であるが、日本の行政立法に相当する概念が、アメリカ行政手続法（Administrative Procedure Act（APA））上の「規則（rule）」概念である。[17]そして、APAは規則制定の手続の一種として略式規則制定手続（informal rulemaking procedure）を定めているが、日本のパブリック・コメント手続はこれと酷似している。

　前述のように、日本の閣議決定によるパブリック・コメント手続は、4段階の手続であるが、アメリカの略式規則制定手続も同様である。行政機関は、まず、規則案の全文もしくは大要を関連資料とともに公告（notice）することになっている。[18]次に、意見書提出等の方法により規則制定の過程に参加する機会を利害関係人に提供しなければならない。[19]そして、行政機関は提出された意見等を検討する。最後に、行政機関は最終規則を制定す

---

17) アメリカ合衆国の連邦行政手続法は「規則（rule）」の定義規定をおいており、「法又は政策を具体化し、解釈若しくは規定……することを目的とする行政機関の意思表示の全部又は一部であって、一般的に適用され……その効力が将来に及ぶもの」をさす。5 U.S.C. §551(4).

18) 現在では、ほぼすべての行政機関が規則案の全文を公告していると言われている。WILLIAM F. FUNK, SIDNEY A. SHAPIRO, & RUSSELL L. WEAVER, ADMINISTRATIVE PROCEDURE AND PRACTICE 97 (2d ed. 2001); C. KERWIN, *supra* note 7, at 63. 1 CHARLES H. KOCH, JR., ADMINISTRATIVE LAW AND PRACTICE 399 (2d ed. 1997) は、規則案自体を公告するのが行政機関の検討事項や対象争点を通知するのに最善であると述べている。

19) この意見提出の機会は口頭による必要はない。APAは口頭による意見表明の機会を保障しているわけではない。行政機関が書面による意見提出の機会を提供すればそれでAPAの要件を満たしたことになる。もっとも、行政機関は口頭の意見表明の機会を与える裁量権を持つと解されている。BERNARD SCHWARTZ, ADMINISTRATIVE LAW 173 (2d ed. 1984).

るが、その際、規則の根拠および目的の概要を説明することになっている[20]。このように、略式規則制定手続も 4 段階の過程を経ることになっている[21]。

もちろん仔細に見ると日本のパブリック・コメント手続とアメリカの略式規則制定手続との間にはいくつかの相違点がある。第 1 に、意見等を提出できる資格を持つ者の範囲について、日本では国民等となっているが、APA の規定は利害関係人となっている[22]。第 2 に、手続の対象範囲について、日本法では行政手続法上の審査基準や処分基準等行政規則の一部も対

---

20) 「根拠及び目的の説明」の要件は、APA の立法者意思によると、それほど厳しい要件ではなかった。すなわち、「根拠及び目的の説明」は「簡潔（concise）」かつ「一般的な（general）」もの──概要説明程度──でよく、事実認定や法的政策的理由を詳細に提示する必要はなかった。UNITED STATES DEPARTMENT OF JUSTICE, ATTORNEY GENERAL'S MANUAL ON THE ADMINISTRATIVE PROCEDURE ACT 32 (1947); 1 C. KOCH, *supra* note 18, at 476.

しかし、1960年代後半から70年代の判例法の展開により、この要件は、字義通り簡潔な説明で足るという要件から、質的に大きく変化した。すなわち、反対意見を拒否する理由も含めて、決定根拠を制定規則の前文において明らかにするよう要求するものとなった。*See*, Automotive Parts Accessories Association v. Boyd, 407 F. 2d 330 (D. C. Cir. 1968); United States v. Nova Scotia Food Products Corp., 568 F. 2d 240 (2d Cir. 1977); S. BREYER, R. STEWART, C. SUNSTEIN, & M. SPITZER, *supra* note 7, at 598; RICHARD J. PIERCE, JR., SIDNEY A. SHAPIRO, & PAUL R. VERKUIL, ADMINISTRATIVE LAW AND PROCESS 326 (3d ed. 1999); ARTHUR E. BONFIELD & MICHAEL ASIMOW, STATE AND FEDERAL ADMINISTRATIVE LAW 365 (1989); 1 C. KOCH, *supra* note 18, at 476. また、連邦議会は、1970年代、特定の略式規則制定手続において事実認定や理由の提示を要求する個別法をいくつも制定した。*Id.* 大気清浄化法の1977年改正法は、規則案の内容についての重要な意見に対して行政機関は応答する義務があると定めた。42 U. S.C. § 7607 (d). ALFRED C. AMAN, & WILLIAM T. MAYTON, ADMINISTRATIVE LAW 43 n. 14 (2d ed. 2001).

21) アメリカの APA が定める略式規則制定手続は、①公告（notice）、②意見書提出、③根拠及び目的の説明という 3 段階手続であるという見解もある。R. PIERCE, S. SHAPIRO, & P. VERKUIL, *supra* note 20, at 320. また、1946年 APA 制定時の規則制定過程の基本構造は、公告、意見書提出、制定の三つであるとの指摘もある。A. AMAN, & W. MAYTON, *supra* note 20, at 42. W. FUNK, S. SHAPIRO, & R. WEAVER, *supra* note 18, at 48 は、略式規則制定手続は、公告、意見書提出、根拠及び目的の説明の三つを含んでいるという。1 C. KOCH, *supra* note 18, at 324 は、APA の立法者は、公告、意見書提出、理由提示及び公布の四つの手続を課すことで落ち着いた、という。

22) APA では利害関係人に参加機会が保障されている。この利害関係人とは、規則によってその権利義務に直接規律が及ぶ者だけに限られていない。「利害関係人」という概念は理論的実際的に限定のない概念であり、規則に関心のある者は誰でも参加できるといわれることがある。1 C. KOCH, *supra* note 18, at 409.

象にしている点が特徴である。第3に、意見等の提出期間について、日本法ではこの点について一般的な定めがあるが、APAにはこの点についての定めはなく、個別法等に委ねられている模様である。第4に、提出された意見等に対する対応について、日本では、前述のように、要約・整理された「意見」に個別に対応する形で行政機関の「考え方」がまとめられ、それが公表される[23]。第5に、公布から施行までの期間について、日本の制度ではこの点についての明示的な定めはない。これに対し、APAは公布から施行まで30日の期間をおくとしている。最後に、行政立法の制定改廃の提案権について、APAは、明文で提案権を規定しており、提案を拒否する決定を行う場合には理由提示が必要であるとしている。一方、日本では、個別法でごく稀に提案権の仕組みがある程度である[24]。

しかし、日本のパブリック・コメント制度とアメリカの略式規則制定手

---

[23] APAの実務においては、行政機関は意見書提出過程で受領したすべての意見に逐一応答する必要はないとされている。さらに意見書で提起された一切の争点について必ず応答しなければならないわけでもない。判例法によると、意見提出過程で受領した重要な意見・争点についてのみ応答するだけでよいとされている。A. BONFIELD & M. ASIMOW, *supra* note 20, at 366 ; A. AMAN & W. MAYTON, *supra* note 20, at 55.

[24] 工業標準化法12条1項は、利害関係人は原案を具して工業標準を制定すべきことを申し出ることができると定めている。同じく、農林物資の規格化及び品質表示の適正化に関する法律8条1項は、利害関係人または都道府県は原案を具して日本農林規格を制定すべきことを申し出ることができるとしている。同様に、飼料の安全性の確保及び品質の改善に関する法律26条2項は、飼料の公定規格について製造業者、輸入業者、販売業者又は飼料消費者に申出権を認めている。家庭用品品質表示法10条1項は、何人も家庭用品の品質に関する表示が適正に行われていないため一般消費者の利益が害されていると認めるとき、経済産業大臣に対して適当な措置を取るべきことを求めることができるとしている。そして、同2項によると、経済産業大臣は、この申出内容が事実であると認めるとき、同3条の表示の標準を定めこれを告示することができる。

内航海運組合法59条1項は、事業活動の規制に関する省令の制定につき、海運組合または連合会の申出があった場合、国土交通大臣が省令をもって事業活動に関する制限を定めることができるとしている。同じく、生活衛生関係営業の運営の適正化及び振興に関する法律57条1項の料金等の規制に関する省令制定について、組合に申出権を認めている。

なお、最低賃金法16条1項は、厚生労働大臣は最低賃金審議会の意見を聴いて最低賃金を決定することができると規定しているが、関係する労働者又は使用者は最低賃金審議会の意見につき異議を申し出ることができ（16条の2第2項）、この場合厚生労働大臣は最低賃金審議会に意見を求めなければならず（16条の2第3項・12条3項）、最

続との最も顕著な相違点は、意見・情報提出者の地位をどのよう理解するかという点にある。アメリカの多くの学説は、行政立法制定に関する市民の地位を参加権と捉えているが[25]、このことがアメリカ法の大きな特徴である。

　この参加権の中核は、意見書提出等の方法によって規則制定の過程に参加することである。しかし、APA は、利害関係人に参加権があると正面から規定してはいない。APA の規定は、行政機関は意見書提出等の方法により規則制定過程に参加する機会を利害関係人に提供するものとするというのみである。このように APA は行政機関に参加機会提供義務を課しているのであるが、この行政機関の一般的な義務規定から関係市民の参加権が生ずると理解されている。

　この参加権に関連して、APA は規則制定の申出制度を規定している。申出について APA は明確に利害関係人の権利と定めている。元来それは請願権程度のものであった。しかし、申出を拒否する場合、理由を付記し

　　低賃金審議会が意見を提出した場合、厚生労働大臣は最低賃金額について別段の定めをすることができる（16条の2第4項・12条5項）。同法11条、12条も参照。同法16条の4第1項は、労働者又は使用者の全部又は一部を代表する者は、同16条1項による最低賃金の制定・廃止を申し出ることができるとしている。また、家内労働法8条1項は、厚生労働大臣は一定地域内において一定業務に従事する低廉な労賃の家内労働者の最低工賃を労働政策審議会の意見を聴いて決定することができるとしており、同9条は、家内労働者は労働政策審議会の意見につき異議を申し出ることができ（2項）、この場合厚生労働大臣は労働政策審議会の意見を求め（3項）、労働政策審議会がこれにつき意見を提出した場合、最低工賃額について別段の定めをすることができる（5項）、としている。

25)　たとえば、A. BONFIELD & M. ASIMOW, *supra* note 20, at 300 は、APA は規則制定において意見書を提出する権利を利害関係人に付与していると述べている。1　C. KOCH, *supra* note 18, at 408 も参照。なお、W. FUNK, S. SHAPIRO, & R. WEAVER, *supra* note 18, at 99 は、規則案につき意見提出する際の関係者の利益と述べている。C. KERWIN, *supra* note 7, at 53 は、行政機関は意見書提出を認めるよう義務づけられたが、その他の形式の参加は権利の問題ではなかったという。この指摘は、少なくとも意見書提出方式による参加は権利であることを意味しているといえよう。

　　この規則制定における市民の参加権はやせ細った（bare-boned）ものであるという指摘もある。A. AMAN, & W. MAYTON, *supra* note 20, at 53-58. こうした評価が下されるのは、正式裁決においては当事者に様々な手続権が保障されているが、それと対比したとき、規則制定の参加権は権利といってもかなり単純なものといえるからである。

て拒否決定を通知することになっている。そして、その後の判例は拒否決定について申出者が司法審査を求めることができるとしている。[26]

第3節　参加権の提唱

　日本の閣議決定によるパブリック・コメント手続において、国民に参加「権」が付与されていると捉えることは困難であった。それは、閣議決定が外部効果を持たないため、閣議決定が国民に権利を付与することは通常考えられないからである。しかし、新たに行政立法手続に係る法律が制定された状況の下では、国民の参加権を想定することも不可能ではなかろう。以下では、アメリカの参加権の考え方を参考にし、また日本の実務をも踏まえて、参加権の深化を図る試論を展開したい。

1　行政機関の義務

　参加権といってもその内容はさほど明らかではない。市民は、ただ単に原案に対する意見・情報を提出する権利を持つだけなのか。この問題を考えるため、行政立法制定手続において行政機関にどのような義務が課されているのかという点から、検討を始めよう。それは、行政機関に課された義務に対応して国民等に権利が付与されることがありうるからである。アメリカ法において行政機関に課されている義務としては、行政機関が行政立法制定手続に着手した場合、①原案や資料の公表義務、②意見・情報提出機会の提供義務、③提出された意見・情報の考慮義務[27]、④理由提示義務[28]

---

26)　APAの立法者は、規則制定の申出を受けてなされる規則制定開始に係る行政機関の決定が司法審査に服するとは考えていなかった。1 C. KOCH, *supra* note 18, at 390. 司法長官の解説は、規則制定の申出に対する拒否決定は司法審査に服さないと考えていた。Final Report of the Attorney General's Committee on Administrative Procedure 108 (1941); UNITED STATES DEPARTMENT OF JUSTICE, ATTORNEY GENERAL'S MANUAL ON THE ADMINISTRATIVE PROCEDURE ACT 39 (1947). しかしながらその後の判例は、こうした申出拒否決定の司法審査を受け付けている。ただし、裁判所がこの拒否決定を取り消すのはごく例外的な場合に限られている。J. REESE & R. SEAMON, *supra* note 6, at 233; 1 C. KOCH, *supra* note 18, at 390.

等である。また、市民が行政機関に行政立法手続の実行を促す申出を行った場合、①申出を受理する義務、②これについて検討する義務、③申出を拒否する場合申出人に通知する義務、④その際理由を提示する義務等である。

2　市民の参加権

それでは、上記の各義務に対応して市民はどのような法的地位にあるのか。最初に、行政機関が行政立法手続に着手した場面から論ずることにする。

（1）　行政機関のイニシアティブによる行政立法制定手続の場合

　(ｱ)　**原案・資料開示請求権**　まず、行政機関に課された義務の一つ、原案や資料の公表義務について考えてみよう。行政機関に公表義務が課されている結果、市民は様々な情報を受動的に受け取ることができる。市民は行政の公表義務の反射として便益を受けるわけである。しかし、公表義務に対応して、市民は、原案や関連資料について情報開示請求権を有すると考えることができるのではなかろうか。確かに、原案等の公表義務は広く市民一般に対して負うもので、この義務に対応して市民個々人の権利を

---

27)　提出された意見・情報の考慮義務については注釈が必要である。前述のように、行政機関による考慮を規則制定過程の手続要素としない見解もあった。従来、意見提出機会の要件の解釈について、APA は意見提出機会を提供すべしと規定しているのみで、提出された意見をどのように用いようが行政機関の裁量に任されており、これをまったく用いないことも許されるとする見解があった。A. AMAN, & W. MAYTON, *supra* note 20, at 41. しかし、APA553条ｃ項は、提起された要考慮事項を考慮した後（after consideration of the relevant matter presented）、行政機関は制定規則の中に根拠及び目的の概要を記載しなければならないと定めている。ここから、同項は提出された意見を決定過程に実際に組み込むことを指示しているといえよう。*Id*. at 54.「提起された要考慮事項を考慮した後」「根拠及び目的の概要を説明する」という文言があるので、最終規則は提起された一切の要考慮事項を考慮したことを説明する必要がある。この説明はぞんざいなものであってはならない。根拠及び目的の説明要件によって提示される規則の根拠及び目的の概要は当該規則を解釈する際いられる。J. REESE & R. SEAMON, *supra* note 6, at 220.

28)　ここでの理由提示義務は、規則の目的や根拠を簡潔に説明する義務のことである。この義務は、正式裁決手続で要求される事実認定の提示及び法的・政策的根拠の提示の要件より若干簡略なものであると考えられてきた。B. SCHWARTZ, *supra* note 19, at 179.

観念することはできないかもしれない。しかし、後に見るように、意見・情報提出という参加権が市民個々人に与えられるのなら、ある個人が的確な意見・情報を提出する前提としてそのために必須の情報についてこれを開示するよう請求する権利を当該個人に認めるというのが論理的に一貫するのではなかろうか[29]。そのように解することによってこそ、より有意義な意見提出＝参加ができることになるからである[30]。公表義務は不特定の市民一般に対して行政機関が負う抽象的な義務と解すべきではなく、個々の国民の持つ情報開示請求権の束に一括して対応するものと理解すべきであろう。

　公表義務に対応して個々人が情報開示請求権を持つかどうかはともかく、行政機関は十分詳細な情報を公表することが義務づけられる[31]。それは、行政機関が十分な情報に基づいて行政立法を制定するために行政立法手続があることの論理的な帰結である。アメリカの規則制定手続や日本のパブリック・コメント手続の目的の一つは情報収集であるといわれる[32]。すなわち、

---

29) アメリカでも、公告が適切になされないと意見書提出機会の意味がなくなるという指摘がある。R. PIERCE, S. SHAPIRO, & P. VERKUIL, *supra* note 20, at 321. 公告制度の目的は、規則制定への有効な参加機会を利害関係人に提供することである。A. AMAN, & W. MAYTON, *supra* note 20, at 49.
30) アメリカの規則制定手続においては、情報と参加は切っても切り離せない関係にあると言われる。行政機関の意図、提案理由、新規則の効果について精確で完全な情報がなければ効果的な参加とはならない。C. KERWIN, *supra* note 7, at 56, 68.
31) これらの十分な情報は情報公開法を利用して入手できる可能性がある。しかし、情報公開法で入手できる情報の範囲には本来的限界があることにも注意する必要がある。それは、不開示情報の一つとして意思形成過程情報があり、行政立法の制定途上の様々な未成熟だが必要な情報が情報公開法によっては開示されないおそれもある。アメリカの情報自由法は現存する行政情報へのアクセスを認めるのみである。それを超えて行政機関に新たに関連情報を生み出すよう義務づけることはできない。1 C. KOCH, *supra* note 18, at 416.
32) アメリカの規則制定手続の目的は情報収集に限られていない。ある論者は、規則制定手続の目的として以下の諸点を挙げている。①合法性の確保、②健全な専門性の確保、③アカウンタビリティの確保、④適正な公告、⑤過剰規制の抑止、⑥公正性確保、⑦市民の満足の調達、⑧効率性。A. BONFIELD & M. ASIMOW, *supra* note 20, at 282-85. また、同書301頁も参照。
　日本のパブリック・コメント手続の制度目的については、本書第6章第1節、第2節1参照。

行政機関が最善の行政立法を制定するため、必要にして十分な情報を収集することが不可欠で、そのために行政立法手続があるというわけである。この十分な情報に基づく決定という考え方は、行政機関による意思決定についてのみ働く原理ではなかろう。あるいはまた行政機関の最終的な意思決定の段階においてのみ働くものでもなかろう。市民が意見形成・情報処理しその上で意見・情報を行政機関に提出する際にも働くのではなかろうか。そうでなければ、十分な情報に基づかない的はずれな意見、無関係な意見等が市民によって提出され、必要にして十分な意見・情報が行政機関に提出されず、結果として行政機関は十分な情報に基づく意思決定を行えないことになるからである。そもそも、意見・情報提出という参加権の行使を有効適切なものにするためには、行政機関から十分な情報が事前に公告されていることが必要なのである。[33]とにかく、市民が意見・情報を提出する段階において、市民は当該行政立法の案に関する十分な情報を得ている必要がある。[34]

　(イ)　**意見・情報提出権**　　次に、意見・情報提出機会の提供義務につ

---

33)　アメリカの判例法でも、行政機関が基礎データの開示を怠り結果として有意義な意見書提出を妨げるのは、意見書提出をまったく拒否することに近い、と判示するものがある。United States v. Nova Scotia Food Products Corp., 568 F. 2d 240, 252 (2d Cir. 1977). APA の立法者意思も、公告において十分な情報を開示するよう要求していた。すなわち、公告は、争点を利害関係人に知らせるために十分なものでなければならないとされた。Legislative History of the Administrative Procedure Act, S. Doc. No. 248, 79th Cong., 2d Sess. 200 (1946). ただ、APA が公告すべきことを明示的に要求している項目以外にどの程度の情報を公告すべきかについては行政機関の裁量に任されていた。C. KERWIN, *supra* note 7, at 53.

　しかし、その後の判例法は、規則案の公告の段階で追加的な情報を公表するよう要求した。とりわけ基礎データなどの専門技術的な情報を開示する必要があるとした。このように情報開示を充実化すべしとする要件は、意見提出を意義あるものにすることを目指している。J. REESE & R. SEAMON, *supra* note 6, at 208. また、公告では、重要事実・重要争点に言及する必要があると言われている。1 C. KOCH, *supra* note 18, at 399. 案の背景事情や案につながった前提事実を公告すると市民参加を支援することになるといわれる。もっとも、APA は、背景事情の一切を公表するよう要求しているわけではない。C. Koch は、公告の内容について触れ、利害関係人に意味のある参加機会を提供する程度のものである必要があるという。*Id*. at 398. また、利害関係人の意見提出を有意義なものとするに十分詳細な事実と根拠を公告する必要があるという。*Id*. at 400. もっとも、利用できる情報のすべてが公告されている必要はない。*Id*. at 401.

いては、こうした機会が提供される結果、個々人は行政機関に意見・情報を提出することができる。①行政機関から公表された十分な情報、②持ち合わせているデータ、情報、知識、③さらには他から入手したデータ、情報、知識、意見等をもとに、市民は、データ・情報を処理し、意見を形成する。こうしてまとめられた意見や情報を提出するのが参加である。アメリカにおいては、多数の論者が、意見・情報を提出しうる個々人の地位を参加権と性格規定している。[35] 個々人が意見・情報提出という参加を行うことは、行政機関に課せられた一般的な義務から生ずる反射としての便益ではなく、権利と解されているのである。2005年の改正行政手続法39条1項は、命令等制定機関は広く一般の意見を求めなければならないと行政機関に義務づけているが、この改正法の規定の下でもアメリカと同様広く市民には意見・情報提出権という参加権があると解すべきである。

(ウ) **適正考慮要求権**　この意見・情報提出という参加権はどのような強度のものなのか。行政機関は、提出された意見・情報を取り入れることまで義務付けられるのか。ここで、行政機関の考慮義務が関わってくる。

---

34) 従来、アメリカでも、公告（notice）は、規則案を逐一精確に公表する必要まではなく、規則案の趣旨が公表されるだけで十分であり、主題や争点を説明するだけでもよい、とする見解があった。B. SCHWARTZ, *supra* note 19, at 172-73.

　しかしながら、連邦控訴裁判所の主導によって、こうした考え方は排斥された。その結果、公告概念は拡大解釈されている。すなわち、利害関係人に規則案の内容を適正に知らせるため、公告に際して、規則案の事実的基礎、科学的データまで公表する必要があると解されるに至った。Portland Cement Association v. Ruckelshaus, 486 F. 2d 375 (D. C. Cir. 1973), United States v. Nova Scotia Food Products Corp., 568 F. 2d 240 (2d Cir. 1977); R. PIERCE, S. SHAPIRO, & P. VERKUIL, *supra* note 20, at 323; A. AMAN, & W. MAYTON, *supra* note 20, at 50. 規則案の根拠となる科学的データが公告されないと、市民は、規則案の基礎となった実験方法や前提について批判的な意見を提出することができなくなってしまう。*Id*. at 325.

　大気清浄化法の1977年改正法は、規則案をとりまとめる際に利用した実験方法を公告するよう義務付けた。42 U.S.C. § 7607 (d). A. AMAN, & W. MAYTON, *supra* note 20, at 43 n. 14; W. FUNK, S. SHAPIRO, & R. WEAVER, *supra* note 18, at 126.

　いくつかの大統領命令は規則制定に当たって規制影響分析を行うべきことを一定範囲で義務付けているが、このことも参加を促進すると言われる。それは、規制影響分析が規則制定に当たり公告されると、それを基にしてより説得力のある意見をまとめこれを提出することができるからである。C. KERWIN, *supra* note 7, at 68.

35) 前掲注34) 参照。

152　第5章　行政立法制定における参加権

　行政機関は、提出された意見・情報を考慮しなければならない[36]。当然、慎重かつ適正な考慮が必要であろう[37]。もちろん、提出された意見が問題の行政立法とまったく無関係な内容である場合、これを検討対象から外すことは許されよう。もっともこの場合でも、提出された意見が真に当該行政立法とまったく無関係で考慮に値しないかどうかを外から見て明らかにしておく必要があろう。たとえば、提出意見についての処理結果を公表する際、あえてこの無関係な意見をも公表し、それについて「無関係である」という「考え方」を併せて公表するのである。このように処理することで、「無関係である」という扱いが適切であるかどうか外部から監視することができる。

　さて、検討対象外と扱われるものはさておき、それ以外の意見・情報については基本的に検討対象として扱い、行政機関はそれについて採用するかどうかという次の段階の検討に進むことになる。ここで行政機関は、検討対象の個々の意見・情報を常に採用する義務までは負っていない。提出意見・情報は行政機関を拘束する効果までないのである。このことは、同一の意見が膨大な数の市民から提出されたとしてもそうである[38]。提出された意見の多数意見に行政機関が拘束されることもない。それらは相当な影響力ないし説得効果を持つに過ぎない[39]。参加権といっても行政機関の判断を決定し拘束する権利ではなく、行政機関に適正かつ慎重な考慮を要求する権利なのである。

---

36)　1 C. KOCH, *supra* note 18, at 442 は、意見提出権には当該意見が考慮されることの期待が含まれていると指摘する。規則制定では重要意見を考慮したことを立証しなければならない。根拠及び目的の概要説明はこうした考慮を行ったことを示す道具である。

37)　しかしながら、提出された意見・情報にいかなる効果もしくは影響力を与えるかは行政機関に任されていると断ずる者もいる。B. SCHWARTZ, *supra* note 19, at 174.

38)　APA の略式規則制定手続は、必ずしも純民主主義的手続ではないといわれる。それは、提出された多数意見を常に採択するよう行政機関に義務づける手続ではない。略式規則制定手続では、行政機関は必ずしも多数意見に拘束されないのである。1 C. KOCH, *supra* note 18, at 436-37, 443. もっともこの手続に民主主義的要素がないかというとそうではない。C. KERWIN, *supra* note 7, at 64.

39)　豊島明子「パブリック・コメントの意義と課題」室井力編『住民参加のシステム改革』189頁（日本評論社・2003）は、「パブリック・コメントは、実施機関が何らかの政策決定を行う場合に、できる限り民意を反映した決定を行うというよりも、むしろ、何故に

第3節　参加権の提唱　153

　提出された意見・情報が行政機関によって採用されるためには、たとえば次のような条件を満たすことが必要であろう。まず、提出意見・情報が当該行政立法の案に関係するものであることが必要である。まったく無関係な意見は検討対象にさえならないかもしれない。次に、当該意見が問題の行政立法に関する要考慮要素ないしは裁量権行使の考慮要素を踏まえたものであることが重要であろう。そして、当該意見が、法令上の要考慮要素に言及し、それが行政立法の当初案において不当・安易に軽視ないし無視されていることを明らかにすることができれば、行政機関は当該意見を採用することがあろう。あるいは、当該意見が法令上の要考慮要素でないものについて言及し、行政立法の当初案においてこれが過重に評価されていることを明らかにすることができたときも同様である。

　㈣　**個別的処理（考慮）を受ける権利**　　市民が意見・情報を提出した

　当該決定を行ったのかについてできる限り合理的な説明を行うための（説明責任を果たすための）手段である面が強いと見られる」という。しかし、論者も認めるように、「提出意見がたとえ１件であったとしてもそれが採用される場合がありうる」のであり、それはまさしく究極の民意反映といえるのではなかろうか。また、論者のいう「民意」が自治体の広い意味での市民の多数意思をいうのだとしても、行政立法や行政計画を対象としたパブリック・コメント手続がその種の「民意」の反映を核心的な制度目的とすべきものかどうか、大いに疑問である。とりわけ、国のパブリック・コメント手続の場合、その対象は行政立法であるが、行政立法の授権法律・関連法律が市民の多数意思を反映した行政立法を制定するよう要求する例は稀ではなかろうか。通常、議会が行政機関に規範を制定することを求めるとき、行政機関の専門技術性、中立性、地域的特殊事情考慮の確保、状況変化への即応性等を期待して授権するのである。

　関連して、論者は、現状のパブリック・コメントは、提出意見がどれほど考慮されるかに関して心許ない状況である旨指摘している。前掲論文190頁。この指摘は妥当であると考えるが、提出意見考慮義務が適正に果たされるかどうかは、この義務の不履行または不適正履行を是正する法的仕組みがしっかり確立しているかどうかに依存するといえよう。従来の国のパブリック・コメント手続は閣議決定によるものであり、自治体の多くのパブリック・コメント制度も要綱等によるものである。そして、これらの制度には、手続違背についての正式な是正手段が無いのが普通である。条例によって制度化されたものも、手続権を認める趣旨ではないという。いずれにしても、手続違背を是正することは困難である。そこで、考慮義務が適正に履行されるため正式な是正手段を用意すべきである。こうした是正の仕組みとして、手続の適正実施の監視役としてパブリック・コメント審議会を設け、これに単なる苦情処理以上のオンブズパーソンとしての役割を期待するのも一案であろう。本稿は、参加権を主張することによって、手続違背の是正に関し裁判所が大きな役割を果たすべきことを提唱している。

とき、行政機関は考慮義務を負っている。日本の実務を踏まえると、改正行政手続法42条で考慮義務が課されたので、行政機関は、提出意見等を逐一検討しその採否を決めなければならない。このことを意見・情報を提出した者の側から見ると、自らが提出した意見・情報は、行政機関によって個別に処理される地位にあるといえる。もっとも、提出された意見について行政機関が整理を行うことはある。つまり、複数の者が基本的に同趣旨の意見を提出したとき、行政機関はこれら同趣旨の意見を一つに整理する。しかし、この場合でも、行政機関は、複数の意見の内容が基本的に同一であると判断しこれを一つの意見に統合する作業をしているが、この作業過程はこれら複数の意見のそれぞれに行政が個別に対応していることに他ならない。決してその複数の意見のいくつかを無視したというのではない。

　さて、日本の実務によると、行政機関は提出された意見やそれらを整理したものについて行政機関なりの「考え方」をまとめる。「考え方」という検討結果情報をまとめる作業である。ある市民が提出した意見に対して行政機関が「考え方」をまとめたとき、行政機関はこの市民もしくはその意見に個別に対応したことになる。しかし、複数の者が提出した同趣旨の意見に対して行政機関が「考え方」をまとめたときはどうであろうか。このときこれら複数の者に対して個別に対応したといえるのか。確かに、この場合の「考え方」は、整理された複数の意見に一括して対応するものなので、行政機関は意見等の提出者の個々人に対して個別的処理を行っているわけではないと言われるかもしれない。しかし、ここでの「考え方」は、実質的には、整理される前の複数の同趣旨の意見のそれぞれに対応したものと見ることができる。そうであれば、整理された意見に対し行政機関が「考え方」をまとめるという実務は、個々の意見に対して個別に対応する作業を合体させたものということができる。個人 X_1 から提出された意見 A_1 と別の個人 X_2 の意見 A_2 とで趣旨が基本的に同一であるとき、行政機関はそれらを整理し意見Aとして一つにまとめ、このまとめられたAに対して行政機関なりの「考え方」Bをまとめる。この「考え方」Bは、直接的には意見Aに向けられたものであるが、しかし実質的には意見 A_1 や A_2 にも向けられている。このように見ると、意見・情報を提出した者は、提

第 3 節　参加権の提唱　155

出意見等について行政機関側の評価や判断内容等を整理してもらえる、つまり検討結果情報をまとめてもらえるという地位にあることになる。

　㈩　**考慮結果回答受領権**　　最後に、理由提示義務については、APAの立法者意思のように、理由提示が根拠及び目的の簡潔な説明程度のものであるなら、それは当該行政立法の趣旨目的を広く一般に説明し納得を得るという程度のものでしかない。あるいは当該行政立法の内容的合理性を担保する装置として幾ばくかの役割を果たすくらいであろう。しかし、より詳細に理由付けがなされることになると、この義務の機能や性格が変わってくるのではなかろうか。アメリカ法では、重要な意見に対して必ず行政機関は応答する必要があるとされるので、重要意見が行政立法の制定に際して実際にどのような影響を与えたのか確認することができる。重要意

---

40)　規則の根拠及び目的の概要説明の要件は、元来、最終規則の目的について市民が一般的な理解を得るためのものであり、必ずしも規則自体の詳細な説明もしくは規則の根拠となった考慮事項の詳細な説明を要求するものではなかった。Legislative History of the Administrative Procedure Act, S. Doc. No. 248, 79th Cong., 2d Sess. 225 (1946).

41)　前述のように、アメリカ法では判例法等の展開によって「根拠及び目的の説明」要件は詳細で包括的なものとなっている。このように充実化した根拠及び目的の説明要件はいくつかの重要な機能を果たすものと解されている。1 C. KOCH, *supra* note 18, at 476-77. 第 1 に、司法審査に便宜を提供する。つまり、この根拠及び目的のある程度詳しい説明があると、規則の適法性、合理性、要考慮要素の考慮の有無などの審査がより容易になる。第 2 に、行政決定の恣意抑制が期待できる。行政機関がある程度詳細な根拠及び目的の説明を行わなければならないとすると、それだけ争点を十分に検討した上で決定しなければならなくなる。第 3 に、公衆参加の実効化に資する。つまり、公衆参加が現実に影響力を及ぼすよう確保することができる。根拠及び目的の説明において行政機関は、市民からの主要な意見に対してどのように考えたかについて説明しなければならない。意見提出という参加に対する行政機関側の応答を示さなければならないので、行政機関は市民から提出された重要意見を現実に考慮しなければならず、場合によってそれを取り入れて最終決定しなければならない。かくして、根拠及び目的の説明の要件が存在する結果、提出意見が最終決定に実際に影響力を発揮する可能性が高まる。第 4 に、根拠及び目的の説明を完璧に行うことは実は行政機関にとっても便宜である。それは、このような完璧な説明がなされると当該規則が司法審査に服したとしても裁判所によって取り消される可能性が低くなるからである。最後に、根拠及び目的の説明は、市民にとっての当該規則の解釈指針として働く。J. REESE & R. SEAMON, *supra* note 6, at 220.

42)　アメリカの近時の判例によると、提出された意見書で言及された枢要な問題を取り扱っていないとき、根拠および目的の説明は不適切で違法なものとなる。また、意見書で取り上げられた重要論点について応答しないとき、要考慮要素の考慮を欠き規則が違法と

見に対する応答という実務をさらに押し進めると、提出された意見・情報のすべてに対応するという実務がある。日本の実務で見られるように、提出された意見・情報を細かく分類整理し、それぞれについて「考え方」をまとめる方式は、提出意見・情報のそれぞれに対して逐一対応し回答することに限りなく近い。つまり、提出意見・情報を個別処理・個別回答していることとあまり違わないのである。

　改正行政手続法43条１項４号が定めているように、提出された意見・情報についての「考え方」を公表しなければならないという義務は、意見・情報を提出した者との関係で言うと、提出した意見・情報に対し行政機関が回答を公表する義務といえる。そして、この回答公表義務に対応して、意見・情報提出者には回答受領権があるといえよう。その中身は、自らが提出した意見・情報について行政機関がどのように考え、どのように処理したかに関する説明情報の開示を求める権利である。行政機関の「考え方」は個別通知されるわけではなく一般公表されるに過ぎないので、一般公表義務に対応する権利など観念できないと批判されるかもしれない。あるいは、意見等の提出者が自らの意見に対応する「考え方」を受け取ることができるのは、理由公示義務の反射として意見提出者が結果的に受ける便益に過ぎないと批判されるであろう。しかし、公表内容は、広く一般に発信されることで、意見・情報を提出した者にも向けられている。そして、公表内容は、既に見たように、市民が個別に提出した意見・情報について行政機関が個別的に処理した「考え方」であることにも着目したい。「考え方」が公表され、意見・情報を提出した者に限らず広く一般人も「考え方」を知ることができるが、このように広く公表するのは、一般公表の方が、個別通知よりも、過程の公正さや透明性を増す方法だからである。

なることがある。J. REESE & R. SEAMON, *supra* note 6, at 220; 1 C. KOCH, *supra* note 18, at 442; C. KERWIN, *supra* note 7, at 66; B. SCHWARTZ, *supra* note 19, at 180. ただ、当該規則制定においていかなる重要争点が取り上げられ、なぜ当該結論に達したのかが、規則の根拠及び目的の説明において明確になっていれば、それで十分であると言われている。アメリカでは、行政機関は必ずしも市民から提起された全意見、全争点について応答する必要はない、とされている。1 C. KOCH, *supra* note 18, at 443; B. SCHWARTZ, *supra* note 19, at 180.

第3節　参加権の提唱　　*157*

　(カ)　**手続再履行請求権**　　原案公表、意見・情報提出、考慮、理由提示という4段階からなる手続は、市民が提出した意見や情報を行政機関の最終決定に反映させる仕組みである。そこでは、提出された意見や情報が作用して当初案が修正されることを予想している。もちろん、提出意見がまったく無関係なものであったり価値のないものまたは的はずれなものであったりすれば、当初案の修正にはつながらないであろう。しかし、本来、この4段階手続は、提出された意見や情報を行政機関が取り入れこれに基づいて当初案を修正し最終決定を行うことを狙っている。4段階手続においては、当初案の修正は基本的に望ましいことである。[43]

　しかしながら、当初案の修正が非難されるべき場合もある。それは当初案とはまったく異なる最終決定が下される場合である。このとき当初案と最終決定はまったく異質なので、当初案に対して提出された意見や情報が有効に作用しないで最終決定が下されたおそれがある。あるいは当初案に対し提出された意見情報とはまったく無関係に最終決定が下された可能性がある。はたまた、当初案は単にダミーでしかなかった可能性もある。

　当初案Aに対して意見・情報が提出され、最終的にBと決まったとき、果たして提出された意見・情報が影響力を及ぼしたといえるのか。意見・情報を提出した者はBもしくはBらしきものを当初まったく予想しておらず、それについて意見を述べ情報を提出する機会を与えられていなかったといえる場合もある。そこで、このような場合、市民には改めて意見・情報を提出する機会が与えられるべきである。[44] この種の特殊なケースにおいては、市民には第2ラウンドの意見提出の機会が保障されるべきなのである。そこで、意見・情報提出権は、この種の特殊のケースにおいて、第2

---

43)　アメリカにおいても、規則制定過程での原案修正は通常この過程が有効に機能していることを表している、と言われている。A. AMAN & W. MAYTON, *supra* note 20, at 52. 1 C. KOCH, *supra* note 18, at 459 は、行政機関は提出された意見を採り入れて規則案を自由に修正できなければならないという。

44)　アメリカでも類似の議論がなされている。規則制定過程で規則案とはまったく異なる内容に方針変更されたとき、2回目の公告および意見提出手続が必要であるとされている。1 C. KOCH, *supra* note 18, at 459; A. AMAN & W. MAYTON, *supra* note 20, at 52; J. REESE & R. SEAMON, *supra* note 6, at 209.

ラウンドの意見提出を行う権利も含まれていると解される。改正行政手続法43条4項括弧書きは、意見提出手続を行ったが、行政立法を定めないこととし、別の行政立法の案について改めて意見提出手続を実施しようとする場合、その旨を公示すべきものとしている。ここに示されているように、改正法の下で市民は、一定の場合、意見提出手続を再履行してもらう権利があると解することができよう。

　もっとも少しでも原案修正が行われれば常に第2ラウンドの4段階手続が保障されるべきであるかというと、必ずしもそうではない。ごくわずかの修正でも第2ラウンドの手続が必要であるとすると、第2、第3、第4……ラウンドの意見提出の手続を行うべきことになり、手続が際限なく繰り返され収拾がつかなくなるおそれがある。そこで、若干の修正程度では手続を再度やり直す必要はなかろう。手続を改めて行う必要があるのは、市民に意見・情報の提出機会が与えられていなかったと目されるような大幅な原案修正があった場合である。アメリカの判例法は、最終規則が原案からの当然の所産（logical outgrowth）である限り意見提出手続を再履行する必要はないとしている。[45]

（2）　市民のイニシアティブによる行政立法制定手続の場合

　次に、市民が行政機関に行政立法手続の実施を促す申出を行った場合について検討してみよう。APAは、行政機関に①申出を受理する義務、②これについて検討する義務、③申出を拒否する場合申出人に通知する義務、④その際理由を提示する義務を課している。このように、少なくとも申出を拒否する場合、理由を提示して個別に通知する必要があることから、こ

---

45) Chocolate Manufactures Association of United States v. Block, 755 F. 2d 1098 (4th Cir. 1985): Natural Resources Defense Council, Inc. v. U. S. EPA, 824 F. 2d 1258 (1st Cir. 1987); American Medical Association v. United States, 887 F. 2d 760 (7th Cir. 1989).

46) 1 C. Koch, *supra* note 18, at 389. は、市民には規則制定の申請権があると述べている。APA は、規則制定に取りかかるよう行政機関に申出する権利と、行政機関がこの申出を拒否する際拒否理由を受領する権利を定めているという。後者は前者のコロラリーである。当然、行政機関は市民からのこの規則制定の申出を検討する義務を負い、申出を拒否する場合、理由提示義務を負う。

第 3 節 参加権の提唱

の申出は日本法の講学上の申請権に近いものと解することができる。請願権のように、真摯に検討すればそれで十分というものではない。諾否の応答義務が課されているものに近いのである。

従来、日本において行政立法制定手続は、立法権限を授権された行政機関がその権限行使を行うときに利用する手続であり、まさに行政機関のための手続であるという理解が一般的であった。行政立法手続の目的を行政機関による情報収集と捉える見方がその典型である。このような見方からすると、意見・情報を提出する個々人は手続において二義的な役割しか期待されない。利害関係市民に行政立法の制定過程においてより主体的・積極的な地位を保障するという発想が貧弱であった。しかし、発想を転換することが必要である。元来、アメリカでは、行政立法手続の目的は、行政機関による情報収集に限定されておらず、関係者の利益保護も重要な目的の一つであった。このように利益保護が手続の目的の一つであるとすれば、行政立法手続は利害関係市民のためにもあるはずである。そうすると、利害関係市民には手続においてより主体的な地位が保障されてよいのではないか。

意見・情報提出権を中心とした参加権は、提出意見に対する検討結果情報が提出者にフィードバックされることでその役目は一旦終了する。しかし、市民には、行政立法制定に関する情報の相互交流のサイクルを開始するため、一定のイニシアティブをとる権利が与えられると解すべきであろう。前述のように、アメリカの APA の下では、制定された行政立法の内容に不満があれば、これについて市民は改廃の申出を行うことができ、これによって市民と行政機関との間で行政立法に係る新たな原案公表＝情報提供、意見・情報提出、応答の相互作用が開始されることがあり得る。こ

---

47) もちろん、規則制定の申出がなされても、行政機関は規則制定に必ず着手するよう義務づけられるわけではない。1 C. Koch, *supra* note 18, at 390.
48) 市民に規則制定過程に参加する機会を保障するのは何のためか。APA の制定当時の有権解釈によると、参加機会保障の目的は第 1 に、情報収集であり、第 2 に私人の利益保護であった。United States Department of Justice, Attorney General's Manual on the Administrative Procedure Act 31 (1947).

うした申出権も参加権の一環と捉えることができる。それは、この種の申出権行使の結果、場合によっては、行政機関が行政立法制定手続に取りかかり、そこにおいて意見情報の提出という参加が保障される可能性があるからである。意見・情報の提出手続が行政機関のイニシアティブによってしか開始されないのだとすれば、参加権といっても、その行使は行政機関の手続開始の判断に依存する消極的な位置づけしかできないものである。参加権がより積極的な権利であるためには、意見・情報提出という参加手続が開始される前の段階においても、より積極的な地位が国民に保障される必要があろう。かくして、行政立法制定の申出権は、意見・情報提出という参加が保障された行政立法手続を開始するよう行政機関の判断を求める権利で、参加権の一環としての重要な権利であるといえよう。改正行政手続法38条2項は、社会経済情勢等の変化を勘案し、行政立法の内容の適正を確保する努力義務を課しているが、これは、適切な場合、適正な内容の行政立法を制定すべき法的義務を課していると解することができ、この義務に対応して、市民に行政立法制定申出権が認められると解すべきである。

結びに代えて

アメリカ行政法学の泰斗K. デイヴィス教授は、略式規則制定手続は現代政治制度の最も偉大な発明品の一つであると述べていた。[49] そうした偉大な制度から学ぶべきことは多いのではなかろうか。わけてもこの偉大な制度についての参加権の捉え方は傾聴に値する。

本章は、行政立法の制定に当たり意見・情報を提出する市民・国民に包括的な参加権を保障すべきであると考えている。その中核は、意見・情報を提出する権利である。そして、この権利は、その前提として意思形成途上のより十分な情報の開示を求める請求権をも含んでいる。十分な情報に基づいて形成した意見・情報によって参加するのが参加権の核心であるが、[50]

---

49) KENNETH C. DAVIS, DISCRETIONARY JUSTICE: A PRELIMINARY INQUIRY 65 (1976).

参加権の内容はそれにとどまらない。この提出された情報について個別に処理され、適正に考慮されることが保障される。同時に、考慮の過程や結果が「考え方」としてまとめられることも保障される。さらに「考え方」等の回答（それは検討過程、検討結果に係る情報である）を受領できることも保障されている。要するに、意見・情報提出による参加に対応して、行政機関には個別考慮義務、適正考慮義務、考慮結果作成義務、考慮結果回答義務が課せられる。すなわち、意見や情報を通した参加に対して検討結果の情報がフィードバックされてくる。このように、行政立法手続は、まさに情報が行政機関と市民との間で相互交流する過程であると捉えることができる。そして、こうした情報的相互作用の充実した過程を創設することで、最善の行政立法が制定されることが期待できる。

　2005年6月、日本では、ようやく行政立法制定手続についての一般的な法律が制定され、これによって行政立法制定過程に国民が参加する機会が法的に保障されることになった。このように市民参加の手続が法律上規定されたので、市民に行政立法制定に関する前述のような様々な参加権が保障されることになったと見るべきであろう。このように解釈することで、行政立法の制定過程で手続違背があった場合の救済問題の解明がより進むことになるのではないか。仮に、行政立法の手続的違法を直接攻撃できる訴訟形式が行政事件訴訟法のもとで認められることを想定してみよう。この場合、本来意見提出の機会を提供すべきであったにもかかわらず、行政

---

50) 1 C. KOCH, *supra* note 18, at 400 は、意見交換や情報流通を真に図るため、規則案の策定につながった考え方や規則案の基礎になったデータを詳細に公表する必要があると主張し、意見交換・情報流通の充実化を強調している。なお行政機関からの情報公表の充実化を通して参加の強化を図ることを主張するものとして、Administrative Conference of the United States, Hybrid Rulemaking Procedures of the Federal Trade Commission Recommendation 79-1 (1971).

51) 本文で触れた以外にも、意見・情報提出という参加権をより十分に保障するための方策がある。それは参加のための時間的余裕を十分に確保することである。そのため意見提出期間をある程度長く設定しておく必要がある。1 C. KOCH, *supra* note 18, at 404. 意見書提出期間を十分に保障すると、規則案を評価検討するために必須の情報を入手しこれについて意見をまとめる時間的余裕ができる。利益集団を組織化したりしてより影響力の大きい意見を提出することができる。C. KERWIN, *supra* note 7, at 66.

機関が意見提出の機会を与えずに行政立法を制定したとき、意見提出という参加権を侵害された者は、この行政立法の手続的違法を争う原告適格を認められると解されることになろう。また、行政立法の原案が他事考慮を行っているという意見を提出したにもかかわらず、行政機関がこの主張を簡単に排斥したとき、意見提出者は、行政機関が自らの意見を適切に考慮しなかった手続的違法、さらには他事考慮という実体的違法を主張することができよう。

　最後に、行政立法手続が法制化されても、手続要件違反が裁判で矯正できなければ、新たな行政立法手続法は画餅でしかない。改正行政手続法が制度化した手続要件が真に効果を発揮するためには、この要件違反が起こった場合の是正手段が法制上確保されていることが必要である。こうした法制上の是正手段があってはじめて行政立法手続の機能が遺漏なく発揮されることになる。そこで、今後、法律上の手続要件に反して行政立法が制定されたとき、訴訟上の是正手段としてどのようなものがあり得るか検討を深めたい。こうした訴訟上の是正手段を用意してはじめて行政立法手続の本来の趣旨が完全に実現されることになろう。2005年4月改正行政事件訴訟法が施行され、行政事件訴訟が飛躍的に使い勝手のよいものとなることが見込まれている。行政立法の手続的・実体的違法についても、今後頻繁に差し止め訴訟、確認訴訟などを活用して争われることになろう。このような改正行政事件訴訟法の実務の展開を視野に入れ、参加権と行政立法に関する訴訟のあり方についてさらに検討を重ねたい。

第6章　パブリック・コメント制度に関する私的コメント

はじめに

（1）　1997年から1998年にかけてのことである。中央省庁から「パブリック・コメント」という言葉が発せられることが多くなった。1998年8月

1）　従来、行政法学で「パブリック・コメント」なる概念が用いられることはあまり多くなかったのではなかろうか。アメリカ行政法学でも行政手続法に関連して public comment という用語がそれ自体1個の確立した専門用語として扱われることはさほど多くない。もちろんケースブックで public comment の項目を設けているものもある。*See,* 1 CHARLES H. KOCH, JR., ADMINISTRATIVE LAW & PRACTICE 408 (2d ed. 1997), ALFRED C. AMAN & WILLIAM T. MAYTON, ADMINISTRATIVE LAW 56-58 (1993). しかし、public comment という項目を立てるテキスト、ケースブックはむしろ少数で、多数はこれを notice and comment rulemaking 制度の中で論じるようである。*See,* PETER L. STRAUSS, TODD RAKOFF, ROY A. SCHOTLAND & CYNTHIA FARINA, GELLHORN & BYSE'S ADMINISTRATIVE LAW 291 (1995), STEPHEN G. BREYER & RICHARD B. STEWART, ADMINISTRATIVE LAW AND REGULATORY POLICY 535 (2d ed. 1992), ERNEST GELLHORN & RONALD M. LEVIN, ADMINISTRATIVE LAW & PROCESS 311 (4th ed. 1997), RONALD A. CASS, COLIN S. DIVER & JACK M. BEERMANN, ADMINISTRATIVE LAW 477 (2d ed. 1994). WILLIAM F. FOX, JR., UNDERSTANDING ADMINISTRATIVE LAW I-14, I-15 (1997) は「利害関係人によるコメント (comments by interested parties)」と呼んでいる。BERNARD SCHWARTZ, ADMINISTRATIVE LAW 167-169 (1976) は公衆参加 (public participation) という表題の下でコメント提出を論じている。ARTHUR E. BONFIELD & MICHAEL ASIMOW, STATE & FEDERAL ADMINISTRATIVE LAW 299 (1988), RONALD A. CASS, COLIN S. DIVER & JACK M. BEERMANN, ADMINISTRATIVE LAW 480 (3d ed. 1998) は、同様に、公衆参加 (public participation) という表題の下でコメント提出手続を含めて略式規則制定手続を論じている。

また、アメリカの連邦の制定法で public comment なる用語が用いられている例がある。たとえば、いわゆる規制柔軟法 (Regulatory Flexibility Act) がその代表例である。*See,* 5 U.S.C. §§601(2), 603(a), 604(a)(2), 610(c). その他、該当条文のいくつかを列挙すると、15 U.S.C. §78q-1 (1998), 16 U.S.C. §1383b (1998), 42 U.S.C. §§300g-1,300g-3 (1998), 42 U.S.C. §1302 (1998), 42 U.S.C. §§1320a-7b, 1320a-7d (1998), 42 U.S.C. §1395w-26 (1998), 42 U.S.C. §1490n (1998), 42 U.S.C. §2022 (1998), 42 U.S.C. §3016 (1998), 42 U.S.C. §6992i (1998), 42 U.S.C. §7174 (1998), 42 U.S.C. §7511a (1998), 42 U.

10日には、当時の通産省が全省を上げてパブリック・コメント制度の導入に取り組む方針であるという報道発表があった[2]。曰く、国民の多様な価値観を反映させるため、また政策形成過程を一層透明化するため、通産省ではパブリック・コメント制度を試行的に導入する[3]、と。この種の制度を全省を上げて導入するという取り組みは旧通産省が初めてであり、これを評価する声がある[4]。旧通産省に限らず、中央省庁が各種の政策・方針・施策・基準等を定めるに当たって、事前に広く一般の意見を募集する試みが目につくようになった。その後、農林水産省が、遺伝子組み替え農作物を原料にした食品についてその旨を表示すべきかどうかについて複数の案を示して消費者・一般の意見を聞こうとした[5]。旧大蔵省関係でも、大蔵省改革について検討してきた「行政のあり方に関する懇談会」が、やはりパブリック・コメント制度を導入するよう提言していた。これは、政策決定に当たり、事前に草案を公表して各方面から広く意見を聞くというもので、政策決定過程を透明化することを狙っている[6]。

このように、1998年の時点においてパブリック・コメント制度は、中央省庁の現実の取り組みのレベルでも、制度化のレベルでも、また制度化に向けての提言のレベルでもまさに流行の観があった。現代行政の流行となったパブリック・コメント制度とは一体どのような制度なのであろうか[7]。

　　　S.C. §7607 (1998), 42 U.S.C. §8411 (1998), 42 U.S.C. §11001 (1998), 42 U.S.C. §13257 (1998), 44 U.S.C. §3507 (1998), 49 U.S.C. §41714 (1998), 49 U.S.C. §45301 (1998) 等がある。これらはいずれも規則制定に関する条文である。

2) 「政策の立案、意見を公募——通産省、来月から」98年8月11日付日本経済新聞朝刊第5面、「政策への意見、歓迎します　通産省、『コメント制』導入」98年8月11日付朝日新聞朝刊第9面。

3) 以下の通産省のホームページ参照。URL＝http://www.meti.go.jp/press/olddate/others/z80810a1.html

4) 前掲注2）日本経済新聞、同朝日新聞。

5) 「遺伝子組み換え食品、表示どうする——農水省『意見寄せて』　政策決定論議に反映」98年9月20日朝日新聞第30面。

6) 「政策決定、事前に草案公表、大蔵省改革で懇談会提言」98年7月20日日経金融新聞第3面。

7) 行政手続改革の一環としてパブリック・コメント制度が有する意義について、宇賀克也「座談会　パブリック・コメント制度について」ファイナンス34巻4号79頁（1998）が詳しく論じている。

前述した旧通産省、農水省、旧大蔵省の例など、細かく見てゆけば、その目的、対象、意見提出手続、公開される草案の態様などなど微妙に異なっている。そもそもこのような耳慣れない制度がいつどのような経緯で何のために導入されることになったのか。

（2） パブリック・コメント手続とは、行政庁が「政策の立案等を行う際、原案を公表して、専門家、利害関係人その他広く国民から意見を求め、これらを考慮しながら意思決定を行う仕組み」を指すとされている（行政改革会議最終報告別紙2）。行政改革会議は、パブリック・コメント制度の導入を提言したが、それが中央省庁等改革基本法に結実した。同法50条2項は、政府はパブリック・コメントという仕組みの整備を図るものとすると定めている。これと歩調を合わせるかのように、1998年3月31日政府は「規制緩和推進3か年計画」を閣議決定したが、パブリック・コメント手続の在り方の検討に速やかに着手し、当面、行政上の措置として、1998年度中に結論を得るとされている。

これを受けて旧総務庁（以下、単に「総務庁」という）内でパブリック・コメント手続の在り方について調査・研究が行われ、ついに1998年11月5日、総務庁は、「規制の設定又は改廃に係る意見照会手続（仮称）案」（以下、「総務庁案」という）を公表した。「意見照会手続」（＝いわゆるパブリック・コメント手続）の案が公表されたわけであるが、これは単に案の公表にとどまらず、案についての意見を募集するものであった。まさに「意見照会手続」を整備するための意見照会の手続を取ったわけである。言い換えればパブリック・コメント手続を策定するためのパブリック・コメント手続がとられたものといえる。

---

8) 中央省庁等改革基本法がパブリック・コメント制度をどのように取り扱っているかについては、小幡純子「中央省庁改革における関連諸制度の改革との連携」法学教室217号26頁（1998）が詳しい。また宇賀克也「中央省庁等改革基本法にみる行政改革」法学教室217号11頁（1998）も参照。

9) 詳細は、総務庁行政管理局「『規制の設定又は改廃に係る意見照会手続（仮称）案』についての意見募集」商事法務1508号20頁以下（1998）を参照。その他総務庁行政管理局「規制の設定又は改廃に係る意見照会手続（仮称）案について」ジュリスト1146号121頁（1998）も参照。

166　第6章　パブリック・コメント制度に関する私的コメント

　（3）　さて、総務庁案は、規制の設定又は改廃に関する政令・府省令等の行政立法を制定するに当たり、①行政立法案を事前に公表し、②これについて意見や情報の提出を求め、③提出された意見・情報を考慮して最終的な行政立法を制定する手続を制度化しようとするものであった。規制行政の分野においてではあるが、一般的な行政立法の策定手続を構想するものである。もしこれが制度化されれば、行政上の措置とはいえ、一般的な行政立法制定手続の初めての制度化となる。

　行政立法制定手続の構想は、すでに1983年に公表された第1次行政手続法研究会による法律案要綱（案）の中に示されていた。法律案要綱（案）は、「命令制定手続」としていくつかの規定を置き、命令案の公表と意見書の提出さらに利害関係人の意見を斟酌して命令を制定すべきことなどを規定していた。しかし1993年に制定された行政手続法は、結局、こうした命令制定手続ないし行政立法手続を盛り込まなかった。行政立法制定手続を制度化することは将来の立法課題とされたのである。上記の総務庁案は、行政立法手続を制度化するという宿題を果たす試みといえよう。本書第2章等で既に述べたように、総務庁案は、1999年3月23日の閣議決定「規制の設定又は改廃に係る意見提出手続」に結実し、そしてそれがさらに2005年6月、行政手続法の改正という形で立法化された。

　（4）　以下では、立法にまで発展した総務庁案を取り上げ、それが構想したパブリック・コメント手続の内容に細かく立ち入り、その意義、問題点、課題について検討してみる。その際、約20年前に公表された法律案要綱（案）と比較し、またこの制度のモデルの一つであるアメリカ合衆国の

---

10)　行政立法制定手続については、常岡孝好編『行政立法手続』（信山社・1998）、及び同書158-159頁に掲載された諸文献参照。

11)　詳しくは、雄川・塩野・園部編『現代行政法体系3　行政手続・行政監察』363頁（有斐閣・1984）以下。

12)　立法が見送られた表向きの理由については、総務庁行政管理局編『行政手続法の制定にむけて』43頁（ぎょうせい・1990）参照。

13)　しかも、後に詳しく見るように、総務庁案は法律案要綱（案）と比較すると格段に詳細な手続ルールを定め、しかも手続の対象をある意味で法律案要綱（案）とは比較にならないほど広げている。この点で、総務庁案が構想している手続ルールは法律案要綱（案）より数段優れたものであることをまず指摘しておきたい。

略式規則制定手続と比較したい。こうした比較検討を基礎にして、もはや自明の制度として一人歩きしているパブリック・コメント手続について、そのあるべき方向を探りたい。

第1節　全体構想
　　──公衆参加手続としてのパブリック・コメント手続

　（1）　総務庁案は、①行政立法案を事前に公表し、②これについて意見や情報の提出を求め、③提出された意見・情報を考慮して最終的な行政立法を制定するという手続ルールを定めている。こうした案の公表と公衆意見の提出手続は、まさに市民参加ないし公衆参加手続としての意味がある。
　（2）　現代の行政立法の制定において公衆参加を認めることの意義はいくら強調してもしすぎることはない。行政立法制定における公衆参加には様々な望ましい機能がある。まず、公衆参加によって行政機関はより完全な情報・意見を収集することができ、結果として、より適正で良質な行政立法を制定することが期待できる。次に、通常行政過程になかなか表れてこない利益、もしくは行政機関が往々にして見過ごしてしまう「未代表の

---

14) アメリカ合衆国の略式規則制定手続を包括的に分析・検討する近時の文献として、1 C. KOCH, *supra* note 1 ch. 4 がある。またこのテーマに関する諸判決の動向については、KENNETH C. DAVIS & RICHARD J. PIERCE, JR., ADMINISTRATIVE LAW TREATISE──1997 SUPPLEMENT 169（3d ed. 1997）を参照。

15) ある論者によれば、公衆参加手続のメリットとして次の八つの項目を挙げている。①より完全な情報・意見の収集、②未代表利益の考慮、③執行の容易化、④関係者の利益保護、⑤規則の民主的正当化、⑥ニーズに合わない規則に対するチェック、⑦立法モデルの要件を満足、⑧政治的感受性を確保。*See*, ARTHUR E. BONFIELD, STATE ADMINISTRATIVE RULEMAKING 147（1986）. 小高剛『住民参加手続の法理』178頁（有斐閣・1977）は、住民参加がなぜ必要なのか、また住民参加はどのような効能をもつのかについて整理している。そして住民参加の機能として、①手続形式保障機能、②情報収集機能、③説得的機能、④権利利益保護機能、⑤争点整理機能、⑥行政の遂行促進機能を挙げている。
　行政が種々の活動を行う際に住民参加が果たす役割について、阿部教授は、①法の内容の充填、多元的な利害調整、②外部からの情報収集機能、住民説得機能、③縦割り行政総合化、④議会機能の補完、⑤行政施策の円滑執行を促進、⑥住民の納得調達、⑦下からの積み上げによる動態的法形成といった諸点を挙げている。阿部泰隆『行政の法システム(下)（新版）』546頁以下（有斐閣・1997）。

利益」もしくは「未組織の利益」に行政機関の注意が向くという効果も期待できる。また事前に関係者の意見を聞き、これを踏まえて行政立法を制定することになると、関係者のニーズや意向がある程度反映した行政立法が制定されることになり、この行政立法を実施していくとき関係者の抵抗はより少なくなろう。すなわち公衆参加が行政立法の執行を容易にさせるという効果も持つであろう。さらに、利害関係者の意見を聞くという参加手続は、まさに当該利害関係者の利益を保護するという役割も果たしうる。利害関係者に意見を述べる機会があれば、利害関係者が意見を出し、それを十分斟酌した行政立法が制定されることもありえよう。これはまさに参加手続が利害関係者の利益保護に役立つということである。最後に、公衆参加手続は行政立法にある種の民主的正統性を付与するという重要な役割を果たすことも忘れてはならない。つまり公衆参加手続を経て制定された行政立法は、住民、企業、専門家など各層の意見を踏まえて制定されるものであるから、行政機関が制定するものではあるが、民意を反映したものといえるのである。

　総務庁案が構想したパブリック・コメント手続は参加手続の一種と位置付けることができる。そして公衆参加は、前述のように、様々な望ましい効果を発揮することが期待できる。そうだとすれば、総務庁案が構想したパブリック・コメント手続もこうした望ましい意義と機能を有するものといえ、高く評価することができよう。

第2節　目的と対象

1　制度目的について

　（1）　意見照会手続案の前文は、「規制の設定又は改廃に伴い政令・省令等を策定する過程において、国民等の多様な意見・情報・専門的知識を行政機関が把握するとともに、その過程の公正の確保と透明性の向上を図ることが必要である」と述べている。ここから、パブリック・コメント制度の目的は、①各層の多様な意見や情報を収集すること、②広い意味での行政立法過程の公正の確保・透明性の向上にあるといえる。

(2) ここで注目すべき点は、この制度の目的として掲げられていない事項である。総務庁案は、パブリック・コメント制度を経て策定される行政立法の内容的な適法性・専門妥当性を制度目的として明示的には掲げていない。しかしこれらは暗黙の前提になっていると考えてよかろう。上の最初の制度目的たる多様な情報・意見の収集が何のために必要なのかを考えればよい。あらゆる関連情報を収集・考慮することは、専門技術的に見て適正・妥当な内容の行政立法を策定することを目指すものといってよい。同時に、適法な、特に授権法規から見て適法な行政立法が制定されることも期待できる。さらに手続の公正さが何のために必要なのかを考えればよい。やはり内容的に適正な決定を下すため公正な手続が必要とされるはずである。とにかく総務庁案のパブリック・コメント手続は、行政立法の内容的適正化という目的を前提にしていると考えてよかろう。[16]

しかし、適法な行政立法の策定が明示的な制度目的になっていないことと関連して、総務庁案のパブリック・コメント制度には、適法な行政立法の策定に向けた手続装置が若干不足しているように思われる。1983年に公表された行政手続法研究会の法律案要綱（案）は、対象を政省令等の「命令」に限定していたものの、命令案の公表の際に、「命令制定の法律上の根拠」を併せて公表するよう規定していた。このように行政立法制定の法律上の根拠を明示すべきことになると、根拠として挙げられた法規から見て当該行政立法の案が正当化されるか、特に授権の範囲を逸脱していないか、より慎重に検討しなければならないことになろう。行政立法の制定根拠を明示しなければならないということは、見方を変えれば、当該行政立法を制定する権限があるという理由提示に他ならない。とすれば、通常、理由提示制度の目的として説かれている慎重考慮機能が、授権法規との関

---

16) 1981年モデル州行政手続法は、専門技術的に見て妥当な内容の規則を制定することが、手続の目的の一つとなっている。1981年モデル州行政手続法は、あらゆる関連情報を収集し、それを考慮した上で規則を制定することを要求しているが、これらのプロセスはまさにあらゆる関連情報に照らして分析的に擁護できる専門技術的に妥当な内容の規則を制定するためのものであるといってよい。*See,* UNIFORM LAWS ANNOTATED 15, MODEL STATE ADMINISTRATIVE ACTS (1981 and 1961) 32 (1990), A. BONFIELD, *supra* note 15, at 147.

係で、働くことになろう。また不服申立便宜機能も期待できる。ここでは問題の行政立法案が授権法規から見て正当化されるのかどうか利害関係者や国民等がチェックしやすくなるということである。ともあれ、総務庁案は適法な行政立法の策定を明示的な制度目的として掲げていないが、それは行政立法案を公表する際に授権法規をも公表するという仕組みがないことと符丁が合っている。制定根拠の公表については、「公表資料」について検討するとき再論したい。

（3）　ところで、1981年に採択されたアメリカ合衆国のモデル州行政手続法（Model State Administrative Procedure Act（MSAPA））（以下、「1981年モデル法」と呼ぶ）の規定に言及しておきたい。1981年モデル法は、行政機関が制定する規則（＝日本の法規命令にほぼ相当する）があらゆる観点で適法であることを確保することを目的としている。特に、制定規則が授権法規の範囲内に収まるよう手続が準備されている。具体的には、規則案の公表に際して、その根拠法令をも明示することとしている。このような個別の手続があるので、1981年モデル法は、まさに制定規則の適法性の確保を狙って

---

17)　そもそも総務庁案はパブリック・コメント制度を閣議決定として制度化することを予定しており、法律による制度化まで考えていなかった。それゆえ総務庁案によるパブリック・コメント制度は、訓令もしくは自己拘束として手続ルールを設定するにすぎないものである。法律として制度化されるものではなかったので、制度目的としても行政立法の適法性の確保を高唱できなかったのかもしれない。

18)　1981年モデル州行政手続法についての邦語文献として、堤口康博「アメリカにおける新モデル州行政手続法（1981）の研究」早稲田政経雑誌284・285合併号63頁（1986）、同「1981年モデル州行政手続法」早稲田政経雑誌269号37頁（1982）、本書第8章がある。また1946年のモデル州行政手続法から1961年のモデル州行政手続法、および1981年モデル法までの変遷とAPAとの関係などについては、Arthur E. Bonfield, *The Federal APA and State Administrative Law*, 72 Va. L. Rev. 297 (1986) が詳しい。またA. Bonfield, *supra* note 15, at 16 も参照。

19)　Uniform Laws Annotated 15, Model State Administrative Acts (1981 and 1961) 32.

20)　また行政機関は規則制定に関する行政記録を作成しなければならないとされている。規則の司法審査の際、裁判所はこの行政記録を基礎にして審査することになる。行政記録は司法審査をする裁判所にとって便利な資料であり、適法性の審査に資することになるが、行政記録が規則の適法性の確保にも資するといってよい。さらには規則の適法性について立法部に審査する権限を与えている。この手続も規則の適法性を確保するためのものと位置付けることができよう。

いるといえるのである。

2　対　　象
（1）　規制の設定又は改廃
　㋐　総務庁案はパブリック・コメント手続の対象を「規制の設定又は改廃に係るもの」に限定していた。これは総務庁におけるパブリック・コメント制度の検討が、1998年3月31日の閣議決定「規制緩和推進3か年計画」を受けてなされたものであることの必然的な結果といえよう。「規制緩和推進3か年計画」は、その一「横断的検討、見直しの推進等」の第8項目で、「規制の制定、改廃に係るパブリック・コメント手続の在り方」として、規制の制定・改廃を対象にパブリック・コメント手続を検討するよう宣言していたからである。

　㋑　しかし、行政改革会議の最終報告やこれを踏まえた中央省庁等改革基本法は、パブリック・コメント手続を必ずしも規制の制定・改廃の場面でのみ観念していない。行政改革会議最終報告では、「基本的な政策」が対象であった。より具体的には、①基本的な政策の樹立、変更、②国民の権利義務、国民生活に影響を与える新たな制度の導入、変更、③国民の権利義務、国民生活に影響を与える行政運営の基本的なルールの設定、変更、④多数の者の権利義務に影響を及ぼす事業等の計画の策定及び変更である。したがって、そこでの対象は「規制の設定又は改廃」に限らず、行政機関による各種の政策形成が広く対象になっていた。中央省庁等改革基本法50条2項は「重要な政策」を対象にしており、やはり「規制の設定又は改廃」に限定していない。これらと比較したとき、総務庁案による手続の対象は狭すぎるが、前述のように、総務庁案が閣議決定「規制緩和推進3か年計画」を受けてその枠内で構想されたものであったので、この結果はある意味でやむを得ないものであった。規制以外の分野での「広く一般に適用される行政機関等の意思表示」についてのパブリック・コメント手続は将来の課題であったといえよう。総務庁は、「規制の設定又は改廃」について行われる予定のパブリック・コメント手続実施状況調査を踏まえ、「規制の設定又は改廃」以外の分野でのパブリック・コメント手続の在り

方の検討に速やかに着手すべきものであった[21]。こうした観点から、総務庁案が構想している「実態の把握」(3の(3))や「見直し」(3の(4))の規定は必要でありまた妥当なものである。

(2) 適用除外

(ア) 案の公表とこれに対する意見・情報の提出手続は、意思決定を行う行政機関に新たな負担を課すことになる。案を公表することにも費用と時間と人手がかかる。また提出された意見や情報を行政機関が処理するとき、これらをいちいち理解し整理するだけでもたいへんな事務量の増加が見込まれる。それゆえ、パブリック・コメント手続は行政活動の迅速性、効率性、有効性を損なうおそれがある。パブリック・コメント手続はこうした犠牲を払うことを織り込んだ制度であるが、これらの犠牲が無視できないほど大きく、逆にパブリック・コメント手続によって得られる利益がさほど大きくないとき、むしろパブリック・コメント手続を行わないことも賢明な選択である。またパブリック・コメント手続を行うと過大なコストがかかり、それがパブリック・コメントを行って得られる利益に見合わないとき、パブリック・コメント手続を省略するのも一案である。総務庁案は、こうした問題に取り組んでおり、パブリック・コメント手続の適用除外について定めている。曰く、「迅速性・緊急性を要するもの、軽微なもの等については本手続きによらないことができる」と(1なお書き)。こうした適用除外の規定は、法律案要綱(案)はいうに及ばず、アメリカ合衆国の連邦行政手続法(Administrative Procedure Act (APA))をはじめ各州の行政手続法、ならびに1961年に採択されたモデル州行政手続法(以下、「1961年モデル法」と呼ぶ)及び1981年モデル法にも存在する。パブリック・コメント手続を行うことを広く要求するにしても、この手続を行う必要がない場合や、そもそもこの手続を行うことが不可能な場合が存在するので、こうした適用除外の規定はやはり必要である。

(イ) 総務庁案は、迅速、緊急、軽微という適用除外に該当する三つの

---

[21] アメリカ法との比較という見地からは、連邦のAPAも州の行政手続法も一定の類型の行政分野における行政立法を適用除外していることに注意を喚起しておきたい。たとえばAPAは人事管理や政府契約に係る規則を適用除外している。5 U.S.C. §553(a)(2).

類型を予定しているが、これと法律案要綱（案）とを比較してみよう。法律案要綱（案）は「適当でない事項」、「必要でないと認められる事項」及び「緊急に実施することを必要とする事項」という三つを挙げている。「緊急」という事項は両者で同一であるものの、概念としては法律案要綱（案）の「適当でない」、「必要でない」はより抽象的で不確定である。逆に総務庁案の「迅速」、「軽微」の方が概念としてより明確であるといえよう。

　法律案要綱（案）がモデルにしたAPAと総務庁案とを比較してみよう。APAは、規則案の公表とこれに対する公衆関与手続が「実行不能 (impracticable)、不必要 (unnecessary)、または公益に反する (contrary to the public interest)」ときこれらの手続を省略することができると定めている。[22] APAの立法過程で提案された法案の中に、「時間がなくもしくはその他緊急のため実行不可能」という文言が登場している。[23] またAPAの立法経過を参照すると、上の「不必要」な場合とは、規則の「軽微もしくは単なる技術的修正」に過ぎない場合を指すとされる。[24] さらに「公益に反する」場合とは、「実行不能」及び「不必要」な場合を補完するものであるとされている。具体的には、規則案の公表と意見書提出手続がまさに規則の目的の達成に支障を及ぼす場合などを指す。たとえば、金融機関の規制など、間髪を入れずに行わなければ、投機筋の暗躍を許すことになる場合などである。そこでAPAの適用除外事由と総務庁案のそれとは基本的に類似しているといえよう。すなわち、総務庁案の「迅速」、「緊急」「軽微」は、それぞれAPAの「公益に反する」、「実行不可能」、「不必要」に類似するように思われる。

　しかしAPAの「公益に反する」場合の方が総務庁案の「迅速性」を要する場合よりも広いであろう。もっとも、総務庁案は「軽微なもの等」として「等」を加えていることに注意する必要がある。「等」には「行政機関の裁量の余地がないものを含む」（1（考え方）⑩）と定めている。これら

---

22) 1961年モデル法も1981年モデル法もAPAと類似の条文を持っている。
23) Senate Comm. on the Judiciary, Administrative Procedure Act: Legislative History, S. Doc. No. 248, 79th Cong., 2d Sess. 140, 148, 157 (1946).
24) Senate Comm. on the Judiciary, Administrative Procedure Act: Legislative History, S. Doc. No. 248, 79th Cong., 2d Sess. 200, 258 (1946).

を総合すると総務庁案による適用除外事由の全体は、APAのそれとほとんど同じであるといわれるかもしれない。しかし厳密にいうと、総務庁案の適用除外事由の方が全体として狭いと思われる[25]。総務庁案が、適用除外事由を三つほどの類型に絞り込み、しかもAPAと比較してもそれぞれより明確な概念で定めていることには、敬意を表すべきである。総務庁案の方が、APAと比べて、適用除外になるケースは少なく、それだけ公衆参加の機会が広がっている。

　㈦　ただ、総務庁案のように適用除外を三つほどの類型に限定してしまってよいのかどうか若干の疑問も残る。それは、案の公表と意見・情報の提出手続を行うことがかえって当該行政立法制定の目的を損なうことがありうるが、こうした場合、総務庁案では適用除外にならない可能性があるからである。それゆえ、総務庁案が想定している三つほどの類型を補完する類型を設けておくべきではないかと考える。この場合、APAの「公益に反する」場合という類型が参考になろう。このように不確定な概念を用いても、それで無制限に適用除外が拡大するわけではない。次に見るように、適用除外に該当するかどうかの判断を慎重・公正にするための装置が用意されているからである。

　㈢　総務庁案は、具体的な案件がパブリック・コメント手続の対象であるか否かについて行政機関が判断し、行政機関はその判断の説明責任を負う、としている（1（考え方）⑴）。このように行政機関に説明責任が課されると、行政機関は適用除外の判断をより慎重に行わなければならなくなる。安易に適用除外の条項に依拠することができなくなる。これによって行政機関による適用除外の誤用や濫用を防止することが期待できる。説明責任の仕組みは行政機関の慎重考慮を促し、逆に適用除外の不当な援用に一定の歯止めをかけるもので、誠に望ましい仕組みといえよう。説明責任の仕組みはまた決定過程を公開する機能も持ち合わせている。これはまさに意思決定過程の「透明性の向上をはかる」（前文）ことにもつながろう。

　ただ、若干気になるのは、説明責任がどのように実行されるかである。

---

25) 行政機関に裁量がない場合は、APAでは「不必要」な場合に該当するとされている。See, A. BONFIELD, *supra* note 15, at 246.

利害関係者が照会したときにのみ「説明」するという対応、窓口で「説明」書を公にしておくという対応、ホームページ上で「説明」を公表するという対応、あるいは適用除外された行政立法が制定・公布される際同時に「説明」が公表されるという対応など、様々な方法があり得よう。しかしこの説明責任を果たすときには、可能な限り「(意思決定)過程の公正の確保と透明性の向上をはかる」方向で対処していく必要があろう。「過程の公正の確保と透明性の向上」という目的は、パブリック・コメント手続が行われる行政立法だけに妥当するものではなかろう。パブリック・コメント手続が回避された行政立法についても、可能な限り「過程の透明性」は向上させるべきではなかろうか。こうした観点からすると、関係者の請求を待って初めて「説明」を公開するという対応では不十分である。より積極的に行政機関の側から「説明」を公表して行くべきではないかと考える[26]。パブリック・コメント手続を行う場合には、行政機関側から積極的に案等を公表していくのであるから、それとのバランスからしても「説明」を積極的に公表することが要請されよう。この点は、「一覧の作成」とも関係するので、後に再論したい。

　(オ)　ところで、総務庁案は適用除外された行政立法についてはパブリック・コメントの全手続を省略してよいとしている。すなわち行政立法の制定手続としては、パブリック・コメント手続を行うか、それともこれをまったく行わないかのいずれかになると考えているようである。しかし両者の中間的な対応があってもよいのではなかろうか[27]。もちろん総務庁案は、適用除外事由に該当する場合、「(パブリック・コメント)手続によらないことができる」としており、「(パブリック・コメント)手続によってはならない」とは定めていないので、適用除外に該当する場合でも、行政機関が自らの裁量でパブリック・コメント手続を行うことは禁止されていない。

---

26)　1981年モデル法によれば、適用除外に該当すると判断して通常の意見書提出手続を省略したとき、行政機関は制定された規則の中で、適用除外に該当すると判断した理由を明確にしなければならない。1981 MSAPA §3-108 (a).

27)　1981年モデル法は、規則案の公表から意見書の提出さらには意見書の検討に至るまでの各手続が、不必要、実行不能、または公益に反すると認められる限りにおいて、それらの手続要件の全部もしくは一部は適用しない、と定めている。1981 MSAPA §3-108 (a).

それゆえ適用除外に該当するとき行政機関がパブリック・コメント手続の一部を行うという対応を取る余地もあろう。しかしさらにこうした対応を場合によって義務付けるべきではなかろうか。たとえば、適用除外に該当するとしても、案等の公表だけは行う必要があるなどのケースを認めるべきであろう。あるいはケースによっては、意思表示に際して当該行政立法を正当化する行政機関側の「考え方」だけは公表すべきである。このようにパブリック・コメント手続を行うか行わないかの二者択一ではなく、中間的な対応まで認める方式のほうがよりきめ細かい対応ができ、しかも総務庁案より一層「過程の公正の確保と透明性の向上をはかる」ことにつながると思われる。

（3） 解釈基準の問題

(ア) 総務庁案は、パブリック・コメント手続を行うべき「意思表示」とは、政令、府令、省令、告示、並びに行政手続法上の処分基準、審査基準、及び複数の者を対象とする行政指導に共通して内容となるべき事項（以下、この行政指導に共通して内容となるべき事項を「指針」と呼ぶことにする）であるとする。法規命令のみならず行政規則に分類されるものまで広く対象に含めていることが大きな特徴である。法律案要綱（案）では、案の公表と意見書の提出手続を課す行為は「命令」に限られていた（第1002条1項）。そして「命令」とは、政令、総理府令、省令、並びに委員会及び庁の規則又は命令をいうので（第1001条1項）、法律案要綱（案）での対象は結局法規命令である。APAでも、規則案の告知と意見書提出の手続は基本的に立法規則（legislative rule）に課されるのみで、解釈規則は適用除外されている。また1981年モデル法も、法的拘束力のある規則のみを対象にしており、法的拘束力を有さない解釈規則（interpretive rule）は対象外である。

---

28) 法律案要綱（案）は、政令、府省令に続けて、委員会や庁の規則を挙げているが、総務庁案でも委員会や庁の規則は当然対象に含まれるべきものと解されるが、明示していない。この点は、明定しておくべきであろう。

29) 5 U.S.C. 553(d)(2). ただし、APAが解釈規則を包括的に適用除外したことに対して強い批判がある。すなわち解釈規則の中には関係者に対して事実上強力な影響を及ぼすものがあるので、そうしたものについては略式規則制定手続を課すべきであるという。
Michael Asimow, *Public Participation in the Adoption of Interpretative Rules and Policy Statements*, 75 MICH. L. REV. 520 (1977).

これらと比べて、総務庁案は手続ルールを課す対象を格段に広げている。このように対象を広げたことは画期的といえよう。行政規則まで対象に含めて手続ルールを課す制度は、アメリカの若干の州法やドイツに例がある程度である[30]。総務庁案のように対象を広く取ったことは、公衆参加の機会をそれだけ広げるもので、大英断であると評することができよう。

　(イ)　ただ、行政機関の負担やコストを考えたとき、総務庁案のように対象範囲を広げたことがかえって不都合を生じさせないか懸念される。一般に、各行政機関は法規命令より膨大な量の行政規則を制定している。これらについて原則としてパブリック・コメント手続を行わなければならないとしたら、行政機関の負担はかなりのものになると推測される。行政機関がその負担の重さに耐えられるのであろうか。確かに、規制の設定または改廃に係るもの以外は除外され、また迅速性、緊急性を要するもの、軽微なもの等は除外されるので、対象を行政規則にまで広げても過大な負担にはならないといわれるかもしれない。しかし、前述したように、総務庁案の「迅速性、緊急性を要するもの、軽微なもの等」という適用除外は、APAと比べても文言上は限定的である。パブリック・コメント手続が行政機関に過大な負担をかけることを、この限定的な適用除外ですべて解決できるという予測がついているのであろうか。私見では、これまでに総務庁が行った予備的調査や各省折衝程度では、行政機関の受ける負担の質や量について予測できるほど十分な情報が収集できているとは思えない[32]。対象を広げすぎたために行政の通常の業務が停滞してしまうようなことが生じないか心配である。

---

30)　1981 MSAPA §3-109(a). もっとも1961年モデル法には解釈規則の適用除外に関する条文はなかった。また各州の行政手続法でも解釈規則の適用除外規定がないものも多い。にもかかわらず、各州の実務では解釈規則を適用除外していた。See, UNIFORM LAWS ANNOTATED 15, MODEL STATE ADMINISTRATIVE ACTS (1981 and 1961) 45.

31)　この点に関するアメリカ合衆国の州の行政手続法の状況については、A. BONFIELD, supra note 15, at 283. またドイツの状況については、大橋洋一「行政立法手続の比較法研究」法政研究62巻3・4合併号(1996)、同「ドイツの行政立法手続」常岡孝好編『行政立法手続』41頁(信山社・1998)参照。

32)　総務庁が1998年6月以降に行ったパブリック・コメント調査においては、パブリック・コメント類似の手続が行われた案件の性格、案件の種類、公表方法、意見受付方法、意

アメリカ合衆国の若干の州では解釈規則まで対象に含めたため、逆に問題が起こっているという指摘がある[33]。そこでは、日常業務が停滞することもあるという。そして、こうした事態を避けるため、一方では、解釈規則をなるべく制定しない方向に実務が動いているという。他方、多数の解釈規則について、「不必要」、「実行不能」といった適用除外事由に該当するとして、規則案の公表と意見書提出手続を回避しているそうである。日本でも、同じような事態が生じないという保証はない。行政手続法5条1項は行政庁は審査基準を定めるものとすると規定しているが、同12条1項は処分基準を定めるよう努めなければならないとし、さらに同36条は「事案に応じ」指針を定めなければならないとしている。後二者は、それらの基準・指針を一般に定めるべき法的義務を課したものではない。したがって、これらの基準・指針を制定する際に課される手続がもたらす負担に行政機関が耐えきれなくなったとき、これらの手続を回避するため、たとえばこれらの基準・指針を制定しないで対処するという選択をすることが予想される。これでは基準・指針の策定手続が基準・指針の策定を妨げる結果になるといえる。手続を順守した上で基準・指針が策定されることが理想であるが、それが困難なとき、手続の実施か基準・指針の策定かどちらかを選択しなければならないであろう。このとき、行政過程全体の公正化・透明化という観点からは、やはり基準・指針の策定自体の方がより重要ではなかろうか。そうだとすると広く基準・指針の策定に手続を課すことについて、ある程度の犠牲を強いることも許されよう[34]。審査基準・処分基準さらには行政指導指針にまでパブリック・コメント手続を課すという総務庁案は画期的な提案である。ただ、1998年の時点では、行政規則の制定にパ

見聴取期間、意見提出の有無、意見処理の方法等が調査された。この調査結果にあらわれた様々なバリエーションを踏まえて、総務庁案のパブリック・コメント手続が構想されたわけである。しかし、各省庁がパブリック・コメント手続でいかなる負担を受けたのかという点について詳細な調査が行われていないのではないか。

33) A. BONFIELD, *supra* note 15, at 291-293.
34) 解釈規則について通常の規則制定手続を課すと規則の制定を促すよりも逆にその制定を妨げるおそれがあり、ここから1981年モデル法は解釈規則の適用除外を設けたとされている。*See*, UNIFORM LAWS ANNOTATED 15, MODEL STATE ADMINISTRATIVE ACTS (1981 and 1961) 45.

ブリック・コメント手続を課すことから生ずる行政機関への負担やコストについて十分な情報が蓄積されていないと思われるので、私見では、行政規則一般まで広く対象に含めることに踏み切る必要はないと考えた。[35]

---

35) この点との関連で、第 1 に、「行政手続法上の審査基準・処分基準・複数の者を対象とする行政指導に共通して内容となるべき事項」（1（考え方）(1)）の範囲について詰めておく必要があろう。行政手続法 3 条によると、一定の行政活動の分野については、同法の処分手続（申請に対する処分手続、不利益処分手続）及び行政指導手続が適用除外されている。しかし、この適用除外された行政活動の分野でも行政手続法 5 条や12条の意味での審査基準や処分基準が制定されることがあり、また同36条の指針が制定されることがある。処分手続や行政指導手続の対象とパブリック・コメント手続の対象とを関連づける必然性はないが、行政機関の負担を考えたとき、「行政手続法上の審査基準・処分基準・複数の者を対象とする行政指導に共通して内容となるべき事項」とは、当面、行政手続法が適用される範囲内で制定される審査基準・処分基準・指針に限定するという選択をするのも一つの賢明な選択肢であろう。

　第 2 に、審査基準・処分基準のすべてが必ずしも裁量基準に当たるわけではないことに留意する必要があろう。審査基準・処分基準の中には解釈基準と見るべきものもあるはずである。解釈基準は関係者を法的に拘束する効力を持たない行政規則のことである。したがって解釈基準は単に行政機関側の見解を表明した「観念の表明」で「意思表示」には当たらないので、適用除外されていると解釈されるかもしれない。しかし、解釈基準は、法令、判例、行政実例等についての行政機関なりの解釈を示したもので、下級行政機関や私人がその解釈に従って行動するよう期待するもので、その限りで行政機関側の何らかの意思・意欲を表明したものと捉えることができる。とにかく「意思表示」なる概念が必ずしも明確ではないが、総務庁案では、審査基準・処分基準は全体として「意思表示」に該当すると解釈する余地がある。しかし審査基準・処分基準の中に含まれる解釈基準はパブリック・コメント手続の全部を課す必要はないのではなかろうか。それはまず、解釈基準が関係者に対して法的拘束力を及ぼさないから、関係者は自己の権利利益を防御するため予め手続参加する必要がないからである。また、解釈基準は法令・判例等についての行政機関なりの解釈を示すもので、必ずしも関係者から意見や情報を得た上で決定する必要がないとも考えられる。APA でも解釈規則は規則案の公表と意見書提出手続を践まなくてよいことになっている。5 U.S.C. 553(d)(2). 1981年モデル法でも同様である。1981 MSAPA §3-109(a). 審査基準・処分基準がパブリック・コメント手続の対象になると、これらの制定に当たって、広く公衆からの意見や情報が寄せられそれらを検討した後、最終的な基準が制定されるが、こうした過程を経ることによってこれらの基準は事実上民主的な正統性を獲得することになろう。そうなると、審査基準・処分基準が裁量基準さらには法規命令と同様な法的性格を事実上持つものとして扱われることも出て来よう。しかし、とりわけ審査基準・処分基準のうち解釈基準に相当するものについては、安易にこうした効力を認めるべきではない。そのためにも解釈基準までパブリック・コメント手続の対象とすることには慎重な検討を必要としよう。パブリック・コメント手続をなるべく広く課すことは大いに評価されるべきであるが、これを課すことでかえって各種の行政立法の間の法的性質の相違が曖昧にされることがあってはならない。

第3節　案の公表

1　公表時期、意見・情報募集期間

　総務庁案は、行政機関は最終的な意思決定を行う前に、その案等を公表する、と定め（2の(1)第1文）、案等に対する意見や情報を募集する期間については、意見・情報の提出に必要と判断される時間等を勘案し、1か月程度を一つの目安として、案等の公表時に明示する、と定めている（2の(4)）。まず、この条項によって1か月程度の意見・情報提出期間が確保されたことが重要である。法律案要綱（案）やAPAにはこの種の期間の定めはなく、そのような法制の下では、行政機関はその裁量権を行使して、かなり短い期間を設定することができる。これによって、利害関係者の参加権を事実上奪うような事態も生じうる。つまり意見・情報提出期間が短く設定され、利害関係者がタイムリーに意見・情報を提出するのが困難な事態も出てくるのである。それと比較すると、総務庁案はより有効な参加機会を確保できる態勢になっており、それだけ優れた制度であるといえよう。

　総務庁案は、この1か月の期間を一律に要求してはいない。1か月を目安にして、期間を短縮したり延長したりできるのである。このときおそらく、行政立法の規模・複雑性・重要度・緊要性などが考慮されて、期間の長短を決めることになると推測される。行政立法といってもその内容は多種多様であるので、これに対する意見・情報の提出期間について一律に一定期間を定めるという対応は合理的ではないであろう。行政立法の規模・複雑性・重要度・緊要性などが異なれば、これに関する意見・情報の提出期間の長さは自ずと変わってくるものと思われる。総務庁案は、行政立法の性質に照らして意見・情報提出期間の長さに差を設けることを認めるもので、それだけ柔軟な対応を可能にするものといえ、評価できる。

　しかしながら、この柔軟な対応を許容する制度にも問題がないわけではない。行政立法の性質に照らして意見・情報提出期間の短縮や延長を柔軟に許容するということは、期間設定について行政機関にある程度の裁量を

認めるということである。しかも総務庁案はこの裁量権行使をチェックする仕組みを必ずしも備えているとはいえない。したがって、悪くすると、この裁量権は関係者の参加権を事実上奪うような形で行使されるかもしれない。こうした事態が生ずるのを回避する必要がある。そのための代替案として次のような仕組みが考えられる。すなわちミニマムの期間を一律に要求し、さらに行政立法の性質に応じてこれを延長する余地を認めるというものである。アメリカ合衆国の1961年モデル法[36]も、1981年モデル法[37]も、いずれも、ミニマムの期間を一律に要求している。1961年モデル法では20日間、1981年モデル法では30日間となっている。この種の最低期間を明示する方式のほうが、前述したような予測可能性を高め、不確実性を排除できるというメリットがある。[38]

2 公表方法

（１）　総務庁案2(3)は、行政立法の案等の公表方法について六つの方法があることを示し、それらの方法を活用して案等の周知を図るよう定めている。具体的には、①各行政機関のホームページへの掲載、②各行政機関の窓口での配布、③新聞・雑誌等による広報、④広報誌への掲載、⑤官報掲載、⑥報道発表である。法律案要綱（案）は、公表方法について、「命令案は、官報に掲載して公表するものとするほか、各機関において最も適当と認める方法によって、利害関係人に広く知らせるものとする」(1003条2項)と定めていた。1946年のモデル州行政手続法では、規則案の公表方法に関する規定をおいていなかった。これらと比較すると、総務庁案は、具体的な公表方法についてかなり網羅的・包括的に指示しているのが特徴である。ここには、行政立法の案等を積極的に公表していこうとする姿勢がうかがえ、高く評価することができる。

　法律案要綱（案）によれば、案等は基本的に官報に登載されることになる。しかし、官報自体の存在や官報の入手方法が一般市民に十分に知られ

---

36)　1961 MSAPA §3(a)(1).
37)　1981 MSAPA §3-103(a).
38)　*See,* A. BONFIELD, *supra* note 15, at 171, 189.

ているとはいえない。また案等のすべてを官報に登載するとしたら、かなりの費用がかかることもあり、案等の概要だけで済ませてしまうということも起こり得、その場合、案等の詳細がわからないという事態が生じてくる。とにかく官報登載だけで周知を図ることには限界があろう。そうすると、法律案要綱（案）では、むしろ「各機関において最も適当と認める方法」に期待がかかることになる。しかし「適当と認める方法」が具体的に明示されていないので、利害関係者としては、何を見れば、またどこに問い合わせれば、案等に関する十分な情報が確実に得られるのか定かではない。これに対し、総務庁案は、案等を入手できる信頼できる場ないし媒体をいくつか明示している。特に行政機関のホームページが重要である。インターネットを利用する環境さえあれば、家庭や職場などから各行政機関のホームページにアクセスし、そこに掲載されている案等の情報を瞬時かつ容易に取得することができる。ホームページへの掲載は、官報登載ほど費用もかからないのではないか。しかも案等の全文を掲載することにそれほど困難はないであろう。このように行政機関の側からしても、ホームページ掲載という方法にはメリットがある。もっとも、インターネットを利用する環境は現状ではあまねく普及しているとまではいえないので、ホームページ掲載による周知にも限界がある。しかし、官報が完備してある公共図書館・役所数以上にインターネットを利用する環境は普及してきているのではなかろうか。とすれば、一般に低コストで瞬時かつ容易に大量の必要情報を入手できるホームページ掲載という方法を、公表方法のトップに位置づけていることは妥当な判断であると思われる。

（2）ところで総務庁案が列挙している複数の公表方法の相互の関係が問題になる。前記の六つの方法すべてを同時並行的に、同内容で行うのであろうか。総務庁案では、あるケースについてホームページ掲載と窓口配布のみで対応するが、別のケースではホームページ掲載と窓口配布さらに官報登載で対応するということも可能である。複数の公表方法をケース毎に使い分けることができるのである。つまりケース毎にある方法が活用されたり活用されなかったりする。しかし、これでは、案等を確実に入手できる信頼できる場・ソース・媒体がないということになる。法律案要綱

（案）では、基本的に官報には登載することとしていた。それゆえ、法律案要綱（案）によると、関心のある者は、官報をチェックしてさえいれば、命令案を確実にキャッチすることができるのである。ところが、総務庁案は、このような確実なソースを用意するという発想があるのか不明である。おそらく、公表方法のトップに挙がっているホームページ掲載や窓口配布は、常に利用可能とする趣旨であろう。しかしそうであれば、そのことを明示すべきである。そうでなければ、たとえば、窓口に行けば案等を入手できると考えて遠方からはるばる窓口までやってきたが、当該の案件に関してだけ窓口配布を行っておらず、骨折り損に終わったということも起こりうる。とにかく、六つの公表方法のうち常に活用するものを少なくとも一つは設けておくべきではなかろうか。そしてこれを明示しておくべきであろう。

　（3）　さて、総務庁案は、複数の公表方法を活用する場合、公表量が相当量に及ぶとき、活用する公表方法のすべてにおいて公表資料の全体を公表する必要はないとしている（2(3)なお書き）。これは、公表のためのコストの点からいって妥当な選択であると思われる。活用する公表方法のすべてで膨大な公表資料を公表しなければならないとすれば、莫大な費用がかかることがある。合理的な範囲で無駄を省くことも必要であろう。それに、新聞・雑誌・広報誌は、紙面・誌面に制約があり、通例、公表資料の全文掲載など不可能である。また案等の公表を行おうとしている行政機関に編集権があるわけではないので、そもそも記事にしてもらえるかどうかさえ不確実である。そこで、総務庁案のように、こうした場合、案等の概要と資料全体の入手方法を明らかにするだけで十分であると考えられる。おそらく、どんな案件でもホームページもしくは窓口で全資料を入手できるということになると推測されるが、その場合には「ホームページもしくは窓口で入手できるものですべてである」とホームページや窓口で説明するのが親切であろう。

　（4）　総務庁案は公表方法の一つとして、さらに、専門家・利害関係人に対する「周知」を定めている。利害関係人といっても、その範囲は必ずしも明確ではなく、場合によってその数がかなりの多数に上ることがあり

得よう。このとき利害関係人の全員に個別に説明したり公表資料を送付したりするのは、行政機関の事務量を考えれば、相当な負担である。したがって、ある程度的を絞って個別の説明を行うとか、公表資料を送付するといった対応でも許されるべきである。たとえば、規制の直接的な対象者となる業界団体に対してのみ個別的な説明を行うとか、当該業界団体に属するメンバーを一堂に集めて説明会を行うという対応でも十分ではなかろうか。利害関係人全員に個別の説明を行うことは困難なことがあるので、総務庁案は利害関係人に対する周知を努力義務としていると思われるが、妥当な選択であろう。このように利害関係人に対して個別的・直接的な周知を図ることは、当該利害関係者の利益保護にも資するもので評価することができる[39]。ただし、個別的・直接的な「周知」を行う相手方である利害関係人を選択する際に注意すべき点がある。政治過程で十分代表されていない利益、未組織の利益、マイノリティーの利益などは、従来行政過程でも十分に汲み上げられてこなかったのではないか。それゆえ、規制の設定・改廃において規制対象たる事業者・業界団体だけに個別的・直接的「周知」を行うというのであれば、片手落ちであろう。未代表、非組織の利益にも配慮した形での「周知」が必要である。「周知」をなすべき相手方を選ぶときには、バランスの取れた選び方をすることが重要である。

3 公表資料

（1） 総務庁案によると、行政機関は案等の本体を公表すべきものとしている（2(2)）。ただし、この「案等」は行政立法の条文案そのものに限っていないようである。公表される「案等」についての総務庁の「考え方」によると、「案等」とは意思表示そのものに限らず、その内容を明確に示

---

[39] APAは利害関係人に対するこの種の直接的通知の制度を明定していない。しかし1981年モデル法には、規則案や資料の郵送を希望した者に対し直接送付するという制度がある。1981 MSAPA §3-103(b). ただし、実費を徴収することにしている。総務庁案では、利害関係人に対する個別的・直接的「周知」に関する費用負担の問題を意識していないか、もしくは行政機関が負担するという決断をしているようであるが、仮に、この個別的・直接的な「周知」の制度を充実させていくのなら、一般的公表との関係で、その費用負担について詰めておく必要があろう。

すもので差し支えないという（2(1)「考え方」参照）。したがって、条文案に限らず、条文の概要を説明したもの、または法案審議の際に通常用意されるような「要綱」の類のものでも「案等」に含まれる可能性がある。ところで、法律案要綱（案）は、「命令案又は要綱を公表するものとする」と定めていた。いずれにしても条文案以外のものを公表するのでも足りるとするものであるが、これについてどのように考えるべきであろうか。行政立法は多種多様で、ものによってはかなり大きいものもあり得、このとき条文を全部公表するよりも、むしろポイントになる条文だけを掲載するとか、全体の骨子を公表するなどしたほうが、一般の理解により資することもある。それゆえ条文案の全文公開にかならずしもこだわる必要はないかもしれない。ただ、法案審議の際に用いられる「要綱」の中には、簡略すぎるものもある。それゆえ、条文案の全文を公表するのでないとき、一般の理解に資するため、なるべく条文案の内容を詳細かつ明確に説明したものを公表する必要があろう。総務庁案は、法律案要綱（案）とは異なり「要綱」を挙げていないので、要綱程度では必ずしも十分ではないという判断を前提としていると思われ、そうだとすれば一般の理解を増進させることによりよく配慮したもので、妥当な判断であると考える。

　1981年モデル法には、総務庁案に類似する規定がある。すなわち、規則案の全文を公表すると負担が重く費用が高くつきその他賢明でないとき、一定の条件の下で、例外的に、規則案自体の公表を省略することができるという[40]。ただし、この場合、規則案の主題や規則案全体の入手方法を明示しなければならないとする[41]。

　条文案の全文とその内容を示すものとを両方公表するのが最も望ましい選択であるが、条文案の全文ではなく、内容を明確に示すものを公表するだけでも足りると考える。しかし仮にコストなどの点から考えて二つのうちのどちらかを選択しなければならないとすれば、第1次的に公表すべきものはどちらであろうか。なるべく条文案の全文を公表するという対応を

---

40)　1981 MSAPA §2-101(e).
41)　1981 MSAPA §2-101(e)(3).

とるべきか、それとも条文案の内容を明確に示すものを優先的に公表していくべきか。法律案要綱（案）も総務庁案も命令案ないし意思表示を先に出しているので、おそらく条文案の全文公表を優先すべきであると考えているのではなかろうか。それはともかく、私見では、可能な限り条文案の全文を公表する方針を取るのが望ましいと考える。条文案の全体がかなり膨大な量に上っても、ホームページに掲載するということであれば、条文案の内容を明確に示すものを掲載する場合と比べて、費用その他の負担もさほど大きなものにならないのではなかろうか。また条文案の全文を公表すれば、関係者は当該行政立法が自己の利益に影響を及ぼすかどうか、及ぼすとしてどのように、どの程度及ぼすのかをより正確かつ詳細に把握することができるというメリットもある。

（2）　さて、総務庁案は、「案等」の本体に加えて、資料を公表するものとしている。具体的には、①当該案等を作成した趣旨・背景、②当該案等に関連する資料、③当該案等の位置付けの三つを可能な限り公表すべきであるとしている（2の(2)）。法律案要綱（案）は、この種の公表資料について特別の定めをおいていなかった。アメリカ合衆国のAPAでは、規則案の全文もしくは大要、または規則案の主題もしくは争点の説明を公表すべきであるとする程度である[42]。また、1961年モデル法も同様である[43]。これらと比較すると、総務庁案は、かなり多様な情報を公表すべきことを要請しており、高く評価することができる。これらの資料が公表されれば、受け手である市民や事業者が当該行政立法案の内容をよりよく理解することが期待できる。また関係者は、「趣旨や背景」がわかれば、「趣旨や背景」に照らして「案等」が正当化されるかどうかを検討することができる。さらに、行政立法を制定しようとしている行政機関の関心がどこにあるのかをより正確に知ることができるので、関係者は意見書の中でより的確な評価なり批判なりをすることができるのではなかろうか。つまり関係者のより有効な参加が期待できる。

（3）　ところで、法律案要綱（案）が公表すべき対象に挙げていたのに、

---

42)　5 U.S.C. §553(b)(3).
43)　1961 MSAPA §3(a)(1).

総務庁案で除外しているものがある。それは行政立法制定の法律上の根拠である。法律案要綱（案）ではこの点「命令制定の法律上の根拠」を公表するものとすると定めている（第1003条1項）。総務庁案は、政省令等の策定の法律上の根拠を公表対象に含めていない。これは何故であろうか。そもそも法規命令の中にも執行命令という類型があり、これについては権利義務を新たに設定するものではないので個別具体的な法律の根拠は必要でないと説かれていることから、一律に「法律上の根拠」を公表することを要求することはできないと考えられたからであろうか。また総務庁案の意見照会手続が行われるべき意思表示には、法律案要綱（案）と異なり、政省令に限らず、告示や、行政手続法にいう審査基準・処分基準・行政指導指針まで取り込んでいる（1（考え方）(2)）が、この点も関係しているかもしれない。政省令はともかく、告示や審査基準・処分基準・指針について、個別具体的な根拠法規が存在しないことが通例であろう。それゆえ、「法律上の根拠」を外したのであろうか。あるいは、前述のように、総務庁案は意見照会手続の制度目的として、適法な行政立法の制定もしくは行政立法制定における法律の優位や法律の留保を謳っていないが、そのことと「法律上の根拠」の公表を要求していないことが関係しているのかもしれない。

　私見では、「法律上の根拠」を公表対象に含めるべきであると考える。「法律上の根拠」を公表しなければならないとすれば、行政立法案の公表前に、行政機関が行政立法制定の法的根拠についてより慎重に検討することが期待できる。結果として、根拠法規の枠を踏み越えた違法な行政立法が制定されるのを防止することができるのではないか。「法律上の根拠」を明示することは、まさに当該行政立法の適法性を担保する道具となりうるのである。確かに、執行命令のようにそもそも具体の法律上の根拠がなくても制定できるとされる行政立法も存在しよう。しかしこの場合には、「執行命令なので国民の権利義務を新たに設定するものではない」という旨を公表することにすればよいのである。そうすることで、当該行政立法の種類や法的性質が一層わかりやすくなる。また、「執行命令だから法律上の根拠は不要である」と説明しておきながら、実際には権利義務の内容を新たに設定するものを含んでいることもあろうが、こうした行政機関の

説明と実際の行政立法の内容とのずれは、説明がされていることでより容易に発見することができよう。そして、この行政立法のうち権利義務の内容を新たに設定する部分の正当性を問題にすることができるのである。このように「法律上の根拠」の要否について説明させることによって、当該行政立法の内容が違法なものにならないよう担保することができる。

　審査基準や処分基準さらには指針については、行政手続法や行政手続に関する個別法が「法律上の根拠」になると考えられるので、これを明示させるという方法がある。そもそも審査基準や処分基準とは「法令の定めに従って判断するために必要とされる基準」のことであり、「法令の定め」をより具体化した基準と考えられるが、そうであれば、具体化する前の当該「法令の定め」もある意味では審査基準・処分基準の根拠もしくは前提となる法律といえる。それゆえ、審査基準・処分基準については、その前提たる「法令の定め」も公表すべきであると考える。そうすることで、当該の審査基準や処分基準が、前提となる「法令の定め」を具体化したものに実際なっているかどうか確認することができる。

　行政立法に関する「法律上の根拠」が示されると、当該行政立法の法的性質や種類について行政機関がどのように考えているかを知ることができる。特に、関係者を拘束する法的効力を有するものであることを意図して行政機関が制定しようとしているのかどうかをより容易に判別することができる。仮に行政立法の性質ないしは効力が裁判で問題となったとき、当該行政立法の法的性格を明らかにする上で、当該行政立法の「法律上の根拠」に関する説明は重要な解釈指針となろう。行政立法について「法律上の根拠」が示されていたり、もしくは「法律上の根拠」が不要であると説明されていると、それを参考にして裁判所はたやすく当該行政立法の法的性格を判定することができよう。

第4節　意見・情報の提出

1　意見・情報提出資格者

　総務庁案においては、意見・情報を提出できる者の範囲について特に定

めた条項は存在しない。ただ「前文」は「広く国民等に対し案等を公表し、それに対して提出された意見・情報……」、「国民等の多様な意見・情報・専門的知識を行政機関が把握する」と謳い、また公表資料に関する条項2の(2)は、行政機関は「一般の理解」に資するため資料を公表すると定めている。ここから、総務庁案は、意見・情報を提出できる者の範囲を限定していないことが窺われる。法律案要綱（案）は、意見提出権者の範囲を「利害関係人」に限定していた（第1003条3項）。またAPAも利害関係人と規定している。[44] このように意見・情報提出権者の範囲を「利害関係人」に限定すると、意見・情報を提出するために、その前提として、個別具体的な「利害」を有することを立証するよう要求されることが起こりうる。これでは、問題の行政立法について各層の多様な意見・情報を収集できないおそれがあろう。特に、消費者利益や環境利益といった未組織・未代表の利益が排除されるおそれがある。それゆえ、意見・情報提出権者を「利害関係人」に限定するのは妥当ではない。総務庁案においては、意見・情報を提出できる者の範囲が格段に広く認められ、これは高く評価することができる。そもそも関係法規が個別具体的に保護している利益を有さない者でも、問題の行政立法の質や内容などに関して重要な意見・情報を有していることがあり、そうした者の意見・情報はより適正な内容の行政立法を制定する上で不可欠と考えられるのである。

2　口頭手続・公聴会

（1）　総務庁案は、意見・情報提出の方法として、郵便・ファクシミリ・電子メール等の書面等による形式に加えて、公聴会方式を示唆している。法律案要綱（案）も公聴会について条文を置いていた。いずれも、書面による意見・情報提出方法を書面などによる方法に限定していない点が重要である。書面による意見・情報の提出より、口頭による陳述の方が有効かつ適切なことがある。すなわち口頭による意見陳述・情報伝達は、本

---

44)　1981年モデル法は、意見・情報提出権者の範囲を限定していない。1981 MSAPA §3-104 (a)．

人が個人的に行うので、より正確で直接的に意見・情報が伝わる可能性がある。また口頭による陳述の方が、意見提出者の個人的感情や心情、心理状況がより鮮明に伝わる可能性がある。それゆえ書面による意見・情報伝達に限定せずに、口頭による伝達を認める総務庁案は大いに評価できる。

　また、同じく公聴会方式を容認する法律案要綱（案）と比べても総務庁案はより妥当なものである。というのは、総務庁案では法律案要綱（案）より公聴会方式を利用できる場合がある面で広がっているからである。法律案要綱（案）によると、公聴会手続が利用できるのは、「他の法律の定めるところにより」公聴会を開くことになっているときであった。総務庁案は、「公聴会の開催により意見・情報を聴取することもできる」と定めており、法律案要綱（案）のように他の法律で要求されている場合に限っていない。ここには公聴会の持つメリットをより活かす方向が示されている。ただし、いかなる場合に公聴会方式が利用されるのかについて、総務庁案は明確ではない。「公聴会……もできる」と定めているだけであり、公聴会を開催するかどうか、開催するとしていかなる手続によるべきかは、行政機関の裁量に委ねられているようである。したがって、悪くすると、この公聴会はまったく開催されない可能性がある。つまり、意見・情報を収集する方法について行政機関が裁量権を行使して、公聴会開催は不要もしくは不適切であると判断して公聴会を開催しないということが一般に生じうるのである。それゆえ、公聴会手続をも利用するというのであれば、少なくとも一定の要件を備えた場合もしくは一定の場合には公聴会の開催を義務づけることが必要ではなかろうか。APA は規則制定に当たり公聴会を要求していないが、1961年モデル法[45]および1981年モデル法はいずれも一定の場合に公聴会の開催を義務づけている。1981年モデル法によると、規則案の告知の日から20日以内に、25名以上の者もしくは特定の機関が公聴会の開催を書面で要求した場合、行政機関は公聴会を開催しなければならない[46]。ただ、この要件を充足することはさほど困難なものではないので、

---

45)　1961 MSAPA §3(a)(2).
46)　1981 MSAPA §3-104(b)(1).

かなり広く公聴会の開催が義務づけられるおそれがあり、それが行政機関に多大な負担をかけてしまうことが懸念される。公聴会にもメリットがあるが、開催のコストや時間等の負担も無視し得ない。また公聴会という時間的に制約された場ですべての意見や情報が適切に提出される保証はない。[47]それゆえ、公聴会手続を広く一般に義務づけることは問題であろう。しかし、逆に、公聴会の開催を完全に行政機関の裁量に任せてしまい、実際これが行われることがなくなってしまうというのも問題であろう。

（2）ところで、総務庁案は公聴会の開催に関する手続については、案等の公表時に明示すると定めている（2(5)第3文）。しかしこの条項は、「公聴会の開催に関する手続」がどのような内容のものでなければならないのかについてまったく触れていない。また、この「手続」に公聴会の開催期日や開催場所は含まれるのかも明確ではない。[48]この条項は、法律案要綱（案）に含まれた公聴会に関する規定と比べて簡略過ぎて不親切である。法律案要綱（案）は、公聴会で多様な意見が表明されるよう配慮すべき義務について定め、また公述人の選定に当たっては多様な意見が表明されるよう公平に行わなければならないと定めていた（0607条3項、4項）。総務庁案は、法令で公聴会付議が定められている場合、「意見照会手続」が定められた趣旨に鑑み、公聴会の運用において可能な限り「意見照会手続」に沿うよう努めることを要求している（1の（考え方）⑩）。ここには現行の公聴会制度が必ずしも適切に運用されていないという消極的評価が出ており、逆に「意見照会手続」に関する自負が表れている。しかし「意見照会手続」の一環である意見・情報収集方法の一形態である「公聴会」手続はあまり内容のあるものになっていない。[49]少なくとも法律案要綱（案）のよう

---

47) もっとも、総務庁案は、公述を希望した者で公聴会で公述できなかった者に別途書面等による意見・情報の提出の機会を与えなければならないと定めている（2-(5)（考え方））。また準備書面の提出を受けている場合には、これをもって意見・情報の提出と扱うことを認めている。

48) 法律案要綱（案）は、公聴会の日時、場所、意見を述べることができる者の範囲などを「公聴会の実施のために必要な事項」と呼んでいた（0607条2項）。「公聴会の開催に関する手続」という用語では、公聴会開催のための要領に属する細かな事項が漏れてしまうおそれがある。

に、公聴会運営における配慮事項や、公述人選定に関する留意事項について定めを置くべきであろう。総務庁案では、「公聴会の開催に関する手続」について、公聴会を開催する各行政機関の裁量でいかようにも定めることが可能である。悪くすると、総務庁自身が消極的評価を下している従来の公聴会運営の手続程度のものしか各行政機関が定めないこともあり得よう。そうでなくても各行政機関が定める公聴会手続には、ばらつきが出てくるであろう。このような不都合を解消するため、「意見照会手続」の一環として有用な公聴会について統一的で最低限の「手続」を定めておくべきではなかろうか。たとえば、公聴会主宰者とその権限、公述人の選定方法、公述人の発言時間に関する制約、対立する意見を述べる者に対する質問権・反論権の有無などの事項についてより具体的に定めを置くべきであろう。公聴会の運営の現状は満足のいくものではないという判断と、公聴会の開催についてほとんど手続的要件を課していない結果とは首尾一貫していないように思われる。

第5節　行政立法の制定時期

（1）　総務庁案の2の(6)によると、行政機関は「提出された意見・情報を考慮して意思決定を行う」とある。これは「一カ月程度」（2の(4)）の意見・情報募集期間を設定し、この期間内に提出された意見・情報をこの期間経過後に検討し、その上で意思決定を行うという流れを想定しているといえよう。つまり、意見・情報募集期間経過後に意思決定がなされるよう

---

49)　わずかに公聴会開催に関する若干の事項に言及しているのみである（2の(5)（考え方）(1)）。まず公聴会で公述を希望したが叶えられなかった者に対し、書面等による意見・情報の提出の機会を与えなければならないと定めている。また準備書面の提出という方法を許容し、仮にこれを行った場合には準備書面の提出で意見・情報の提出と取り扱うことを認めるとしている。また公聴会で表明された意見を行政機関は文書化する必要があるとしている（2の(6)（考え方）(3)）。

50)　1981年モデル法は、公聴会開催日時、場所、開催要領の公表、公聴会主宰者の資格要件、公聴会主宰者の権限および義務、公聴会の公開義務などについて定めている。1981 MSAPA §3-104 (b)。

予定しているのである。ただ、意思決定が必ず意見・情報募集期間後になされなければならないとは明定していない。それゆえ、「一カ月程度」の募集期間を設定して意見・情報を募集しつつ、この期間が経過しないうちに、それまでに提出された意見・情報を考慮して意思決定を行うことが起こるかもしれない。こうした対応は妥当とは思われないが、仮にこうした対応が解釈上取られる余地があるのなら、これを封ずる定めをしておくべきであろう。法律案要綱（案）にも APA にも、意見・情報募集期間と意思決定の日時との関係に関する定めはない。これに対して1981年モデル法は、意見・情報募集期間について最低30日を設定するよう要求するとともに、意見情報提出期間が満了するまで行政機関は規則を採択してはならないと定めている[51]。

（２）　総務庁案では、最終的な意思決定を行う前に、案等を公表し、これについて意見・情報を募集することになっている。しかし最終的な意思決定が、いつもしくはいつまでに行われるべきかについて定めていない。そこで、総務庁案に従うと、案等を公表した後、期間を定めて意見・情報を募集したが、その後長期にわたって最終的意思決定を下さないという運用が許されることになる。この間に案等に対する激しい反対論が沈静化したり、そもそも当該案等についての一般の関心さえ消え失せてしまうということも起こり得よう。つまり一般の関心が薄れるまで、もしくは反対論が鎮まるまで待って、いわば寝耳に水といった形で行政機関が最終的意思決定を行うことができるのである。これでは何のために意見や情報の提出を求めたのかわからない。最終決定を遅延させることで、公衆から激しい抵抗にあった行政立法さえ制定できるというのでは、行政立法制定の「過程の公正」（前文）を確保したものとはいえないのではなかろうか。そこで、こうした不都合が生じないよう適切な仕組みを作っておくべきであろう。1981年モデル法には、規則制定のデッドラインの制度がある[52]。これは、規則案の公表の効果を6か月に限定するというものである。したがって行政機関は6か月以内に最終規則を制定するか、もしくは当該規則制定手続を

---

51)　1981 MSAPA §§3-104 (a), 3-106 (a).

中止するかどちらかの選択をすることになる。そして6か月を超えてしまったにもかかわらず当該規則を制定したいときには、行政機関は再度新たに規則案の公表からやり直すことになる。こうした期間制限があると、行政機関が自己に都合のよいように不当に決定を引き延ばすことにストップをかけることができる。

第6節　意見・情報の処理

1　考慮責務

（1）　総務庁案は、提出された意見・情報を考慮して意思決定を行うと定めている（2の(6)）。行政機関に提出された意見や情報を考慮すべき責務を課すもので、従来の行政決定のスタイルに一大変革をもたらす画期的な仕組みといえる。従来、ともすれば行政機関の持つ専門的知識や経験あるいは限られたソースからの情報などに頼るだけで意思決定を行うきらいがあった。しかしパブリック・コメント手続によれば、行政機関はそうした実務を続けることは許されない。パブリック・コメント手続が制度化されると、提出された意見や情報を行政機関がどの程度慎重・真剣に考慮するかが試されることになろう。

パブリック・コメント手続によれば、提出された意見・情報を一顧だにしないで最終的な意思決定をするのは許されない。しかし、提出された意見や情報を行政機関が適切に検討した上で最終的な意思決定を行ったのかを外部から確かめるのが困難なことがある。この点に配慮して、総務庁案は、「［提出された意見・情報］に対する当該行政機関の考え方を取りまとめ、……公表する」としている（2の(6)）。すなわち行政機関は、提出され

---

52)　1981 MSAPA §3-106(b). この規定の趣旨については、UNIFORM LAWS ANNOTATED 15, MODEL STATE ADMINISTRATIVE ACTS (1981 and 1961) 41参照。この規定は、アイオワ州の行政手続法をモデルにして若干の修正を加えたものであるが、アイオワ州の行政手続法については、Arthur E. Bonfield, *The Iowa Administrative Procedure Act: Background, Construction, Applicability, Public Access to Agency Law, the Rulemaking Process*, 60 IOWA L. REV. 731 (1975) 参照。ところでAPAには1981年モデル法が定めるデッドラインのような制度は存在しない。

第6節　意見・情報の処理　*195*

た意見・情報についてのコメントを公表しなければならない。それゆえ、この公表されたコメントを見れば、提出された意見・情報に対して行政機関はそもそも考慮したのか、そして考慮した上どのように評価したのか、あるいはしなかったのかを知ることができる。このように総務庁案は、提出された意見・情報を行政機関が実際に考慮することを担保する装置を用意しており、評価することができる。

　（２）　ところで、提出された意見・情報を慎重に考慮した結果、行政機関が行政立法案の内容を大幅に修正せざるを得なくなることがある。行政機関が依拠したデータが不十分であることが判明したり、予想外に各方面から強い反対があったり、または案の公表後に事情の変更があったりしたときなど、公表した案のままで最終的な意思決定を行うことが妥当でないもしくは賢明でないということがある。このとき行政機関は案の内容を変更して最終的な意思決定をすることになろう。意見・情報が提出された結果こうした修正が行われたのだとすれば、意見・情報の提出はまさに功を奏したわけで、案の修正は望ましい現象といえよう。案の公表とこれに対する意見・情報の提出それにこれらの考慮という一連のプロセスは、まさにこうした案の修正を経てよりよい行政立法の制定をめざすためにあるといえる。

　（３）　しかし案の修正を無制限に認めると弊害もある。公表された案とまったく異なる最終決定が行われることを認めることになるからである。そうなると、論争の的になる規定を案の公表段階では意図的に公表せず、最終段階においてこれを盛り込んで意思決定するということが出てくる。これでは何のために案を公表したのかわからない。提出された意見・情報もある意味で的外れなものになってしまう。行政機関がこうした争点隠しの戦術を取ることに対し歯止めを用意しておくべきであろう。総務庁案はこうした悪しき運用に対する防止策を十分に盛り込んでいないように思われる。ただ、総務庁案では、提出された意見・情報に対する行政機関の「考え方」を公表することになっているので、これがある程度の歯止めになるといわれるかもしれない。しかしこの「考え方」の公表という説明責任は、提出された意見・情報に対する応答責任であって、争点隠しの場合、

そもそも意見・情報は提出されておらず、隠された争点についての説明責任まで意図してはいないであろう。また、行政機関は提出された意見・情報を「考慮」して意思決定を行うことになっているので、提出された意見・情報とまったくかけ離れた決定はできず、争点隠しなど起こり得ないといわれるかもしれない。しかし、この考慮責務は、提出された意見・情報を必ず考慮しなければならないというだけである。意見・情報の提出を行政機関が故意に封じた場合には、必要な意見・情報が出てこない可能性があるので、考慮すべき対象である意見や情報が存在しないことになる。にもかかわらず、行政機関はその専門的知見を動員して判断する権限があるので、争点隠しが行われた事項についても最終的な意思決定を行うことができる。要するに、総務庁案では争点隠しが行われ、それゆえ当該争点について意見・情報が提出されず、そして隠された争点が最終の意思決定の場面でしっかりと登場してくるという事態は生じうるのである。

　意見や情報の提出を受けて案が修正されることは歓迎すべきことであるが、しかし修正の結果最終的意思決定が当初案から甚だしく乖離することは認めるべきではない。これを認めると、採択するつもりのない案を公表しそれについて公衆に意見を述べさせ、しかし最終的には右の案とまったく異なる内容で行政機関が本来意図していた行政立法を制定することができることになる。これでは案の公表とこれに対する意見・情報の提出手続はまったく体裁を繕うだけの無意味で的はずれなものになってしまう。こうした不都合を回避する必要がある。そこで、たとえば、公表された案と甚だしく異なる行政立法を制定することはできないと定めるべきであろう。仮に、提出された意見・情報やその他諸般の事情を勘案したとき当初案とまったく異なる内容の行政立法を制定するのが適切であると判断した場合、行政機関は、最初から手続をやり直す、つまり案の公表手続から再出発すべきなのである。[53]

---

53) 1981年モデル法は、最終規則が案とまったく異なることになって参加手続が無意味になってしまうのを防止する仕組みを盛り込んでいる。1981 MSAPA §3-107(a). それによると、行政機関は規則案と実質的に異なる最終規則を制定することはできない。ただし当初案と実質的に異なる規則を制定することがまったく禁止されているわけではない。行政機関が手続を最初からやり直せば、実質的に異なる規則を制定することができる。

2　意見・情報の処理方法

（1）　総務庁案は、提出された意見・情報に対する行政機関の「考え方」を取りまとめ、これを公表する、としている。このように「考え方」が公表されると、提出された意見・情報が実際に考慮されたのかどうか、またどのように考慮されたのかを、意見・情報提出者も含め外部から確認することができる。まさにこの「考え方」の公表という制度は、意見・情報考慮責務が適正に履行されることを担保する制度であるといえよう。こうした担保措置があってはじめて意見・情報考慮責務が間違いなく果たされることになる。もしこの「考え方」の公表がなければ、提出された意見・情報が実際に考慮されたのかどうかを外部から確認する確実な手だてがない。それ故、行政機関が考慮責務を尽くさないで済ませても、その事実を外部から窺い知ることが困難になる。かくては行政機関が考慮責務を果たさない事態が多発するかもしれない。「考え方」の公表はこうした行政機関の違反行為を防止する機能を持っており、意義深い制度である。

（2）　さて、「考え方」が何を対象にしたものかについて検討しておく必要がある。提出される意見・情報の中には、案に対する反対意見、案が依拠するデータと異なる情報などから、細かな点についてのみ案の修正を求める意見、案への補足意見、賛成意見、案が依拠するデータを補強する情報など様々であろう。こうした多様な意見・情報に対して逐一「考え方」をまとめる必要は必ずしもないであろう。提出された意見・情報のうち趣旨を共通にするものについてはこれを一まとめにして、それについて「考え方」を示すだけで十分であろう。

ところで、提出された意見のうち、反対意見、修正意見についてだけ「考え方」をまとめれば十分であるという見解もあろう。つまり案への賛成意見、補足意見についてわざわざ「考え方」をまとめる必要はないという立場である。しかしこれでは不十分ではなかろうか。やはり当該行政立法を制定する実質的な理由を要領よくまとめて公表すべきであろう。案への反対意見・修正意見に対する行政機関側の反論が公表されても、当該行政立法を制定する法的・政策的な真の理由がどこにあるのか理解するのが困難なことがある。案への賛成意見への「考え方」ないし行政立法制定の

実質的な理由を公表してこそ、行政機関の説明責任が果たされるといえよう。そして、こうした行政立法制定を擁護する法的・政策的理由を公表することは行政機関にとってさほど大きな負担とは考えられない。案への反対意見・修正意見に対し「考え方」をまとめるときすでに賛成意見に対する「考え方」ないし案自体を擁護する正当化理由を考えているはずだからである。

　（3）　総務庁案の「意見・情報の処理」の仕組みは、前述のように、極めて意義のある制度であるが、総務庁案は、パブリック・コメント手続により提出された意見・情報を行政機関が慎重に考慮した結果発生する事態についてあまり配慮していないのではないかと思われる。意見・情報の提出を受けて、案自体が常に必ず修正されなければならないというわけではない。しかし、パブリック・コメント手続がより適切な内容の行政立法を制定することを目指す制度であるとしたら、意見・情報の提出を受けて行政機関が再検討した結果、当初案を修正することは当然起こりうることである。ところが、総務庁案は、提出された意見・情報に対する「考え方」をまとめこれを公表するだけでよいとしている。ここでは案の修正が起こりうることに関心が払われていないように思われる。極端な言い方をすると、総務庁案は、案への反対意見・修正意見に対して反論する「考え方」をまとめて、それで当初案を正当化し、当初案に沿った最終的意思決定を行うという実務しか念頭にないようにさえ見える。そうではなく提出された意見・情報が考慮され、案自体が修正されてゆくダイナミズムを想定すべきである。そうすると、こうしたダイナミズムを織り込んだ「意見・情報の処理」方法があってもよかろう。たとえば意見・情報を考慮した結果、当初案が修正されたとき、当初案と最終決定との相違が明らかにされることが望ましい。同時にこの修正の理由も公表されるべきであろう。このように修正点・修正理由が明らかにされると、一方では修正を余儀なくさせた意見・情報とは何であったのか、それをどのように考慮したのかが外部から確認でき、他方、修正理由に照らして修正点を正当化することができるかどうかも検証することができよう。

結びに代えて

　1999年3月23日「規制の設定・改廃に係る意見提出手続」という閣議決定が出された。これは、本章でこれまで検討してきた総務庁案＝「規制の設定・改廃に係る意見照会手続（仮称）案」という原案が若干の修正を受けて成立したものである。総務庁案に対し40あまりの個人・団体から意見・情報が提出されたが、それらを総務庁が検討考慮し、総務庁案が修正され、各省折衝を経て、閣議決定が出された。

　閣議決定は総務庁案をいくつかの点で修正している。主要なものを挙げると次の通りである。第1に、最も目立つところでは、この制度の名称を変更した。総務庁案では「意見照会手続」となっていたが、閣議決定では「意見提出手続」としている。国民を主体とする名称に修正したものである。第2に、特殊法人等は行政機関ではないので、特殊法人等が策定する審査基準、処分基準は対象に含まれていないが、特殊法人等による審査基準、処分基準について、規制の根拠となる法令を所管する行政機関が特殊法人等に対しパブリック・コメント手続に準じた手続を行うよう指導することに修正された。第3に、公表資料について2点修正がある。まず、関連資料として根拠法令が含まれることが示された。次に、同じく関連資料として規制分析ないし規制影響分析が含まれることが示された。第4に、公聴会手続について、文書による意見・情報の提出の申し出があった場合、これを受け付けなければならないと修正された。第5に、原案からの修正点が明示されることとなった。第6に、特例手続の趣旨を明確にするための手直しがあった。第7に、案件一覧に資料の入手方法が新たに記載されることとなった。以上の修正はいずれも総務庁案に対して提出された意見・情報を考慮し、これを全面的にもしくは部分的に採用したものである。特例手続の修正のように総務庁案の趣旨を明確にするため若干の手直しをしたというものもあるが、特殊法人等に対する指導の例に見られるように、総務庁案にはなかった項目が新たに加わったというものもある。

　これら修正点についてだけではなく、提出された意見・情報に対しては、

項目毎に取りまとめられ、そのそれぞれに対して総務庁の「考え方」が示されている。提出された意見・情報を採用した場合には、採用理由を「考え方」として述べ、逆に採用しなかった場合には、拒否の理由を「考え方」として明らかにしている。たとえば、「提出された意見によっては案の取りやめを行うべきである」との意見が提出されたが、これに対して「考え方」は「行政機関の判断により、取りやめる場合もあり得ると考える。また、この手続の施行により、国民の意見・情報が考慮された上で意思決定されることになると考える」と述べている。この指摘は、提出された意見の趣旨を大筋で容認するとともに、ゼロオプションのあり得ることを認めたもので、その後のパブリック・コメント制度の運用にとって意義深いものである。

パブリック・コメント手続を制度化するため、パブリック・コメント手続が行われたが、1998年末に行われた手続はパブリック・コメント手続のその後の動向を象徴するものといえよう。すなわち1998年11月から12月にかけて行われたパブリック・コメント手続は、パブリック・コメント手続のメリットを実証するもので、パブリック・コメント手続のモデルと評することができよう。そこで行われた手続によって、まず、関心のある国民なら誰でも原案に対して意見・批判等を提出できることが明らかになった。次に、提出した意見や批判は行政機関によって必ず検討されることが実例を持って示された。さらに最も重要なことに、公衆の意見や批判が影響を与え原案の修正が起こりうることが実証された。とにかく公衆の意見が行政機関の意思決定を動かすことがあり得、しかもそれが外から目に見える形で行われることが明らかになったのである。従来、関心のある者が声を上げようとしても、声を上げる方法が分からなかったということが多かったのではないか。また声を上げても行政機関によって考慮される見込みは少なかったのではなかろうか。さらに上げた声が影響を及ぼし行政機関の意思決定が修正される可能性は一層少なかったといえよう。こうした従来の行政実務を1998年末の手続は大きく変えるきっかけとなったのではなかろうか。

もちろん、細かい点を挙げれば、総務庁が行った手続にも疑問点はある。

たとえば、規制分析を関連資料として加えるという修正を行った理由がそれとして明示されていないことである。あるいは、一定の場合に公聴会の開催を義務付けるべきではないかという提案に対して、総務庁の「考え方」が「一律に」義務付けることは望ましくないとして、提案の趣旨を取り違えている、もしくは、提案に対して筋違いの反論をしていることなどである。こうした些細な点はともかく、総務庁が行った手続は全体としてパブリック・コメント手続の意義と有効性を国民の前に鮮明に示したパブリック・コメント手続の模範と評することができよう。

　もっとも、総務庁による手続を経て出来上がった閣議決定のパブリック・コメント手続が完璧なものであるというわけではない。閣議決定で制度化されたパブリック・コメント制度にはいくつかの課題もしくは欠点があった。思いつくままに指摘すると次の通りである。第1に、対象を「規制」に絞っているが、これをもう少し拡大する必要があろう。第2に、どのような規制分析をどの程度詳細に要求するのかを詰める必要があろう。第3に、公聴会手続の細目について検討する必要があろう。第4に、特に注意を喚起しておきたい点であるが、行政機関がパブリック・コメント手続に反する行動を取った場合の是正措置が必ずしも十分制度化されていないことである。確かに各種の説明責任・理由提示の責任は課されている。また総務庁による実態把握という仕組みもあり、これによってマクロなレベルでの各行政機関の手続遵守の不熱心さや手続違反はある程度是正できるかもしれない。しかし、致命的な欠点は、手続違反が起こった当の案件を是正する装置がないことである。この手続違反を是正する仕組みについては、すでに異議申立などの手続が提案されている。このほかオンブズマン制度も考えられる解決策であろう。これら行政上の救済制度とともに、行政事件訴訟の可能性も探る必要がある。

　最後に、閣議決定には盛り込まれていないが、比較法的な観点からパブリック・コメント制度にとって意味のある仕組みを一つだけ指摘しておきたい。それは規則制定の申請権である。1981年モデル法の第3編117条は、何人も規則の採択を行政機関に求める申請権を有し、この申請がなされたとき、60日以内に行政機関は以下の三つのうちのいずれかの行為をしなけ

ればならない、と定めている。すなわち、第1に、書面で申請を拒否し同時にその理由を提示すること、第2に、本モデル法第3編第1章に準拠して規則制定手続に着手すること、第3に、適法な場合、申請の際提案された規則案を採択することの三つである。APAの553条e項は規則の制定・改廃を求める申出権について定めているが、同項はこの申出権に対する行政機関の応答義務の定めを含んでいない。[54] 1981年モデル法は、規則の制定・改廃の申立に対する行政機関の応答義務を同一の条文で定めている。これによって、行政機関は申請拒否または申請認容のいずれかの選択をしなければならない。すなわち提案された規則について制定手続をとるか、さもなければ提案された規則を制定しないという決定を行わなければならない。

　この規則制定の申請権は、何人にも付与されている。それゆえ、規則制定手続を開始するイニシアティブをとることが広く公衆に認められているといえよう。規則の制定を行うべきかどうかについての最終的な判断権は行政機関に留保されているものの、市民はこの規則制定の申請権を行使して、行政機関に対し規則の制定・改廃を迫ることができる。このように規則制定の申請権が広く公衆に認められていると、行政機関が規則制定の申請を握りつぶし何ら行動をとらないということはできなくなる。2006年4月、閣議決定が定めた手続は行政手続法の「意見公募手続等」＝意見提出手続に発展的に解消した。しかし、そこにおいても行政立法制定の申請権は明定されていない。行政手続法が今後このような行政立法制定・改廃の申請権を広く公衆に認めれば、パブリック・コメント制度はより完璧なものとなるであろう。実は、本章で指摘した点のいくつかは1999年の閣議決定や2005年の行政手続法の改正において採用されるところとなった。しかし、2005年の改正行政手続法にはなお課題もある。近い将来、実態の把握に努め、これを踏まえて、これまでに指摘した諸点のうち残された課題について見直しを図ることを切望しておきたい。

54）　もっともAPA555条e項は、利害関係人の文書による申出を拒否するとき遅滞なくその理由を通知するものとするとしている。しかし、この規定も、一定の期間内に申出を認めるかこれを拒否するかどちらかの決定を行わなければならないとは定めていない。

第7章　パブリック・コメント制度と公益決定

はじめに——問題意識と対象の限定

　本章は、世紀転換期前後に国や自治体で導入されたアメリカ法を一つの起源とする「公益」確保のための行政上の仕組みを素材にして、それらの仕組みが従来の制度や伝統的な行政法学上の通念にいかなるインパクトを与えているのか、従来のパラダイムは修正を余儀なくされたのか、さらに新たな仕組み自体に法的問題や解決すべき課題はないのかを探求しようとするものである。

　ここで、「公益確保の仕組み」、「公益決定」という耳慣れない用語について簡単に説明しておく。「公益確保の仕組み」または「公益決定」とは、行政上の諸決定方式・仕組みのうち、「公益」確保ないし「公益」実現を目的とするものを広く指すことにする。最も典型的な類型は、公益確保を第１次的または直接目的とする行政決定の方式である。これには、大部分の行政立法の制定や、多くの行政計画の策定が含まれる。また、私人の権利・利益の保護を目指す行政決定の方式でも、権利・利益の確保と同時に公益確保をも目的とするものは、「公益確保の仕組み」に含まれる。その例としては、ある種の複効的行政処分が挙げられる。さらに、多くの規制行政活動は単純化すると、「公益」確保のため私人の自由や権利・利益を規制する活動ということができ、その点では、「公益確保の仕組み」の一種と位置づけることができる。いずれにしても、特定少数の市民の権利利益の保護のみを目的としたものではない行政決定の方式を「公益確保の仕組み」、「公益決定」と呼ぶことにする[1]。

　以下では、行政機関が行う公益決定を対象にするので、行政機関以外の機関や法主体が取り扱う公益決定をそれとして考察することはない。それゆえ、第１に、議会の判断する「公共の福祉」とは何かまたはどのような

ものであるべきか、あるいは「公共の福祉」と基本権とはどのような関係でなければならないのかなどについては論じない。第2に、社会の多様な団体・組織がそれとして自発的に行う公益決定に焦点を当てることもない。ただし、これらの主体の判断や活動が行政による公益決定と関わる限りにおいて、考察の対象にすることはある。

第1節　公益確保の仕組みの実例

1　国のパブリック・コメント制度

　1983年、第1次行政手続法研究会は、法律案要綱（案）を公表し、その中でアメリカ合衆国の行政手続法を参考にした命令制定手続を定めた。1999年3月に閣議決定された「規制に係る意見提出制度」（以下、「国のパブリック・コメント制度」と呼ぶ。また、国のものに限らず、同種の制度を一般に「パブリック・コメント制度」と呼ぶ）は、中央省庁改革やこれと関連する累次の行政改革の流れの中で制度化されたものであるが、直接的には規制緩和の一方策として導入されたという経緯がある。行政改革のメニューとして行政手続の整備や情報公開の推進等があるが、国のパブリック・コメント制度は、行政手続法が手当しなかった行政立法の制定手続について定めており、行政手続法が積み残した課題の一部を果たすものである。

---

1) 行政上の行為形式との関係では、「公益決定」は行政立法や行政計画に限定されない。大多数の複効的行政処分及び一般処分は含まれるであろう。また、多数の利害関係者が絡む行政上の契約や協定も含まれるし、一定類型の複数の者に対する行政指導の多くも含まれる。「公益」確保に直接・間接に関わってくる行政決定の方式を「公益確保の仕組み」、「公益決定」と呼んでおり、行為形式の如何にかかわらない。
2) 行政手続法研究会「行政手続法制定への提案——法律案要綱（案）」ジュリスト810号42頁以下（1984）。
3) 法律案要綱（案）の命令制定手続に関する総合的検討として、平岡久「行政立法手続」公法研究47号188頁（1985）がある。また、法律案要綱（案）の命令制定手続の起案者によるアメリカの行政手続法及び規則制定手続に関する研究として、成田頼明編著『行政手続の比較研究』265頁以下［外間寛執筆］（第一法規・1981）がある。
4) URL=http://www.soumu.go.jp/gyoukan/kanri/a_07_01.htm
5) たとえば、明渡将・小早川光郎・常岡孝好「『パブリック・コメント手続』——規制に係る意見提出」ジュリスト1159号72頁、73頁（1999）参照。

第1節　公益確保の仕組みの実例　　205

　パブリック・コメント手続の流れは以下のとおりである[6]。まず行政機関は規制に係る行政立法を制定しようとするとき、原案や関連資料等を国民等に公表する。国民等は、これについて、一定期間内に意見・情報を提出することができる。意見等が提出されたら、行政機関はこれを必ず考慮する。そのうえで最終的な行政立法を制定し、これを公表するとともに、提出された意見等に対する行政機関側の見解をも公表する[7]。

　国のパブリック・コメント制度の意義として、何よりも重要なことは、行政立法の制定という行政機関による公益判断の過程に市民が充実した参加を行う確固たる道が開かれたことである。行政立法の制定過程に市民が参加する仕組みはこれまでにも審議会、公聴会、非公式な意見の提出などいくつかの方式があったが[8]、必ずしも十分なものではなく、様々な問題点が指摘されていた[9]。パブリック・コメント手続は、以下のように、従来の制度には見られないいくつかの特色を持っている。

　第1に、意見提出資格者の範囲が限定されていない。市民は誰でも意見を提出できる。国籍を問わない。外国政府も意見を提出できる。従来、行

---

6) URL＝http://www.soumu.go.jp/gyoukan/kanri/a_07_05.htm
7) 当時の総務庁行政手続室は、パブリック・コメント手続を制度化するに当たって、考案した手続を実際に用いてその手続内容を確定した。すなわち、総務庁は、「意見照会制度」という名称の原案を公表し、これについての意見・情報の募集を行った。本書第6章は、原案について検討したものである。そして、市民、行政法研究者、経済団体、外国政府など40あまりの市民や団体から多様なコメントが出され、それらを逐一検討し、いくつかの修正を加えてこの制度の最終的な内容をまとめた。同時に、提出された意見をどのように取り入れたのか、あるいは何故取り入れなかったのかについて説明した。URL＝http://www.soumu.go.jp/gyoukan/kanri/a_07_04.htm まさに「公益確保の仕組み」に則って「公益確保の仕組み」を制度化したといえる。
8) 行政立法制定手続に関する1990年代前半までの法律の定めについては、たとえば、常岡孝好編『行政立法手続』223頁以下（信山社・1998）の「資料　行政立法手続に関する現行法の規定」を参照。
9) 利害関係国民に認められる意見書提出権の問題点について、兼子仁『行政法学』101頁（岩波書店・1997）、阿部泰隆『行政の法システム（下）[新版]』543頁（有斐閣・1997）等参照。公聴会手続の問題点については、兼子前掲書101頁、阿部前掲544頁等参照。さらに、兼子前掲書104頁は、審議会手続についてその委員構成が問題であると指摘し、「利益代表的審議会」への脱皮を説く。阿部前掲607頁は、審議会が「隠れ蓑」といわれる所以を検討している。審議会手続の種別、運営実態、課題については、金子正史「審議会行政論」『現代行政法大系7　行政組織』113頁（有斐閣・1985）参照。

政機関によってあまり注視されていなかった利益についても、関係者はそれを確保するよう行政機関に意見を提出できる。意見提出資格者の範囲は、前記の法律案要綱（案）が定める命令制定手続に係る意見提出権者である「利害関係者」より格段に広がっている。

　第2に、手続の対象が相当広い。手続規律が及ぶ行政活動は、規制に係る意思表示に限定されているものの、法規命令に限らず、行政規則をも対象にしている。これも法律案要綱（案）のスタンスを前進させるものである。

　第3に、この制度は、規制に係る行政立法制定過程において、行政機関に比較的広範な情報提供の努力義務を課している。行政立法の原案の「趣旨・目的・背景」、根拠法令、規制影響分析等の関連資料、原案の位置づけ等を可能な限り公表するとしている。これらの多くは、情報公開法や情報公開条例において不開示情報となることが多い意思決定過程情報であるが、その種の情報について国のパブリック・コメント制度は、公表義務ではないとしても、可能な限り公表するとしている点で注目される。

　第4に、行政機関は、提出された意見を必ず考慮して意思決定を行うべきこととなっている。行政機関には意見・情報考慮責務が課されているのである。従来も、審議会の答申やそこでの意見、公聴会での意見、モニター意見、アンケート調査結果等を踏まえて、行政機関は各種の決定や活動をしてきたといえよう。しかし現実には、そうした意見や情報を無視したりすることもあったのではないか。そこまで行かなくても、それらの意見に単に関心を示す程度にとどめることが多かったのではないか。「考慮」とは、提出された意見を採用するか否か現実具体的に検討するということで、提出された意見に対しより敬意を払った取り扱いであるといえる。

　第5に、提出された意見で取り入れないものについては、行政機関はその理由を整理しこれを公表することになっている。理由付記ないし趣旨説明責務である。かくして理由が説明・公表されるので、国民は、行政機関が何故当該意見を取り入れなかったのか、外部から観察することができる。国民には、この理由付けが適正・妥当なものであるのかどうかを検討する機会が付与されたといえる。そしてそもそも、提出した意見が行政機関に

第1節　公益確保の仕組みの実例　　207

よって実際に考慮されたのかどうかをチェックする機会が保障されたといえる。従来から利害関係者からの意見書提出という実務は存在しているが、提出意見に対する検討経過または採用結果または不採用理由を、このように公表することは少なかったのではないか。運用の仕方によりこの制度は、誰がどのような意見を提出しそれがどのように作用したのかを、一般市民や第三者は、外部から観察することができる。この点は、当事者しか分からない水面下の交渉や陳情などと大きく異なる点である。

　以上のように、国のパブリック・コメント手続は、市民参加手続の一種であるが、プロセスにおける情報流通に着目していうと、それは規制に係る行政立法の制定に当たり市民と行政機関との間で比較的充実した双方向のコミュニケーションを図る仕組みである。すなわち、市民と行政機関との間で行われる意見・情報の交換の過程である。行政機関は原案や関連資料を公表し、これに対し市民はコメントを提出し、これに応えて行政機関はコメント採択結果や不採択理由を回答するという相互交換の過程である。この過程は、1回（正確にいうと1回半）で完結する。市民と行政機関との間で1回（正確にいうと1回半）、双方向の意見・情報の交換が行われる。

2　滋賀県の県民政策コメント制度

　滋賀県では、1998年、「滋賀県行政改革委員会」が新たな行政改革の取り組みについて『報告』をまとめ、その中で、「基本的な構想・計画」や「県民の権利義務に関わる新たな制度」を策定するためのパブリック・コメント制度を創設するよう検討すべきであると提言した。これを受けて滋賀県が策定した『滋賀県行政改革大綱』は、「県民とのパートナーシップで築く活力ある県政」という基本理念を打ち出すとともに、パブリック・コメント制度を導入することを宣言した。これとは別に、1999年「滋賀県分権型社会を考える懇話会」も、住民参加の多様な手法について議論を深めるべきであるとの報告書を提出した。そして、これを受けて策定された

---

10)　滋賀県行政改革委員会『滋賀県行政改革委員会報告』6頁、16頁（1998）。
11)　滋賀県『滋賀県行政改革大綱——県民とのパートナーシップで築く活力ある県政』6頁、32頁（1998）。

『滋賀県地方分権推進指針』も、パブリック・コメント制度を導入することを謳った。[13]

滋賀県のパブリック・コメント制度は、正式名称を「県民政策コメント制度」というが、手続の流れを見てみると、次のようである[14]。県の執行部局（実施機関）が基本的な計画または基本的条例案もしくは県民の権利を制限しもしくは義務を課す条例案の原案を作成する。この原案は、その「趣旨・目的・背景」その他関連資料等とともに公表する。そして1か月程度の期間、県民は原案について意見や情報を提出することができる。実施機関は提出された意見・情報を必ず検討する。実施機関が最終決定した後、計画や条例案とともに、提出された意見に対する県の考え方を公表する。このように県民政策コメント制度は、県の重要政策について県民から提出された意見・情報を最終的な政策内容に反映させようとする県民参加のための制度である[15]。

滋賀県の県民政策コメント制度は、行政計画の策定や基本的条例案の策定過程に県民参加の公式的で一般的な道を開いた。特徴的なのは、国のパブリック・コメント制度の対象とは異なる行政の意思表示を制度対象にしていることである。第1に、県の一定範囲の計画である。基本的計画に限っているとはいえ、この制度は、市民参加を旨とする計画策定手続を一般的に制度化したものと位置づけることができる[16]。

---

12) 滋賀県分権型社会を考える懇話会『滋賀県分権型社会を考える懇話会報告』8頁（1999）。
13) 滋賀県『滋賀県地方分権推進指針──「自立と協働」を基調とした分権型社会の創造』7頁（1999）。
14) 滋賀県の県民政策コメント制度については、谷畑英吾「創造型行革に向けて〈滋賀県民政策コメント（パブリック・コメント）制度の導入〉」地方自治職員研修453号68頁が詳しい。手続の流れについては、原案段階のものについてであるが、以下参照。URL＝http://www.pref.shiga.jp/public/public.htm および http://www.pref.shiga.jp/public/shiryo.htm #2
15) 県民政策コメント制度の導入に当たってもパブリック・コメント手続が行われた。滋賀県は「滋賀県パブリック・コメント制度に関する要綱（案）」を公表して、これについての意見・情報の募集を行った。県民等11人から48の意見が出され、それらを検討した結果、いくつかの修正を加えて制度の最終的な内容を確定した。提出された意見については、それをどのように取り入れたのか、あるいは何故取り入れなかったのかについて「滋賀県の考え方」を公表した。

第1節　公益確保の仕組みの実例　209

　第2に、執行部提案の一定の条例案を対象にしていることも大きな特色である。県行政に係る基本方針や県民に義務を課しもしくは権利を制限する条例に限っているが、これらを知事部局などの執行部が提案する際、その条例案についてパブリック・コメント手続を行うわけである。このことは条例制定過程に市民参加の手続をセットしたものと評することができる。
　滋賀県の県民政策コメント制度は、対象の点で特異な意義を持つが、手続の具体的内容は、以下のように、国のパブリック・コメント制度と類似している。
　第1に、意見提出資格者の範囲は「県民等」となっており、滋賀県民一般に限らず、有識者やその他の利害関係人さらには意見・情報を提出する意思を有する者もしくは団体も含まれる。滋賀県民以外でも意見提出意思のある者は広く意見を提出する資格があるといえる。ここでは、国のパブリック・コメント制度同様、意見提出資格者の範囲は極めて広い。
　第2に、県民政策コメント制度は、意思決定過程情報について行政機関に相当広範な情報提供の努力義務を課している。原案の「趣旨・目的・背景」、根拠法令、上位計画、規制影響分析等の関連資料、さらには原案立案に際して整理した論点を公表するよう努めなければならないとしている。この最後の点は、国の制度より一歩踏み込んだものである。
　第3に、行政機関は、県民から提出された意見を必ず考慮して基本計画や基本的条例の案を作成すべきこととなっている。考慮責務の定めである。
　第4に、滋賀県の制度では、原案や関係資料は、必ず、県庁県民情報室やインターネットのホームページで公表されることになっている。案件の如何を問わずこれらの公表方法が常に用いられる。
　第5に、実施機関は提出された意見に対する考え方を整理しこれを公表することになっている。つまり意見採択結果および不採択理由を明らかにすることになっている。説明責務である。
　滋賀県の県民政策コメント制度は、以上のような市民参加の手続である

---

16)　従来の類似の計画策定手続と決定的に違う点は、この制度が、提出された意見を行政機関が必ず考慮しなければならないという責務を課していること、最終決定に至る理由付けを公表するという説明責務を課していることである。

が、それは、国の制度と同様、基本的計画・基本的条例案等の策定に当たり市民と行政機関との間で比較的充実した1回（正確にいえば1回半）的な双方向のコミュニケーションを図る仕組みである。

3 福岡県行政手続条例10条の協議会制度

福岡県は、許認可に際し組織横断的な総合行政の実現を目指して、行政機関、許認可申請者、対立する利害関係人の3者が相互に情報・意見を交換し、それぞれの立場を認識しあえる「協議会」手続を行政手続条例によって導入した。[17] それは新たな発想による情報収集及び社会的利害調整の仕組みである。

「協議会」手続の概要とその流れは以下の通りである。[18] 申請に対する処分を行う際、申請者以外の者の利害を考慮すべきことが法令上要求されているとき、行政庁は協議会方式を用いることができる。協議会は、許認可申請者、許認可等に関する利害関係人、及び行政庁の職員で構成される。これら協議会構成員が、第三者の利害も考慮する必要のある許認可について次のような手順で協議する。第1回協議会で、オリエンテーションを行い、主務課が協議会進行方法や誠実審議の原則、協議会方式の利点について説明し、関係課は審査基準、論点等を説明する。第2回協議会では、各構成員がそれぞれ自己の意見表明を行う。第3回目以降数回にわたり構成員間で協議を繰り返し、論点整理や相違点の絞り込みを行い、また構成員たる行政庁の心証を開示する。このようにして利害調整を行い、最終的に協議がまとまれば協議書を作成する。そして、協議書を基礎にして、行政庁は自らの責任で最終的な許認可の決定を下す。

この福岡県条例の協議会手続の特色は以下のとおりである。[19]

---

17) 宮崎宏「福岡県行政手続条例第10条について」自治研究72巻9号103頁（1996）、平田百合「福岡県行政手続条例」時の法令1522号68頁（1996）。

18) 福岡県『行政手続に関する事務の手引き』33頁（1996）参照。

19) 福岡県行政手続条例10条の協議会手続に関する検討として、室井力・紙野健二編著『地方自治体と行政手続』180頁以下［榊原秀訓執筆］（新日本法規出版・1996）、南博方・高橋滋編『注釈行政手続法』416頁［荏原明則執筆］（第一法規・2000）、高橋滋「地方行政における行政手続の定着と発展」『成田頼明先生古稀記念　政策実現と行政法』377頁（有斐閣・1998）、塩野宏・髙木光『条解行政手続法』379頁（弘文堂・2000）等がある。

第1に、協議会参加資格者の範囲を原告適格を有する者よりも広く設定している[20]。抗告訴訟の原告適格が認められる「法律上の利益」を持たない者でも、法令上許認可の考慮要素となっている一般的利益を有する限り、協議会に参加することができる。多数人に共通する利益については適正代表者が当該利益を代表して協議に臨む。

第2に、行政庁職員も協議会構成員の一人となる。協議会において行政庁職員は申請者以外の利益あるいは関連する公益を代弁することになる。もちろん行政庁は当該案件に関する法律問題に関する情報、たとえば審査基準や要考慮要素なども提供する。

第3に、協議会方式採用の際および実際の協議会の場で、様々な行政情報が提供される。まず、協議会を行おうとするとき、協議会の趣旨、許認可の申請の概要、主要議題事項などを告示することになっている。そして、第1回協議会の場では、前述のように、オリエンテーションが行われ、行政庁側から、協議会進行方法、協議の注意事項、協議会方式のメリット、審査基準、論点などが説明される。注目すべきは、協議のルールやマナーや目標などについて教育や学習がなされることである。第2回協議会以降においては、各構成員が意見を表明するが、協議会構成員たる行政庁職員は、これら意見に対して心証を開示する。

第4に、行政庁は、協議会参加者から出された意見や情報を考慮することになっている。福岡県行政手続条例施行規則4条1項は、協議会が処分を行うのではなく、あくまでも行政庁が行うことを確認的に規定しているが、「処分に当たっては協議の結果得られた情報を参考とし、考慮する」としており、行政庁に考慮責務が課されていると言えよう。また、協議会に構成員として参加する行政庁職員も、協議会の場で心証を開示するが、その際には申請者や利害関係第三者等の協議会構成員の意見を考慮するこ

---

20) 原告適格に関する最近の論考として、小早川光郎「抗告訴訟と法律上の利益・覚え書き」『成田頼明先生古稀記念政策実現と行政法』43頁（有斐閣・1998）、藤田宙靖「許可処分と第三者の『法律上保護された利益』」『塩野宏先生古稀記念行政法の発展と変革下巻』（有斐閣・2001）、阿部泰隆「原告適格判例理論の再検討(上)(下)」判例時報1743号163頁、1746号180頁（2001）を挙げておく。

とが普通であろう。

　第5に、一定範囲で理由付記義務が課されている。協議会の協議がまとまった場合、協議書が作成される。逆に協議がまとまらなかった場合、理由書が作成される。これら協議書、理由書を参考に、行政庁は最終的決定を下すわけであるが、その際、いくつかの対応があり得る。第1に、申請どおりの許認可の決定である。第2に、附款を付した許認可決定である。第3に、許認可の一部もしくは全部拒否である。第4に、協定等の行政契約である。これらのうち、第2、第3の場合について、福岡県行政手続条例8条1項が理由提示義務を課している。第1や第4の場合には、こうした理由提示義務は課されていない。しかし、こうした場合でも、申請者以外の協議会参加者の意見に対する行政庁職員の考え方が、「心証開示」という形で、協議会内で表明され、少なくともその要旨が議事録にも記載される。それゆえ、全体としてみると、一定範囲で協議会参加者の意見に対する行政庁側の考え方が表明される、つまり説明責務が課されていると考えてよかろう。

　以上のように、福岡県の協議会制度は、複効的行政処分への利害関係者参加手続であるが、それは許認可申請者と行政庁間だけではなく、許認可申請者——利害関係第三者——行政庁間で複数回の双方向または多方向のコミュニケーションが行われる過程である。

第2節　比較法——分析の基礎

　前節で見た三つの仕組みは、いずれもアメリカ法を起源の一つとするものである。国のパブリック・コメント手続の前身として、1983年に第1次行政手続法研究会が公表した法律案要綱（案）の中の命令制定手続は、アメリカ合衆国連邦行政手続法所定の規則制定手続を参考にしたものであった。法律案要綱（案）を参考にした1999年の国のパブリック・コメント制度には、アメリカ法の片鱗が見られる。また、滋賀県の制度は、手続面で、基本的に国の制度を踏襲しており、ここにもアメリカ法の影響を垣間見ることができる。さらに福岡県の制度は、明らかにアメリカのReg-Neg

（レグネグ）制度を基礎にしたものといえる。そこで、これら三つの制度の意義を検討するため、アメリカ法との比較を試みてみよう。パブリック・コメント手続にせよ、Reg-Neg 手続にせよ、アメリカ法においてはいずれも行政立法制定のための手続であるので、まず、アメリカの行政立法手続を簡単に紹介する。続いて、行政立法手続も含めた行政過程を理解し評価する理論をいくつか紹介する。

1 アメリカ合衆国の行政立法手続

アメリカの連邦行政手続法[21]は、行政立法の制定について複数の手続を用意している。略式規則制定手続（informal rulemaking procedure）及び正式規則制定手続（formal rulemaking procedure）等である[22]。前者は、通常用いられる手続であり、行政機関が原案を作成してこれを公告し、利害関係人がこれについて意見・情報を提出し、行政機関はこれら意見・情報を検討して最終的な規則を確定し、規則制定の簡潔な理由とともに最終規則を公表するというものである。このように公告と意見書提出を軸とした手続なので、公告・意見提出手続（notice-and-comment rulemaking procedure）とも呼ばれる。一方、正式規則制定手続は、事実審型聴聞を組み込んだ裁判審理類似の手続で、慎重かつ厳格な手続である。

略式規則制定手続は、比較的簡略な手続であったため、この手続によっては、環境利益や消費者利益など、未組織、未代表の利益が軽視されがちであるとの批判が捲きおこり、1960年代後半以降、これらの利益にも十分配慮できるようより慎重で充実した手続を導入すべきであるとの大きな声が上がった。議会や裁判所はこうした声に動かされ、事実審型聴聞の要素

---

21) アメリカ合衆国の連邦行政手続法の条文構造については中川丈久『行政手続と行政指導』69頁以下（有斐閣・2000）、各種手続形式については同書74頁以下、307頁、309頁参照。

22) 規則制定手続については、古城誠「規則制定と行政手続法（APA）——規則制定手続および司法審査の変容」藤倉皓一郎編集代表『英米法論集』225頁（東京大学出版会・1987）、宇賀克也『アメリカ行政法（第2版）』66頁以下（弘文堂・2000）。

23) Stephen Williams, *"Hybrid Rulemaking" under the Administrative Procedure Act: A Legal and Empirical Analysis*, 42 U. CHI. L. REV. 401, 418 (1975) 参照。

を部分的に取り入れた手続の導入を図った。混成的規則制定手続（hybrid rulemaking procedure）[23]や書面聴聞手続（paper hearing procedure）[24]等がそれである。これらは、単純化すると、略式規則制定手続と正式規則制定手続との中間形態である。

略式規則制定手続をより正式化するこれらの試みは、利害関係者の参加の度合いを高める効果をもたらす反面、規則制定過程を硬直化させた[25]。より慎重でより厳格な手続であるため、かえって非効率でコストがかかることとなった。こうした事態を打開する方策としてもっとも期待されたのが、ADRの一手法として従来から用いられていた協議会方式である[26]。いくつかの行政機関で協議会方式が実験的に利用され一定の成果が見られたので、1990年「交渉による規則制定に関する法律（Negotiated Rulemaking Act）」通称 Reg-Neg 法が制定された[27]。

Reg-Neg の過程を要約すると[28]、利害関係を有するものの代表者を20名程度自薦・他薦で募って協議会の場を設け、そこでコンセンサスを目指して協議・交渉を行い、規則の素案を作成するというものである。行政機関を代表してその職員が協議会にメンバーとして加わるが、この行政職員は、

---

24) paper hearing については、Richard Stewart, *The Development of Administrative and Quasi-Constitutional Law in Judicial Review of Environmental Decisionmaking: Lessons from the Clean Air Act*, 62 IOWA L. REV. 713, 731 (1977) 参照。

25) Thomas O. McGarity, *Some Thoughts on "Deossifying" the Rulemaking Process*, 41 DUKE L. J. 1385 (1992); Richard L. Pierce, Jr., *Seven Ways to Deossify Agency Rulemaking*, 41 ADMIN. L. REV. 59 (1995). なお、前記の McGarity の論文については、紙野健二「論文紹介——Thomas O. McGarity, *Some Thoughts on "Deossifying" the Rulemaking Process*, 41 DUKE L. J. 1385-1462 (1992)」アメリカ法1994年1号91頁がある。

26) 協議会方式の導入を高唱しまたその条件を提言したのが、Philip J. Hater, *Negotiating Regulations: A Cure for Malaise*, 71 GEO L. J. 1 (1982); Henry H. Perritt, *Negotiated Rulemaking Before Federal Agencies: Evaluation of Recommendations by the Administrative Conference of the United States*, 74 GEO. L. J. 1625 (1986) である。

27) 本法については、本書第10章、比山節男「アメリカ合衆国規則制定協議法逐条論点解説」大阪経済法科大学法学論集34号61頁（1995）参照。

28) ADMINISTRATIVE CONFERENCE OF THE UNITED STATES, OFFICE OF THE CHAIRMAN, NEGOTIATED RULEMAKING SOURCEBOOK (1995) は、Reg-Neg 手続に関する重要情報を収録している。Reg-Neg 手続の概要については、本書第9章第2節以下、第10章第3節参照。

協議会の指揮者でも統率者でもなく、他のメンバーと対等な地位にしかない。協議・交渉に先立って協議・交渉のマナーやこの方式の利点についてオリエンテーションが行われる。その後、協議会の会合が何回か開かれ、メンバー間で協議・交渉が行われる。

2 行政の意思決定過程に関する四つの理論[29]

アメリカ合衆国の各種の行政決定の過程や帰結をどのように理解・評価すべきかについて、いくつかの理論モデルが提示されている。いずれも、現実の行政過程を説明する記述的側面と、現状が抱える問題点を解決する処方箋を示した規範的側面からなっている。以下、代表的な理論を紹介する。

(1) 多元主義理論[30]

1950年代に開花した伝統的多元主義理論によると、私的当事者が自らの私的な利益の保護を行政機関に迫るとき、組織的利益集団を形成し、それぞれに最も都合の良い政策の実現を求め、利益集団相互で競争を繰り広げ、これに応じて行政機関は競合集団間での妥協を図る、という。つまり行政機関の判断は、利益集団による競争の均衡を反映している。何らかの個別利益を優遇するのではなく、一切の関連利益の最適均衡を反映する行政決定が望ましいものとされる。同時に、多数の関係者が参加して同等の条件で競争する行政制度こそ最も公益に資するという。

(2) 公共選択論[31]

公共選択論は、市場による意思決定との類比で行政による意思決定を捉

---

29) 本文で以下に紹介する諸理論については、既に、村松直子「『交渉による規則制定に関する法律』とアメリカ合衆国における規制理論㈠㈡・完」法学論叢145巻4号57頁、147巻4号60頁（1999・2000）が明晰な検討を行っている。また、諸理論の詳細については、Steven P. Croley, *Theories of Regulation: Incorporating the Administrative Process*, 98 COLUM. L. REV. 1 (1998) 参照。

30) 多元主義理論を提唱するものとして、ROBERT A. DAHL, WHO GOVERNS? DEMOCRACY AND POWER IN AN AMERICAN CITY (1961); EARL LATHAM, THE GROUP BASIS OF POLITICS: A STUDY IN BASING-POINT LEGISLATION (1952) が有名である。

31) 政治過程の経済理論については、ANTHONY DOWNS, AN ECONOMIC THEORY OF DEMOCRACY (1957)、行政規制の経済理論については、George J. Stigler, *The Theory of*

える。行政制度は、関連するアクターが、通常の経済財の需要と供給を規律する原理と同様の原理に従って、規制「財」を交換する仕組みであるという。一般市民が有利な規制「財」を求める費用は便益に比して大きいので、大多数の市民には有利な規制「財」を求めるインセンティブが欠けている。他方で、組織的利益が自らに都合の良い規制「財」を求めるときの便益は、相対的に大きく費用に見合うものなので、規制「財」に関する市場は、全体として、特殊利益に根ざした組織的集団に有利に働く。つまり有利な規制を求める十分組織化された利益集団は、行政過程に最もよくアクセスできる。このようにして少数の者のみが行政の政策決定に参加する。行政過程では、主として組織的利益による要求とこれに対する行政側応答という情報のみが流通する。行政決定はなるべく外部的な統制に服すべきではないので、司法審査も行政決定を相当尊重すべきことになる。[32]ともあれ、公共選択論によると、行政過程では、組織的利益集団という少数者が利得することになる。

（3）　**新多元主義論**[33]　　新多元主義論によると、行政規制の内容は、利益集団の圧力の結果決まるという。それは、競合する集団間の競争的均衡を反映している。行政機関は、私的集団の選好や要求を総合する役割を果たし、したがって行政決定過程において中心的な位置を占めている。利益集団間の競争はしばしば組織的利益に都合のよい非対称的な結果を生むが、利益集団の競争は十分多元的で、組織された少数者の利益が多数者の利益より過度に優先されることにはならないという。この点については、とりわけ公益代表集団の存在が大きい。ある種の利益集団の影響力が過度にならないようにするため、行政の意思決定過程をうまく改革すればよいという。そこで、行政によって十分代表されていない利益を保護することを心

Economic Regulation, 2 BELL J. ECON. & MGMT. SCI. 3 (1971); George J. Stigler, *Free Riders and Collective Action: An Appendix to Theories of Economic Regulation,* 5 BELL J. ECON. & MGMT. SCI. 359 (1974) 参照。

32)　しかし、宇佐美誠「利益集団民主制下の公的規制」公法研究60号191頁（1998）は、公共選択論は公的規制に関する法律の違憲判断を積極化する一つの根拠を与えるという。

33)　新多元主義論の基本的文献として、Gary S. Becker, *A Theory of Competition Among Pressure Groups for Political Influence,* 98 Q. J. ECON. 371 (1983) がある。

がけるべきであるし、行政過程への参加を促進する改革が必要であるという。

新多元主義論からすると、行政の意思決定は情報が十分豊かな環境のもとで行われるべきことになる。行政機関には、多数の関係者の利益に関する情報を収集する機会が与えられている必要がある。また行政機関が競合集団間で妥協を図るので、決定過程では、行政機関と利益集団間及び利益集団相互間で情報交換が認められる必要がある。そこで、情報は、多数の利益集団から行政機関に流れるし、またその逆の流れもあり、双方向の情報交換が行われる。

新多元主義論によると、多数の利益が行政機関により適正に考慮されるよう、行政機関による意思決定は監督されるべきである。そこで、裁判所による監督も、一切の関係利益が行政決定策定過程に参加を認められたかどうか、及びこれら関係利益が現実に考慮されたかどうかに焦点を当てるべきであるという。[34]

（4） 公民的共和制論[35]

公民的共和制論によると、行政機関による意思決定は、広く共有された価値ないし公共善（それは決して私的利益や選好の総和ではない）を実現することができるし、そうすべきであるし、現にある程度実現しているという。行政上の政策や優先順位についての判断は、一切の利害関係当事者間の対話や討議の過程を経て行われ、この過程において適切な方針について大まかなコンセンサスが得られるという。この討議過程は、多様な利害に広く開かれていなければならず、また参加者にコミュニケーションの機会を提供しなければならない。この討議過程の参加者は、単に自己の利己的関心

---

[34] この理を最も明確に主張するものに、Richard B. Stewart, *The Reformation of American Administrative Law,* 88 HARV. L. REV. 1667 (1975) がある。

[35] 公民的共和制論を提唱する文献として、CASS, R. SUNSTEIN, AFTER THE RIGHTS REVOLUTION: RECONCEIVING THE REGULATORY STATE (1990); Robert B. Reich, *Public Administration and Public Deliberation: An Interpretative Essay,* 94 YALE L. J. 1617 (1987); Mark Seidenfeld, *A Civic Republican Justification for the Bureaucratic State,* 105 HARV. L. REV. 1511 (1992) 等がある。

[36] Steve Kelman, *Adversary and Cooperationalist Institutions for Conflict Resolution in Public Policy Making,* 11 J. POL'Y ANAL. & MGMT. 178 (1982).

を主張するだけではなく、虚心坦懐に、公共心をもってコミュニティー全体のより広範な利益を主張する[36)]。行政機関は、この討議過程の重要な一構成員である。そして多様な私的当事者間の利益調整者としての役割を果たすという。

当然、競合する価値について多様な参加者間で多面的な情報の交換が行われる。それは単に、行政機関と利益集団との間で行われるだけではない。利益集団相互間でも行われる。

行政規制の価値や優先順位を明らかにするため、あるいは対話や討議を促進するため、外部的な監督が意味を持つ。そのため、裁判所は、関連利益に発言機会を確保するだけでは足りない。競合する諸価値の間で適切なトレードオフとは何かについて関係者全員がした判断を行政機関が反映するよう司法審査を行う必要がある。

第3節　分析枠組

以上の諸理論は、それぞれアメリカの行政過程がどのように働いているかまた働くべきかについて、それぞれ説得的である。しかし、どれをとっても、一面の真理を突いているとはいえ、様々な批判にさらされており、アメリカの行政過程とその帰結を正確に説明し切れていないと言われている。ここでは、これらの理論の内在的問題点や現実説明能力の質や程度を問題にするつもりはない。これらの理論にはアメリカ行政法を分析する際の視角やヒントが含まれていると見られ、むしろそうした視角やヒントに注目したい。そして、これら視角やヒントが日本法の分析にも役立つと思われる。以下、アメリカ合衆国の理論モデルから、アメリカ法だけではなく、日本法の分析検討にも有用な分析枠組や視座を抽出してみよう。

1　手続参加者の範囲と特徴

行政決定の諸理論は、行政過程に参加・関与する者としてどのような者を想定しているであろうか。これらの理論は、手続参加者として想定する者の範囲の点で相違している。公共選択論によると、行政過程関与者は少

数であり、組織化された利益集団こそが参加者の中心である。特に、被規制者やその団体が、影響力の大きい参加者として想定されている。これに対し、多元主義論、新多元主義論、公民的共和制論では、多数の関係者が参加しているしまた参加すべきこととなっている。ただ、細かく見るとその範囲は微妙に異なっている。多元主義論によると、行政過程参加者はいずれにしても利益集団が中心である。したがって、たとえば組織されていない利益の保持者やその代表者の参加は想定されない。これに対し、新多元主義論では、未組織、未代表の利益の保持者・代弁者についても明確に参加資格があるとする。公民的共和制論においても、参加資格者の範囲は同様に広い。

さて、行政過程参加資格者が主張する実体的な利益はどのような性質を持つのか。まず、公共選択論が中心的参加者として想定する被規制者は、関連法規が保護する利益や基本的自由・権利を有するといえよう。これに対し、新多元主義論が参加資格を肯定する未組織利益とは、たとえば環境価値・一般的消費者利益等を指すので、関連法規がそれらの利益を全体として何らかの程度保護しているのが普通であろう。そうすると、以上二つの利益はいずれにしても法が保護している利益といえる。違いは、①被規制者側の利益か、規制による受益者側の利益かどうか、②個人的利益として保護されているのか、それとも一般的・全体的利益として保護されているのかの違いである（以下、上記の一般的または全体的に保護された利益を「法的一般的利益」と呼ぶことにする）。

以上から二つの座標軸が抽出でき、行政規制に関係する利益を4種類に分類することができる。[37]第1の座標軸は、被規制者側の利益か、それとも規制受益者側の利益かというものである。第2のそれは、関連法規などの法が個人的利益として保護している利益かどうかというものである。そこで、a 被規制者の法的に保護された個人的利益、b 規制受益者の法的に保

---

37) 以下の分類において、各類型が他とは独立して存在することを念頭に置いているような印象を与えるかもしれない。しかし関連法令の解釈や利益状況によっては、具体のケースが複数の類型のいずれにも該当するということも生じよう。なお、有名なジュース訴訟最高裁判決（最判昭和53年3月14日民集32巻2号211頁）は、権利主体の個人的利益

護された個人的利益、c 被規制者の一般的に保護された利益、d 規制受益者の一般的に保護された利益の四つがある。[38]

　また、当然のことであるが、手続参加者が保護を求める利益について分類するとき、関連法規などがこれを保護しているかどうかという観点も見過ごしてはならない。上に見た4類型は、個別的にせよ一般的にせよ、いずれも何らかの形で法が保護している利益すなわち法益であるが、これ以外の利益も存在する。法によって、個別的にも一般的にも保護されていない利益がある。こうした利益も、法益と同様、前に見た二つの座標軸によって四つに分類できる。ⅰ被規制者の個人的利益で法的に保護されていないもの、ⅱ規制受益者の個人的利益で法的に保護されていないもの、ⅲ被規制者側の一般的利益で法的に保護されていないもの、ⅳ規制受益者側の一般的利益で法的に保護されていないものである。

　なお、規制受益者は行政規制の結果何らかの利益を得る者を広く指すとすると、市民一般、国民一般は常に規制受益者ということになるが、規制受益者の概念をそこまで広く捉えない考え方もあり得る。たとえば、行政規制により直接受益する者のみ、または行政規制が第1次的に保護しようとする者のみを規制受益者と考えると、行政規制から間接的もしくは2次的にしか便益を受けない者は、規制受益者ではなくなる。こうした一般第三者の存在も忘れてはならない。

　　　　と、公益の実現を目的とした制約の結果受ける利益とは範疇的に異なるものと位置づけていたが、長沼ナイキ基地訴訟最高裁判決（最判昭和57年9月9日民集36巻9号1679頁）は、森林法が一般的公益ないしは不特定多数者の生活利益の保護と同時に一定範囲の者の生活利益を個人的利益としても保護しているとする。不特定多数者の具体的利益を公益としてだけではなく個々人の個別的利益として捉えることができる場合があることについて、新潟国際空港訴訟最高裁判決（最判平成元年2月17日民集43巻2号56頁）、もんじゅ訴訟最高裁判決（最判平成4年9月22日民集46巻6号571頁）等参照。

38）　被規制者の利益で法によって保護される一般利益というものが存在するかもしれないが、仮に存在しても、それを特別に取り上げる実益はあまり大きくないのではないか。というのは、被規制者は通常法が保護した個人的利益を有しているからである。ここで、特に取り上げる必要があるのは、規制受益者が持つ法的に保護された個人的利益である。この類型についてアメリカの諸理論は明確に論じていないように思われる。ただ、アメリカの行政法学はこうした利益の存在を認めており、法律上保護された利益の一種として取り扱っている。

さて、公民的共和制論によると、行政機関が後援する討議過程に参加する者は、単に自己の利己的関心を主張するだけではなく、虚心坦懐に、公共心をもってコミュニティー全体のより広範な利益を主張しているし、またそうすべきであるという。ここには、手続参加者と、利益保有者ないし利益帰属者との分離が見られる。つまり、仮にコミュニティー全体に通ずる利益が存在し、またこれを保有する者が存在するとしても、この種の利益をその保有者しか主張できないとは考えていないのである。個人的経済的利益しか有さない者でも、「公益」の保護を主張できるわけである。これに対し、その他の理論によると、利益保有者と利益保護を主張する者とは、基本的に一致している。たとえば、公共選択論によると、各種の利益集団は、自己の私的利益の保護を主張して参加するだけである。それはともかく、手続参加者は、自身で、何らかの実体的利益（「公益」であれ私益であれ、法益であれ事実上の利益であれ）を有している者であることが普通であろうが、利益保有者以外の者が参加者になることもあり得ることを確認しておこう。したがって、被規制者が公共善の保護を主張して参加したり、被規制者でも規制受益者でもない第三者が公益の保護を求めて参加したりすることも出てくる[39]。

2 参加形態

以上に見た、各類型の参加者はどのような形の参加を行うのであろうか。諸理論を参考にすると、大別して2種類の参加方式があることが分かる[40]。

---

39) なお、小早川前掲注20）論文52頁は、処分によって害される原告の利益が法的保護利益とは解されないけれども、関連法令が保護している公益と同視されるような抽象的・一般的・平均的利益ではなく、しかも当該公益と密接な関係にある場合、抗告訴訟を提起する法律上の利益と認めてよいのではないかとする。
40) 住民参加の諸形態については、さしあたり、阿部前掲注9）書541頁以下、551頁以下参照。また、住民参加の多様なメニューについては、植松治代・畠山武道・福士明「住民参加の類型と手法」北海道自治研修所編『すすめよう住民参加』31頁（1996）、及び同書第2部参照。池田敏雄「まちづくり条例と住民参加」関西大学法学論集44巻4・5号合併号1頁、8頁（1995）は、住民参加の詳細な類型論を提示しており、参考になる。また、廃棄物処理施設の設置に関連した住民参加の諸方式については、たとえば、村田哲夫「廃棄物処理施設と住民の参加」都市問題研究599号70頁（2000）参照。

第1に、行政機関への意見・情報提出型の参加である。第2に、参加者・関係者間の討議型もしくは協議型の参加である。

　細かく見ると、これら2種類の方式のそれぞれには、さらにいくつかのバリエーションがある。まず、意見・情報提出型の参加形態には、参加者から意見・情報を提出するだけのものがある。意見・情報の一方的提出である。第2に、提出された意見・情報を行政機関が考慮する責務を負う方式がある。第3に、考慮責務に加えてさらに応答責任ないしは説明責任を負う方式がある。この方式は、参加者が提出した意見・情報に行政機関が応答することから、参加者と行政機関とで意見交換ないしはコミュニケーションが行われることになる。こうしたコミュニケーションが1回で終わることもあれば、複数回にわたることもあり得る。意見交換が複数回に上るのが第4の方式である。以上、いずれにしても、これらの類型に共通する点は、参加者相互間での意見交換や討議過程が無いことである。コミュニケーションが行われるとしても、それは、各参加者（各利益）と行政機関との間で別々に行われるに過ぎない。

　次に、協議型の参加方式には、協議過程に行政機関の意向を代弁する者が参加するかどうかで二つの態様があり得る。第1に、行政機関の立場を代弁する職員が協議会ないし討議過程の一当事者として他の参加者と同等の立場で参加する形態がある。第2に、行政機関の職員が協議会メンバーに加わらない方式がある。いずれにしても、参加者相互の多面的な意見交換や討議が行われ、利害調整が行われる。当然、意見交換は、複数回に及ぶことが普通である。

3　流通情報

　諸理論は、市民参加の過程でどのような情報が流通すると考えているであろうか。まず、各参加者がどのような情報を行政機関に提出するかについて、諸理論が説くところを見てみよう。公共選択論では、組織的利益集団の要求つまりは彼らの利益に関する情報が、行政機関に対して伝達される。同様に、新多元主義論によると、多様な利益集団それぞれが目指す規制目標に関する情報が伝達される。公民的共和制論によると、参加者間の

相互譲歩を引き出す情報や、競合する規制価値、さらには規制結果を評価する基準などが発信される。このように、自己の私的な都合や利益から、より公共的な価値や目標に至るまで、参加者は様々な情報を参加過程に投入する。

次に、行政機関から発信される情報についてはどうであろうか。公共選択論は、行政機関から決定の帰結についての情報がもたらされるという。新多元主義論は、諸利益の妥協案に関する情報が行政機関から発されるという。最後に、公民的共和制論は、規制結果を評価する基準や代替策などが行政機関から発信されるという。これらの指摘を参考にすると、行政機関から提供される情報には、最終決定に係る様々な情報があることが分かる。それゆえ、規制影響分析や、代替案、妥協案ないし妥協の方法、さらには法的な評価基準つまりは関連法規などが、行政機関から提供されるべき情報のリストに含まれることになる。

4　公益論[41]

行政活動や行政過程に関する理論は行政決定に関連する「公益」についてどのように考えているであろうか。これらの理論を通覧すると、そこには「公益」についていくつかの異なる理解が見られる。ただ、どの理論も、行政活動の終局的目的の一つを「公益」の確保とする点では、基本的に一

---

41)　行政法学からの「公益」または「公共性」に関する分析、検討については、『公法研究』54号所収の「公法における公共性」に係る諸論考を参照。特に、宮崎良夫「行政法における公益」公法研究128頁（1992）が本稿の分析にとって示唆的である。また、安達和志「西ドイツ行政法における『公益』論研究序説(上)・(下)」自治研究59巻9号79頁、同12号110頁（1983）からも大きな示唆を受けた。

　公益論、公共性論について、室井力教授を中心とする「公共性分析」の方法論的主張が傾聴に値する。室井力「国家の公共性とその法的基準」室井・原野・福家・浜川編『現代国家の公共性分析』3頁（日本評論社・1990）、および、同書に収録された諸論考、ならびに法律時報63巻11号（1991）の「現代国家における公共性」特集に係る諸論考、特に、浜川清「公法学における公共性分析の意義と課題」法律時報63巻11号6頁（1991）参照。「公共性分析」論には、行政決定に関連する権利利益を洗い出し、それらの間の価値序列を体系化し、行政決定を実体的にも手続的にも公共性にかなったものにしてゆくべきであるという発想があるが、そこに見られる価値論、権利論、法的基準論が必須であるとの指摘を参照すべきであろう。

致している。それはさておき、「公益」には、このように最終的・究極的な行政目標としてのそれと、この目標を達成する過程で関わってくるものとの２種類があることが分かる。[42] 新多元主義論が提唱している諸利益の均衡や、公民的共和制論が確保を目指す公共善や政治社会全体の共通利益等は、前者に属する。他方、環境利益や環境価値・消費者利益は、後者に属することが多いといえよう。さらに様々な社会集団、たとえば経済団体、労働組合の利益も、一般に後者に属すると考えられる。

次に、私的利益との関係で、「公益」には少なくとも三つの類型があり得ることが分かる。第１に、私的利益とはまったく隔絶したもの、あるいはそれを超越したものとしての「公益」がある。[43] 公共選択論がいう行政過程により偶然確保される「一般利益」や、公民的共和制論がいう「公共善」はまさにこの類型に当たる。第２に、多数の私人の利益としての「公益」がある。[44] 公共選択論がいう広範な利益、あるいは新多元主義論がいう未代表の利益が典型例である。これらの利益は、いずれの見解においても、行政が確保すべき最終目的たる利益ではない。最後に、私的な特殊利益としての公益がある。たとえば公共選択論によると、行政過程は、偏狭な利益を有する組織的集団を利するよう働くというが、これはまさにこの種の特殊利益が事実上「公益」とされているということを意味しよう。[45]

政治学、行政学方面での公益論に関して、足立幸男「政策評価における公益（Public Interest）概念の意義と役割」『日本政治学会年報　政策科学と政治学』51頁（岩波書店・1983）、水口憲人「行政と公益」室井・原野・福家・浜川編『現代国家の公共性分析』330頁（日本評論社・1990）等参照。

42) 日本でも学説上主張されている「潜在的に公的な利益」ないし「国家機関による優越性の承認を得ようとしている公的な利益」、いわゆる「かくれた公益」も、ここに位置づけることができよう。「かくれた公益」については、安達前掲注41)論文自治研究59巻11号117頁。

43) 私益に超越するとはいえ、そのことが必然的に私益に優越することになると考えているのかどうか、より精細な吟味が必要である。日本では、行政の公共性ないし公益が、私益にアプリオリに優越するという思考様式は妥当ではないということが、共通認識になりつつあるように思われる。宮崎前掲注41)論文151頁、水口前掲注41)論文349頁等。

44) なお、日本においても、「公益は私益の総和である」という主張がある。たとえば、兼子前掲注9)書105頁。

45) 日本でも、公益は私益の正当化手段であり、私益の別称であるという指摘もある。水口前掲注41)論文330頁。

さらに、その内容が予め確定されているかどうかで少なくとも２種類の「公益」がある。第１に、状況によって可変的な内容の「公益」がある。たとえば、新多元主義論は、行政決定の内容は競争集団間の競争的均衡を反映したものであるという。また、公民的共和論によると、行政機関が後援する討議過程から最終的に生じた結果は、多くの討議参加者から幅広い支持を得た妥協であり、参加者間のある種の均衡であるという。これらの言明は、結果として生じた諸利益の均衡を「公益」と言っているに等しい。[46] 諸利益間、諸集団間、多数参加者間の均衡状態は、関連利益、関係集団、参加者の如何によって変わってくる。それゆえ、これらの理論による「公益」は、実体的に予め内容が特定されているものではなく、望ましい手続の結果実現された状態のことを指す。こうした観念はまさに手続的「公益」観に通ずるものといえよう。第２に、以上とは異なり、その内容が実体的に予め特定できる「公益」がある。[47] すでに触れた広範な利益としての「公益」、多数人の利益としての「公益」、環境利益・環境価値などの未代表の利益という「公益」等である。

第４節　日本法の分析

以上のような、分析枠組を用いて、第１章で紹介した日本の制度の特徴を描き出してみよう。その際、参加資格者、参加形態、流通情報、公益論に着目したい。

第１に、国のパブリック・コメント制度についてであるが、参加資格者の範囲は際限なく広い。被規制者、規制受益者に限っていない。また、法

---

46) 私益の総合調整を離れて公正な「公益」判断はあり得ないという主張に見られる「公益」概念も、ここに位置づけることができよう。参照、兼子前掲注９）書105頁。

47) 英語圏では、public interest 概念について、手続的に理解する見解が、1950年代末から提示されていた。Frank J. Sorauf, *The Public Interest Reconsidered*, 19 J. POL. 639 (1957); Glendon Schubert, *Is There a Public Interest Theory?*, in THE PUBLIC INTEREST: NOMOS V (C. Friedrich ed. 1962). 日本においては、遠藤博也『計画行政法』48頁（学陽書房・1976）等参照。また、原野翹「行政の『公共性』と現代行政法の理論」公法研究54号155頁、159頁（1992）参照。

益を有する者、法的一般的利益を有する者以外の者でも、参加資格がある。単なる関心しかない者も参加できる。これらの者が、自己の利益や関係利益だけに限らず、自らが「公益」と信ずるものを主張することもできる。パブリック・コメントの過程で流通する情報は、比較的広範囲のものに及んでいる。行政規制の原案の趣旨・目的・背景は言うに及ばず、根拠法規や規制影響分析も場合によって公表されることがある。しかし、代替案、論点について公表義務は課されていない。情報は、参加者と行政機関との間でやりとりされるだけである。しかも、基本的に1往復半の流通で終わる。行政機関は、原案を発信し、これを受領した国民は、意見・情報を発信し、さらに行政機関は、提出された意見・情報について考慮しそれらを採択するかどうかについて判断し、採択した場合、原案を修正してこれを一般に発信し、採択しなかった場合、その理由を整理して一般に発信する。このように国のパブリック・コメント制度は、市民と行政機関との間で比較的充実した双方向のコミュニケーションを図る仕組みである。注意すべきは、こうしたコミュニケーションがあくまで参加者と行政機関間で行われるだけで、参加者相互間での情報流通は予定されていないことである。また、参加者間、参加者と行政間での濃密な協議や討議はない。

　第2に、滋賀県の県民政策コメント制度は、参加資格者を広く「県民等」としているのが特徴である。被規制者、権利者、法的一般的利益保有者以外の者の参加も認めている。実際、滋賀県民ではないが関心を有する者、たとえば学者・研究者等にも参加資格を認めている。参加過程に行政機関から提供される情報の種類は、国のパブリック・コメント制度におけるよりもさらに広がっている。注目されるのは、原案の論点についての情報及び代替案も公表するとしていることである。参加形態については基本的に国のパブリック・コメント制度におけるのと同様である。つまり、市民と行政機関との間で比較的充実した1回（正確にいえば1回半）の双方向のコミュニケーションを図る仕組みである。

　最後に、福岡県の協議会制度についてであるが、参加資格者の範囲は前二者と比べると限定されている。被規制者、権利者及び法的一般的利益を有する者までである。市民一般、県民一般まで広がってはいない。協議会

の過程では、様々な情報が行き交う。単に決定内容に関する情報だけにとどまらない。決定方法、決定手続に関する情報も提供される。協議会運営方法や協議会討議の原則に関する情報等がそれである。案件に関する実体的な情報としては、審査基準、論点等も説明される。実際の協議では、各メンバーはそれぞれ自己の利害について意見・情報を提出する。こうした協議を数回繰り返し、相違点の絞り込みや論点整理を行い、利害調整を行い、最終的に協議がまとまれば協議書を作成する。このように、意見・情報の交換は、複数回にわたり、しかも、行政機関自身も当事者の一人としてこの過程に関与する。許認可申請者、利害関係第三者、行政庁間で双方向または多方向の複数回の意見・情報交換が行われるといえよう。

　さて、以上のようなそれぞれの過程は「公益」との関係でどのように理解されるか。いずれの手続も、被規制者の利益、または組織的経済的利益のみが考慮され重視されるという事態から脱却することを狙っている。広く法的一般的利益まで現実に考慮されるべきことを目指した手続である。国のパブリック・コメント制度と、滋賀県の県民政策コメント制度は、さらにその他の未代表利益や未組織利益まで考慮することを目的としている。それだけではなく、事実上の利益も考慮の対象にはしている。このように、これらの手続は、各種の法益や利益をより広範に考慮するものとなっている。そして、最終的には、より適正妥当な意思決定すなわち公益の確保を目的としているが、ここでの公益は、少なくとも、以下の二つのいずれか

---

48) パブリック・コメント制度導入の効果として期待できることは、官庁クライエンタリズムの克服を挙げることができる。官庁クライエンタリズムについては、たとえば佐々木毅『政治学講義』224頁（東京大学出版会・1999）。従来、事業者団体、経済団体など組織的利益集団の声しか反映していない規制活動、行政活動が散見された。行政機関に顔が利く、もしくは行政機関と太いパイプがある組織や団体の声しか聞かなかったことも多かったのではないか。しかし、パブリック・コメント制度によって市民一般が意見を提出できるようになったので、これまで行政機関によって十分ケアされてこなかった利益や未組織の利益でも、行政機関の前に提出されることになる。また、パブリック・コメント制度において考慮実務が課されたので、これまで行政機関が十分ケアしてこなかった利益や未組織の利益でも、行政機関の面前に提出される限り、現実に考慮して最終決定を行う必要が出てきた。それゆえ、行政機関が一部の利益と癒着して決定を歪めたり、組織的利益の虜になって偏向したりすることは難しくなったといえよう。

もしくは両方と理解することができる。一つは、法的一般的利益も含め一切の関連利益が調整されたもの、または関連諸利益の均衡状態である。もう一つは、こうした関連諸利益の調整を超えた何らかの公共的価値の実現である[49]。

このように理解できるとすると、これらの手続が前提にする公益観と、従来の公益観とはいくつかの点で異なっている。関連諸利益の均衡状態が公益であるという理解との関係でいうと、第1に、三つの制度は、いずれも、被規制者の利益だけではなく、少なくとも法的一般的利益を実際に考慮しなければ最終的公益は確保されないという前提に立っている。パブリック・コメント手続ではさらに未代表・未組織の利益等をも考慮する必要がある。第2に、関連利益の保有者から意見・情報の提出という協力を得ながら、行政機関が公益とは何かを最終的に決定すべきであると考えている。最終的公益判断は行政機関単独で行えるという前提に立っていない[50]。

また、諸利益の調整を超えた何らかの公共的価値こそが行政が確保すべき公益だとする理解との関係では、三つの制度は、公益とは何かについて判断する能力を行政機関のみが持っているという前提に立っていない。決定過程参加者たる市民もそれぞれ公共的価値とは何かを認識しまたは判断する能力を持っており、そうした公益観に関する情報を市民から得てはじめて行政機関は究極的公益判断ができると考えているものといえよう。

結びに代えて

公益概念に焦点を当てて、日本の制度を分析してきたが、これまでの分析視角を基礎にして、日本法が抱える問題点について言及しておく。

---

49) これは、新多元主義論や公民的共和制論が略式規則制定手続やReg-Neg手続の過程を理解するときに提示した公益観と符合している。

50) 滋賀県の県民政策コメント制度は、その目的として、「県民とのパートナーシップによる県政の推進」を謳っている。そこでは、行政と市民との間で行政情報を共有することや、行政決定を市民と行政との協働で進めてゆくことなどが志向されている。それゆえ、行政が情報を独占してこれに基づいて一方的に決定したり、行政が市民と協力せずに単独で決定したりすることは許されないことになる。このことは、行政は単独で一方的に公益判断できるという従来の通念と衝突することは明らかである。

第１に、参加資格者の範囲から見てゆく。先に紹介した三つの制度のうち、参加資格者の範囲が最も狭かったのが福岡県の協議会制度である。この制度は、許認可手続の一環であるので、参加資格者の範囲がある程度限定されたのも一理ある。しかし、パブリック・コメント手続との関連でいうと、なお検討の余地がある。行政規則はさておき、法規命令の場合、関連法令の枠内でしか制定できないが、国のパブリック・コメント制度は、関連法規が保護している利益を保有する者以外の国民一般にまで参加資格者を広げている。ここまで参加資格者の範囲を広げたのは、関連法規が保護している利益を実際に有している者が、意見・情報を提出する意欲や能力やリソースを欠いている場合があり、その場合資格者の範囲を広げておけばそうした利益を他の者が代弁する可能性があると考えたのではないか。それゆえ、福岡県の協議会制度においても、法的一般的利益が現実に協議会の場に出てくるよう参加資格を拡大することを考えてよかろう。

　第２に、参加形態について触れる。国のパブリック・コメント制度や滋賀県の制度は、基本的に国民・県民と行政機関との１回的な意見・情報交換にとどまっているが、これでは充実した討議ができない場合があろう。それゆえ、一定の場合、より充実した討議・協議過程を導入することを考えてよいであろう。たとえば、国民・県民と行政機関との意見・情報のやりとりを複数回設ける方策がある。アメリカの1981年モデル州行政手続法の略式規則制定手続にはそのような例がある（第８章第１節参照）。そこまでゆかなくても、原案の疑問点についての照会とこれに対する回答の機会を設けるとか、情報提供をより充実させるといった方策もある程度有効であろう。あるいは原案策定過程に関係者の参加手続を盛り込む道もある。さらに、一定範囲で、Reg-Neg方式を導入して協議・討議の質を高めるという方策もある。

　第３に、流通情報について。滋賀県の制度は、原案についての多様な関連情報を提供すべきことになっている。特に、代替案や原案について論点を公表するとしている点は、注目に値する。国の制度も代替案や論点についても公開してゆくよう改善すべきであろう。

　以上、第３節で示した分析視角から検討してきたが、別の観点から日本

の三つの制度を見たとき気付く点について触れておく。第1に、これら三つの制度は、対象とする行為形式がそれぞれ異なることである。国のパブリック・コメント制度は、行政立法であり、滋賀県のものは、基本的計画や条例案であり、福岡県のものは複効的行政処分である。福岡の制度は、行政処分を対象にしているが、Reg-Negは元来行政立法制定手続である。ここから分かるのは、Reg-Neg手続は行政立法でも行政処分でも利用可能ということである。また、国の制度と、滋賀県の制度を比較したとき、行政立法と基本計画とでほぼ同じ手続になっている。これらの点から、行政立法の制定と行政計画の策定とで手続が同じ場合があってよいことが窺える。[51] 多数の利害が錯綜する行政決定においては、同様の手続を設定してよいことが示唆されている。公益確保が中心課題となる行政の様々な決定においては、行為形式の如何にかかわらず同種または類似の手続を定めてよいこととなる。さらに、行為形式の如何にかかわらず、利益状況に応じて手続を構想すべきであるとも言えるのではなかろうか。このことは手続問題に関して行為形式論はあまり重要な意味を持たないということでもある。[52]

　滋賀県の県民政策コメント制度は、自治体の二元的代表制度における議会制民主主義のあり方に新たな一石を投じた。知事部局などの執行部提案の条例案の作成過程に住民参加の手続を組み込んでいるが、この住民参加の過程を民主主義的モメントを基礎にした過程であるとみると、議会制民主主義の過程の前段階に民主的過程を付加したものである。これは議会の審議過程を形骸化するものであるとの声もありうる。しかし、アメリカのReg-Neg手続がそうであるように、県民政策コメント手続によって議会

---

51) 法律案要綱（案）の計画策定手続と命令制定手続は、市民、住民、利害関係者参加の局面において、類似点がいくつかあったことも想起すべきである。なお、公共事業における住民参加については、畠山武道「地方分権下における公共事業と評価手続」山口二郎編『自治と政策』117頁、126頁以下（北海道大学図書刊行会・2000）が、現行制度とその問題点を詳細に分析している。

52) 行政手続を行為形式とは切り離して論ずるものとして、中川丈久『行政手続と行政指導』74頁以下、307頁以下（有斐閣・2000）。同書については、本書第11章、特に第3節(8)参照。

の討議過程が排除されるわけではない。県民政策コメント手続により、議会での審議のための材料がより豊富になりかつ論点がより明確になるともいえるわけで、議会制民主主義を補完する役割を果たしうるのではないか。[53] 県民政策コメント制度で執行部が適切に調整を付けられなかった点については、議会に最終決断を委ねるという対応があり得、この点について、議会が主体的に審議判断して最終的利害調整を行うことができる。利害調整の最終的権限は議会に留保されているのである。

　協議型の意思決定方式の一つに、行政機関を除いた利害関係者だけで協議会が構成されるものがあったが、この型の問題点に言及しておく。[54] 行政機関が、最終的決定責任を負っているにもかかわらず、私人だけで構成された協議会の決定に行政機関が拘束されるとすることには、憲法上大きな問題がある。このような方式は、私人に行政権限を委任するもので、内閣に行政権が属するとしている憲法65条と抵触するおそれがあるからである。[55] ただ、多数の利害に関わる決定でも、すべての利害関係者が参加した協議会に決定責任を負わせることは、憲法65条と抵触しない可能性もある。それは、利害関係者全員の私的自治の範囲内の問題である場合である。この場合、強制、詐欺、強迫等がなく、公序良俗にも反せず、利害関係人全員が自由意思で互いに譲歩して合意を得たのなら、その合意結果に利害関係当事者全員を拘束する効果を認めても問題なかろう。そして、この場合でも行政に期待される役割はある。それは、協議会の協議が適切に行われるよう情報提供したり、専門的助言をしたり、資金援助したりすることであ

---

53) 北村喜宣「自治体版パブリック・コメントの可能性」地方自治職員研修452号30頁(2000)は、二元代表制の観点から、何ら問題はないという。

54) 山本隆司「公私協働の法構造」『金子宏先生古稀祝賀　公法学の法と政策　下巻』531頁（有斐閣・2000）は、公共部門と私的部門との協働的行為の法的問題について多角的に検討している。

55) 立法権についてであるが、私人への全面的授権は許されないことについて、中川丈久「行政活動の憲法上の位置づけ」神戸法学年報14号125頁、175頁脚注105（1998）参照。フランク・アッパーム「日本的行政規制スタイルの試論的モデル」石井紫郎・樋口範雄編『外から見た日本法』49頁、79頁（東京大学出版会・1995）は、行政の公的決定を私的当事者に委ねてしまうのは、法とデュー・プロセスの観点から問題があると指摘している。

る。それはともかく、憲法問題の生ずる協議型の決定と、私的自治の範囲内の協議型決定との限界線は微妙であり、今後さらに検討を重ねたい。

　市民にゲタを預ける協議型決定方式の法的問題はさておき、この方式の特徴は、市民や関係者がもはや行政活動の客体・対象ではないことである。彼らはむしろ公益的な活動の主体へと転化している。この種の動きが自治体レベルではいくつか見られる。東京都三鷹市の「みたか市民プラン21会議」制度[56]、神奈川県藤沢市の「藤沢市市民電子会議室」制度などである[57]。今後この種の市民主導型協議方式の発展に期待したい。

　最後に、2点指摘しておきたい。第1に、パブリック・コメント制度の法制化によって新たな課題が生まれている。2005年6月、行政手続法の一部を改正する法律が公布され、これによって行政立法の制定に関するパブリック・コメント手続が法制化された。これは各方面からの法制化の声を受けたものであった[58]。すでに自治体レベルでも、この制度を正面から条例化する例がある。神奈川県横須賀市のものがそれである。このとき、行政機関の考慮義務・説明義務に対応する意見・情報提出者の法的地位はいかなるものかが問題となる。従来の制度においても国民・県民等は意見・情報提出「権」を持つと解すべきであるという見解もありえよう[59]。条例化、法制化された場合には、意見・情報提出者が「権利」を持つのかどうか真剣に考える必要が出てくる。同時に、こうした「権利」の侵害に対していかなる救済方法があるのかも詰めるべきである[60]。法規命令に対する規範統制訴訟の立法化も視野に入れるべきであろう。

　第2に、従来、国のパブリック・コメント手続はあまり利用されてこな

---

56) 一條義治「計画策定過程における新たな市民参加の実験」自治総研262号19頁（2000）参照。
57) 山内康英「特集　電子自治体政府の光と影　情報技術利用と自治体の民主的政策決定プロセス」月刊自治研501号39頁（2001）。
58) 既に、本書第6章、阿部泰隆「パブリック・コメント手続導入で求められる税制論議の将来」税理42巻9号6頁（1999）は、法制化が課題であるとしている。
59) 本書第4章、第5章参照。
60) 北村前掲注53)論文29頁は、コメントする「権利」とこれに十分な根拠とわかりやすさをもって応答する「義務」を認めた一般的制度として導入することが必要であるとしている。

かったといわれる[61]。これには、市民の側の認識不足、行政機関側のPR不足、技術的に複雑難解な事案の多さなど様々な要因が考えられる。今後、これらの要因について検討したいが、同時に広く国民一般がこの制度を有効に利用することを期待したい。何よりも、1999年の閣議決定によるパブリック・コメント制度の名称が、一市民の提言によって「意見照会手続」から「意見提出手続」というより望ましい名称に変更になったことを特に強調しておきたい。こうした効能を評価し[62]、市民各層が積極的にパブリック・コメント制度を活用してゆくことを期待している。

---

[61] たとえば、総合研究開発機構編『政策市場の実現性に関する研究』71頁、72頁（総合研究開発機構・2002）、寺澤泰大「パブリック・コメント手続の現状と課題」法令解説資料総覧241号95頁（2002）。

[62] パブリック・コメント制度の現状に対し、批判的提言を行うものとして、廣瀬克哉「特集　電子自治体政府の光と影　ITによる市民政策形成の課題」月刊自治研501号14頁（2001）がある。

第8章　パブリック・コメントと公衆参加
——1981年モデル州行政手続法を素材として

はじめに

　1997年から1998年にかけてであった。「パブリック・コメント」という聞き慣れない言葉を耳にすることが多くなった。中央省庁が各種の政策・方針・施策・基準等を定めるに当たって、事前に広く一般の意見を募集する試みが目につくようになった[1]。1998年11月5日には総務庁が「規制の設定又は改廃に係る意見照会手続（仮称）案」なるものを公表した。これは、「規制の設定又は改廃に当たり、意思決定過程において広く国民等に対し案等を公表し、それに対して提出された意見・情報を考慮して意思決定を行う」手続、つまりパブリック・コメント手続を行政措置として制度化しようとする試みである。

　当時、パブリック・コメント制度は、中央省庁の現実の取り組みのレベルでも、制度化に向けての提言のレベルでも、制度化のレベルでもまさに流行の観があった。瞬く間に現代行政のトレンドとなったパブリック・コメント制度であるが、この制度は要するに行政による政策決定・意思決定の過程に市民・住民を参加させる制度の一種である。「パブリック・コメント」という必ずしも一般に馴染みのなかった用語を使っているが、その

---

1)　1998年8月10日には、当時の通産省が全省を上げてパブリック・コメント制度の導入に取り組む方針であるという報道発表があった。国民の多様な価値観を反映させるため、また政策形成過程を一層透明化するため、通産省ではパブリック・コメント制度を試行的に導入するという。この種の制度を全省を上げて導入するという取り組みは通産省が初めてである。また農林水産省が、遺伝子組み替え農作物を原料にした食品についてその旨を表示すべきかどうかについて複数の案を示して消費者・一般の意見を聞いた。大蔵省関係でも、大蔵省改革について検討してきた「行政のあり方に関する懇談会」がやはりパブリック・コメント制度を導入するよう提言している。これは、政策決定に当たり、事前に草案を公表して各方面から広く意見を聞くというもので、政策決定過程を透明化することを狙っている。

実体は決して目新しいものではない。それはこれまで日本の行政の現場で、必ずしも十分ではないにしても、市民参加・住民参加の実例は多数存在していたからである。ただ、参加手続と言わずパブリック・コメント手続と称している以上、それは参加手続の特殊な形態を指しており、また必ずしも日本に独自なもの、もしくは日本に自生的なものではなさそうである。1997年12月に公表された行政改革会議の報告書は、パブリック・コメント制度に言及しているが、これはアメリカの規則制定手続、イギリスのグリーンペーパー制度等をモデルにしているようである。そこで本章は、パブリック・コメント制度のモデルの一つと考えられるアメリカの規則制定手続に立ち戻り、簡単な比較法的検討を行うことにしたい。その際、1946年に制定されたアメリカ連邦行政手続法にはじまるこの分野の法の発展の到達点の一つである1981年モデル州行政手続法（以下、「1981年モデル法」という）を取り上げ、日本でのあるべき制度化の方向を探りたい。[2]

第1節　モデル法の概要

　1981年モデル法は、第3編「規則制定 (rulemaking)」として、全体で21の条文を置いている。これらは大きく二つに分かれ、第1章が「規則の採択と発効 (adoption and effectiveness)」、第2章が「規則の審査 (review of agency rules)」となっている。第1章の条文数が17、第2章が4である。そして第1章のうち規則の採択に関する条文が比較的多い。たとえば、101条「規則案の公表に先立つ素案に関する助言」、102条「規則制定の案件一覧」、103条「規則案の公表」、104条「公衆参加」、105条「規制分析」、106条「規則採択の時期と方法」、107条「採択規則と規則案との乖離」、108条「公衆参加手続の一般的適用除外」、109条「特定規則の適用除外」、110条「簡潔な理由の提示」、111条「規則の内容・体裁・様式」、112条「規則制定に関する行政記録」、116条「特定類型の規則についての特例」、

---

[2] 本章に関係する邦語文献として、堤口康博「アメリカにおける新モデル州行政手続法（1981年）の研究」早稲田政経雑誌284・285合併号63頁（1986）、同「1981年モデル州行政手続法」早稲田政経雑誌269号37頁（1982）だけを挙げておく。

117条「規則採択の申請」は基本的にこれに属する。以下では、上記のうち公衆参加に関する特徴的な規定に焦点を絞って検討することにしたい。

1 規則素案に対する意見書提出

　第101条は、現に検討中の規則素案の主題につき、規則案の公表に先立ち、公衆からコメントを求めることができる、と定めている。これは早い段階で公衆の意見を募集する手続である。行政機関が規則案を公表する段階では、すでに行政内部で相当な時間と労力をかけ規則案やその主題につき検討してきているのが普通である。こうした検討を経て規則案をまとめたとき、行政機関側は当該規則案の妥当性・適切性にかなりの自信を持っていることが多い。このとき公衆から意見が提出されても、行政機関がなかなか修正に応じないことが起こりうる。これでは、意見書の提出は効を奏さない。そこで、行政機関が規則案を決定する前に意見書提出という参加の機会があれば、行政機関の基本的な態度決定に対してより有効に働きかけることが期待できる。またこうした早い段階での参加手続があると、後に法的・技術的問題が生ずることがより少なくなることが期待できる。[3]

　本条は、規則案公表前の参加手続を義務付けているわけではない。行政機関の判断でそうした参加手続を行う権限があると規定するのみである。[4]この点は、後に見る規則案の公表と意見書提出手続が基本的に義務付けられているのと対照的である。また本条の特徴として、意見書提出権者の範囲が限定されていないことも重要である。[5] 本条による早い段階での参加手

---

[3] それゆえ、本条の参加手続は、むしろ行政機関に利益になる仕組みである。この手続があるため、取り返しのつかない事態が生ずるのを事前に回避することが期待でき、それだけ行政機関の時間や労力を節約することができる。また何よりも、ドラスティックな変更を余儀なくさせる問題点について行政機関により早い段階で知らせるという効果が期待できる。公衆参加の手続により行政機関が規則案の欠陥を早い段階で知れば知るほど、傷口が小さいので、対処も容易になる。逆に時間が経てば経つほど修復は容易でなくなることがある。ARTHUR E. BONFIELD, STATE ADMINISTRATIVE RULEMAKING 160 (1986).

[4] すなわち本条によると、早い段階で参加手続を行うかどうかについて行政機関に裁量権があるということになる。

[5] 州法の中には、本条のような事前の参加手続を定めながら、意見提出権者を業界などの組織的利益に限定している例がある。

続が行われると、規則制定全体のプロセスでは2段階の参加手続が行われることになる。[6]

2　案件一覧表

　102条a項は、行政機関は規則制定の一覧表を備えるものとするとの原則を謳い、同条b項、c項は、一覧表に記載すべき項目を具体的に列挙している。b項は、行政機関内部で検討途上にある規則素案の主題、当該案件についての問い合わせ先、及び当該案件の処理状況について言及している。ただ、b項は、以上の項目を一覧表に掲載することを義務づけるか、それとも単に許容するか、各州に選択権を与えている。c項は、まず、規則案が公表されて規則制定手続が進行中の案件の一覧を作成すべきことを定めている。そしてこの一覧表には、規則案の主題、関連する公告の出典、規則案に対し提出された意見を調べる場所、意見書提出期間、口頭意見陳述の機会を提供するよう申し立てた者の氏名、口頭意見陳述が行われる時と場所、規則案検討の現段階等を掲載しなければならないとしている。

　この一覧表があると、公衆はそのときどきにどこでどのような規則制定手続が行われようとしているのか、あるいは行われているのかを容易に知ることができる。本条b項は、規則案が公表される以前の素案、原案、たたき台等の段階に関係しており、c項は規則案が実際に公表された後の段階に関係している。101条と同様、b項は、規則制定に関する情報へより早い段階でアクセスすることを認めるものである。規則素案につきより早い段階で関係情報を公表すると、行政機関はそれだけ早く規則素案に対する賛否の意見を収集できるであろう。仮に規則素案に重大な欠陥があったとしても、本条b項により行政機関はこの欠陥により早く気づくことがで

---

[6]　後に見るように、第2段階の参加手続が本モデル法が定める中心的な参加手続であり、採択規則との乖離の問題（後述6参照）や簡潔な理由提示（後述7参照）など種々の制約がかかってくるが、本条の参加手続にはこうした制約はかかっていない。しかし、行政機関の意見考慮義務（後述5参照）は、この第1段階で提出された意見についても妥当する。すなわち、行政機関は、規則案に対し提出された意見だけでなく、右の早い段階での参加手続で提出された意見も、規則の採択に当たって考慮しなければならない。

きる。早い段階で問題点が発見できれば、それだけ対処も容易で、かつまた比較的短期間で解決できる可能性がある。[7]

3 規則案の公表

103条は規則案等の公表（notice）について規定している。規則制定に関する各種情報を公表することは、関係者が規則制定手続に参加する大前提である。どのような規則が制定されようとしているのかがわからなければ、関係者はこの検討中の規則について声を上げることができない。規則案等の公表はまさに意味のある参加を保障するものといえよう。さて同条 a 項は、行政機関は州の官報などに検討中の行為を公表するものとすると定めている[8]。公表の時期は、規則を採択する少なくとも30日前である[9]。

公表されるべき事項は以下の通りである。①規則案の目的の簡潔な説明、②規則案の具体的な根拠法規、③規則案の全条文、④意見提出場所、時期、方法、⑤口頭意見陳述の機会をどこに、いつ、どのように求めたらよいのかに関する情報を盛り込まなければならない。規則制定の根拠法規を公表することを要求しているのは、制定規則の合法性を確保するためである。すなわち、根拠法規を明示させることで、当該規則が根拠法規の枠内に収まっているかどうかを行政機関がより慎重に検討するのが期待できるから

---

7) b 項が規定しているように、関連情報の早い段階での公表は、行政機関の資源、コスト、時間を節約することが期待できる。

8) こうした一般的な公表に加えて、同条 b 項は、公表内容のコピーを特定人に直接送付することも定めている。官報等で公表を行った後 3 日以内に、公表内容のコピーを送付するよう求めた者に対し行政機関はコピーを送付しなければならない。その際、行政機関は実費を徴収することができる。この規定によると、密接な利害関係を有する者だけではなく、関心のある者は誰でも、タイムリーにコピーを要求しさえすれば、行政機関から直接これを送付してもらうことができる。

9) この30日という期間は、一応の目安として入れられた数字で必ずしも確定的なものではない。それゆえ各州は、諸般の事情を考慮して、この期間を延長したり、逆に短縮したりして最も適切と考える日数を設定することができる。ただし、いったん設定されるとこの期間の制約は一律に要求されることになる。したがって案件によってこの期間を25日にしたり、20日にしたりということはできない。仮に30日と設定されたとしたら、この期間は全行政機関一般に要求される最低期間となり、各行政機関は規則案の公表と規則の制定との間に最低30日の間隔をおかなければならない。しかし、30日の期間は最低期間なので、行政機関が案件によってこれより長い期間を指定することは許される。

第1節　モデル法の概要　239

である。また本項は規則案の目的の簡潔な説明と共に、規則案の全文を公表すべきことにしているが、このように全文が公表されれば、関係者は規則案がどのような影響を及ぼすかについて精確に理解し検討することができる。

4　公衆参加

　104条は、「公衆参加」と題して、意見提出手続について定めている。まずa項は、規則案公表後少なくとも30日間、規則案に関する意見や情報を文書で提出する機会を提供することとしている。注目すべきことは、意見・情報提出権者が制限されていないことである。連邦のAPAは「利害関係人」に意見・情報提出権を認めるに過ぎないが、本モデル法は広く公衆一般に意見書提出という参加権を認めている。[10]

　上記のa項の書面手続が公衆参加の原則的な形態であるが、同条b項は、例外的な口頭意見陳述手続について定めている。この規定によると、一定の条件が満たされた場合、行政機関は口頭意見陳述の機会を与えることになっている。口頭意見陳述の機会を受ける権利を全面的には認めていないが、それでも一定の場合口頭意見陳述の機会が保障されるので、これが明文上まったく保障されていないAPAと比べるとb項の手続保障は厚いといえる。さて、口頭意見陳述の機会が認められる条件であるが、規則案の公表後20日以内に25名以上の者等から口頭手続を催すよう書面による申立があったときというものである。この条件を満たすことは、さほど困難ではない。[11]したがって本条によると、行政機関はかなり頻繁に口頭手続を開

---

10) 意見提出ができる30日の期間については各州が独自の判断で長くしたり短くしたりすることができ、この日数は一応の目安にすぎない。しかしいったん特定の日数が設定されると州の全行政機関の規則制定について課される最低限の期間となる。したがってこの規定の適用がある限り、行政機関がある案件についてのみ上記の特定の期間より短い期間内に意見書提出を求めるということは基本的に許されない。しかしある案件において、問題が複雑で意見書提出にかなりの日数を要すると考えられるとき、この案件に限って行政機関が上記の特定日数を超えた期間を定めることは可能である。

11) 環境保護団体や消費者団体、業界団体などが、その会員に対して、口頭手続の開催を要求するよう働きかければ、この条件は簡単に充足されるであろう。

かなければならないことになろう。この口頭手続は事実審型（trial-type）・証拠聴聞型（evidentiary-type）というより陳述型（argument-type）の公聴会手続を想定していると解されている。したがって証人尋問や反対尋問などは通常認められず、意見や情報を行政機関に口頭で伝達できるだけである。

5　規則採択の時期と方法

106条ａ項は、書面にせよ口頭にせよ意見提出期間が満了するまで行政機関は規則を採択してはならないと定めている。この規定は公衆参加を意味あらしめるための規定である。意見提出期間満了前に行政機関が規則を採択できるとしたら、満了前に意見が提出されてもそれが考慮されないことが生ずる。これでは公衆参加の意味が減殺される。

ｂ項は、規則案公表日もしくは口頭意見陳述手続終了日のいずれか遅い方から6か月以内に行政機関は当該規則を制定するかもしくは規則制定手続を中止するかのどちらかを決定しなければならないとしている。行政機関に去就決定を義務づけるものである。この規定により、行政機関は規則の制定を不当に引き延ばすことができなくなる。とりわけ規則案の公表後、激しい抵抗にあった場合、この抵抗が収まるまで規則の制定を引き延ばし、人々が忘れた頃に不意打ち的に最終規則を制定することは許されない。[13]

ｃ項は、提出された意見・情報などを考慮すべきことを行政機関に義務付けている。ａ項と同じくｃ項も公衆参加を意味あらしめるための規定で

---

12)　なお、口頭意見陳述が催されたとき、これを開くよう申し立てなかった者も手続に参加して口頭で意見を述べることができる。
　　ｂ項は口頭意見陳述についての手続を細かく定めている。口頭意見陳述は官報に開催場所・日時が公表されてから20日以内に開催されてはならない。この20日という日数は最低限であり、行政機関の裁量でこれより長い期間を認めることも可能である。口頭意見陳述は、行政機関が指名した職員などが主宰する。行政機関自体が口頭手続を主宰しない場合、主宰者たる職員は口頭意見の内容を要約したメモを作成する。このメモは行政機関自身が検討する材料となる。口頭手続は公開で行われ速記録がつけられる。行政機関は口頭意見陳述を実施するための規則を制定する。そこには不当な蒸し返しを防止する条文を盛り込むことができる。
13)　仮にこの6か月が経過した後に当初の規則案と同様の規則を制定したいと考えたとき、行政機関は手続を一からやり直すことになる。すなわち再度規則案の公表から手続を始めることになる。

ある。公衆から意見・情報等が提出されても行政機関がこれらを考慮せず最終的意思決定ができるとしたら、意見・情報等を提出する意味はない。この場合、意見の提出は、単に言いっぱなし出しっぱなしに終わるだけで、行政機関の意思決定に影響を与えそうにない。行政機関が十分に考慮してはじめて意見提出の意味が出てくる。[14]

6　規則案と最終規則の乖離

　107条ａ項１文は、公表された規則案と「実質的に異なる」[15]最終規則を制定することを禁じている。公衆参加手続は、公衆参加により規則案が修正されることを織り込んでいる。提出された意見・情報等を考慮して行政機関が若干の軌道修正をすることがあり得るのを認めているのである。しかし、規則案の軌道修正が無制限にできるとすると、逆に困った問題が生ずる。たとえば、激しい抵抗に遭いそうな条文を規則案の公表段階では故意に外し、しかし最終規則ではこれを盛り込むということが起こりうる。これでは提出される意見が的外れなものになるおそれがある。提出される意見が的外れなものにならないため、ひいては公衆参加が無意味なものとならないためには、公表される規則案は最終規則と同様の条文を含むものでなければならない。107条ａ項１文はまさにこのような趣旨で制定されている。[16]

---

14) ただし、行政機関はその独自の専門知識、経験、専門技術的能力等を利用して最終的な意思決定をすることができる（ｄ項）。すなわち行政機関は、提出された意見どおりの内容の規則を制定する必要はなく、提出された意見を考慮しつつもなお自らの専門的知見を動員して行政機関自体の責任と判断で規則を制定することができる。

15) ａ項の「実質的に異なる」という概念は不明確である。そこで同条ｂ項は「実質的に異なる」かどうかを判定するための考慮要素として三つの項目を挙げている。すなわち、①最終規則により影響を受けるすべての者が当該規則により影響を受けることをどの程度理解していたか、②最終規則と規則案の争点がどの程度異なるか、③最終規則の効果と規則案の効果がどの程度異なるかである。

16) もっとも規則案と「実質的に異なる」最終規則を制定することは不可能ではない。107条ａ項２文は、係属している規則制定手続を中止し、新たに規則制定手続を再開して「実質的に異なる」最終規則を制定することができるとしている。もちろんこの場合、当該「実質的に異なる」内容のものを規則案として公表して手続を進めることになる。

7 規則採択理由の説明

110条は、規則の理由説明について定めている。同条ａ項１号は、行政機関は規則を採択するに際し規則採択の理由を簡潔に説明するものとするとしている[17]。行政機関は規則を制定するについての一切の法的・政策的理由を明確に提示しなければならない。この規定の趣旨は、行政機関が106条ｃ項で課された意見・情報の考慮義務を果たしたかどうかをチェックすることである。見方を変えれば、この規定は、行政機関が上記の考慮義務を尽くすことを担保する装置であるといえる。すなわち、規則制定の理由を提示するためには、公衆から提出された意見・情報に行政機関がしっかり応える必要があるので、この過程で行政機関は必然的に意見・情報を十分考慮すべきことになる[18]。

8 規則制定の申請権

117条は、公衆参加にとって最も重要な規定の一つである。同条は、何人も規則の採択を行政機関に求める申請権を有すると定めている。そして、

---

[17] 110条ａ項２号は、規則案が修正された場合について言及している。すなわち公表された規則案が修正されて最終規則が採択されたとき、その変更点を簡単に説明すると同時に変更理由を説明するものとしている。この変更点と変更理由の説明は、最終的に規則が制定された場合についてのみ要求されているだけで、提出された意見・情報を考慮した結果最終的に規則制定を取りやめた場合には、この説明は必要とされていない。それはともかく、この変更点の説明があると、規則案と最終規則の相違ないし乖離を確認することができ、最終規則が規則案と「実質的に異なる」ものになっていないかどうかを知ることができる。それゆえ、この規定は、規則案と「実質的に異なる」最終規則を制定してはならないという107条ａ項の要件を担保するための装置として働くことが期待できる。

[18] 1961年モデル法では、求めがあった場合に理由を提示するだけでよかったが、本モデル法110条ａ項は、一般に理由提示義務を課している。この点は連邦のAPAと同じである。ただ、本条は規則案に反対の意見を排斥する行政機関の見解まで説明しなければならないとはしていない。したがって本条の解釈として、規則を擁護する理由を提示するだけで十分であるという見解が成り立ちうる。しかし、反対意見を排斥する理由まで提示させた方が、行政機関が考慮義務を尽くしたかどうか、さらには制定規則が合理的かどうかをより有効に確認できるので、やはり規則案に反対する意見に対する排斥理由も提示すべきであると主張されている。Rago, *Rulemaking Under the Model State Administrative Procedure Act: An Opportunity Missed*, 34 AD. L. REV. 445, 456 (1982); ARTHUR E. BONFIELD, STATE ADMINISTRATIVE RULEMAKING 311 (1986).

この申請がなされたとき、60日以内に行政機関は以下の三つのうちのいずれかの行為をしなければならない。すなわち、第1に、書面で申請を拒否し同時にその理由を提示する。第2に、本モデル法第3編第1章に準拠して規則制定手続に着手する。第3に、適法な場合、提案された規則を採択する。APAにも規則の制定・改廃を求める申出権の規定があるが、本条のように行政機関に応答義務の定めはなく、APAの下では、申出を受けたのに行政機関がまったく行動を起こさないことが頻繁に起こりうる。これに対し、本モデル法は、規則の制定・改廃を行政機関に申し立てることを認めるだけでなく、この申立に対する行政機関の応答義務を定めている。これによって、行政機関は、申請に対し十分慎重に検討する必要があり、前述のように、申請拒否または申請認容の何らかの行為を取らなければならない。

この規則制定の申請権は、特定の利害関係人だけではなく、何人にも付与されている。しかも、規則の制定は言うに及ばず、修正や廃止もしくは停止についても申請できる。それゆえ、一旦、自己に不利な規則が制定されても、本条に依拠して規則の修正、廃止もしくは停止を求めることができるので、場合によっては、自己に不利益な状態が解消されるかもしれない。それはともかく、本条の趣旨は、現状に満足している行政機関に対して事情の変化や新しい社会的ニーズを知らしめ、行政機関自身の立場を再点検させることにあるといえよう。

第2節　参加手続の意義

前節で見たように、1981年モデル法は公衆参加に関するかなり充実した仕組みを用意している。その中心は規則案の公表とこれに対する意見書の提出、さらにこの提出された意見の行政機関による考慮義務である。同時にこうした基本的な仕組みを意味あらしめるための様々な工夫を凝らしている。

第1に、早い段階での参加に意を用いている。まず規則案がまとまる前の段階で参加手続を行うことを認めている。101条の規則素案に対する意

見書提出手続がそれである。また案件一覧表も、公表に向けて行政機関内部で検討中の規則素案を掲載することがあり、これによって早い段階での公衆参加が促される。

　第 2 に、公衆参加の最低期間を保障している。モデル法104条が推奨する期間は30日であるが、公衆はこの30日間、意見や情報を提出する権利を保障されている。またモデル法106条は、意見提出期間が満了するまで行政機関は規則を採択してはならないとしている。

　第 3 に、口頭意見陳述という参加形態を比較的容易に利用できるよう道を開いている。

　第 4 に、規則制定・改廃手続の開始について公衆にイニシアティブを認めている。規則制定の申請権である。これは規則を制定するよう行政機関に請願できるといった程度のものではなく、公衆からの規則制定・改廃の要請に対し行政機関に何らかの応答を義務付けるものである。公衆参加手続の発動について公衆にイニシアティブを認めるものといえよう。

　第 5 に、参加手続を無意味にするような行政機関の試みを封ずる装置を用意している。たとえば、107条の規則案と「実質的に異なる」最終規則の禁止である。また106条 b 項の規則案公表日などから 6 か月経過した場合規則制定手続を中止しなければならないとするのもそうした趣旨のものである。

　最後に、公衆参加の結果を行政機関が考慮するよう担保する装置を用意している。110条の理由の説明がそれで、説明された理由を見れば提出された意見が考慮されたかどうかがわかる。理由説明は考慮義務が尽くされることを確保しチェックする制度といえよう。

　1981年モデル法は公衆参加に誠に配慮が行き届いているが、そもそも行政立法の制定にとって公衆参加はいかなる意義を有するのであろうか。行政立法制定における公衆参加には様々な望ましい機能がある。第 1 に、公衆参加によって行政機関は十分な意見・情報を収集することができ、その結果より適正で妥当な行政立法を制定することが期待できる。第 2 に、行政の意思決定過程になかなか表れてこない利益もしくは行政機関が往々にして見過ごしてしまう利益に行政機関の注意が向くという効果も期待でき

る。いわゆる未代表の利益もしくは未組織の利益にも十分配慮することも可能になる。また公衆参加が行政立法の執行をより容易なものにすることが期待できる。事前に関係者の意見を聞き、これを踏まえて行政立法を制定することになると、関係者のニーズや意向をある程度踏まえた行政立法が制定されることになり、これを実施していくとき関係者の抵抗はより少なくなろう。さらに、利害関係者の意見を聞くという参加手続は、まさに当該利害関係者の利益を保護するという役割も果たしうる。利害関係者に意見を述べる機会があれば、利害関係者が意見を出し、それを十分反映した行政立法が制定されることもありえよう。これはまさに参加手続が利害関係者の利益保護に役立つということである。最後に、公衆参加手続は行政立法にある種の民主的正統性を付与するという重要な役割を果たすことも忘れてはならない。つまり公衆参加手続を経て制定された行政立法は、住民、企業、専門家など各層の意見を踏まえて制定されるものであるから、行政機関が制定するものではあるが、民意を反映したものといえるのである。

結びに代えて

　行政立法の制定にとって公衆参加の意義は強調してもし過ぎることはない。行政立法制定において、公衆参加のための充実した仕組みを導入することは是非とも必要である。2005年日本で行政立法の制定に関するパブリック・コメント手続が法制化されたが、その運用において、1981年モデル法が構想している公衆参加のための各種の仕組みが大いに参考になるであろう。言うまでもなくモデル法が打ち立てている公衆参加手続の中核すなわち規則案の公表と意見書提出及び行政機関による意見考慮義務を確実に踏まえる必要がある。それだけではなく、こうした基本的な公衆参加手続を意味あらしめまたは実効化する各種の装置にも学ぶべきところがあろう。

第9章 Reg-Negの実験とアメリカ行政手続法の基層

はじめに

1 行政手続法の制定

　1991年12月12日、臨時行政改革推進審議会は「公正・透明な行政手続法制の整備に関する答申」を提出した。答申は政府に対し、そこに盛り込まれた行政手続法要綱案（以下、「最終要綱案」と呼ぶ）に沿って速やかに行政手続に関する法案を作成し国会に提出するよう要請した。そしてついに、1993年9月17日、行政手続法が成立した。行政手続法の制定は日本の行政・行政法・行政法学にとって画期的な出来事であった。顧みれば、統一的な行政手続法の制定に関する動きは1980年代の10年間に急速に高まった。この間、学界関係者のなみなみならぬ努力が積み重ねられ、その結果行政手続法に関するいくつかの要綱案が出された。いわゆる航空機疑惑問題の再発防止の一環として、行政手続法の整備が唱えられ、これを受けて1980年（第1次）行政手続法研究会が当時の行政管理庁内部に設けられた。ここから行政手続法の立法化作業が本格的に始まった。同研究会は、1983年、かなり詳細な「法律案要綱（案）」（以下、「要綱案」と呼ぶことがある）を公表

---

1) 臨時行政改革推進審議会「公正・透明な行政手続法制の整備に関する答申」ジュリスト994号61頁（1992）、行政管理研究センター編『公正・透明な行政手続をめざして――行革審「行政手続法制答申」全解説・資料』1頁（行政管理研究センター・1992）（以下、『全解説』として引用）参照。
2) 学界関係者が中心であるとはいえ、行政手続法のいくつかの要綱案は在野の法曹が政府・行政組織の関与から全く独立して自主的に作成したというものではない。要綱案のあるものは、当時の行政管理庁または総務庁の行政管理局長の懇談会が作成したものであり、またあるものは政府の臨時行政改革推進審議会内の部会が作成したものである。
3) 統一的行政手続法の制定をめぐる当時の動向を取り扱った文献として、塩野宏「行政手続法の制定について」地方自治532号2頁（1992）、芝池義一「行政手続」ジュリスト1000号44頁（1992）がある。

し、学界や実務界での検討に素材を提供することとなった。ついで、1985年当時の総務庁内に設けられた（第2次）行政手続法研究会は、1989年、中間報告という性格の「行政手続法要綱案」（以下、「89年要綱案」と呼ぶ）を提出した。その後も統一的行政手続法の制定に関する調査・検討が続けられ、ついに先に見た1991年12月の最終要綱案に結実し、これを踏まえて1993年に行政手続法が成立したわけである。このように、1980年代はまさ

---

4) 行政手続法研究会「行政手続法制定への提案――法律案要綱（案）」ジュリスト810号42頁（1984）。法律案要綱（案）については雄川教授による解説がある。雄川一郎「一般行政手続法の立法問題」公法研究47号116頁（1985）。

5) 1984年の第49回公法学会総会の第2部会は行政手続法をテーマに法律案要綱（案）について多方面から検討がなされた。参照、『公法研究』47号116頁以下。これ以降、行政手続法に関する論考が多くものされるようになった。同じく公法学会では、1988年、学会創立40年を記念して、杉村敏正教授が、公正さおよび民主性の確保という視点から法律案要綱（案）を検討している。杉村敏正「行政手続法に関する若干の考察」公法研究51号1頁（1989）。学界関係者の間では法律案要綱（案）はかなり好意的に評価されていたが、行政実務のサイドからは行政事務が増大し円滑な行政運営が妨げられる等という声が聞かれた。参照、西村正紀「行政手続法制の統一的整備――行政手続法研究会中間報告」自治研究66巻1号39、42頁（1989）、総務庁行政管理局編『行政手続法の制定にむけて』59頁以下（ぎょうせい・1990）（以下、『手続法制定にむけて』として引用）。

6) 行政手続法研究会「行政手続法研究会（第2次）中間報告」ジュリスト949号100頁（1990）、『手続法制定にむけて』前掲注5) 参照。この1989年の要綱案の内容とそれまでの流れを検討したものとして、青木康『行政手続法指針』262頁（ぎょうせい・1991）がある。梅木崇「行政手続法草案論――64年草案、83年草案、90年草案について」駒大政治学論集33号1頁（1991）は三つの草案ないし要綱案の比較を行っている。また西村前掲注5) 論文39頁は、89年要綱案の内容をコンパクトに解説している。宇賀克也「アメリカの行政手続――行政手続法研究会『中間報告』との比較を中心として」ジュリスト976号44頁、977号43頁（1991）は、アメリカ合衆国のAPAや判例法と比較して個別の論点ごとに89年要綱案を詳細に検討したものである。

7) 1991年12月12日臨時行政改革推進審議会が行政手続法要綱案を「公正・透明な行政手続法制の整備に関する答申」の一部として公表するに先立ち、同年7月26日同審議会内の公正・透明な行政手続部会は行政手続法第1次部会案を公表している。以下では、7月26日の要綱案を「第1次部会案」と呼ぶ。第1次部会案については、ジュリスト985号73頁（1991）を参照。さらに第1次部会案の内容を個別の論点ごとにアメリカの行政手続法等と比較して詳細に検討したものとして、堤口康博「『行政手続法要綱案』の構造と問題点」早稲田政経雑誌309・310合併号55頁（1992）がある。岡田正則「金沢市における開発と法的規制――行政手続法要綱案（行革審部会案）の検討に関連して」金沢大学教育学部紀要41号137、150頁（1992）は金沢市とその周辺部におけるゴルフ場開発および大規模小売店の出店規制について、前記第1次部会案を規準にして、行政運営がどのように変革されることになるのかを検討している。

に行政手続法制定の準備作業に費やされた10年間であったといっても過言ではない。

2 Reg-Neg 法の制定

ところで、統一的行政手続法の「先進国」であるアメリカ合衆国でも、1980年代はその連邦行政手続法（Administrative Procedure Act（APA））の改革を模索した10年間であった。1990年11月、連邦議会は、過去10年にわたる調査・研究さらには実験的試みの成果を踏まえて、「交渉による規則制定に関する法（Negotiated Rulemaking Act）」と題する法律を制定した[8]。1946年制定以来、APAは情報公開等を除き大きな変革を受けてこなかったが、「交渉による規則制定に関する法」の制定によりAPAの規則制定手続の有様がかなり重大な変容を受けることとなった[9]。

「交渉による規則制定（Negotiated Rulemaking）」とはAPAに規定されている略式規則制定（informal rulemaking）手続（別名「公告及び意見書提出手続（notice and comment procedure）」とも呼ばれる）や、その発展形態である混成的規則制定（hybrid rulemaking）手続に代わる新たな行政立法制定手続[10]である。これは規則案を行政のスタッフだけで作成・決定してしまうのではなく、これに代えて、関連利益の代表者を集めた協議会を設けそこでの協議・交渉を通じて規則案を作成するという手続である[11]。利害関係者が一堂に会してそれぞれの立場を述べあい、必要とあらば妥協や取引をして、利害関係者間でコンセンサスを達成して全体としてもっとも望ましい規則

---

[8] Pub. L. 101-648. 本法は1992年の法律（Administrative Procedure Technical Amendments Act）により合衆国法典第5編第5章第3節の§§561-569として収録されることになった。

[9] もっとも交渉による規則制定に関する法は時限立法であり、別段の定めがない限り制定後6年で廃止されることになっていた。Section 5 of Pub. L. 101-648.

[10] アメリカにおける規則制定をめぐる諸問題については、次の論稿が詳細である。荏原明則「行政機関による規則制定の諸問題㈠-㈣」神戸学院法学12巻2号115頁、3号419頁、4号599頁、13巻2号165頁（1981-2）、大浜啓吉「アメリカにおけるルールメイキングの構造と展開㈠-㈥」自治研究62巻11号102頁、12号107頁、63巻2号93頁、5号110頁、6号111頁（1986-7）。

[11] 5 U.S.C. §582. See generally, ADMINISTRATIVE CONFERENCE OF THE UNITED STATES, NEGOTIATED RULEMAKING SOURCEBOOK (1990) [hereinafter cited as SOURCEBOOK].

案を作成していこうとする試みである。

　規則制定もしくは裁決（adjudication）を問わず、利害関係人間の交渉というスタイルを用いながら行政規制が行われるとき、その行政手法は規制交渉（Regulatory Negotiation）もしくはこの2語の冒頭部分のみを取出して単に Reg-Neg（レグネグ）と呼ばれる。したがって規制交渉もしくは Reg-Neg という用語は「交渉による規則制定」をも含んだより広い概念である[12]。ただ多くの利害関係人間の協議・交渉というスタイルが特に必要かつ有効な場面は、裁決よりもむしろ規則制定であるため、規制交渉もしくは Reg-Neg といっても実際にそこで問題になる活動方式は規則制定であることが多く、したがって規制交渉も Reg-Neg も「交渉による規則制定」と同じ意味で用いられることがある[13]。また、Reg-Neg という用語は短くしかも語呂がいいためか、規制交渉あるいは「交渉による規則制定」といった事柄を表す言葉としてかなり流布している。本稿でも、特に断らないかぎり、両者をあえて区別せず、Reg-Neg という用語を「交渉による規則制定」という意味でも用いることにする。したがって「交渉による規則制定に関する法」も Reg-Neg 法と呼ぶことにする。

　APA の略式規則制定手続は、規則案を行政のスタッフが作成・公告（notice）し、これに対して利害関係人が意見（comment）や要望を述べ、それらを再検討したうえで行政が最終的に規則を制定するというものであっ

---

12) Henry H. Perritt, *Administrative Alternative Dispute Resolution: The Development of Negotiated Rulemaking and Other Processes*, 14 PEPPERDINE L. REV. 863, n. 1 (1987).

13) *Id.* 規制交渉の語を、利害関係者間の交渉を通じて規則案を作成するという政策形成のプロセスとして定義するものもある。Daniel J. Fiorino, *Regulatory Negotiation as a Policy Process*, 48 PUB. ADMIN. REV. 764 (1988).

14) 古城誠「規則制定と行政手続法（APA）――規則制定手続および司法審査の変容」『英米法論集』223、238頁（東京大学出版会・1987）は、APA 制定時の規則制定手続の目的は、利害関係者に参考意見を述べる機会を与え、行政庁に賢明な決定を行うよう補助することである、と要約している。なお、同論文は、APA が制定された当初の規則制定手続の概要とその後の規則制定手続、司法審査方式、司法審査範囲等の変化につき詳細な検討を加えている。その他規則制定手続の概要を解説する文献として、宇賀克也『アメリカ行政法』44頁（弘文堂・1988）、外間寛「連邦行政手続」成田頼明編著『行政手続の比較研究――運輸法制を中心として』267頁（第一法規・1981）がある。

た。ただ、1970年代から裁判所や議会はこの略式規則制定手続をより正式なものに「改革」してきた。いわゆる混成的規則制定手続の出現である。これによって、行政はより慎重な検討考慮を行うべきこととなり、また利害関係人の手続参加の機会も増大した。他方、裁判所も制定規則に関する実体面での審査をより密度の濃いものにしてきた。いわゆる精査審査(hard look review) 方式である。こうした対応により規則制定における行政決定の質が高まったことは想像に難くない。関係者の利益によく配慮された規則、矛盾するデータについてよりよく検討された規則が制定される結果になった。

しかしながら、こうした略式手続の準正式化ないしは準司法化と、より濃密な司法審査には、思わぬ落し穴が存在していた。それは、手続の準正式化により、規則制定には行政側にも利害関係者の側にも多額の費用と時間がかかることになったことである。さらに深刻な問題は、制定された規則が裁判所で争われることがほとんど日常化し、ある官庁の例では制定した規則の8割にも及ぶ数の規則が裁判所で取り消しを求められたとまで言われていることである。行政による規則の公布は規則制定過程全体の第1ラウンドであるとさえいわれる始末である。規則をめぐる訴訟が終結してはじめて規則制定過程が完結するというのである。

そもそも従来の略式規則制定手続自体の構造に、規則をめぐる紛争を生じさせる要因があった。従来の略式規則制定手続は、利害関係者から情報や意見を収集して行政庁の内部で規則案を作成するというものであった。

---

15) 混成的規則制定手続に関する邦語文献として、大浜啓吉「インフォーマルな行政決定と司法審査」専修法学論集50号67頁（1989）、同前掲注10）論文自治研究63巻5号121頁、古城誠「規制緩和理論とアメリカ行政法――規制の失敗と裁判所の役割」[1986-2] アメリカ法286頁（1987）が詳しい。古城論文288頁は、混成手続の内容を次の3点に要約している。①規則案を正当化するデータをも含めて公告する、②意見書提出期間中に行政庁が収集した情報を開示し、反対者の情報には随時反論する機会が付与される、③最終規則を公示する場合には理由を提示しなければならない。
16) 精査審査方式に関する邦語文献として、前掲注15）の諸論稿の他、古城前掲注14）論文223、248頁が詳しい。
17) SOURCEBOOK, *supra* note 11, at xv.
18) *Id. See also* Daniel J. Fiorino & Chris Kirtz, *Breaking Down Walls: Negotiating Rulemaking at EPA*, 4 TEMPLE ENVTL. L. & TECH. J. 29 (1985).

ところが当事者は自分に都合のよい情報や意見しか出さないことが多い。またこの意見聴取の手続は反対の当事者との間で意見交換を行ったり利害調整を図ったりするような仕組みにはなっていない。規則制定の過程、とりわけ規則案作成の段階で、利害の対立する当事者間の利害調整のチャネルは設けられていないのである。また望ましい規則案を作成するための建設的な話し合いの場が設定されているわけでもない。それゆえこのような過程を経て作成された規則はどの当事者にとっても不満足なものであることが多く、その結果、制定された規則につき多くの紛争を生じさせることになる。

こうした状況に直面して、関係者に支持される質の高い規則をより迅速に、しかもより安価に制定する方途はないものかという模索が始まるのは当然のなりゆきであろう。1980年代に入り学界や実務は、従来の規則制定手続または混成的手続に代わる新たな手続を構築する作業に取り組んだ。このうちもっとも有望視されたのが Reg-Neg 手続である[20]。合衆国行政会議（Administrative Conference of the United States (ACUS)）は、2度にわたっ

---

19) Reg-Neg の有効性を最も雄弁に論じ、Reg-Neg を用いた規則制定に自らも参画したのは、Philip J. Harter である。Philip J. Harter, *Negotiating Regulations: A Cure for Malaise*, 71 GEO. L. J. 1 (1982) は、Reg-Neg に関する最重要文献の一つであり、後に見る1982年のアメリカ合衆国行政会議（ACUS）の提言の下敷となった。Harter とならび Reg-Neg の推進者として特筆すべきは、Henry H. Perritt である。Henry H. Perritt, *Negotiated Rulemaking Before Federal Agencies: Evaluation of Recommendation by the Administrative Conference*, 74 GEO. L. J. 1625 (1986) は、同じく1985年の ACUS の提言の基礎になった論考を発展させたものである。

20) APA が規定する裁決や規則制定に代わる紛争解決制度もしくはこれらの行政決定の司法審査に代わる紛争解決制度または代替的紛争解決手法（Alternative Dispute Resolution (ADR) Technique）については、Reg-Neg 法の他に、最近の連邦法である「行政紛争解決法（Administrative Dispute Resolution Act）」が重要である。これについて ADMINISTRATIVE CONFERENCE OF THE UNITED STATES, SOURCEBOOK: FEDERAL AGENCY USE OF ALTERNATIVE MEANS OF DISPUTE RESOLUTION (1987) [hereinafter cited as SOURCEBOOK 2], Walter Gellhorn et al., *Alternative Means of Dispute Resolution In Government: A Sense of Perspective*, 1 ADMIN. L. J. 459 (1987), ALFRED C. AMAN & WILLIAM T. MAYTON, ADMINISTRATIVE LAW 276 (1993) 等を参照。

21) 合衆国行政会議は、連邦の行政機関の手続の改善につき調査、研究、勧告を行う行政機関であるが、同機関の組織や構成さらに任務等については、宇賀前掲注14）書239頁、常岡孝好編『行政立法手続』161頁（信山社・1998）がある。

て規則制定手続の改革に関する提言を行い、行政機関にReg-Neg手続を採用すべきことを推奨した。[22]

またこうした提言とあい前後して、行政機関のなかにもReg-Negが規則制定手続として有効かどうかについて実地に試験するものが現われた。[23]特に環境保護庁（EPA）は積極的にReg-Negという手法を用いて実際にいくつかの規則を制定した。[24]そのほとんどは従来の規則制定と比べて短時間のうちに制定され、しかも利害関係者に支持され、裁判所で取消を求められることもなかった、と報告されている。[25]こうした成果が上がったため、Reg-Negは環境行政において利害関係者、環境保護庁は言うに及ばず学界の一部にも好意的に評価する者が現れた。同時に他の行政機関でもReg-Negの有用性が試され、多くの場合比較的望ましい結果が出、Reg-Negの評判は次第に広まってきた。こうしてついに、1990年11月Reg-Neg法制定の運びとなったわけである。

3 本章のプラン

Reg-Neg手続は、利害関係者の幅広い参加を手続の眼目の一つとしている。そして関連する諸利益間で妥協・調整を図り、利害関係者のコンセ

---

22) 1982年ACUSは、いかなる場面でReg-Negという新しい手続手法を用いるべきかについてガイドラインを示し、同時にReg-Neg手続がどのような過程を経て行われるかを具体的に描き出し、行政機関は規則制定をReg-Negを用いて行うべきである、と推奨している。Recommendation 82-4, 1 CFR §305. 82-4. また1985年のACUSの勧告は、82年の勧告に従って実際に行われたReg-Negの経験に基づき、Reg-Negの協議会には、規則を制定しようとしているまさにその行政機関自身も協議会構成員として参加すべきであることなどを提言している。Recommendation 85-5, 1 CFR §305. 85-5. さらにRecommendation 86-8 も参照。
23) Reg-Negを用いて連邦行政庁が制定した規則（1989年6月30日までのもの）の一覧が、SOURCEBOOK, *supra* note 11, at 327 に掲載されている。
24) EPAの排出基準を達成できない大型エンジンについて製造者に科される罰金に関する規則（50 Fed. Reg. 35374）、緊急の必要に基づく殺虫剤使用の例外認可の手続に関する規則（51 Fed. Reg. 1896）、有害廃棄物処理場の許可基準改定に関する規則（53 Fed. Reg. 37912）、薪ストーブの排出基準に関する規則（53 Fed. Reg. 5860）、有害廃棄物の地下投棄を禁ずる立法を実施するための規則（53 Fed. Reg. 28118）、教育施設内でのアスベスト素材の除去に関する規則（52 Fed. Reg. 41826）等である。
25) SOURCEBOOK, *supra* note 11, at 23.

ンサスの達成を志向する。Reg-Neg 手続にあっては、規則制定の過程、とりわけ規則案の作成段階において、利害の対立する当事者間の利害調整のチャネルが設けられている。望ましい規則案を作成するための建設的な話し合いの場が設定されている。それ故このような過程を経て作成された規則案はどの当事者にとっても満足なものであることが多く、制定された規則につき裁判的紛争を生じさせることは比較的少ないといえよう。関連利益への適正な配慮という点、行政効率という点からして、Reg-Neg 方式は評価できる行政立法制定手続であるといえよう。そうだとすると、Reg-Neg 手続は、日本の行政手続、行政立法手続にとって誠に有意義な研究対象といえる。にもかかわらず、Reg-Neg や Reg-Neg 法について研究した著作はこれまでほとんど皆無であった。[26]

日本では Reg-Neg が未だ馴染みの薄い観念であることに鑑み、本章は、Reg-Neg とは何かを明らかにする。Reg-Neg の実例を紹介しながら Reg-Neg のプロセスを詳述したい。具体的には、Reg-Neg の成功例の一

---

26) 藤田宙靖「行政指導の法的位置付けに関する一試論」『行政法学の現状分析 高柳信一先生古稀記念論集』175頁(勁草書房・1991)はドイツの論考を介して Reg-Neg につながるアイデアを簡明に紹介している。行政と私人の間への Mediation（調停）の導入というものである。藤田教授はこのアイデアを次のように要約している。「行政・事業者・付近住民等利害関係者のいずれからも独立した中立の調停者（Konfliktmittler）を介在させ、この者の主導による非公式な形での一種の調停手続を行い、その結果全ての関係者が合意に達した時点で、その合意の内容に従った許可等の公式活動を行うというシステム」であると。ただしこうしたアイデアに対し、伝統的な公法学の考え方からは、「高権と手続き法の身切売」であるとの批判もなされているとのことである。このアイデアは直接的には Reg-Neg 法よりも行政紛争解決法が定めている制度にかかわるものである。ただ行政紛争解決法が導入した手続と Reg-Neg 手続との間には、行政外の中立的な第三者を用いて紛争や利害を調整しようという共通の発想がある。ともあれドイツでも調停制度という形でアメリカ法に起源を持つ手続の導入の可否が論じられているのは注目に値する。またドイツの学説を経由してアメリカ法の状況が伝わってくるという事態は誠に興味深い。ただこうした事態は、何も調停制度や Reg-Neg の問題だけにとどまらないであろう。ドイツの論考に表れたアイデアの源泉が実はアメリカにあったという例も少なからず存在するのではないかと思われる。もちろんその逆も多いであろうが。

なおマルチン・ブリンガー（大橋洋一訳）「ドイツ行政手続法の現代的課題——手続促進化の要請と法治国的・民主的手続原則との適合性」自治研究68巻9号3、14頁(1992)も参照。

つとされているEPAの家庭用薪ストーブ(woodstoveもしくはwood heaterもしくはwood combustion unit)の新規発生源性能基準(以下、「薪ストーブ性能基準」と呼ぶことにする)に関するReg-Negをとりあげ、この薪ストーブ性能基準がどのような事情からどのような過程を経て、最終的にいかなる内容の規則として制定されたのかを考察することにする。このように、本章は、薪ストーブ性能基準の策定に当たって利用されたReg-Negのプロセスを詳しく分析し、典型的なReg-Negの実態・過程・手続を分析したいと思う。そして、一般に、Reg-Negとは何かを明らかにしたい。

　Reg-NegやReg-Neg法を研究することは、日本の行政手続や行政法理論にとっていくつかの重要な意義を持っている。それらを列挙すると、第1に、行政立法手続に係る日本の現行法の解釈やさらなる法改正に向けた論議に有益な示唆を与えてくれるはずである。同時に行政計画・一般処分に係る手続を構想する際にも有益な示唆を与えてくれるに違いない。第2に、「公正」・「透明」という価値原理以外に踏まえるべき手続の構成原理が明らかになるはずである。第3に、コンセンサスを目指す日本の行政活動の問題性を考える上で有用な検討材料を提供してくれる。Reg-Negという手法はアメリカでしか行われていないアメリカに独自な手法であると見る向きがある。しかし必ずしもそうではない。実は日本にもこれに類する行政決定の方式が存在し、その例をいくつも挙げることができる。ただ、それらが完全に一致するのか、細部で微妙に異なるのか、または表面

---

27) ここで薪ストーブとは、薪、木片、木切れ等を燃料とする一般家庭で用いられる暖房器具のことである。薪、木片、木切れ等を燃料にするものでも開放式の暖炉やかまどは含まれない。規制の対象となる「薪ストーブ」とは具体的にどのようなものかについては、制定された規則に定義規定がある。Final Rule, Standards of Performance for New Stationary Sources; New Residential Wood Heaters, 53 Fed. Reg. 5860, 5873 (1988); 40 C. F. R. §60. 531 (1992).

28) 薪ストーブ性能基準にかかわるReg-NegはReg-Neg法が制定される以前のものである。それは、Reg-Negのアイデアの有用性を検討するためEPAが行ったいくつかの実験的試みの一つである。この点で薪ストーブ性能基準にかかわるReg-Negは、Reg-Neg法所定のReg-Negの姿そのものを正確に表すものではない。しかしながら、第10章で見るように、法制定前の実験段階でのReg-NegもReg-Neg法所定のReg-Negと基本的に異なるものではなく、薪ストーブ性能基準に関するReg-Negも法所定のReg-Negの一般的な観念を明確にする上で有用である。

上類似するだけで実質は全く異なるのかについては詳しい分析が必要である。それはさておき、Reg-Neg 手続と類似する日本の手続は、Reg-Neg 手続から見てどのように評価できるのか、何か問題はないのか。こうした分析・検討を行うためにも Reg-Neg の実態やその過程を解明しておく必要があろう。[29]

第1節　薪ストーブと規則制定

1　薪ストーブと規制の必要性

1983年の EPA の見積りによれば[30]、家庭用薪ストーブが合衆国全土で

---

29) Reg-Neg 研究は、日本におけるアメリカ行政法研究の偏りを正すという意味もある。つまり、アメリカの規則制定の統制に関する日本人の手による従来の研究の限界を明らかにすることができる。日本の研究者の関心は、これまで一般に、行政庁が賢明な規則を制定するためどのような措置を取らなければならないか、また利害関係者にどのような手続参加の機会を保障しなければならないか、さらにこれらを実質的に担保するためどのような司法審査方式が望ましいかという点に集中してきたといえる。紙野健二「アメリカにおける規則制定の法的コントロール」名大法政論集80号166頁（1979）は、略式規則制定についての最近の法的統制方法たる手続要件の付加または深化について考察している。古城前掲注14）論文223頁は、APA 制定当初の理解と比べて規則制定手続やその司法審査方式をめぐる判例法や学説が1960年代後半以降大きく変容したことを明快に整理している。同論文は規則制定に関わる新しい法準則として、紛争の成熟性が緩和されたことに加えて、①規則の合理性を規則が依拠した資料によって行政庁が立証しなければならないという「記録に基づく審査」、②精査審査方式、③混成手続が形成されたことが挙げられると述べている。また精査審査方式の採用は行政決定を厳格に統制すべきであるという1960年代後半以降の思潮の産物であると論じている。大浜啓吉「制限審査法理の変容と法の支配」『行政法学の現状分析　高柳信一先生古稀記念論集』479頁（勁草書房・1991）は、略式規則制定に関する司法審査の新たな方式である精査審査方式の構造を明らかにし、これと法の支配の原理との関係を考察している。また大浜前掲注10）論文自治研究63巻 6 号111頁は、混成的手続や精査審査方式がバーモントヤンキー判決によりどのような境遇におかれたかを中心に詳しい分析を行っている。こうした従来の研究は、ともすれば手続の準正式化（たとえば混成的手続（hybrid procedure））や精査審査（hard look review）方式に対し好意的評価を下し、その反面、手続の準正式化や精査審査方式から生ずる問題点についてあまり注意を払ってこなかったきらいがある。Reg-Neg に関する研究は、規則制定に関する従来の研究のこうした一面性を補いよりバランスの取れたものにするという意味がある。

30) Intent to Form an Advisory Committee to Negotiate New Source Performance Standards for Residential Wood Combustion Units, 51 Fed. Reg. 4800, 4801 (1986).

1060万台も利用されている。また毎年約100万台が新規に販売される見込みになっている。[31] 当時の全世帯数が8600万世帯程度であったことからすると約8世帯に1台の割合で薪ストーブが利用されていたことになる。[32] このようにアメリカでは家庭で薪ストーブが比較的多く利用されている。とりわけ森林地帯たとえばロッキー山脈地帯では利用率が高い。

石油ストーブやガスストーブではなく薪ストーブがこれほどまでに利用されているのにはいくつかの理由がある。まずアメリカは森林がかなり広範囲に広がっており木材や薪が豊富であることが挙げられる。豊富であることは安価であることをも意味する。森林地帯の中もしくはこれに近接する地域で薪ストーブが多く利用されているのは、安価な燃料用木材・薪を簡単に入手できるからである。一方ガスや石油は木材と比べれば高くつく。1970年代アメリカでもエネルギー危機があり、石油やガスの値段が一挙に高騰した。これが石油ストーブ・ガスストーブを敬遠して薪ストーブに鞍替えする大きなきっかけとなったと言われている。[33] 1990年代ではエネルギー危機は遠のいたといえるが、薪ストーブの利用は衰えていない。

さて、アメリカ全土で家庭用薪ストーブが広く利用されているため、これによる大気汚染が深刻な問題となった。特に森林地帯の中の人口密集地では、毎年冬になると薪ストーブ特有の臭いが漂いまたスモッグが町を覆うことになった。

1986年のEPAの推計によれば、[34] 薪ストーブの使用によって毎年大量の汚染物質が大気中に排出されている。その内訳は粒子状物質（particulate matter (PM)）270万トン、一酸化炭素740万トン、炭化水素6万2000トンである。このうち粒子状物質270万トンの中には多環式有機化合物（polycyclic organic matter (POM)）2万トンが含まれている。多環式有機化合物は空気中では粒子状物質の形状で存在するからである。さて仮にこれ

---

31) 1986年のEPAの推計によればこの数字は若干減っていて80万台程度とされている。*Id.*
32) 1985年の統計では、アメリカ合衆国の総世帯数は8680万世帯であった。山本正三監訳『世界データファイル1988』150頁参照（原書房・1988）。
33) Washington Post, Sep. 25, 1986, (Washington Home Section), at 5.
34) 51 Fed. Reg. at 4801.

までどおり毎年約100万台のペースで薪ストーブが販売されてゆけば、これによって新規に加わる排出量の増加は以下のようになるという。粒子状物質21万6000トン、多環式有機化合物1600トン、一酸化炭素58万4000トン、炭化水素5000トンである。汚染物質がこのように大量に排出されれば、当然人間の健康に悪影響を及ぼすことが懸念される。とりわけ多環式有機化合物の中には発ガン性物質もあると言われているだけになおさらである。また粒子状物質および一酸化炭素についてはこれらに関する連邦の環境基準に違反する州も出てきて、連邦法の遵守という観点からも問題が生じた。

2 規則制定に至る前史

薪ストーブによる大気汚染が深刻化したため、これを規制する必要が高まってきた。アメリカ合衆国の行政規制の多くがそうであるように、薪ストーブによる大気汚染に関する規制も州レベルから始まった。まずオレゴン州は、一定の排出基準を満たさない薪ストーブに承認を与えず、この承認のない薪ストーブの販売を禁じ、州レベルにおける薪ストーブ規制に先鞭をつけた。オレゴン州は木材資源が豊富な土地柄で、また環境保護に熱心な州としても有名であった。ただ、オレゴン州でこうした規制措置が導入されたのは、必ずしも環境保護ないし健康被害の防止という動機だけによるものではなかった。そこには州内の産業界の意向も反映していたのである。というのは、薪ストーブからの粒子状物質の排出によって、粒子状物質に関する連邦の総量基準たる全国大気環境基準（National Ambient Air Quality Standards（NAAQS））をオーバーする可能性があり、そうなれば汚染源になる新規工場の建設が州内で凍結されてしまうなど様々な制約が掛かってくるおそれがあったからである。かくしてオレゴン州では州の環境保護を担当する部局だけではなく、産業育成を担当する部局も薪ストーブ

---

35) Final Decision, Air Pollution Control; Regulation of Polycyclic Organic Matter under the Clean Air Act, 49 Fed. Reg. 31680 (1984).
36) 1983 Or. Laws ch. 333 §§5-8 (Woodstove Emission Control) (codified at Or. Rev. Stat. §§468. 630-655).
37) See, e. x., Deborah H. Jessup, Guide to State Environmental Programs 382 (1988).

による汚染規制に積極的に取り組んだといわれている。

　オレゴン州に続きコロラド州も類似の規制措置を導入した。さらに地方自治体のレベルでも、特にロッキー山脈地帯に位置するいくつかの自治体が薪ストーブを規制もしくは禁止する条例を制定した。このほかメイン、バーモント、マサチューセッツ、モンタナならびにワシントンの各州が薪ストーブによる汚染を規制する措置について検討を進めていた。

　このようにいくつかの州や自治体のレベルで規制制度が創設されたが、これにはいくつかの問題があった。特に薪ストーブ製造業者の立場からこれらの多様な規制措置は問題であった。たとえば、規制措置の内容が州や自治体によって不統一でまちまちな点である。これでは同じ製品でも州や自治体が違えばまったく別の規制を受けなければならず、規制を受ける業者としてはたいへん不便である。また規制の大枠や規制値が同じでも、試験方法が異なっていて、実際にはまったく異なる規制制度であることがある。この場合、同じ製品でも複数の異なる試験を受けなければならず煩雑である。そこで薪ストーブ製造業者から全国的・統一的な規制制度を導入すべきであるとの声が上がりはじめた。

　被規制者からの要望とは別に、環境保護団体などからも薪ストーブに関する全国的な規制制度の整備を要求する動きがあった。こうした動きは最終的に訴訟にまで発展した。大気清浄化法（Clean Air Act）の1977年の改正法122条は、多環式有機化合物による大気汚染が健康被害をもたらす危険性があるか否かを EPA は１年以内に決定しなければならない、と定めていた。そして、健康被害をもたらす危険性があると判定したとき、

---

38) William Funk, *When Smoke Gets in Your Eyes: Regulatory Negotiation and the Public Interest—EPA's Woodstove Standard*, 18 ENVTL. L. 55, 58 (1988).
39) Notice of Results of Rulemaking Negotiation, 51 Fed. Reg. 34672 (1986); Notice of Proposed Rulemaking and Public Hearing, 52 Fed. Reg. 4994, 4997 (1987).
40) Washington Post, Sep. 25, 1986, (Washington Home Section), at 5.
41) David Doniger, *Negotiated Rulemaking at EPA: The Examples of Wood Stove Emissions and Truck Engine Emissions*, 17 ELR 10251, 10252 (1987).
42) Steven Maviglio, *All Eyes on Oregon*, WOOD-N-ENERGY 28 (Nov. 1983); Funk, *supra* note 38, at 58.
43) 42 U.S.C. §7422 (1982).

EPAは多環式有機化合物について有害物質排出基準（National Emission Standard for Hazardous Air Pollutants（NESHAP））、新規発生源性能基準（New Source Performance Standards（NSPS））、全国大気環境基準（NAAQS）のいずれかを定めることになっている。ところがEPAはこの決定のための基礎研究または基準制定の前提になる基礎研究をほとんど行わなかった。そこで天然資源保全協会（Natural Resources Defense Council（NRDC））等の環境保護団体とニューヨーク州は、EPAを相手取って、多環式有機化合物を規制の必要な汚染物質に指定するよう義務づけ訴訟を提起した。1審判決が出された後[44]、EPAは大気中の多環式有機化合物がガンを引き起こすかどうか不確かであるという結論に達した。そして多環式有機化合物自体を規制するのではなく、これを排出する発生源規制を行う方がより有効な規制方法であるとの決定を下した[45]。天然資源保全協会およびニューヨーク州はこのEPAの最終決定をとらえ、その取消訴訟を提起した[46]。本訴訟は、1986年5月、最終的に和解によって解決された[47]。和解事項の中には薪ストーブの規制も含まれていた。それは薪ストーブが多環式有機化合物の主たる発生源の一つであったからである。ともあれEPAはこの和解の一環として、1987年1月末までに薪ストーブに関する新規発生源性能基準の規則案を作成し、翌年1月末までに最終規則を制定することを約束した。

第2節　薪ストーブ性能基準策定過程

1　協議会設立までの過程
（1）　規則制定予告公告

ニューヨーク州などとEPAとの間で最終的に和解がまとまる数か月も

---

44) New York v. Gorsuch, 82 Civ. 4695 (S. D. N. Y. 1982).
45) 49 Fed. Reg. at 31682.
46) NRDC v. Alm, No. 84-1473 (D. C. Cir. filed Sept. 18, 1984); New York v. Thomas, No. 84-1472 (D. C. Cir. filed Sept. 18, 1984).
47) New York v. Thomas, No. 84-1472 (D. C. Cir. filed Sept. 18, 1984) (Settlement Agreement of May 9, 1986).

前に、EPA は薪ストーブの性能基準を策定する決断を下し、これを1985年8月2日の編年体連邦行政命令集（Federal Register）（以下、「行政命令集」という）の告知を通じて公告した[48]（以下この公告を「規則制定予告公告」もしくは「予告公告」という）。この段階では Reg-Neg 手続を用いると明言していたわけではない。EPA は従来の規則制定手続と異なる「迅速な」手法を用いる方針であると述べるのみである。従来の方式に代えて迅速なものの採用を計画したのは、一つには後者の方が利点が多いからであるという。たとえば、短期間で規則が制定でき、結果として排出規制がより早期に実施できること、また規則制定の費用が節減できることなどを利点として挙げている。また従来の規則制定方式のように慎重な手続で基礎データを収集するまでもなく、既にかなり多くの情報が集まっていることも、迅速な方式を採用することに傾いた理由となっている。それでも実際に規則を制定するために必要な情報を完全に収集できているわけではなく、EPA はこの公告を通して薪ストーブの規則制定に役立つさまざまな情報・意見を提出するよう要請した。意見や情報の提出期限は約1か月後の同年9月3日であった。

さて Reg-Neg 手続を用いることが表明されたのは、規則制定予告公告から半年後に出された翌1986年2月7日の公告においてである[49]。この公告は薪ストーブないし家庭用木材燃焼装置の性能基準を策定するための協議会を連邦諮問委員会法（Federal Advisory Committee Act（FACA））に基づき設置することを公告している（以下この公告を「協議会設置準備公告」もしくは「準備公告」という）。ここでの協議会は明らかに Reg-Neg の協議会を指し

---

48) Advance Notice of Proposed Rulemaking, Standards of Performance for New Stationary Sources; Residential Wood Combustion, 50 Fed. Reg. 31504 (1985).
49) 51 Fed. Reg. at 4800-03.
50) 本件が Reg-Neg 手続を用いるのにふさわしい案件であると発案したのが誰であったのか明確ではない。天然資源保全協会の弁護士で協議会の当事者となった者によれば、EPA の多環式有機化合物に関する規制見合わせ決定に対する取消訴訟の過程で、業界側の弁護士と会合する機会があり、その席上本件が Reg-Neg を用いるのにふさわしい問題であるという認識を両者とも持つに至った、と述べている。Doniger, *supra* note 41, at 10252.

ている。

（2） 予備調査

　規則制定予告公告がなされてからこの協議会設置準備公告が出されるまでの経過を簡単に見ておこう。EPA は本件が Reg-Neg 手続により決定するのに適切かどうかについていくつかの予備調査を実施した[50]。ここで Reg-Neg のアイデアの発案者・推進者の一人 P. ハータが Convenor（以下、「発起準備人」と呼ぶことにする）に選任され[51]、彼を中心にして Reg-Neg 協議会の開催に向けて下準備が行われた。P. ハータはまず本件規則に関連する利益を同定し、かつまた利害関係者もしくは関係利害の代表者をリストアップした。続いて薪ストーブの性能基準の問題が、Reg-Neg 手続を用いるための EPA 自身の内部的選定基準を満たすか否か調査を行った[52]。この選定基準は、事案が Reg-Neg 手続を用いて規則を制定するにふさわしいものかどうかを選別するためのガイドラインである。基準の一例として次のような点が挙げられている[53]。関係する利益の数が比較的少数でかつそれらがバランスよく混じり合っていること、また利害関係者が誠実に交渉・協議に臨みコンセンサスに達することに強い関心を抱いていること、さらに関係する争点の数が限定されておりしかもそれぞれの争点について十分な情報があること、規則制定の最終期限が決まっているなど規則制定を急がせる時間的要素があることなどである。これらの基準を満たすことが Reg-Neg の成功条件であると受けとられている。ただ Reg-Neg 手続を用いるのがふさわしいと評価されるためにこれらの基準のすべてを満たすことは必ずしも必要ないとされている。

---

50)　一方、本件 Reg-Neg を進めた EPA の政策企画評価局は、EPA の大気保全企画・基準課（Office of Air Quality Planning and Standards（OAQPS））が Reg-Neg を用いるべき候補として本件を取り上げたとしている。Office of Policy, Planning and Evaluation, Memorandum: New Source Performance Standards for Residential Wood Combustion Units as the Next Regulatory Negotiation Item, *reprinted in* SOURCEBOOK, *supra* note 11, at 114 [hereinafter cited as Memorandum].
51)　SOURCEBOOK, *supra* note 11, at 332.
52)　51 Fed. Reg. at 4801-2.
53)　EPA Regulatory Negotiation Candidate Selection Criteria, *reprinted in* SOURCEBOOK, *supra* note 11, at 42 [hereinafter cited as Selection Criteria].

P. ハータや EPA の政策企画評価局（Office of Policy, Planning and Evaluation (OPPE)）の職員は、リストアップした利害関係者や代表者と何度も接触し、彼らが本件について誠実に交渉を行うことに関心が強いか否かを確認する作業を行った[54]。

（3） Reg-Neg 利用の予備決定

EPA は、これらの予備調査を基礎にして、関連利益ないし利益集団の数が少数であり、しかもそれらの間で勢力が適当に分散していると認定した。また EPA は前にリストアップした関係者が誠実に協議を行い規則を制定していくことに強い関心があるという心証を得た。さらに本件に関する基本的争点はいくつもあるものの、それらを解決するのに必要な情報は十分に入手しているかもしくは交渉の過程で十分に出てくると判断した。かくして EPA は、本件が Reg-Neg 手続を用いて決定するにふさわしい事案であると判断した[55]。

（4） 協議会基本規程の作成と認可

こうした判断を受けて、EPA の内部で Reg-Neg を実施するための様々な事務上の手続が進んだ。まず交渉を行う協議会の組織および運営の基本規程（charter）（以下、「基本規程」と呼ぶことにする）の原案が作成された[56]。そしてこれが共通役務庁（General Services Administration (GSA)）さらに行政管理予算局（Office of Management and Budget (OMB)）に送付されそこでの審査を受けた。

これらの一連の手続には連邦諮問委員会法の定めが関係している。連邦諮問委員会法によれば、「諮問委員会」を設置するに当たっては、諮問委員会の設置が公益に合致すると判断されかつ公告を行わなければならない。また組織および運営に関する基本規程を作成し GSA による審査を受けなければならない。この基本規程は GSA からさらに OMB に送付され審査されることになっている。Reg-Neg の協議会も、望ましい規則案はどの

---

54) 51 Fed. Reg. at 4801-2.
55) *Id.* at 4802.
56) これと並行して、交渉を行う組織としての協議会を設けるためその事前公告の文面を作成する作業が行われた。この公告が前に触れた協議会設置準備公告となるのである。

ようなものかについて行政機関に報告することになっており、この点でまさに行政機関に諮問する役割を果たす。したがって本件の協議会も連邦諮問委員会法のいう諮問機関と位置付けられ、連邦諮問委員会法の定めに則って公告を行い、また基本規程の審査を受けて設置されるという段取りがとられることとなった。

　本件の協議会の基本規程がどのような内容になっているのかを見てみよう。基本規程は全体で七つの項目について定めている。[57] 第1に基本規程の目的、第2に本件規則の根拠法条、第3に協議会の目的と活動範囲、第4に協議会の機能、第5に協議会構成、第6に会議、最後に継続期間である。第5の構成においては、まず会議の座長がEPA副長官により指名されるとしている。座長はFacilitator（以下、「ファシリテイタ」と呼ぶことにする）と言われている。協議会構成メンバーについても定めており、いかなる分野からメンバーが選ばれるべきかをリストアップしている。これによると薪ストーブ製造業者、触媒製造業者、薪ストーブの利用規制に関心のある公益団体、州および連邦の行政機関、その他の関係者となっている。またEPAの常勤職員が協議会の事務局長に任命されるとも規定している。その他小委員会を設けることも認めている。第6の会議の条項は、会議は連邦諮問委員会法に従って開催されることをうたい、なかんずく会議を公開すべきであると定めている。

　基本規程の作成はEPAの政策企画評価局を中心に行われた。政策企画評価局のスタッフが、協議会の組織・運営に関する基本規程の素案を作成した。そしてこれをEPA副長官に提出し、その署名を求めた。その後GSAとOMBの審査にまわされ、1986年3月18日、協議会の基本規程はGSAとOMBから認可を受けて正式に発効した。

（5）　協議会設置準備公告

　協議会の組織運営に関する基本規程の作成とほぼ並行して前に触れた準備公告の文面を練る作業が進んだ。これは協議会設置の方針を打ちだし、

---

57)　United States Environmental Protection Agency Advisory Committee Charter, *reprinted in* SOURCEBOOK, *supra* note 11, at 108-9 [hereinafter cited as Charter].

かつ協議会設置の準備を呼びかけるものである。その他準備公告は Reg-Neg による規則制定手続の全体像、協議会内部での会議手続についてかなり具体的な説明をしている。たとえば協議会の運営の基本原則、協議会の当事者、協議会の機関、協議会の手続等に言及している。この公告についても EPA の政策企画評価局が中心になって素案を作成し、これを EPA 副長官に提出し、その署名を求めた。1986年1月末 EPA 副長官の署名がなされた後、同年2月7日、行政命令集を通じて協議会設置準備のための公告がなされた。[58]

(6) 協議会メンバー候補者の確定

準備公告が本件規則制定手続全体の流れを説明していたことは前述のとおりであるが、その中には協議会開催にこぎつけるまでのプロセスに関する説明も含まれている。この説明は、本件協議会開催に至る現実のプロセスの概要を知るために有益なものといえる[59]。そこで、協議会開催に至るまでのプロセスに関する本公告の説明を紹介してみよう。それによると Reg-Neg 手続の流れはいくつかの段階を経ることになっている。まず第1に、Reg-Neg の協議会設置のため協議会基本規程の作成と審査、及び認可の段階がある。前述のごとく、EPA は本準備公告を発する以前に基本規程を作成し、GSA の承認を得るべく折衝を開始していた[60]。

第2に、協議会構成メンバーとして交渉の当事者となる者を確定する段階がある。既に述べたように、発起準備人が中心になって本件 Reg-Neg の協議会の構成メンバーの候補者に関し予備的決定が行われていた。これを受けて本公告は協議会メンバーの候補者をリストアップしており、リストアップされた候補者だけで十分かどうか、適切に代弁されていない利益が他に存在しないかどうかについて意見を提出するよう求めている。

---

58) 51 Fed. Reg. at 4803.
59) 準備公告の説明どおりの段取りで本件の実際の Reg-Neg が進められたというわけではない。そもそも本準備公告は意見書の提出を求めており、提出された意見に従い、公告の中に盛り込まれたプロセスや手続が修正されることを最初から予定している。ただここに盛り込まれたプロセスや手続は、本件の Reg-Neg の出発点となり、また本件で現実に用いられた手続の大枠を示していると考えられる。
60) 51 Fed. Reg. at 4802.

第3に、代表者の追加を認めるかどうかを決定する段階がある。準備公告に応答して新たな利害関係者もしくは新たな利益代表者が協議会への参加を要望してくることがある。このときファシリテイタと協議して、これらの者が本件規則によって実質的な影響を受けるかどうか、および彼らの代弁する利益が協議会メンバーの候補者により既に適切に代表されていないかを検討し、メンバーに加えるかどうかを決定する。本件 Reg-Neg では、準備公告にあがっていた協議会メンバー候補者と最終的に協議会メンバーとなった者との間には若干の異同がある。

さて以上のようないくつかの前提的作業はこの順序で行われたわけではない。基本規程の認可と協議会に参加する当事者の選定とはある部分並行して行われていたようである。その点でこれらの作業は順序よく段階的に進むというよりも、同時並行的・複合的に行われると言った方が正確であろう。

(7) **協議会設立会議**

これらの作業・段階を経て協議会構成メンバーが一応確定したら、いよいよ協議会開設の最終段階に入る。1986年2月12日、ワシントン D.C. に所在する全国紛争解決協会（National Institute for Dispute Resolution）の建物において午前9時から協議会の設立に向けた会議が開催され、交渉・協議を始めることの適否、交渉方法、交渉で取り扱うべき事項、その他手続問題について話し合うことになった。そしてこの設立会議において、Reg-Neg の協議会を設置し Reg-Neg を進めるべきである、との結論に至った。

協議会開設のためのこれらの準備段階がうまくクリアーできれば、ついに Reg-Neg の協議会が正式に開催される運びとなる。準備公告は、これ

---

61) Id.
62) New Source Performance Standards for Residential Wood Combustion Units Negotiated Rulemaking Advisory Committee; Establishment and Open Meeting, 51 Fed. Reg. 8241 (1986). ところで、準備公告は協議会開設が必要かどうかについても意見書を提出するよう要請しており、意見書の内容如何によっては協議会を設置しないこともあり得るとしていた。しかし提出された意見書には、協議会設置を阻止するほどの強力な反対意見は少なかった模様である。
63) これとは逆に、意見書等を考慮した結果 Reg-Neg の協議会を設置するにふさわしくないと判断したとき、または協議会の基本規程が承認されなかったときは自ずから結論が

についても暫定的な日程を組んでいる。それによると協議会の第1回会議は1986年3月12日全国紛争解決協会で開かれることになっている。この会議は公開である。

2　協議会での交渉過程
（1）　協議会開催公告

1986年3月10日、EPAは行政命令集において本件の協議会の設立を宣言し、かつ第1回会議の開催を公告した[65]（以下、この公告を「協議会開催公告」または「開催公告」と呼ぶ）。その中で、薪ストーブの新規性能基準について交渉を行うため協議会を設置するのが公益に資すると認められると述べている。本公告は、第1回会議の目的ないし議題として、手続問題に決着を付けること、実体問題に関する望ましい解決方法を探求し、これを用いて実際に問題解決の議論に取り掛かることを挙げている[66]。

ところで協議会設置準備公告においては、第1回会議は3月12日に開催されることになっていたが、本協議会開催公告によればそれが3月20日から21日午前にかけて行われることになっている。このように日程が延びた原因の一つは、協議会の基本規程がGSAの認可を受けるのが遅れたからである。連邦諮問委員会法により協議会の基本規程の認可があってはじめて正式に協議会を設置することができるのであるが、認可が下りたのはようやく3月18日になってからであった[67]。

（2）　協議会の会議

1986年3月20日、協議会は第1回会議をワシントンD.C.の全国紛争解

　　　　違ってくる。これらの場合Reg-Negのプロセスはそこで停止することになり、協議会設置を宣言する公告もなされない。
64)　準備公告は第1回会議の議題について定めている。それによると中心議題は協議会での交渉手続を確定することである。手続が決まればそれにしたがって基本的な問題を解決するための最良の方法を探求し、これを踏まえて実際に協議・交渉を始めることになっている。51 Fed. Reg. at 4802.
65)　51 Fed. Reg. at 8241. この公告は連邦諮問委員会法により要求された手続である。
66)　これはまさに協議会設置準備公告が第1回会議の議題として列挙していた事柄である。51 Fed. Reg. at 4802.
67)　Charter, *supra* note 57, at 109.

決協会の会議室で開催した。交渉当事者として参加したのは全員で16名である。その内訳はEPAの公務員1名、オレゴン州・コロラド州・ニューヨーク州の環境保護またはエネルギー開発関係の行政機関の担当者それぞれ1名、バーモント大気汚染規制プログラムから1名、公益団体を代表して、天然資源保全協会、アメリカ消費者連盟 (Consumer Federation of America)、オレゴン環境協会 (Oregon Environmental Council) からそれぞれ1名、薪ストーブ用触媒製造業者から2名、さらに薪ストーブ製造業界団体から1名、また二つの薪ストーブ製造会社から1名ずつ等である。ここで特に注目しなければならないのは、本件規則を制定する行政機関たるEPAからも協議会の構成メンバーが出ている点である。Reg-Negの協議会においては行政機関も行政の利益や立場を代弁する単なる一当事者でしかないのである。当事者として協議会に参加したEPAの公務員は、協議会の議長ではない。ましてや協議会の決定責任を負う者でもない。

ところで準備公告にも既に協議会構成メンバーの候補者リストが含まれていたが、そこに挙げられた候補者と実際の参加者とは若干異なっている。準備公告では連邦政府の利益代表者（＝EPA）1、州や自治体の利益代表者5、公益保護団体4、触媒製造業1、薪ストーブ製造業5の割り振りであった。しかし実際には触媒製造業の枠が一つ増えている。他方消費者保護団体が2から1に減っている。

準備公告や、協議会開催公告で予定されていたように、第1回会議では手続問題に関して集中的な話し合いが行われ、協議会の組織に関する議定書 (Organizational Protocol)（以下、「議定書」という）と題する文書がまとまった。これは全体で7項目からなっている。第1に参加者、第2に意思決定の方式、第3に合意の取り扱い、第4に当事者の権利義務、第5に会議の公開、第6に日程、最後にファシリテイタである。[68] 準備公告の中ですでに触れられていた項目が、ここでも現れているが、この議定書で新たに加わった項目もある。また準備公告の中に既に含まれていた項目についても、

---

68) Environmental Protection Agency Negotiating Committee for NSPS for Residential Wood Combustion Units, Organizational Protocol, *reprinted in* SOURCEBOOK, *supra* note 11, at 187 [hereinafter cited as Organizational Protocol].

より詳しい定めが入っている。この議定書については、第3節でやや詳しく触れることにする。この他、第1回会議では支援基金に関する議定書（resource pool protocol）と題する文書もまとまった[69]。これは協議会の活動のために作られた基金の利用方法や管理の方法について定めている。この基金は専門的な調査研究を行う資金として利用されたり、また遠方に居住しているなどで協議会への参加に多額の費用がかかる場合に補助するため利用されることになっている。

さて第1回会議では以上のような組織や手続さらには運営方式に関する話し合いの他に、実体問題についても討議がなされた。協議会で話し合われるべきテーマないしは討論されるべき事項として、既に準備公告において次のような九つの課題が挙げられていた。①本件規則の規制対象の範囲、②薪ストーブからの排出量測定方法、③排出削減のための最適技術、④基準の表示方法、⑤排出量の限界値、⑥基準の施行期日、⑦薪ストーブの性能承認システムの種類、⑧薪ストーブの消費者向け表示、⑨取り付け式触媒装置の問題である。基本的にはここに列挙されている事柄について協議が進んでいったものと推測される[70]。

---

69) Id. at 190.
70) 提出された意見書の内容によってこれらの項目は修正される可能性があった。ただ実際には準備公告で予告された事項について協議・交渉が進んだ。この点は第2回以降の協議会開催公告の中に準備公告に列挙されていた項目と同じものが挙がっていることからも窺える。

第2回の協議会開催公告は、製品表示（＝準備公告の⑧）、規制対象器具（＝同じく①）、実施期日（＝同じく⑥）等を議題とするとしている。New Source Performance Standards for Residential Wood Combustion Units Negotiated Rulemaking Advisory Committee; Meeting, 51 Fed. Reg. 11346 (1986).

第3回協議会の議題は、試験方法（＝準備公告の②）、薪ストーブ承認手続（＝同じく⑦）等であった。An Open Meeting of the New Source Performance Standards for Residential Wood Combustion Units, Negotiated Rulemaking Advisory Committee, 51 Fed. Reg. 16382 (1986).

第4回の協議会開催公告も、取り付け式触媒装置の問題（＝準備公告の⑨）、排出削減のための最適技術（＝同じく③）、および排出量の限界値（＝同じく⑤）等が議題として取り上げられる予定であると記している。An Open Meeting of the New Source Performance Standards for Residential Wood Combustion Units Negotiated Rulemaking Advisory Committee, 51 Fed. Reg. 18661 (1986).

ところで実際の協議の場でどのような討論が行われたのであろうか。この点に関する詳細で包括的な調査はできなかった。ただ協議会当事者の利益ないし関心はかなり明確であり、ここから各当事者がおおよそどのような趣旨の主張を展開したかを推測することができる。前にも触れたように、協議会参加者は大別して五つのグループに分けることができる。薪ストーブ製造業者、州利益の代表者、公益保護団体、触媒製造業者、ならびにEPAである。まず薪ストーブ製造業者が本協議会に参加した動機は、州や自治体ごとにまちまちな規制を回避し全国的に統一的な規制制度を確立することである。彼らは不統一な規制から生ずる経済的時間的負担を節減したいという願いを持っている。もちろん創設される規制から生ずる負担が少なければ少ないほど望ましい。たとえば、規制値が厳しいものではなく、その遵守が容易であればあるほど彼らにとって好都合である。また時間的観点からすると、規制制度の実施が遅いほど望ましい。[71] なんとなれば、新規発生源性能基準が導入されるときこれをクリアーできる製品開発に取り組まなければならないが、それにはかなりの時間がかかるからである。それだけではなく新製品の試験、承認にも時間がかかる。

次に州は、連邦により規制制度が創設されるといくつかの恩典に浴することができる。なかんずく州の財源ではなく連邦の財源で規制を行うことができ、結果として州財政の節約につながる。[72] 連邦による規制にはそれなりにメリットがあるが、さりとて既に薪ストーブの規制を制度化している州からすれば、既存の州規制の程度を大幅に緩和するような連邦規制の導入には承服できないであろう。[73] また連邦による規制が創設される場合には

　　　1986年7月の第5回協議会では、排出削減のための最適技術、および排出量の限界値等を議題とすることが示されている。同年8月の第6回協議会の目的は、規則素案についてコンセンサスを形成することであるとされている。New Source Performance Standards for Residential Wood Combustion Units, Negotiated Rulemaking Advisory Committee; Open Meeting, 51 Fed. Reg. 23468 (1986).
71) 実際、製造業者は製品開発・試験・承認までに十分な時間的余裕を確保するよう主張していたようである。Fiorino, *supra* note 13, at 66.
72) Funk, *supra* note 38, at 62.
73) Doniger, *supra* note 41, at 10252.

既存の州規制との整合性など連邦規制と州規制との相互関係も勘案するよう要求するであろう。本件の場合結果的にはオレゴン州の基準がたたき台になった模様である。オレゴン州を代表した協議会当事者は薪ストーブの燃焼効率についても基準の中に盛り込むべきであると考えていたようである[74]。

　公益保護団体のうち天然資源保全協会のような環境保護団体にとって、薪ストーブに関する全国的な規制制度の創設は、まさに団体自体の組織目的の一つでもあった。有害物質に関する厳しい規制が導入されることこそ彼らが望んでいたことであったといえよう。第1節2で見たように、天然資源保全協会は多環式有機化合物の発ガン性に警鐘を鳴らし、その規制に取り組むようEPAに働きかけ、はてはEPAに対し訴訟まで提起しただけに、粒子状物質の規制は悲願であったとさえいえよう。また彼らはこうした規制措置が一刻も早く導入されることにも関心が強かった[75]。天然資源保全協会を代表して協議会に参加した者は、規制が早期に実施されればみすみす何十万台もの薪ストーブを未規制のままにし排出を野放しにすることもなくなると述べている[76]。また消費者団体にとっても本件の規則制定は彼らの組織目的に資するものとなりうる。すなわち本件規則により薪ストーブに製品表示を付けることが義務づけられれば、これによって消費者は賢明な消費行動を取ることができ、彼らが追求する消費者の利益が守られるといえるからである。

　さらに触媒製造業者にとっては、すべての薪ストーブに排出を削減するための触媒の装着が義務づけられたり、触媒式薪ストーブと比べて非触媒式排出抑制型薪ストーブ（以下、「非触媒式薪ストーブ」ともいう）の基準が厳しくなったりして、結果的に自己の製造する排出削減装置の需要が高まることが大きな関心事である。

　最後に、環境保護庁は本件の汚染源に関する新規発生源性能基準策定についての所管官庁である。本件の規則制定に関しEPAは他の規制との整

---

74) Washington Post, Sep. 25, 1986, (Washington Home Section), at 5.
75) Fiorino, *supra* note 13, at 66; Doniger, *supra* note 41, at 10252.
76) Washington Post, Sep. 25, 1986, (Washington Home Section), at 5.

合性を考慮しなければならないし、また規制のための人的物的資源の制約という問題も抱えている。さらに EPA は他の参加当事者の誰よりも真剣に規則制定に取り組まねばならない事情があった。前に触れたように、EPA はニューヨーク州や天然資源保全協会との間の訴訟の結果、和解が成立し、これにより1987年1月末規則案を公告し、翌年1月末最終規則を公布することを義務づけられていたからである。

　このような当事者が参加して、1986年3月20日から月に1回のペースで合計6回の協議・交渉を重ねた。[77] そして同年8月20・21日の最終の協議会の場で主要な問題点について当事者全員が基本的な合意に達した。[78]

（3）　結果公告

　協議会の会議で形成されたコンセンサスを踏まえて、同年9月30日、本件の Reg-Neg の結果が行政命令集を通じて公告された[79]（この公告を以下、「結果公告」という）。結果公告には合意の内容が項目ごとにまとめられている。その項目は、規制対象の範囲、排出基準と施行期日、排出量測定方法、型式承認と監督方法、検査機関の指定、製品表示と利用者の手引ならびに記録保存および報告義務について定めている。合意内容は、要するに、薪ストーブ製造業者は指定検査機関が実施する試験に基づいて型式承認を受けることが義務づけられ、1988年7月1日から触媒式薪ストーブについての粒子状物質排出許容量は1時間につき5.5グラム、非触媒式薪ストーブについてのそれは1時間につき8.5グラムであり、1990年7月1日からそれぞれ4.1グラム、7.5グラムというより厳しい基準値を導入するというものである。

---

77)　それぞれの会議の日程は次のとおりである。第1回、1986年3月20・21日、第2回、4月17・18日、第3回、5月19・20日、第4回、6月11・12日、第5回、7月16・17日、第6回、8月20・21日である。いずれも2日間の日程でワシントンD.C.において会議が開かれている。このうち第3回を除いた他の会議はすべて全国紛争解決協会の会議室で行われた。

78)　51 Fed. Reg. at 34673, 52 Fed. Reg. at 4997.

79)　51 Fed. Reg. at 34672. この結果公告は、意見書の提出を求めるものではない。将来制定されるであろう薪ストーブの排出基準について事前に予告し、関係者とりわけ薪ストーブの製造業者に基準に適合する商品開発および販売計画を立てるよう呼びかけたものである。

規制対象についてスソ切りが行われている。ここには薪ストーブ製造業界内部の事情が反映しているようで、小規模業者に対する配慮がなされている。すなわち小規模製造業者については1988年7月1日から1年に限り規制値の適用が一定範囲除外されている。[80]

また先行しているオレゴン州の規制制度に対する配慮もいくつか見られる。たとえばオレゴン州が認可した器具のうち一定条件を満たすものは規制対象から除外している。また第1段階の規制値はオレゴン州のそれにほぼ匹敵するものとなっている。排出量測定方法においてもEPAが推奨している方法だけではなくオレゴン州が用いている方法でもよいとした。[81]

触媒製造業者の利害に直接関係する部分もある。触媒式のものは、旧式のものと比べて粒子状物質の排出が5割から9割程度抑えられるといわれているが、[82]合意された規制値は触媒式のものが旧式のものの約8割減、非触媒式のものが7割減の値となっている。しかしこれは非触媒式薪ストーブにとって若干厳しい基準であると受け取る向きもある。[83]もしそうだとすればこれが逆に触媒式のものの需要を高めるよう作用し、結果的に触媒製造業者に有利にはたらく可能性がある。

最後に消費者保護の問題も取り扱っており、消費者保護団体の主張にも配慮している。まず薪ストーブには2種類の製品表示を付けることを義務づけている。[84]一つは暫定的製品表示であり、排出量や効率性ならびに暖房効果に関する情報を提供するものである。他の一つは永久表示で、EPAによる法の執行について定める。また薪ストーブには製品利用の手引きを付けて排出量をコントロールするために必要な使用方法および保守点検方法について説明しなければならないことになった。

---

80) *Id*. at 34673.
81) *Id*. at 34673-4.
82) 51 Fed. Reg. at 4801. ただし非触媒式のものも、その後の技術進歩により、触媒式のものと変わらない程度の排出削減の結果を出している。
83) 協議会の構成は触媒式薪ストーブを選好する方向であったと批判する意見が出された。53 Fed. Reg. at 5863. ただ規制案は、触媒について3年間の品質保証する義務を触媒製造業者に課している。52 Fed. Reg. at 4996.
84) 51 Fed. Reg. at 34674.

第2節　薪ストーブ性能基準策定過程　*273*

3　交渉・協議後の過程
（1）　規則素案の答申

　協議会内部における討議は第6回目の最終協議会で終結し、その結果が結果公告を通じて広く一般に公表されたわけであるが、規則制定全体の過程はこれで終了したわけではない。APA の規定に基づく通常の略式規則制定手続の段階が残っているのである。すなわち規則案の公告と意見書提出の要請、実際の意見書提出とその検討、さらに規則の最終決定である。この段階に入るためにまず協議会手続から通常の規則制定手続に入る橋渡しの段階がある。それは協議会から規則の「素案」を EPA に答申するというものである。1986年10月24日、協議会から EPA に対して「家庭用薪ストーブ新規発生源性能基準」と題する規則の素案が勧告された[85]。結果公告が出てから1か月弱のことである。

（2）　合意文書の交換

　この勧告ないし答申を受けて、今度は EPA の内部で規則案の個別の案文を練る作業が始まるが、規則案が行政内部でまとまるに先立って、本件の Reg-Neg にとって極めて重要な行為が行われた。それは Reg-Neg の協議会当事者と EPA との間で合意文書が取り交わされたことである。ここにおいて EPA は協議会による答申に盛り込まれた素案に沿って規則案の前文を起草し、この前文と素案とを規則案の公告として公表することを確約した[86]。Reg-Neg の成果がそのまま規則案となることを保証したものといえる[87]。もっともこのことは Reg-Neg の協議会が作成した素案が最終規則になるということを意味しているわけではない。公告された規則案に

---

85) Environmental Protection Agency Negotiating Committee for NSPS for Residential Wood Heaters, Agreement, *reprinted in* SOURCEBOOK, *supra* note 11, at 207 ［hereinafter cited as Agreement］.
86) *Id.*
87) このことが何を意味するのかについては次節で詳しく検討する。ここでは次の点だけ指摘しておくにとどめたい。協議会で形成された合意が規則案さらには最終規則に反映する可能性がなければ、参加当事者は真剣に協議会での議論を行わないかもしれない。また最終決定に影響力を及ぼす可能性もない手続であれば、そもそもそうした手続に参加さえしないかもしれない。

対しては意見書が提出されこれをEPAが検討したうえで最終規則を制定するので、提出された意見書の内容によっては最終規則が素案と違ったものになる可能性は残っている。事実、後述のように、提出された意見書を踏まえ、最終規則は素案・規則案と違ったものとなっている。ただそれは全くかけ離れたものになっているわけではない。

　EPAの側でReg-Negの結果を規則案としてそのまま採用するという保証を与えた反面、EPAも参加当事者にReg-Negやその結果を尊重しまたはこれを無意味にしないよう要求している。EPA以外の参加者の義務として次のような諸点が取り決められた。[88] 公告された規則案が素案に沿った内容になっているとき、Reg-Negの当事者は批判的な意見書を提出してはならない。また素案が最終規則として採用されることに反対する行動を取ってはならない。さらに最終規則とその前文が素案に沿った内容のものであるとき、最終規則を裁判所で争ってはならない。同じく最終規則とその前文が素案に沿った内容のものであるとき、最終規則が第三者によって裁判で争われた場合、協議会参加当事者は裁判所に申立書を提出して、その中でReg-Negに参加し素案の内容に基本的に同意している旨を陳述しなければならない。当事者の側に各種の義務が課せられたのは、当事者がReg-Negの成果を後になって覆したり破壊したりするようなことを防止しようという趣旨である。

(3) APA所定の過程

　合意文書での取り決めに従い、EPAは素案に沿った形で規則案とその前文を起草する作業を進め、翌1987年2月それをまとめた。これを受けてEPAはAPAに基づき2月18日行政命令集を通じて正式に規則案を公告し、[89] 意見書の提出を求めた。と同時に、要求があれば公聴会を開催する旨公示した。

　公聴会の開催を求める意見書は一つも出されなかったが、規則案に対しては60を超える意見書が提出された。これらの中には単に規則案の個別の

---

88) Agreement, *supra* note 85, at 207-8.
89) 52 Fed. Reg. at 4994.

第2節 薪ストーブ性能基準策定過程 275

条項の解釈について質問するだけのものもあったが、中には規則案の問題点を鋭く指摘し改善を迫るものもあった。これらの質問や意見に対しEPAは逐一慎重に検討し、意見を取り入れるべきか否か決定した。意見を採用しない場合、EPAはかなり詳細な反論を行っている。他方いくつかの批判的意見を取り入れながら、EPAは規則案を手直しした。たとえば、規則案では調理用薪ストーブ（cookstove）も規制対象に含まれていたが、EPAはこれを対象外にする方針を採用した。

このようないくつかの修正を施したうえで、EPAは翌1988年2月26日最終規則を行政命令集を通じて公布した。これで1985年8月からあしかけ2年半にわたる薪ストーブ新規発生源性能基準に係る規則制定の全プロセスが終結したわけである。従来の方式による規則制定では4年かかること

---

90) たとえば、ある意見書は、本件規則案は薪ストーブに関連する大気汚染規制の四つの側面——ユーザー規制・燃料規制・煙突規制・機械器具規制——のうち最後の点のみを取り上げているだけで不十分なものである、と述べている。これに対しEPAは次のように反論する。これら四つのうち汚染規制に有効なものは主としてユーザー規制と機械器具規制である。確かに本規則案は機械器具の性能を規律するもので、これはユーザー規制としての役割を果たさない。しかし規則案は利用の手引で機械器具取扱方法に触れることとしており、かつこれに反する利用を禁止している。これはユーザー規制もなされているに等しい。53 Fed. Reg. at 5862. また薪ストーブの性能基準には一酸化炭素に関する規制値も盛り込むべきであるとの意見が出された。しかしEPAはこの提案を拒否し次のように述べた。一酸化炭素の排出基準を追加するとなると、基準の策定作業が錯綜し、規則の実施がさらに1年延びてしまう。触媒式にせよ非触媒式にせよ粒子状物質排出抑制型の器具は、同時に一酸化炭素の排出も削減できる。Id. at 5863.

91) Id. at 5864.

92) Id. at 5860. ここで最終規則の概要を紹介しておこう。本規則の規制対象は、家庭暖房用密閉式木材燃焼器具で、かまどやボイラー、調理用コンロさらには開放式暖炉は対象外である。この木材燃焼式暖房器具（wood heater）について2段階の規制が導入された。第1段階は、1988年7月1日以後に製造されもしくは1990年7月1日以後に一般消費者に販売される器具に関するもので、粒子状物質の単位時間当たりの排出許容量について基準を定めている。触媒式のものについては1時間当たり5.5グラム、非触媒式のものについては同じく8.5グラムである。第2段階は、1990年7月1日以後に製造されもしくは1992年7月1日以後に一般消費者に販売されるものについてのより厳しい基準である。同じく4.1グラムと7.5グラムである。第2段階の規制は、燃焼率如何にかかわらない排出上限値を定めている。規制値の遵守確保や監督に関して、本規則はEPAが指定した検査機関による検査とEPAによる型式承認制度を採用している。すなわち木材燃焼式暖房器具製造業者は、EPAが指定した検査機関に型式を代表する器具を提出して検査を受け、それが規制値を満足し検査に合格すれば、EPAが当該型式の全体を

も異例ではないといわれている。それゆえ２年半という期間はこれと比較するとかなり短いものであるといえよう。

第3節　協議会の手続と運営

協議会設置準備公告は、前述したとおり、協議会の運営の基本原則、協議会の当事者、協議会の機関、協議会の手続等について言及していた。またこの公告は、より詳細な協議会手続については協議会が構成された暁にその構成メンバー自身で定めるものとしていた。これを受けて協議会の組織に関する議定書（Organizational Protocols）が定まり、その中で協議会での交渉に関する基本原則、当事者の責務、協議会の当事者、協議会の機関、協議会の会議手続、ファシリテイタの任務等について詳細な取り決めがおかれた。以下、この議定書によりながら協議会の手続に関する諸点を検討してみよう。

　　承認するというものである。規制対象器具は暫定製品表示と永久製品表示を付けなければならない。暫定製品表示は、排出量、効率性および熱量に関する情報を盛り込んで消費者の選択の便宜に資することを目的とする。永久表示では、規制値達成に関する情報を提示する。また利用の手引を添え、その中で器具の利用方法・保守点検方法を説明しなければならない。器具が触媒式のものであるとき、触媒装置全体の２年間の保証、および触媒の変質に関する３年間の保証をしなければならない。また触媒装置は簡単に検査ができかつ取り替えができるものでなければならない。製造業者はさらに排出量に関する品質管理を実行しなければならない。最後に製造業者・指定検査機関は、関連情報を保存する義務がある。たとえば製造業者は、代表器具の検査データ、品質管理の結果、製造台数等に関する記録を保存しなければならない。

93)　Washington Post, Sep. 25, 1986, (Washington Home Section), at 5; STEPHEN G. BREYER & RICHARD B. STEWART, ADMINISTRATIVE LAW AND REGULATORY POLICY 609 (3d ed. 1992).

94)　準備公告も協議会の手続に関する定めをいくつか置いていたが、それらがそのまま協議会の手続として採用されたわけではない。準備公告自体は意見書の提出を求めこれに基づいて修正する含みのあるものであり、協議会の手続に関する部分も例外ではない。第１回の協議会の席上で採択された議定書には協議会の手続に関するかなり包括的な取り決めが盛り込まれている。これらは準備公告の中で既に現れていたものを焼き直しただけのもの、またはより詳細になったものがある。さらにそれだけにとどまらず、議定書によってはじめて付け加えられたものも多い。

1 手続の基本原則——コンセンサスに基づく決定

　議定書は意思決定の方式について定めているが、中でも協議会運営の基本原則として次のようにいう。協議会の運営はすべてコンセンサスによって行われると[95]。その上でコンセンサスの内容およびコンセンサスの形式を定めている。すなわちコンセンサスとは、すべての関連利益の合意である。またコンセンサスに達したとき、その内容を文書にしてすべての当事者の署名を受けなければならない。コンセンサスを目指すという要請は、実体問題について働くだけではない。手続問題についても、コンセンサスによる処理を目指すことになっている。

　このようにコンセンサスを指向する手続により最終的に実体問題についてのコンセンサスが形成されたとき、この最終合意たるコンセンサスをどのように取り扱うかという問題がある。この点、議定書は、EPA が Reg-Neg により形成されたコンセンサスに基づいて規則案を作成すると宣言している[96]。Reg-Neg の結果に拘束されながら EPA が規則案を作成したことは既に見たとおりである。

2 当事者の責務

　当事者の責務として、まず第１に挙げられるべき事柄は、誠実な交渉という点である。議定書は、すべての当事者は交渉の全局面で誠実に行動しなければならないと要求している[97]。これは参加当事者の義務であると同時に、他の当事者が不誠実に行動することはないということを一応保証したものでもある。また個人攻撃や偏見に満ちた陳述は許されないとも定めている。これも当事者の義務であると同時に、他の当事者がそうした交渉関係破壊的な発言を行わないことを保証したものでもある。

---

95) Organizational Protocol, *supra* note 68, at 187.
96) *Id*. at 188. 既に準備公告も、Reg-Neg の結果たるコンセンサスを規則案の基礎にするということを鮮明にしていた。51 Fed. Reg. at 4801.
97) Organizational Protocol, *supra* note 68, at 188. 準備公告もこの要請を明確に定めていた。51 Fed. Reg. at 4803.

3 協議会の当事者

議定書は Reg-Neg の当事者ないしは協議会参加者についてかなり詳しく定めている。それらは大別すると当事者となりうる資格に関するものと、当事者が持つ手続上の権利に関するものとに分けることができる。まず、協議会に当事者として代表者を送り込める関係利益について、議定書は次のように定めている。すなわち本件薪ストーブ性能基準により実質的な影響を受ける利益はすべて協議会において代弁されると[98]。これは当該関係利益保持者個人が誰でも協議会の当事者になれるということではない。協議会構成員として当該関係利益を代弁する者が必ず含まれるということを意味しているにすぎない。

当事者の資格要件について議定書は次のように定めている。すなわち当事者となる利益集団は、当該団体内で上級の地位にある者を代表者に選定して協議会に送り込まなければならない[99]。責任ある地位にある者のみが当該利益ないしは利益集団を代表して Reg-Neg の当事者となりうるわけである[100]。この点は行政機関の場合でも同様である。下級公務員が交渉当事者に任命された場合、この者がした交渉の結果を上級公務員、上級行政機関が覆す可能性がある。これでは交渉の結果生み出された合意の意味が無くなるし、また他の当事者の信頼を裏切ることにもなりかねない。それゆえ行政側の参加者も上級公務員が選任されるよう要請されている。

当事者の追加は基本的に認められている。これは協議会開催後でも可能である。但しこの場合、基本規程所定のように、総員で20名以内であることが必要で、かつ協議会の同意を要する[101]。

---

98) Organizational Protocol, *supra* note 68, at 187. 準備公告では、協議会構成メンバーにより代弁される利益とは本件規則により実質的な影響を受ける利益であることが必要であるとしている。51 Fed. Reg. at 4802.

99) Organizational Protocol, *supra* note 68, at 187. この点について準備公告は、交渉権限を授権された者でなければならないとしている。51 Fed. Reg. at 4803.

100) こうした要請が出てきた理由の一つは、協議会で達成されたコンセンサスが当事者の出身母体・利益集団内部でも容易に受け入れられるよう確保するということである。関係する利益集団内で責任ある地位にない者が交渉に当たったとき、たとえコンセンサスに達したとしても、このコンセンサスの内容を当の利益集団自体が認めないかもしれない。これでは交渉を行った意味が無い。

協議会当事者の手続上の権利について、議定書はいくつかの定めを置いている。まず当事者は適当と認められる者を同伴して協議会に出席することができる。但し当事者のみが交渉のテーブルについて自由に発言できる資格を持っている。[102] 発言権は交渉当事者にしかない。補佐人等には協議会出席権はあるものの基本的に発言権はない。

さらに当事者のための手続的保護について、本議定書はかなり立ち入った定め方をしている。中でも脱会の自由に関する定めが重要である。これは議定書ではじめて触れられた項目である。当事者はなんらの不利益を受けることなく協議会から脱会することができると定められている。[103] 脱会の自由が保障されていると、Reg-Neg の協議会への参加を計画している者は、安心して当事者となり交渉に臨むことができる。すなわち交渉・協議が進んで行く中で自己に不利益な空気が支配的となり、そのままの状態で推移していくと、本意ではない「コンセンサス」が形成され、しかもそれに従わなければならない拘束が生まれる危険性がある。しかし脱会の自由が保障されていればこうした危険を回避することができる。さらに議定書は、脱会した当事者の立場についてプレスと話し合ってはならないと定めている。[104] これは脱会の自由を実質的に保障する意味がある。なんとなれば脱会後にプレスから批判めいた論評を受ける可能性がなくなるので、脱会する際の心理的負担がより少なくなるからである。

手続上の権利の問題と同時に義務についても定めがある。議定書は、協議会の当事者は協議会の全体会議に毎回必ず出席しなければならないと定めている。[105] また当事者は出身母体の関心や立場を協議会の場で代弁するこ

---

[101] Organizational Protocol, *supra* note 68, at 187. 準備公告では協議会メンバーの人数は最大で25名であると予定していた。51 Fed. Reg. at 4802. また準備公告は、協議会当事者の追加を行うに当って EPA がファシリテイタと協議して決定するとしている。このとき EPA は、当事者として追加されることを求めている者の利益が、規則により実質的に影響を受けるか否か、及び当該利益が協議会の当事者によって既に適正に代表されていないかどうかを勘案しなければならないという。*Id.*

[102] Organizational Protocol, *supra* note 68, at 187.

[103] *Id.* at 188.

[104] *Id.*

[105] *Id.* at 187.

とが期待されている。同時に協議会が到達した合意を出身母体が受け入れるよう出身母体たる組織・集団に働きかけることが期待されている[106]。これは協議会の当事者とその出身母体との利害衝突の問題ないし利益集団内部の利害対立の問題を意識しているのである。

4 協議会の機関

協議会の組織としては、全体会議と作業グループそれに幹部会がある。協議会は作業グループを設けて個別の争点を処理させることができる。しかし作業グループは協議会に代わって協議会全体のために決定を下すことはできない[107]。作業グループの会合は、全体会議が開催される期日とその次の全体会議の期日との間に開催される。作業グループの会合の開催公告は、協議会メンバー全員になされる。

関連利益は連係して単一の代表者を選任しそれらで構成される幹部会を作ることができる。当事者はいつでも幹部会の開催を申し出ることができる[108]。

5 協議会の会議手続

議定書は会議の公開について定めている。この部分では議事録についても言及している。協議会の交渉は連邦諮問委員会法の規定にしたがって行われる。すなわち協議会の会議は事前に行政命令集で公告される。また、会議は公衆に公開された形で行われる。協議会は議事録を作成し、これを承認するものとしている[109]。またこの議事録は要求があればいかなる者にも利用を認めるとしている。

---

[106] Id. この要請の眼目は、要するに、協議会の当事者間で合意ができてこれをその出身母体に持ち帰ったとき出身母体たる組織・集団が受け入れないという事態が生ずることがあるが、このような集団内の対立により Reg-Neg 及びその結果たるコンセンサスが台無しにならないよう当事者自身が手を尽くすというものである。

[107] Id. at 187-8.

[108] Id. at 188.

[109] 準備公告は協議会の記録作成・保存義務に関する定めを置いている。そしてこの記録は公文書として公開の対象となる。51 Fed. Reg. at 4803.

議題について。議題を何にするかはコンセンサスによって決定する。
　情報の公開や秘匿についてきめ細かい取り決めがある[110]。(1)全当事者は関連情報を開示しなければならない。ただ全面的もしくは直接的な開示が不可能もしくは不適切な場合、これに代えて要約のみを提示するかまたは当該情報の一般的説明のみを行う。しかしこの場合、情報を直接に開示しない理由を提示しなければならない。(2)当事者は他の当事者の便宜に資するのに十分な情報を提供しなければならない。しかも会議に先だってこれを行わなければならない。(3)他の当事者が秘密にしている情報を漏らしてはならない。(4)協議会に提出された情報やデータは公文書となる。このように関連情報が事前にかなり広範に開示されるべきことが定められている[111]。各当事者が一般には秘匿している情報でも、協議会のテーマに関連する限り、原則として協議会構成メンバーに事前に提供しなければならず、しかも非公開にする場合には理由提示が義務づけられている[112]。
　議定書は会議日程の一環として協議会の最終期限を定めている[113]。第1回会議開催後1か月に1度の割合で会議が開かれ、4か月以内にコンセンサスに達しないとき協議会での交渉を打ち切るとしている[114]。また4か月を経ないでも協議会での交渉が非生産的と認められるときは当事者はいつでも会議を打ち切ることができる[115]。これらの場合、EPAが自ら規則案を作成すると宣言している。このように交渉が打ち切られた後にEPA自身が直接介入してくると定めているのは、協議会当事者の間でなんとか合意に漕

---

110) Organizational Protocol, *supra* note 68, at 188-9.
111) 実際、連邦規制より先行していたオレゴン州やコロラド州の規制に関する様々な情報が協議会の場で開示され、他の当事者はこの情報を慎重に検討する機会に恵まれた。このことが本件のReg-Negの最大の長所と受けとられている。Fiorino, *supra* note 13, at 67.
112) 一般には見せない情報でも他の当事者には原則として見せることになっている点で、かなり厳しい情報開示義務を課したものといえる。これは少なくとも協議会内では真摯に腹を打ち割って話し合おうというReg-Negの趣旨が現れているものといえよう。
113) Organizational Protocol, *supra* note 68, at 189.
114) このように期限を区切ったのは、集中的かつ迅速に協議会を運営して早期に規則案を練り上げようという意図から出たものである。
115) 既に述べたように、協議会は期限内に打ち切られることはなかった。また、当初期限は4か月であったが、最終合意まで約6か月間交渉・協議が継続した。

ぎ付けさせるよう刺激を与える意味がある。当事者間でコンセンサスが達成できなければ、EPA だけで規則案を作成することになり、そうなれば協議会当事者の意見が取り入れられる可能性はより少なくなる。こうした事態が発生することを予告することによって、協議会メンバーにこの望ましくない事態を回避する努力をさせようと企図しているわけである。

6 ファシリテイタの任務

議定書はファシリテイタ（facilitator）とその任務についても定めている。[116)]ファシリテイタは会議の中立的な座長ないし世話人である。ファシリテイタは、もっぱら協議会での交渉を円滑に進める役割を果たす者と位置付けられている。協議会参加者の間でコンセンサスができ上がるよう手助けすることが期待されている。協議会の当事者が協議を行う際これを補佐する任務を負う。そして当事者が難局に遭遇したときも、これを打開するためファシリテイタは当事者を支援する。そもそも協議会の手続に関して定めた議定書自体も、ファシリテイタの助言と指導によって出来上がったものである。このようにファシリテイタは手続が円滑に進むよう手を尽くすだけである。規則案の内容について自ら決定を行ったりしないし、行政規制の実体問題に介入したりもしない。本件の Reg-Neg でファシリテイタに選任された者は、Reg-Neg の推進者として有名な P. ハータ、および EPA の公務員（Allan Hirsch）の 2 名であった。

結びに代えて

1 Reg-Neg の特徴と日本法への示唆

（1） アメリカ合衆国は、1946年に一般行政手続法を制定して以来、既に60年の経験を積んでいる。制定当初から存在した規則制定手続の中心、すなわち行政立法制定手続の中心は、公告及び意見書提出手続（notice and

---

116) *Id.* 準備公告によれば、ファシリテイタの任務は次の 3 点である。第 1 に、協議会の会議の座長を務める。第 2 に、交渉過程を円滑に進めるよう助力する。最後に当事者がコンセンサスに到達できるよう支援する。51 Fed. Reg. at 4803.

comment procedure）と呼ばれるもので、利害関係者に広く意見の提出を求め、これに応じて提出された意見を検討した上で最終決定がなされる手続である。Reg-Neg 手続は、こうした意見提出手続では不十分であると判断された結果制度化された手続である。また、準司法的な行政立法手続では不適切であると判断された結果出来上がったものでもある。

　Reg-Neg 手続は、単に過程や結果の公正さを追求する手続ではない。同時に、関係利益のコンセンサスを目指す手続である。もちろん Reg-Neg の協議過程に参加した利害関係者の全員が100パーセント満足なコンセンサスに達することは基本的に不可能である。しかし、Reg-Neg の過程は、全参加者が100パーセントに近い満足な結論を得るべく交渉に当たり、全参加者は誰一人として、その利益を無視されることはない。こうした Reg-Neg 過程を通して策定される規則は、すべての関係利益が十分適切に配慮された内容になっていることが普通である。

　Reg-Neg 手続では、関連利益の代表者が集まって濃密な討議、協議が行われる。そして、必要とあれば取引、妥協、譲歩が行われ、全利益のそれぞれにとって最も満足のゆく結論を達成することが志向される。このように、濃密な協議過程があると、それだけ十分な意見交換ができ、取引や妥協もスムーズに進むことになるのではなかろうか。つまり、それぞれの参加者がある部分では譲歩しても、別の部分では大きな成果を獲得するということが起こりえて、どの参加者にとっても全体として満足のゆく結論になっていることが多いのではなかろうか。とにかく、Reg-Neg の過程は、参加者全員の Win-Win ゲームを目指して濃密な協議が行われるのが特徴である。[117]

　（２）　Reg-Neg 手続と比較すると、関係利益の幅広い参加といっても、濃密な協議ができない参加形態においては、全関係利益の適切な調整を行うことは期待できないことが多いであろう。行政立法を制定する行政機関に対して意見を提出できる機会を１回保障したくらいでは、必ずしも十分

---

[117]　Reg-Neg 手続にも限界はある。それは、関連利益のどれかが他の利益との調整や妥協ができないような性質の利益である場合である。たとえば、関連利益の一つが生命という不可侵の価値である場合である。

ではないといえよう。このような単発の意見提出では、提出意見が誤解・曲解されたりすることがあるほか、他の利益と満足な調整が図れないおそれがあるからである。他の利益の代表者と濃密な意見交換を行って初めて満足のゆく利益調整が行えることになるのではなかろうか。

　たとえば、行政立法を制定する機関が利益Aを確保することを意図して原案 $\alpha 1$ を作成しこれについて意見を求めたとしよう。このとき、利益Bの保護を主張する者Qが、原案 $\alpha 1$ に対抗する代替案 β を採用するよう主張して意見を提出したとしよう。そして行政機関は β よりも $\alpha 1$ の方が適切と考えてQの提案を拒否したとする。この場合でも、行政機関が公表した拒否の理由を踏まえて、Qは、「β が理想だが、それがダメなら、β の発想を一部取り入れた $\alpha 2$ でも構わないので、$\alpha 2$ を採用する可能性はないのか」と、さらに提案したいということがある。しかしながら、こうした次善の策の提案を行うことは、意見提出の機会が1回限りの単純な仕組みの下では、相当困難である。

　また、次のようなケースを想定してみよう。行政機関が利益Aの保護を狙って原案 α を作成したとする。そして、利益Aの保護を主張する者Pがこの原案に賛成の意見を表明したとする。しかし、利益Bの保護を主張する者Qが、原案 α に対抗する代替案 β を採用するよう主張したとする。これら両者の意見を慎重に考慮して行政機関が最終的に α を採用したとしよう。この場合でも、PとQとが交渉や取引を行えば、α や β のそれぞれの長所を活かした γ という代替案を創出できるかもしれない。つまり、Pがある部分でQに譲歩して、Qのある程度の満足を実現し、他方で、Qから別の部分で何か見返りを得て、結果として α でも β でもない、P、Qともに十分に満足できる γ を案出することができるかもしれない。しかしながら、行政機関とP及び行政機関とQとの意見のやりとりだけでは、P・Qの双方にとって十分満足のゆく解決策が得られる見込みはさほど高くはない。

　Reg-Negの協議会手続は、広く公衆に意見書提出の機会を与える公告及び意見書提出手続に加えて導入されたものである。したがって、Reg-Negの過程は、全体としてみると、コンセンサスの達成を目指す協議会

手続と、広く一般に意見書提出の機会を保障する手続との 2 種類、2 段階の手続からなっている。こうした仕組みを参考にすると、日本においても、意見を提出できる機会を 1 回限り与えるだけで十分かどうかさらなる検討が必要であろう。同時に、行政機関と意見提出者間のやりとりを複数回にすることで十分かどうかも吟味すべきであろう。そもそも行政機関とそれぞれの意見提出者間とのやりとりだけで済ませる手続で果たして十分かどうか、検討が必要であろう。対立する利害関係者間で濃密な協議や交渉を行って全体としてより望ましい最終決定を獲得するという方途があるのではないか、そしてまたこうした方途が有効であるのではないか。

（3） Reg-Neg の協議会は、全関連利益の代表者で構成され、代表者同士が集まって協議して規則案を作成する。この協議会は諮問機関の一種といえよう。実際、Reg-Neg の協議会は、アメリカの連邦諮問委員会法に則って設置されている。それゆえ、Reg-Neg の協議会は、日本の諮問機関の典型である政策提言型審議会または事務処理型審議会と類似している[118]。しかし、両者はいくつかの点で異なっている。日本の場合、審議会の構成員は、基本的に「学識経験者」等である。特定の社会成員または社会団体の代表者が構成員となる場合もあるが、その場合でも、それらの代表者は当該出身母体の方針に拘束されるわけではないとされている[119]。Reg-Neg では、「中立」、「公平」、「公正」な「学識経験者」が構成員となることは通常想定されていない[120]。協議会メンバーは基本的に関連利益の代表者である。そして彼らが出身母体の意向や被代表利益を協議会に伝達することになっている。彼らは、最も望ましい規則案を策定するという公的な任務を負っているが、それぞれの利益を代表するために協議会に参加し、そこにおいてそれぞれの利益が最大限保障されるよう代弁する。このよう

---

118) 「政策提言型審議会」、「事案処理型審議会」という概念は、塩野宏『行政法 III（第 3 版）』76-77 頁（有斐閣・2006）によるものである。ここでは、いわゆる三者構成の審議会や委員会は度外視することにする。
119) 塩野前掲注 118) 書 78 頁。
120) 「中立」、「公正」、「公平」な「学識経験者」は、むしろ Reg-Neg のファシリテイタに期待される資質である。

なReg-Negのあり方と比較すると、日本の審議会が「中立」、「公平」、「公正」な「学識経験者」を中心として構成されることは異様でさえある。[121] むしろ、諸利益の代表者を集めて審議会を構成し、その中で利害調整を図るのも、審議会のあり方としてありうる選択肢ということになる。

　日本の政策提言型審議会・事案処理型審議会とReg-Negの協議会とでは、その構成原理が違っているように思われる。前述のように、日本の審議会の場合、構成員は、基本的に「学識経験者」等である。単純に言うと、日本の審議会は、「専門家」が関与し、専門的知識経験を投入して最も妥当な内容の答申をまとめるという仕組みである。つまり、審議会は、様々な分野の「専門家」による公益判断のための機関といえよう。これに対して、Reg-Negの協議会では、構成員は、諸利益の代表者であり、彼らはそれぞれの個別利益を代弁し、他の諸利益と調整を図り、最も望ましい規則案を作成することを目指している。Reg-Negの協議会の構成員は、必ずしも「学識経験者」や諸科学・諸技術の分野で秀でた知識・能力を有する者ではない。[122] とにかくReg-Negにおいては、こうした個別利益の代表者による利益の総合調整を通してこそ、最も妥当な決定がもたらされるという考え方が基礎にあるのではなかろうか。つまり、「専門家」による「中立」、「公平」、「公正」な判断によって「公益」に資する判断ができるのではなく、個別諸利益の総合的調整の結果、または個別諸利益の適切な均衡によって「公益」に資する判断ができると考えているのではなかろうか。端的に言えば、Reg-Negの場合、濃密な協議の結果もたらされる関連諸利益のバランスこそが「公益」であると観念しているということである。[123]

　（4）　Reg-Negでは、Reg-Negの協議会という参加手続と、通常の規則制定の過程における参加手続と、2段階、2種類の参加手続がある。前者は、参加当事者をかなり絞って、それらの当事者間で濃密な協議を行う

---

121)　もっとも「学識経験者」が個別利益を代弁する例がある。
122)　もちろん、彼らも自分たちが代表する個別利益については、「専門家」以上に精通しているかもしれない。その意味では、個別利益に関する「専門家」といえる。
123)　なお、行政決定のあり方と公益論については、第7章第3節4、第4節参照。

ことを期待している。後者は、広く一般に参加資格を保障して、Reg-Neg の過程においてもすくい上げることのできなかった利益について意見の提出を求めそうした利益の保護を図ろうとしている。このように、2種類、2段階の参加手続が併存するという仕組みは、望ましい仕組みである。何となれば、Reg-Neg という参加者が限定された場において濃密な協議を行い、これによって基本的な利益調整を行い、行政立法の大枠ないし基本方針を打ち立て、その上で、広く一般の意見を求めて、足りない部分を補ったり、微修正を施して、完璧を期すことができるからである。日本において、審議会がパブリック・コメントを行う例がある。こうした例と Reg-Neg 方式とは類似している。それは、いずれも2段階の意見提出の仕組みがあるからである。審議会とパブリック・コメント手続とを併用する場合、それぞれの長所を活かす工夫が必要であろう。そして、審議会手続とパブリック・コメント手続との適切な役割分担が求められる。[124]

　日本の審議会手続の場合、しばしば問題となるのは、委員構成の公正さである。[125] 審議会の委員の人選が必ずしも公正ではないと批判されることがある。そこで、審議会委員の人選の公正さを確保する工夫が必要であろう。アメリカの Reg-Neg を参考にすれば、委員の人選においてパブリック・コメント手続を加味することが考えられる。つまり、行政機関が審議会の暫定的なメンバーを内部で固め、これを公表して、人選がそれでよいかどうか広く一般の意見を求め、落ちていると思料される利益を適切に代表できる者を提案してもらうのである。そして、この提案を検討して最終的な委員構成を確定するのである。

---

[124] 塩野前掲注118）書82頁後註(1)は、中央省庁等改革基本法30条が定める一定の審議会の原則廃止という方針について、妥当ではないと批判している。これに対して、藤田宙靖『行政組織法』94頁後註(47)（有斐閣・2005）は、この30条の規定を擁護している。その理由の一つは、政策提言型審議会の原則廃止という方針が、パブリック・コメント制度の導入とセットになっていることである。つまり、藤田裁判官の見解においては、パブリック・コメント制度が政策提言型審議会に取って代わることを狙っているといえよう。

[125] 審議会行政の問題点については、金子正史「審議会行政論」『現代行政法大系7　行政組織』113頁以下（有斐閣・1985）参照。

2　手続法制定の比較と今後の課題

　日本でもアメリカ合衆国でも、1980年代にほぼ時を同じくして、行政手続の在り方に関して様々な調査・研究が行われ、また試案や提言が出されたことは、誠に興味深いことである。両国のこの間の動きは行政手続の改革という点で完全に一致している。しかしながら、手続改革に関する両国の取組みを比較検討してみると、そこにはいくつかの重大な相違のあることがわかる。[126]

　（１）　第１に、アメリカの Reg-Neg 法制定に向けた一連の動きと対比

---

[126] 以下に本文に列挙する相違点の他に、基本的なところではまず既存の統一的な行政手続法が存在したか否かという点で両者は異なっている。Reg-Neg 法の場合、既に1946年の APA が先行している。日本の場合、1993年の行政手続法が行政手続に関する最初の統一的法典である。また従来の判例法との関係についても両者の間に違いがある。日本で行政手続法の制定が目指された背景には、過度の制定法準拠主義に凝り固まった最高裁の諸判決に学界関係者が業を煮やしていたこと、あるいは判例法の展開にそれほど期待を抱くことができなかったという事情があるものの、1991年の最終要綱案は基本的には先進的な従来の判例法理をふまえそれを体系化しかつまたいくつかの新しい手続ルールを創造したという面がある。参照、阿部泰隆『行政の法システム(下)』549頁（有斐閣・1992）。それは単なる現状肯定ないし確認にとどまらないものであると同時に単純な現状否定でもない。これに対して、Reg-Neg 法は、学界で比較的好意的に評価されていた判例法理の展開を肯定的に捉えず、むしろその問題性を克服すべく立法化が図られている。

　さらに Reg-Neg 法の場合、制定の過程で様々な実験的な試みがなされ、そこでの経験・教訓・反省を生かしながら最終的な成案がまとまったという点も特徴的である。理論が実用的、実際的かどうか検証される作業が組み込まれていたわけである。Reg-Neg 法が時限立法であったことから明らかなように、同法自体が手続改革のためのまさに壮大な実験なのである。日本の行政手続法制定の場合、立案関係者の間から1993年の行政手続法が手続改革または行政運営の改善のための単なる試行錯誤の一過程であるという声は聞こえてこない。少なくともアメリカのように６年後に見直すというような定め方はされていない。もっとも、1993年の立法は行政手続整備の出発点であり終着点ではないという指摘がなされている。塩野前掲注３）論文10頁。しかしこの指摘は、1993年に立法化が見送られた一般処分、行政立法、計画策定等についても手続的整備が必要であるという文脈のなかで言われていることであり、1993年の手続整備の対象となった「申請に対する処分」、「不利益処分」、「行政指導」の手続に関連して言われているものではない。とすれば、1993年の立法が数年先の再改革を織り込んで制定されたものであると見ることは誤りであろう。少なくとも上の三つの行為に関する手続についてはそうである。また、日本の場合、法案を固めるまでに関係省庁と様々な調整が行われたことは知られているが、新しく構想された手続が関係省庁で実際に用いられその有効性や問題性が検証・検討されたという事実はあまり聞かない。

すると、統一的行政手続法制定に向けた日本の取組みには「国際化」という点で際立った特色があったことを指摘することができる。類型的に見れば、アメリカ合衆国の取組みは国内問題指向型であるのに対し、日本のそれは同時に対外問題指向型であったということができよう。Reg-Negをめぐる論議やReg-Neg法の制定過程で外国法が参照された形跡はほとんどない。また国際的な問題に対処するため法制定が急がれたという事情もあまり見られない。むしろ法令や判例の行きすぎ、ないし問題点を是正して、より効率的で質の高い規則を制定するためReg-Neg法が出てきたものといえよう。

これに対して、日本の場合、まず主要国の行政手続法に関するかなり詳細な研究がなされた。[127] とりわけ法律案要綱（案）においては外国法の影響が顕著である。たとえばその公共事業実施計画確定手続にはドイツ法の影響が見られ、命令制定手続にはアメリカ法が色濃く反映している。また89年要綱案を作成する過程でアメリカ・ドイツ・フランスの行政手続が詳しく検討されたことは周知のところである。さらに最終要綱案を取りまとめた公正・透明な行政手続部会でも、その第3回、第4回の審議において、諸外国の行政手続法について報告と検討を行っている。[128] しかし最終要綱案において外国法研究の成果がどの程度利用されたのか、または外国法がどの程度取り入れられたのか定かではない。公正・透明な行政手続部会における外国法の検討は、外国法を参考にして具体の条文を起草しようという

---

127) こうした外国法研究の成果は、宇賀克也「アメリカ行政手続法㈠―㈢」自治研究63巻10号、11号、12号（1987）、高木光「西ドイツ行政手続法㈠―㈢」自治研究64巻2号、3号、4号（1988）、多賀谷一照「フランス行政手続法㈠―㈢」自治研究64巻5号、6号、7号（1988）等にまとめられている。またアメリカ法については宇賀前掲注6）論文、ドイツ法については、成田頼明「行政手続の法典化の進展――1976年西ドイツ行政手続法について」『公法の理論　田中二郎先生古稀記念論文集㈦』1655頁（有斐閣・1977）、海老沢俊郎『行政手続法の研究』（成文堂・1992）、高木光「西ドイツ行政手続法の動向――聴聞・理由付記に関する判例を中心に」神戸法学雑誌35巻3号689頁（1985）も参照。外国法研究の成果が最終要綱案や国会に上程された法案のどの部分にどの程度反映されたのかは今後綿密に検討する必要があるが、特殊日本的と評されることの多かった行政指導に関する規定を設けたことに端的に表れているように、最終要綱案は規律対象の面でアメリカ、ドイツ、フランスのどの法制とも異なる日本独自のものになっている。

128) 『全解説』前掲注1）書86、89頁。

のではなく、各国の行政手続法の現状を把握しておこうという程度のものであったかもしれない。この点は今後より深い比較法的分析が必要である。

それはともかく、日本の行政手続法の場合、その制定目的の一つとして国際的な問題を処理する必要性ということが明確に謳われている。行政手続法の法案作成までに出されたいくつかの政府文書は、行政手続を整備するのは、国民の権利・利益を保護するためであると同時に、行政手続の内外への「透明性」の向上を図ることが目的であるとしている。[129]

このように法制定の過程で立案関係者の目が国外に開かれていたが、他方その背景にきわめて強い「外圧」がはたらいていたということを看過することはできない。[130][131] もっとも、80年代から90年代初頭にかけての10年あまりの取組みのすべてが「外圧」に触発されもしくは強制されたものであったというのは誤りであろう。むしろ当初は、たとえば航空機疑惑の再発を防止するなどの国内問題に対処するため行政手続の整備が自主的に目指されていたといえよう。[132] また行政手続法の立法過程に参画した関係者の中には行政の適正化や公正な行政の実現を長年にわたり叫んできた者がいた。

---

[129] たとえば、1989年11月2日の「臨時行政改革推進審議会公的規制のあり方に関する小委員会報告」、1990年4月18日の「第2次臨時行政改革推進審議会最終答申」、1990年12月29日の「平成3年度に講ずべき措置を中心とする行政改革の実施方針について」と題する閣議決定、ならびに1991年12月28日の「平成4年度に講ずべき措置を中心とする行政改革の実施方針について」と題する閣議決定等参照。

[130] 1991年12月12日に出された臨時行政改革推進審議会答申でさえ、「国際化の進展に伴い諸外国からも、公正で透明な行政運営の確保を求める声が高まっている」と述べ、「外圧」のあったことを認めている。同旨の指摘をするものとして、梅木前掲注6）論文2頁、西村前掲注5）論文45頁参照。さらに堤口教授は、第2次行政手続法研究会が草案をまとめ法制化を急いだ背景には、当時日米間で貿易摩擦が高まり、アメリカ側から日本の非関税障壁の問題とりわけ行政決定過程の不透明さが槍玉にあげられたという事情がある、と述べている。堤口前掲注7）論文58頁。

[131] 公正・透明な行政手続部会の部会代理として最終要綱案の取りまとめに中心的役割を果たした塩野教授は、行政手続法典の制定について関係各省庁が理解を示すようになったのは、「日本の従来の行政スタイルに対する海外からの批判も……影響している」と述べ、「外圧」の影響を指摘している。塩野前掲注3）論文13頁。もちろん「外圧」の影響は行政手続法典によって手続的規制を受け従来の行政運営の在り方から脱皮しなければならない省庁と、行政手続法の法典化を推進してきた官庁とで異なるであろう。

[132] 航空機疑惑問題等防止対策に関する協議会は、1979年提言を出し、その中で長期的課題として一般的行政手続法を整備すべきことを要請していた。本提言を作成するに当り本協議会のメンバーの一人田中二郎博士の影響力が大きかったものと推測される。同旨、

こうした者がアメリカ等からの「外圧」に影響されもしくは「外圧」に屈して手続法制定に動いたということなどありえない。年来行政手続法典の必要性を主張してきた学界関係者で今回の立案過程に参画した者は、「外圧」の有無にかかわらず、立法化に向けて作業を続けてきたし、あるいは政府・議会に立法化を強く働きかけてきたと思われる。こうした学界関係者の真摯かつ地道な努力があったからこそ行政手続法の制定が成し遂げられたといえよう。その意味でこれらの学界関係者の取組みが手続法制定にとって極めて重要な意義を持ったということはいくら強調してもしすぎることはない。ただ、学界関係者が立法化に向けてそのような積極的取組みをしたからといって、それだけで実際に立法化が成就したかどうか不明である。ともあれ、80年代末に政府・関係省庁の取組みが急速に強まったのはアメリカからの「外圧」が一つの大きな要因であったと推測することができよう。

さて、この時期に統一的行政手続法の制定が声高に叫ばれた背景として

雄川前掲注4）論文124頁。博士は当時、「行政適正化への途」と題する論考を公にし、一般的行政手続法の制定は将来の課題であるとしても、行政運営の改善のため事前手続の整備が必要であることを力説していた。田中二郎「行政適正化への道——行政の司法統制と行政統制」松本烝治財団回報（1976）（同『司法権の限界』（弘文堂・1976）所収）、同「〈付録〉行政手続法の諸問題（目次）」『日本の司法と行政』222頁（有斐閣・1982）も参照。

133) 前掲注132）田中論文は、アメリカからの「外圧」とは無関係に、手続改革を提唱するものである。田中博士がこの論考の中で唱える手続改革は、行政活動の適正化および行政に対する国民の信頼を確保すること目的としているように思われる。すなわち行政活動の実態ないし行政運営の改善を目指す主張であると解される。もっとも、この論考が、具体的にどのような手続を制度化するよう提言しているのか明らかではない。それはともかく、田中博士の考えは、航空機疑惑問題等防止対策に関する協議会の提言に反映し、それがひいてはその後の統一的行政手続法制定作業の扉を開くきっかけになったという点で、重要な意義をもつものといえよう。ただ、法律案要綱（案）を皮きりとするいくつかの行政手続法要綱案をまとめるに当り田中博士の見解がどれほどの重みを持ったのか疑問なしとしない。田中博士に限らず、行政手続法の制定作業に携わった学界関係者が、アメリカからの「外圧」に心理的影響を受けて手続法の整備に動いたと考えることは困難である。

134) 「外圧」が一つの大きな要因であると述べたが、それはもちろん「外圧」によって手続規制の内容やそのあり方が具体的に指示されたとか強要されたということではない。たとえば行政指導が不透明であるという批判がアメリカ合衆国をはじめ西欧諸国から浴びせられてきたが、塩野教授は、法律案要綱（案）および89年要綱案の中に既に行政指導の

見逃してならないのは、日本行政法に決定的影響を与えてきているドイツをはじめとした西欧のいくつかの有力な国々が、その包括性の程度に差はあれ、行政手続に関する法を次々と整備してきた事実である。いわゆる先進諸国の中で行政手続法を持っていないのは、日本を含め僅かとなってきたのである。たとえアメリカからの手続法整備に関する強圧的な「要請」がなかったとしても、ドイツをはじめとする先進諸国のこの分野での法整備の進展もわが国の手続法の制定を促した要因の一つと考えられよう。ともあれ、日本の行政手続法の場合、外国や外国法の影響が強く働いたといえるが、どの時点で、どのようにこれらの影響があったのか、今後詳しく分析してみたい。こうした分析が日本法を理解する上で役立つはずである。

手続的規制に関する項目があることを例にあげ、行政指導に対する手続的規制というアイデアは外国の要請によるものではなく、自前のものであると述べている。塩野前掲注3）論文8頁。

135) 第2次世界大戦以後に限ってみても次のように多くの国々で行政手続の整備が図られている。周知のようにアメリカ合衆国では1946年に統一的な行政手続法（APA）が制定されている。ドイツでは1976年に一般行政手続法が制定された。フランスでは一般行政手続法の制定はないものの、1979年理由付記法が制定され、1983年11月28日のデクレにより限定的ながら一定の個別不利益処分に対して事前の公告と意見書提出の機会が付与された。イギリスでは、統一的行政手続に関する制定法こそないものの自然的正義の原則に立脚して判例法により行政手続の統制が図られてきた。また1958年の審判所および審問法は理由付記など行政手続に関する規定を僅かながら置いている。同法は一般的な行政手続法たることを志向せず、多様な行政手続の存続を認め、それらを裁判所による審査の下に置き、判例法によってそれらの手続の問題点を個別的に匡正していくという道を取っている。スペインでは1958年、行政処分と行政立法に関する手続法が制定された。さらにスイスやスウェーデンでもそれぞれ1968年、1971年に行政手続法典が制定されている。これら諸外国の行政手続法制を概観するものとして、海老沢俊郎「行政手続の法典化――西ドイツ・オーストリア」『現代行政法大系3　行政手続・行政監察』19頁（有斐閣・1984）、多賀谷一照「行政手続の法典化――ラテン諸国の行政手続法」『現代行政法大系3　行政手続・行政監察』43頁（有斐閣・1984）、熊本信夫「行政手続の法典化――英米系諸国」『現代行政法大系3　行政手続・行政監察』77頁（有斐閣・1984）、青木前掲注6）書231頁以下等がある。

136) 行政手続法の必要性を熱心に説いてきた者が、ドイツ法の状況にまったく影響されなかったか否かは明らかではないが、ドイツにおける行政手続法の制定により自己の主張の正当性が裏付けられたと考える者、あるいはこれにより意を強くした者が多かったのではなかろうか。田中二郎博士は、昭和36年当時、「第2次世界大戦後、諸外国が競って行政手続法の整備を企図しているのを見聞するにつけても、わが国においても、行政の実質的公正を保障するための一般行政手続法の制定の必要を痛感せざるを得なかった」と述べている。田中二郎「行政手続法の諸問題」公法研究23号85頁（1961）。こうした

(2)　第2の相違点は、手続改革の対象たる行為もしくは行為形式についてである。アメリカ合衆国のReg-Neg法は、規則ないし行政立法の制定手続のみを規律対象にしている。日本の行政審判に相当する正式裁決（formal adjudication）は対象になっていない。また日本行政法の第1次的処分たる行政行為を含む略式裁決（informal adjudication）もその対象になっていない。これに対し、1993年の行政手続法においては、結局、(1)申請に対する処分、(2)不利益処分、(3)行政指導といういずれも国民の権利利益に直接かかわる行政の個別的・具体的な行為形式を対象にしているのみである。一般処分、行政計画さらには行政立法に関する手続は意識的に考察の外に置かれていた。[137]このように両国の法律が規律の対象としている行政の行為形式はまったく異なっている。

　1993年の統一的行政手続法の制定にあたっては、行政立法手続等は結局先送りされることとなったが、このことは行政立法、行政計画、一般処分といったより多くの利害関係者に影響を与える行政決定について手続的整備をはかる必要性がないということでは決してなかった。これらの手続については引き続き研究がなされ、近い将来必ず立法化されるべきものであった。[138]幸い、2005年行政立法手続が法制化された。新たに法制化された「意見公募手続」だけで十分かどうか、また行政計画、一般処分の手続はどうあるべきなのか、残された課題である。前記1で触れたように、行政機関と国民との間で1回的な意見の交換を認めるだけの単純な手続では、

　　　　感想は1976年、当時の西ドイツ行政手続法の成立によりいよいよ強まったのではないかと推測される。雄川教授も1976年にドイツにおいて一般行政手続法が成立したことがいろいろな意味でわが国に強い影響を持ったということは否定できないと述べている。雄川前掲注4）論文119、123頁。手島教授も1984年当時行政手続に関する研究が増大しているのはドイツの先進的な学問状況に敏感に連動・反応している面が多分にあると指摘している。手島孝「『現代の立法』としての『行政手続法』」公法研究47号137頁（1985）。
　137)　1991年12月の臨時行政改革推進審議会の答申も、その「行政手続法要綱案取りまとめの基本的考え方」の中で、一般処分、行政立法、行政計画等の手続については将来の課題として調査研究が進められることを期待する、と述べている。『全解説』前掲注1）書6頁（1992）。
　138)　阿部教授は、「公益的観点から広く各方面から意見を聞いて、行政立法過程を透明にかつバランスのとれたものにすることは、……長期的にはぜひ必要なことである」と述べ行政立法手続等の整備の必要性を主張していた。阿部前掲注126）書555頁。芝池教授は

必ずしも十分ではないのである。

　（3）　Reg-Neg法と日本の1993年の行政手続法との第3の相違点は、それぞれのよって立つ行政観、行政法観あるいは行政法の目的が異なっているのではないかということである。学界ではこれまでのいくつかの行政手続法要綱案について、個々の論点についてはともかく、全体としてかなり好意的に評価するものが多いといえよう。[139]しかしながら他方でその基本哲学に鋭い疑問も投げかけられている。[140]たとえば、最終要綱案が想定する行政手続は、「自由と財産」を守るためにあるという自由国家の理念に立脚しており、結果として経済的自由権を過度に尊重することになるのではないかという批判がある。[141]論者は、国民がその生活を擁護するために行政権力を利用するという視点、現代的な福祉国家理念からの視点が最終要綱案にはほとんどないように見えるという。これは利害関係者の幅広い参加さらには行政による関連利害の調整という観点が抜け落ちているのではな

　　　行政立法や行政計画の手続的規制が将来の大きな課題であるとして、行政立法に関しては国民の民主的参加という見地から、行政計画に関しては国民の権利保護および国民の民主的参加という見地から手続の整備がなされるべきであると提言していた。芝池前掲注3）論文46頁。

139）　たとえば、杉村敏正教授は、第1次部会案のいくつかの規定について問題点を指摘しながらも、総じて「行政運営における公正の確保と透明性の向上を図り、もって国民の権利利益に資する」という目的にとって極めて有意義な規定が置かれている、と論評している。杉村敏正「行政手続法要綱案（第1次部会案）について」ジュリスト985号79頁（1991）。また橋本教授は、「［第1次部会案］の内容は行政運営における公正の確保と透明性の向上について十分に配慮し、国民の権利利益の保護に資するものといってよい」、「［第1次部会案］は全体としてすぐれている」と述べている。橋本公亘「行政手続法要綱案（第1次部会案）を読んで」ジュリスト985号82、86頁（1991）。

140）　藤田前掲注26）論文190頁は、日本の行政活動の多くが従来「紛争回避文化」の中で行われてきたことに鑑みれば、あるべき行政手続は「紛争文化」の法原理である適正手続の原則に従って構成されるべきではなく、「紛争回避文化」の法原理に基づいて構成されるべきであると主張している。

141）　原田尚彦「行政手続の意味」法学教室138号31頁（1992）。行政手続法研究会「行政手続法要綱案に対する対案」行財政研究13号7頁（1992）は、民主性ないしは参加の観点、および公正性、効率性の観点から、最終要綱案の個別の条項について検討を加え、これに対して詳細な対案を用意したものである。紙野健二・本多滝夫「行政手続法要綱案に対する対案について」行財政研究13号2頁（1992）、および原野翹「行政手続法要綱案に対する対案の発表によせて」行財政研究13号32頁（1992）は、この対案の基本的な考え方や作成の経緯について解説したものである。このうち紙野・本多論文は、最終要綱案は民主的契機の充墳が不十分であり、参加手続の保障が適切になされておらず、行政

いかという指摘でもある。

　こうした批判が正当かどうかは個別の条文にあたって今後より深く検討していく必要があろうが、それはさておき、Reg-Neg 手続はまさに利害関係者の幅広い参加を手続の眼目の一つとしている。そして関連する諸利益間で妥協・調整がはかられ、利害関係者のコンセンサスが目指される。利害関係者の参加と諸利益の調整を行うこうした手続が、行政や行政法に関するどのような思考の下に、どのように構築されているのかを見ることは、誠に興味深いことである。Reg-Neg という代替的な手続が提唱されてきた背景には、行政の役割や行政法の役割に関する基本哲学の変遷があったと見ることができる。先のように有力な批判もなされている日本法の現状を考えるとき、この新たな基本哲学を知ることは、大きな意義のあることである。今後、この点についての考察を深めたい。

　（4）　さらに、法制定の理念ないし目的または行政手続の原理のレベルでも基本的な相違が見られる。1991年12月の最終要綱案は、答申の表題やさらには答申案作成の母体となった部会の名称にも表れているように、行政手続を「公正」で、「透明」なものにすることを目的としている。ところが、「公正」・「透明」な行政手続をいわば専売特許にしてきたアメリカ合衆国では、Reg-Neg 法を制定するにあたり、「公正」・「透明」という価

　　　指導に関する規定は実体規定が中心である、と批判している。恒川隆生「行政手続法の統一的整備と行政指導改革」行財政研究10号14頁（1991）、本多滝夫『「公正・透明な行政手続法制の整備に関する答申」の検討』行財政研究11号19頁（1992）は、それぞれ第1次部会案、最終要綱案を批判的に検討したものである。

　　　なお最終要綱案取りまとめの立役者の一人塩野教授は、同要綱案が現代行政の要請に応えるところがない、また民主主義の観点に欠けるという批判を予測している。これにつき、同教授は現代的要請や民主主義の観点はむしろ命令制定手続、土地利用規制計画手続、公共事業実施計画確定手続等で取り扱われるべき事柄で、これらは将来の課題であると反論している。塩野前掲注3）論文10頁。ただ、申請に対する処分、不利益処分、行政指導という国民の権利義務に直接かかわる行為についても、いわゆる複効的行為で多数の関係者の利益に影響を及ぼす場合など民主主義の観点を重視すべき例は存在すると思われる。とすればこうした行為についても民主性の観点からの手続改革という課題は残されているといえよう。もっとも、この点については最終要綱案第10条や第22条の規定に注意する必要がある。今後これらの規定と民主主義の要請との関連の有無を十分詰める必要があろう。それはともかく、2005年の改正行政手続法による行政立法手続の法制化において、この課題が果たされたのかについては、本書第2章第5節1参照。

値が正面から強調されることはなかったといってよい。むしろ Negotiation（交渉）という言葉から、密室での取引や駆け引きということさえ連想されるのである。そこで、Reg-Neg 法は「公正」・「透明」という理念とは無縁のものであるとする向きがあるかもしれない。しかしながら、Reg-Neg 法の制定によって、規則制定手続の「公正」さという理念が廃棄されてしまったわけではない。というのは、まず、Reg-Neg 法は APA の一部改正法でしかないからである。その対象が限定されていることに端的に表れているように、Reg-Neg 法はこれまでの行政手続の全面的改変を目指すものではない。APA が規定している行政手続の諸原則・諸要件は基本的に存続している。規則制定手続に限って言えば、公正・透明を旨とした従来型の公告及び意見書提出手続はそのまま存続しているのである。それゆえ、「公正」な手続の要請は基盤として残っている。[142]

ただ、Reg-Neg 法が制定されたということ自体が、従来からの略式規則制定手続または混成的手続では不十分・不適切であるということを示している。言い換えれば、規則制定手続で強調されていた「参加」や手続の「公正さ」を志向する従来型の処方だけでは不適切であるということである。さて手続の「公正さ」や「透明性」に加えてあるいはこれらに代えてどのような新たな価値・理念が追求されなければならないのであろうか。そしてこの新たな価値・理念に基礎づけられた手続の具体像はどのようなものとなるのであろうか。Reg-Neg をめぐる議論はこれらの問題に示唆を与えてくれた。すなわち、Reg-Neg では、コンセンサスという価値原理が持ち込まれ、コンセンサスを達成するべく、関連利益の代表者が集まって協議会を組織して、そこにおいて交渉・取引を行い、望ましい規則案を作成するのである。

このように、Reg-Neg に関連してアメリカでコンセンサスというものが強調されていることに注目しておく必要がある。集団の和、合意、コンセンサスという観念はどちらかといえば日本的な（政策）決定の代名詞であった。[143] コンセンサスを重視する傾向は対立を回避する気質、紛争を回避

---

142) Reg-Neg 法が限時法であったことも重要である。同法は、別段の措置が講じられない限り、制定後 6 年で廃止されることになっていたが、1996年、同法は恒久法となった。

する意識と結び付いている。日本の行政スタイルを特徴づけている行政指導はまさにこうした観念と密接に結びついている。たとえば、行政指導が日本で蔓延している理由の一つとして、日本では行政に対し御上意識を持ち行政との争い事は望ましくない、という風土があると指摘されている。このような日本と比較すると、アメリカ合衆国は訴訟社会、競争社会であり、集団の和やコンセンサスが強調されることはまずないというのがほぼ「常識的」な見方であったのではなかろうか。

　アメリカ社会でコンセンサスが重んじられることが本当になかったか、あるいは少なかったかどうかはともかくとして、行政法や行政手続の脈絡でコンセンサスの意義がこれほどまでに強調されることは無かったのではなかろうか。Reg-Neg や Reg-Neg 法に関連してコンセンサスが重視されてきた過程で、コンセンサスといういわば新しい指導理念と従来からの価値とがほぼ必然的に対立や衝突を繰り返したはずである。そしてコンセンサスを追求する手続を構想するとき、APA に盛り込まれた個別の制度や手続要件と抵触をきたしたはずである。Reg-Neg 法の制定はこうした旧来の制度との矛盾・対立を調整したものといえようが、この調整の過程

---

143) 京極純一『日本の政治』207頁以下（東京大学出版会・1983）は、「内側」の世界での決定についてコンセンサスが重視される様子を次のように記述している。天下国家の大政治であれ、ムラ社会の政治であれ、はては日常身辺の小政治であれ、そこにはさまざまな政治制度が存在するが、その一つとして秩序に関する制度があるという。こうした制度は「内側」の世界と「外側」の世界とで異なるものである、「内側」の世界では、「和」の原理が秩序の制度となっているとする。そして「内側」の世界で利害の分化や対立が生じ決定が必要になったとき、「決定の主唱者ないしリーダーは、……時間と手間をかけた周到な事前工作（根回し）を用いて、コンセンサス（合意）を形成しなければならない」という。また、塩野宏『行政法Ⅰ』235頁（有斐閣・1991）は、相手方との一定のコンセンサスの下に行政がなされていくのが、日本の行政スタイルの特徴の一つであると指摘している。同「行政法と行政スタイル」ジュリスト929号118頁（1989）も参照。カレル・ヴァン・ウォルフレン『日本／権力構造の謎　上』61頁（早川書房・1990）は日本の政治・文化・社会の各方面についていくぶん辛辣な筆致で「分析」した書物であるが、その中で著者は日本の社会や文化の典型的な側面として、集団生活、会社・集団への忠誠、協調的な傾向、個人主義の欠如、なきに等しい訴訟闘争などを挙げ、これらは究極的に政治的な目的のために利用され維持されていると述べている。また同書は日本社会を特徴付ける「コンセンサス・デモクラシー（集団合意による民主主義）」や内的社会調和と呼ばれるものは実は日本の権力行使の本質を隠蔽するものであると指摘している。同書23頁および同『日本／権力構造の謎　下』178頁。

を考察するとき従来の制度が全体としてどのような構成になっていたのか再確認することができる。旧来の制度がかかえる問題点を克服するため新たな制度が要請されてきたとすれば、新たな制度を創設する前提として旧来の制度の問題点そして何よりも旧来の制度の何たるかを的確に把握しておかなければならないはずである。とすれば Reg-Neg 法制定の経過をつぶさに見ることによってそれまでの APA の構造の全体が一定の視角の下極めて鮮明に浮かび上がってくるはずである。今後、こうした視点から、APA の全体構造についても研究を深めたい。

---

144) 京極前掲注143）書208頁は、コンセンサスの調達が要求される背景として、伝統的な観念においては「内側」の世界の構成員全員が決定への参加資格を持ち、全員が拒否権を持つことに加えて、票決が割れることを構成員の目に見える形で提示することをできる限り回避すべきこととされているという事情があるという。

　　周知のように、アメリカ合衆国と比べて日本では人口当りの訴訟件数が少ないが、その理由として、日本独特の精神風土、文化が影響しているとの説明が従来支配的であった。この説の代表的主唱者は、徳川時代には個人個人が独立して存在し相互の間に社会関係を形成するという構造になっておらず、社会は、「イエ」・親類・部落・「ムラ」等の集団によって構成され、その中で諸個人の相互依存関係・協同関係が成り立っていたとする。このような小集団内の協同関係においては諸個人の権利・義務は確定的になっておらず、したがって、そこでの紛争も協同体的関係を破壊しないような形で「丸く収める」ことが望ましい、という。また権利を擁護することも日本では、自己中心的で平和を乱す行為と意識される傾向が強かったという。川島武宜『日本人の法意識』32、139、163頁（岩波書店・1967）。もっともこの説も様々な角度から再検討されつつある。参照、法社会学会編『法社会学』35号、36号、37号（1983-5）。田中英夫・竹内昭夫『法の実現における私人の役割』（東京大学出版会・1987）は、訴訟率の低さについて法意識・権利意識の低さから説明するのではなく、制度的側面——裁判制度が市民に利用しやすい制度になっているか否か——を強調する。さらにマーク・ラムザイヤー『法と経済学——日本法の経済分析』（弘文堂・1990）は、裁判官がどのような判決を下すのかについて当事者の予測可能性が高いことが裁判利用率の低さの原因であるとしている。

145) 阿部前掲注126）書378頁は、行政指導については、長いものにはまかれろ、御上と争っても損だとし、御上とは争うべきではないという伝統的な意識なり感覚なりが作用している、と述べている。千葉勇夫『行政指導の研究』36頁（法律文化社・1987）は、行政指導の存在理由の一つとして、御上意識や合意によって問題解決を図ることを好む国民性の存在を指摘する。

146) たとえば、田中英夫『アメリカの社会と法』249頁以下（東京大学出版会・1972）を見よ。同書は、「[アメリカ社会で法の役割が大きいということは] アメリカの社会が自己主張の強い者の集まりだということが、大きく影響しているように思われます。そういう社会では何となくまるくおさまるということを期待することがむずかしい。それだけに、公的な形での紛争解決に対する期待が大きくなる」と指摘している。同書253頁。マイケル.K.ヤング『「法」は日米を隔てるか』1頁（日本貿易振興会・1989）も参照。

第10章　交渉による規則制定法
(Negotiated Rulemaking Act)

はじめに

　アメリカ合衆国では1970年代、略式規則制定（informal rulemaking）をより慎重でより精確でかつより民主的なものにすべきであるとの声が高まった。これに呼応して、連邦控訴裁判所の大勢はAPA553条が定める手続よりも手厚い手続保障を要求し始めた。APA553条所定の手続は、規則案の公表と意見書提出要請、意見書の勘案、理由提示という三つの柱からなっているが、これに代えて控訴裁判所はいわゆる混成的手続（hybrid procedure）を要求したのである。その結果、手続はより慎重・公正になり、より十分なデータが収集でき、関係者の手続参加の機会もそれなりに増大した。しかし反面混成的手続には好ましからざる副産物もあった。それはまず、規則を制定するのにますます時間がかかることになったことである。それに、規則を制定するのに要する人手などの行政資源が従来にも増してかかることになった。さらに規則が裁判所で争われることが日常化してきた。

　このような状況の中、裁判所で争われることのないような良質な規則をより安価にかつより短期間に制定できないかという模索が始まった。すなわち代替的紛争解決（alternative dispute resolution）手法の導入を検討し始めたのである。そうした試みの一つとして「交渉（negotiation）」を用いるアプローチがある。1982年、アメリカ合衆国行政会議（ACUS）は、初めて、行政機関が交渉方式を用いて規則を制定すべきことを提言した。この

---

1) STEPHEN BREYER & RICHARD STEWART, ADMINISTRATIVE LAW AND REGULATORY POLICY 607 (3d ed. 1992).
2) Administrative Conference of the United States, Recommendation 82-4: Procedures for Negotiating Proposed Regulations, 47 Fed. Reg. 10,708 (July 15, 1982).

方式は交渉による規則制定（negotiated rulemaking または Reg-Neg（レグネグ））と呼ばれるが、それは規則案の内容についてコンセンサスをめざして関係利益の代表者が交渉するというものである。すなわち各種利益集団を代表する者ならびに行政機関・州・自治体を代表する者が協議会を組織し、そこで協議・交渉・取引を行い、彼らのコンセンサスによって最も望ましい規則の素案を作成し、これを行政機関に答申し、行政機関はこの答申を最大限尊重して規則案を作成していくというものである。行政機関の中にはこうした交渉方式ないしは協議会方式という新たな手法を実際に試してみるものも現れた。[3] そこでの経験などを踏まえ、1985年、ACUS は、交渉方式による規則制定についてさらなる提言を行った。[4] 1990年ついに議会も交渉を用いて規則を制定する手続に関する法律を制定した。これが「交渉による規則制定法（Negotiated Rulemaking Act）」である。[5] 議会はACUS の提言を大筋で受け入れてこの法律を制定した。

　本章は、この交渉による規則制定法の概要を紹介し、交渉による規則制定がどのようなプロセスで行われるのか、そして近時の交渉による規則制定に関する動きをまとめてみようとするものである。そして行政立法の策定手続においてアメリカ合衆国でどのような観点が強調されているのかを垣間みるつもりである。

　周知のように、日本では1993年行政手続法が制定された。しかしこのとき行政立法手続や行政計画手続、多数当事者手続などは将来の検討課題として先送りにされた。さいわい2005年行政立法手続について法制化がなされたが、あるべき行政立法手続についてさらに検討を深めておくことも無意味では無かろう。アメリカ合衆国の交渉による規則制定法は、こうした

---

3) 1989年6月末までに実施された交渉による規則制定の詳細なリストがある。NEGOTIATED RULEMAKING SOURCEBOOK 327-343 (David M. Pritzker & Deborah S. Dalton ed.) (1990).

4) Administrative Conference of the United States, Recommendation 85-5: Procedures for Negotiating Proposed Regulations, 47 Fed. Reg. 10,708 (July 15, 1985).

5) Negotiated Rulemaking Act, Pub L. No. 101-648, 104 Stat. 4969, codified at 5 U.S.C. §§ 561-570. 本法については、比山節男「アメリカ合衆国規則制定協議法逐条論点解説」大阪経済法科大学法学論集34巻61頁（1995）も参照。

日本のこれからの課題について準備的な研究をする際の好個の研究素材といえよう。

第1節　交渉による規則制定法の目的と特徴

　（1）　1990年11月29日に公布された交渉による規則制定法（以下、「本法」と略称する）は、その第2条で、議会の所見（Findings）と題して、本法が制定された背景事情について簡潔に説明している。それによると、本法が交渉による規則制定という新たな方式を打ち出した直接の原因は、行政機関の規則制定手続が対審的（adversary）ないしは準司法的なものに近づいてきたことにある。それは1970年代に特に控訴裁判所レベルで定着した混成的規則制定（hybrid rulemaking）手続もしくは書面聴聞（paper hearing）という方式である。議会の所見によると、こうした当事者対立的な規則制定手続には様々な欠点がある。たとえばある装置から排出される有害物質の規制基準を規則制定によって決する場合、装置の製造・販売企業側と環境保護団体とで利害が対立することがよくあるが、このような利益対立状況の中で当事者対立的な規則制定手続が行われると、企業側と環境保護団体とはあらゆる争点について互いに敵対的な態度を取りがちで、双方が意思疎通を図ることは少ない。これでは双方が有する情報、知識、専門能力を規則制定のために共有することはできない。そして互いに協調・協力してよりよい規則ないしはより満足のいく規則を策定することもできない。さらには制定された規則をめぐって、こうした対立当事者の一方もしくは双方から訴訟が提起されることが多いのである。

　議会は、当事者対立的な規則制定手続と比較して、交渉による規則制定にはいくつかのメリットがあることを強調する。まず交渉による規則制定手続を経て制定された規則は関係者によりよく受け入れられる可能性があるという。またこの方式による規則制定の方が規則の内容をよりよいもの

---

6) Negotiated Rulemaking Act, Pub L. No. 101-648, §2.
7) Negotiated Rulemaking Act, Pub L. No. 101-648, §§2(2), (3).
8) Negotiated Rulemaking Act, Pub L. No. 101-648, §§2(4), (5).

にすることができるとも述べている。さらに規則により影響を受ける者が当該規則を訴訟で争う可能性がより低くなるとする。最後に規則制定に要する時間が短くて済むという利点があるという。

（2）　このようにメリットの多い方式によって規則を制定することは、本法が存在しなくても法的に不可能ではない。事実本法制定以前にいくつかの行政機関が実際に交渉による規則制定方式を採用して規則を制定していた。各行政機関の組織法や作用法ならびに連邦諮問委員会法（Federal Advisory Committee Act）の制約の下で、交渉による規則制定の協議会を設けて規則の素案について協議を行い、コンセンサスを得て、それを規則案として公告する余地はあったのである。[9]しかし本法制定以前には交渉による規則制定方式はさほど一般的に採用されてはいなかった。これは一般に行政機関が交渉による規則制定という新規のアイデアに馴染みが薄かったことによる。また交渉による規則制定方式を採用する行政機関の法的権限が必ずしも確実なものではなかったことも原因である。このような事情の下で制定された本法は、交渉による規則制定方式という有用な方式を正式に認知しこれを周知させるという意味を持っている。

（3）　本法は、合衆国法典第5編の中のAPAの一部として法典化されている。本法は略式規則制定に関連した手続を定めているが、APAの553条が定める略式規則制定手続を廃止したり、その適用範囲を狭めたりするものではない。[10]APA553条自体は何ら改変されていない。むしろ本法はAPA553条に適合する追加的な手続を構想すると明言しているのである。[11]

APA553条による略式規則制定手続の要点は次の三つであった。第1に、行政が規則案を策定してこれを公衆に公告すること、第2に、利害関係者は規則案につき意見書を提出できること、最後に、行政機関は提出された

9）　Negotiated Rulemaking Act, Pub L. No. 101-648, §2(6).
10）　略式規則制定手続に関するAPA553条に変更はないが、略式規則制定で交渉方式が用いられる場合の規則制定の全プロセスは、従来の略式規則制定のそれとはかなり違ったものになっている。従来規則案は基本的に行政機関内部で行政機関のスタッフが独自に作成していた。ところが交渉による規則制定方式によれば、関係利益の代表者が集まった協議会において規則案の原案が作成されることになっている。
11）　5 U.S.C.A. §561.

意見書を参考にさらに検討して最終的な規則を作成しこれと当該規則の根拠もしくは目的の概要を公表することである。本法はこうした3段階の手続にプラスされる段階ないしは過程についての基本的枠組みを定めるものである。すなわち、行政機関が規則案を作成する前の段階に、関係当事者の協議の段階を組み込むというものである。関係利害の代表者だけではなく、当該規則を制定する行政機関自体を代表する者も加わって協議会を構成し、そこで満足のいく規則の素案について協議を重ねるのである。

ところで本法は略式規則制定手続の過程でこうした協議・交渉過程を常に用いるよう行政機関に義務づけるものではない。本法は単に略式規則制定においてこうした協議会方式を用いるよう行政機関に奨励しているだけである。[12] 行政機関が交渉による規則制定方式を用いるかどうかは基本的に行政機関の裁量に委ねられている。さらに特筆すべきは、本法は交渉による規則制定手続が規則制定がはらむ問題を解決する万能薬であるとは考えていないことである。それどころか、本法は、交渉による規則制定の手続が略式規則制定の病弊を治癒する様々な改革の試みを妨げるものと解されてはならないと定めている。[13] 本法は略式規則制定の改革のために他の新機軸を導入することや実験を行うことをむしろ奨励していると解することができよう。そもそもこの法律にはサンセット条項があり、制定後6年で廃止されることになっていた。[14] ここには交渉方式による規則制定が規則制定改善のためのいわば実験的な試みの一つであることが示されているといえよう。[15]

第2節　交渉による規則制定法の内容

交渉による規則制定法は全体で10条ほどの法律である。以下、主要な条

---

12) *See, id.*
13) *Id.*
14) Negotiated Rulemaking Act, Pub L. No. 101-648, §5.
15) 本法の目的条項も、本法が交渉による規則制定による実験を制約しようとするものと解釈されてはならないと定めている。5 U.S.C.A. §561.

文ごとにその概要を説明することにする。

1　協議会方式採用決定（563条)[16]

（1）　APAの563条によると、行政機関は規則案につき交渉・協議し規則案を策定するための協議会を設けることができる。ただし、それは行政機関の長が協議会方式すなわち交渉による規則制定方式を利用するのが公益に資すると判断したときに限られる。行政機関の長には、協議会方式を利用すべきかどうかについて裁量が認められているが、この裁量権の行使には制約がある。同条は、行政機関の長が右の公益に資するかどうかの判断をするときの考慮要素として七つの項目を列挙している。第1に、規則制定の必要性の有無である。第2に、当該規則により重大な影響を受ける利益の数が限定的であるかどうか、第3に、関係利益を適切に代表できしかも誠実に交渉する意欲のある者がバランスよく協議会に参加する見込みが大きいかどうか、第4に、協議会が一定期間内にコンセンサスに達する可能性が大きいかどうか、第5に、交渉による手続が規則の制定を不合理に遅延させないかどうか、第6に、行政機関がその資源を協議会につぎ込む意欲があるかどうかである。そして最後に、行政機関が協議会のコンセンサスを最大限規則案の基礎にする意思があるかどうかである。これらの考慮要素を勘案しながら行政機関は交渉による規則制定方式を採用すべきか否かを決定する。

（2）　同条はさらに発起準備人（convenor）の役割と義務について定めている。行政機関が交渉による規則制定方式を採用すべきかどうかを決断するには、前述のように、たとえば制定予定の規則によって重大な影響を受ける利益の数を検討する必要がある。このためそもそも当該規則によって重大な影響を受ける利益とは何かを明確にしなければならない。こうした作業を行うため行政機関は発起準備人を利用することができるのである。同様に、協議会方式の採否を決定するに当たって、行政機関は関係利益を

---

16)　5 U.S.C.A. §563. 本法のもとになった下院の法案の逐条解説については、see 1990 U. S. Code Cong. & Ad. News 6697, 6701-6706.

適正に代表できる者がいるかどうか、およびその者が誠実に交渉に臨む意思があるかどうかを確認する必要があるが、それには規則の制定によって影響を受ける関係者に直に接触してその問題関心、能力、人柄ならびに協議方式に対する意識などを調査する必要がある。発起準備人にはこうした調査を行うことも期待されている。その他発起準備人には協議会方式の実行可能性に関する予備調査を行うべきことが期待されている。

行政機関がいったん発起準備人を雇い、発起準備人に前記のような予備調査を行わせたとき、発起準備人は行政機関等に対して一定の義務を負うことになっている。563条b項2号によると、発起準備人は行政機関に事実認定を報告する。その際行政機関に対して勧告を行うことができる。[17] また行政機関の求めがあれば、発起準備人は協議会に参加する意欲のある適格な代表者の氏名を確認することになっている。

2 協議会設置公告と協議会メンバーの追加申請（564条）[18]

（1） 前述のように行政機関は発起準備人を利用してもしくは行政機関自身の判断で、協議会方式ないしは協議会における交渉方式を利用して規則を制定するかどうかを決定する。そして行政機関が交渉による規則制定のための協議会を設置すると内部的に決定したら、行政機関はその意向を公告することになっている。この公告は編年体行政命令集（Federal Register）（以下、「行政命令集」と呼ぶ）を通じてなされることになっている。また適当な業界紙（誌）等があれば、そこにも公告すべきこととされている。この交渉による規則制定のための協議会設置の意向を通知する公告を、以下「協議会設置公告」と呼ぶことにする。

協議会設置公告には様々な事項を盛り込まなければならない。前述した協議会設置の意向に加えて、策定予定の規則の主題や範囲、検討すべき争点、当該規則により重大な影響を受ける可能性の高い利益の一覧、これらの利益を代弁すると申し出ている者の一覧、行政機関の立場を代表する者、

---

17) これらの報告書や勧告は求めがあれば一般に公開されることになっている。5 U.S.C.A. §563(b)(2).
18) 5 U.S.C.A. §564.

行政機関が規則案を公告する目標期日をはじめとして協議会の活動の日程やそこでの協議事項、行政機関が協議会に提供するサポート体制等である。さらに行政機関は、この公告を通じて、協議会設置提案につき意見書を提出するよう呼びかける。

（２）　規則により影響を受ける者からすると、協議会方式が満足のいく結果を生み出すかどうかは、自分たちの利益が協議会の場で適正に代弁されるかどうかにかかっているといえよう。協議会の構成がどのようになっているのかは各利益、各利害関係者にとって決定的に重要である。行政の立場からしても協議会のメンバー構成が偏っていたのでは、必要な利益が協議会の場から抜け落ちてしまい、結果として適正な規則を策定できないおそれがある[19]。行政機関は協議会設置公告を出す前にすでに協議会の予定メンバーを内部的に固めており、実際この予定メンバーのリストを協議会設置公告自体の中に盛り込んでいる。このことは前述の通りである。

問題は、協議会設置公告に掲載された人物だけで十分かどうかおよび掲載された人物は適正な代表者といえるかどうか、ならびにそもそもそうした人物を加える必要があるかどうかである。本法は、こうした問題にも取り組んでいる。まず、協議会のメンバー構成について意見書を提出するよう協議会設置公告で呼びかけることになっている。

また一定の条件が満たされるとき、メンバーの追加申請が認められる。すなわち、規則の制定により重大な影響を受ける者が、協議会の予定メンバーとしてリストに掲載されている者では自らの利益を適正に代弁できないと信ずるとき、自らを協議会メンバーに追加するよう申請し、もしくは他の者を協議会メンバーに加えるよう推薦することができる。こうした自薦・他薦の協議会メンバーの追加方法についても協議会設置公告で説明す

---

[19]　ある論者は、すべての関係当事者が適正に代表されてはいない場合、交渉による規則制定は民主的正統性をもつとはいえない、としている。Susan Rose-Ackerman, *Twenty-Fifth Annual Administrative Law Issue: Comment: Consensus versus Insentives: A Skeptical Look at Regulatory Negotiation*, 43 DUKE L. J. 1206, 1211 (1994). しかしながら交渉による規則制定の民主的正統性の問題は、協議会レヴェルでのそれを取り上げて論ずるだけでは不十分である。協議会での交渉が終了した後も含めて規則制定の全プロセスを視野に入れて論ずる必要があろう。

べきことになっている。

　ところで本法は協議会メンバーの追加申請にあたり添付すべき書類、記載すべき事項をいくつか列挙している。まず、申請者・被推薦人の氏名とその者が代表する利益、次に申請者もしくは被推薦人が当該利益に関連する者を代表できると認められる証拠、さらに申請者もしくは被推薦人が協議会に積極的かつ誠実に参加するとの誓約書、最後に、協議会設置公告中のリストに掲載された人物では申請人の主張する利益を適正に代表できない理由である。

　（3）　前記(1)で見た意見書や(2)で見た申請書の提出は一定期間内に行われなければならない。この期限は行政機関が定めるものとされている。そして本法はこれにつき最低30日と定めている。そこで行政機関は意見書提出期間および追加申請期間として30日以上の期限を定めることになる。

3　協議会設置（565条）[20]

　（1）　協議会設置公告に対する意見書や協議会メンバーの追加申請があれば、行政機関はそれらについて逐一検討する。そのうえで協議会を設置すべきか否かについて内部的な最終判断を下すことになる。

　まず行政機関が協議会を設置すべきであるとの結論に達した場合。本法によれば、このとき行政機関は、一定の条件の下に、協議会を設けることができる。この条件とは、第1に、問題の規則により重大な影響を受ける諸利益を協議会が適正に代表していなければならない、ということである。第2に、問題の規則制定において協議会方式を実行することが可能でしかもそれが適切でなければならない、というものである。意見書や申請書を勘案しながら、行政機関は協議会の構成の適正さ、協議会方式の可能性・適切性を判定することになっているのである。協議会による交渉方式を採用することに決めたとしても、これらの条件が満たされなければ協議会を正式に設置することができないのである。[21]

---

20)　5 U.S.C.A. §565.
21)　協議会の設置や運営は、本法に別段の定めがない限り、連邦諮問委員会法（Federal Advisory Committee Act）に従わなければならない。5 U.S.C.A. §565(a)(1).

逆に行政機関が意見書・申請書等を検討した後交渉方式を採用しないという結論に達した場合。このとき行政機関はその旨を行政命令集等で通知しなければならない。その際理由も併せて提示することになっている。さらに行政機関は、協議会メンバーの追加申請を行った者にこれらの通知の写しを送付することになっている。

（2）協議会には各種利益の代表者が参加するわけであるが、当該規則に関する関係利益の数もしくは種類が増えれば、当然それらの利益を代表する協議会メンバーの数も増える。しかし協議会メンバーの数があまりに多すぎると、協議会での議論が拡散したり、議論の収拾がつかなくなることがある。あるいはそもそも議論ができなかったりすることもあり得よう。とにかく協議会メンバーの数が多すぎると様々な支障が生ずる恐れがある。そこで本法は協議会メンバーの人数の上限に関する規定を置いている。それによると、原則として行政機関は協議会メンバーの数を25名以内に抑えることになっている。しかし例外的に次のような場合には25名を超えることも可能である。すなわち行政機関の長が、協議会をうまく機能させるために25名を超える数のメンバーが必要であると判断したときである。またはメンバー間のバランスを取るため25名を超える人数が必要であると判断したときである。

4 協議会の活動（566条)[22]

交渉による規則制定は、関係利益の代表者が合意の上で規則の素案を作成するというものである。交渉による規則制定の協議会はまさにこの合意を形成する場である。本法はこの点を協議会の義務として次のように定めている。協議会はまず当該規則制定に関し行政機関が提示した争点を検討しなければならない。そしてこの規則の案に関しコンセンサスに達するよう努めなければならない。

ところでこの協議会方式の最もユニークな点は、行政機関を代表する者が少なくとも1名協議会メンバーとして参加することである。マクロに見

---

22) 5 U.S.C.A. §566.

第2節　交渉による規則制定法の内容　309

れば行政機関は当該規則の制定権者である。行政機関こそが最終的に自らの名で規則を発するのである。しかし協議会の場面では行政機関の位置づけは各種関係利益の一つでしかない。すなわち行政機関を代表する者は、他のメンバーと同一の資格と責任において協議会に参加し、そこで争点について討議するのである。行政機関を代表する者が他のメンバーよりも一段高いところにいるわけではない。また行政機関を代表する者が協議会を主宰するのでもない。あるいは協議会の議事進行役になることもない。[23]

　それでは協議会の議事進行はどのように行われるのか。協議会の議事進行役としてまた協議会メンバー間の討議を補佐する世話役としてファシリテイタ（facilitator）という座長が選任されることになっている。行政機関は、ファシリテイタとなる者を連邦政府の公務員もしくは民間人の中から指名する。[24] そして協議会がこれを任命する。この任命は協議会のコンセンサスによって行わなければならない。仮に、行政機関が指名した者につき協議会のコンセンサスが得られなかった場合、行政機関は新たなファシリテイタ候補者を指名しなければならない。協議会がこの新たなファシリテイタ候補者をも拒否した場合、今度は協議会自体がコンセンサスでファシリテイタを選出することになっている。前にも触れたように、行政機関を代表する協議会メンバーは、ファシリテイタになることはできないし、協議会での議事進行役になることもできない。[25]

　このようにして選任されたファシリテイタは協議会の議事進行を公平な

---

23) もっとも行政機関のスタッフの中から協議会のファシリテイタが起用され、この者が協議会のとりまとめ役として重要な役割を果たすことがある。しかしこの者と行政機関を代表して協議会メンバーとなっている者とは別である。

24) 協議会のファシリテイタは公平性もしくは第三者性の両面で疑いを抱かせるような金銭的その他の利害関係を持っている者であってはならない。ファシリテイタに誰を据えるかについて検討するとき、行政機関は上記の利害関係の有無を判定することになっている。5 U.S.C.A. §568(a)(2). なお民間人から協議会のファシリテイタを起用する場合、行政機関はこの者と雇用契約ないしは役務提供契約を締結する。5 U.S.C.A. §568(a)(1). ファシリテイタを雇う場合その費用は原則として行政機関が負担するが、合衆国行政会議議長の判断で合衆国行政会議が負担することもあり得る。5 U.S.C.A. §§569(c)(2), 569(f).

25) 5 U.S.C.A. §566(c).

立場で行うことになっている。また協議会メンバーが討議や交渉を行う際にこれを補佐するのもファシリテイタの任務である。この場合も公平な立場で行わなければならない。さらにファシリテイタは連邦諮問委員会法が要求する議事録および記録をつけこれを保管しなければならない[26]。このようにファシリテイタは協議会の主宰者であり世話人・補佐人であるといえよう。

　協議会の会議手続は協議会自身で定めることができるとされている。またAPA556条は、APA553条の略式規則制定の手続が協議会の手続には適用されないとしている。マクロに見ればAPA553条の規定が働く。すなわち協議会での交渉が終結した後の段階ではAPA553条の手続きに従わなければならない。しかしそもそもAPA553条の発想と本法が定める協議会の発想とではかなり異なるものがあるのである。

　本法は協議会の協議・討議・交渉の手続に関してほとんど規定を置いていない。わずかな例外の一つが協議会の報告書と記録に関する規定である。前に見たように、ファシリテイタは議事録や記録をつけなければならない。協議会は協議の終結時点で報告書を作成しこれを行政機関に送達することになっている[27]。まず協議会がコンセンサスに達したとき、協議会は規則案についての報告書を作成してこれを行政機関に送付する。逆に規則案につきコンセンサスに達しなかった場合。この場合でも部分的にはコンセンサスが得られているのが普通である。本法はこのコンセンサスが得られた領域について行政機関に報告するよう要求している。いずれの場合でも協議会は、適当と考えられる情報・勧告・資料を報告書に添付することができる。また協議会メンバーも情報・勧告・資料を報告書の付録の中に追加することができる。こうした報告書に加えて協議会は連邦諮問委員会法10条b項・c項が要求する記録を行政機関に提出しなければならない。

---

26) これらの議事録や記録は情報公開の対象になるが、ファシリテイタや協議会メンバーの個人的なノートや資料は情報公開の対象にならない。5 U.S.C.A. §566(d)(3).
27) 協議会から報告書を受け取った行政機関は、さらに、その写しを合衆国行政会議に提出することになっている。5 U.S.C.A. §569(d)(2).

5　協議会の解散（567条)[28]

　交渉による規則制定のための協議会は規則案を作成するための交渉・協議の場である。したがって協議を通じてコンセンサスが出来上がり規則素案が策定されればそれで一応の任務は終了したといえる。それゆえ協議会の討議がまとまり規則素案が策定され報告書等が行政機関に提出されれば、その時点で協議会は解散されてもよさそうである。しかしながら本法によると、原則として協議会は問題の規則が最終的に制定される時点まで継続することになっている。コンセンサスにより規則の素案ができあがりこれを行政機関に勧告した後も協議会は存続するのである[29]。もっとも問題の規則が制定された後には協議会は存続する必要がない。

　ところで、より早い段階で協議会を解散できる場合もある。それは第1に、協議会の設立憲章（charter）がこれを認めている場合である。第2に、協議会自体がこれを認めている場合である。最後に行政機関が協議会と相談の上決定した場合も最終規則の制定を待たずに協議会を解散することができる。

6　役務や施設の提供と費用支弁（568条)[30]

　行政機関は協議会を機能させるために他の行政機関や公的な付属機関から役務の提供を受けることができ、またそれらが有する施設を有償もしくは無償で利用することができる。ただこれらの場合それぞれの機関の同意を要する。さらに行政機関は自発的で無償の役務の提供を受けることができる。

---

28)　5 U.S.C.A. § 567.
29)　協議会がそのコンセンサスによる規則素案を行政機関に勧告した後も存続することになっているのは、協議会での協議が終結してからも協議会には一定の役割が期待されているからである。協議会でのコンセンサスによる規則素案に基づいて行政機関が規則案を公告したとき、利害関係者から様々な意見書が提出され場合によっては規則案が修正を迫られることがある。このとき、協議会が存続していれば、提出された意見書を協議会に投げ返し、協議会が意見書についてどう考えるかを確認することができる。行政機関はこのように協議会の見解を参考にしながら規則案を修正するかどうかを決めることができるのである。
30)　5 U.S.C.A. § 568.

協議会メンバーが協議会の活動に関して支出する費用は原則として自己負担である。すなわち交通費、日当、宿泊費等の費用は通例自前で支弁しなければならない。ただ遠方から協議会に参加する者はこれらの費用が大きくかさむことがあろう。また協議会の会議の回数が重なるときも同様である。とりわけ支援団体・業界団体等からの援助がない個人が協議会に参加するには、かなりの出費を覚悟しなければならない。これでは真に参加が必要と思われる者が費用面で折り合いがつかないため参加を見合わせるという事態が起こりかねない。こうした場合バランスのとれた協議会が構成されず、結果として満足のいく規則素案が練り上げられないおそれがある。

こうした不都合を防止するため本法は費用支弁に関する規定を置いている。すなわち行政機関は一定の条件を満たした者に協議会への参加費用を支弁できることになっている。ここで条件とは次の二つである。第1に、協議会のメンバーが協議会に参加するための費用を欠いていると証すること、第2に、その者が擁護する利益を協議会の場で適正に代表させるためその者の参加が必要であると行政機関が判断することである。とにかく協議会への参加が客観的に見て必要であるが参加のための資金が不足している者には、行政機関は参加費を補助することができるのである。

7　合衆国行政会議（ACUS）の役割（569条）[31]

合衆国行政会議（ACUS）は行政手続の改善などに関し政府に諮問する諮問機関である。ACUSは本法が制定される以前に2度にわたって交渉による規則制定手続を採用するよう議会に勧告を行ってきた。こうした経緯もあってか、ACUSには交渉による規則制定の実施の場面でも多くの責任が課されている。

まずACUSは、交渉による規則制定の協議会および交渉による規則制定について、行政機関からの相談に応じたり、これらについて行政機関に各種の情報を提供する。またACUSは、発起準備人あるいは協議会のフ

31）　5 U.S.C.A. § 569.

ァシリテイタとして経験のある者またはこれにつき関心のある者のリストを備え、要求があれば行政機関にこれを提供する。

さらにACUSの重要な役割の一つは、交渉による規則制定に関するトレーニングを行うことである。交渉による規則制定に関わる公務員や民間人に対し交渉の際の心構え、交渉の際の話し方なども含めて交渉による規則制定に関する各種の技術・技法を伝授するのである。民間人に対するトレーニングは有償である。

最後にACUSは交渉による規則制定に関し行政機関が支出する費用の全部もしくは一部を負担することができる。この費用負担は、行政機関からの申し出に基づいて、ACUSの議長が決定する。支払われるべき費用の範囲は、行政機関が発起準備人やファシリテイタに関し支出した費用、協議会メンバーに参加費として支弁した費用、ならびにトレーニングのための費用等である。これらの費用負担の決定はACUSの議長の裁量に任されているが、連邦行政部による交渉による規則制定の利用を促進するという見地からこの裁量判断を行うべきこととされている。

8　司法審査（570条）[32]

本法は協議会方式による規則制定について、審査可能性（reviewability）の問題と審査範囲（scope of review）の問題とに関する規定を置いている。まず協議会方式により制定された規則の司法審査可能性について本法が何ら影響を及ぼすものではないことを確認している。規則の審査可能性はAPAや他の特別法ならびに判例法によって定まるものであり、司法審査を受けられる規則の範疇を本法が拡大したり縮小したりすることはないということである。

次に協議会の存立や運営に関する行政機関の一切の行為は司法審査に服さないとしている。協議会方式による規則制定の全過程の中で行政機関は多種多様な判断・決定を行っている。たとえば協議会方式を採用するかどうかの判断、発起準備人を利用するかどうかの判断、協議会メンバーとし

---

32)　5 U.S.C.A. §570.

て公告される者を誰にするかの判断、メンバーの追加申請を認容するかどうかの判断、ファシリテイタとして誰を指名するかの判断、メンバーの参加費用を支弁するかどうかの判断、協議会が作成した案を規則案として採用するかどうかの判断、ならびにどのような内容の最終規則を制定するかの判断等々である。これらのうち最後のものを除いて他のすべての行為は協議会の設立や運営に関係する行為であるが、本法によればこうした各種の行為は司法審査の対象から外されている。

以上のように交渉による規則制定では交渉・協議段階における行政機関の各種行為は司法審査の対象から除外されている。ここには司法審査の対象となるのは最終的に制定された規則であるという前提がある。それではこの最終規則に対してどのような司法審査が施されるのであろうか。ある論者は、協議会での交渉により制定された規則は関係者が積極的に参加ししかも関係利益の調和の上にできあがったものであるから、内容的妥当性と民主的正当性を持つのであり、裁判所としてもこうした規則を尊重し、司法審査の密度は緩やかでよいはずであると主張する。[33]しかしながら本法は、交渉方式によって制定された規則に対する審査密度は通常の略式規則制定手続による規則に対するものより緩やかであってはならないと規定している。

第3節　交渉による規則制定のプロセス

それでは実際の交渉による規則制定はどのようなプロセスで行われるのか。ここでは環境保護庁（EPA）における交渉による規則制定について実例をも交えながら説明することにしよう。EPA は交渉による規則制定法

---

33) Philip J. Harter, *The Role of Courts in Regulatory Negotiation―A Response to Judge Wald,* 11 COLUM. J. ENVTL. L. 51 (1986); Philip J. Harter, *Symposium: Collective Ratemaking and Consensual Decisionmaking: The Political Legitimacy and Judicial Review of Consensual Rules,* 32 AM. U. L. REV. 471 (1983). 司法審査の範囲を限定したり、原告適格を制限したり、審査基準を緩める上のハータの議論に対しては強い批判がある。*See,* Patricia Wald, *Negotiation of Environmental Disputes: A New Role for the Courts?,* 10 COLUM. J. ENVTL. L. 1 (1985).

が制定される以前から最も積極的に代替的な紛争解決手法を取り入れようとしてきた。そして交渉による規則制定により良質な規則が短期間で制定できるのかどうか実際に試していた。交渉による規則制定法が制定されてからもEPAは積極的に交渉方式を用いている。とはいえEPAによる規則制定全体の中で交渉方式によるものの比率は低い。しかし他の行政機関と比較すると、EPAは数の上でもまた比率の上でも最も積極的に交渉方式を利用しているといえよう。

　EPAにおける交渉による規則制定は一般に次の五つの段階から構成されている。第1に事前評価段階、第2に予備調査段階、第3に協議会設置段階、第4に協議・交渉段階、第5に協議後の段階である。以下それぞれの段階がどのようになっているのかまたはそこでどのようなことが行われるのかを概観することにする。

1　事前評価

　この段階はあるイッシューが交渉による規則制定方式を利用して規則を制定するにふさわしいかどうかを行政機関内部で判定する段階である[34]。EPAは、争点、関係利益および規則制定の期限を明らかにする。そしてEPA内部の判定基準に照らして、当該案件が交渉による規則制定を利用するにふさわしいかどうかについて予備的な判断を下す。この判定基準は、交渉による規則制定法が制定される前にEPAが行った交渉による規則制定の経験や交渉による規則制定に関する各種の文献から抽出されたもので

---

34) ある問題が交渉による規則制定方式を利用して解決するのが望ましいということをEPA自身で発案することが普通であろうが、当の問題の関係者が発案しEPAに交渉による規則制定方式を採用するよう促すこともあるようである。Philip J. Harter & Daniel Finkelstein, *The Coke Ovens' Regulatory Negotiations: From Choking Controversy to Consensus Relief*, 2 J. ENVTL. PERMITTING 343, 344 (1993).

35) どのような場合に交渉による規則制定方式を用いるべきかについては様々な提言やガイドラインが打ち出されている。*See, e. x.,* Philip J. Harter, *Negotiating Regulations: A Cure for Malaise,* 71 GEO. L. J. 1, 42-81 (1982); Henry H. Perritt, Jr., *Administrative Alternative Dispute Resolution: The Development of Negotiated Rulemaking and Other Processes,* 14 PEPPERDINE L. REV. 863, 875-892 (1987); Lawrence Susskind &

ある[36]。それは交渉による規則制定が成功するための条件であると考えられている。

判定基準は大きく二つの側面を対象にしている。一つは案件の性格であり、他の一つは関係利益を代弁する参加者である。案件の性格に関する基準として、たとえば、根本的な価値問題もしくは極端に議論の分かれる国家政策的問題を含まないこと、問題の規則制定の政策的な影響が他の領域に及ばないこと、基礎になる事実が十分明らかになっていること、争点の解決方法が複数存在すること、デッドラインが確定していることなどがある。

次に協議会参加者に関する基準は、参加者が容易に特定でき、その数が比較的少数であり、また関係利益を代表できること。誠実に交渉参加を希望し、交渉により目標達成の可能性が高いと感じていること。参加者はすべてその立場が異なっている必要はないこと。参加者がEPAと継続的関係を持っていると見られることなどである。これらの基準は法によって定められたものではなく、EPA自身が策定したガイドラインである。交渉による規則制定方式を採用するためこれらの基準をすべて満たす必要はない。またこれらの基準をすべて満たしても交渉による規則制定が成功する確実な保証まであるわけではない。

2 予備調査段階

この段階では交渉による規則制定の協議会を設立するための様々な準備作業が行われる。EPAによる交渉による規則制定では一般に発起準備人

Gerard McMahon, *The Theory and Practice of Negotiated Rulemaking*, 3 YALE J. REG. 133, 151-159 (1985). EPAも本法が制定される以前に交渉方式を用いるかどうかを決める内部的選定基準を作成していた。NEGOTIATED RULEMAKING SOURCEBOOK, *supra* note 3, at 42.

36) APA563条には、交渉方式を採用するかどうかを内部的に決定する際に考慮すべき要素が列挙されていた。前節で見たようにこの考慮要素は全体で七つあった。この七つの考慮要素とEPAの判定基準とを比較すると、EPAの判定基準の方が一般に詳細であることがわかる。またEPAの判定基準には、APA563条所定の第6、第7番目の要素のような行政機関側の事情は含まれていないようである。

(convenor) が選任される。[37]そしてこの者が参加予定者と接触し、交渉による規則制定という方式について話し合い、また争点について話し合う。すなわち交渉による規則制定とはどのような手法か、そしてそのメリットは何かなどが話し合われる。さらに発起準備人は、各参加予定者が交渉による規則制定の協議会に参加する意思があるかどうかを見極める。当初予定されていた者以外の者の参加が必要であると考えた場合には、この新たな参加予定者についても、交渉による規則制定や争点、参加意思について話し合いの機会を持つ。

ところでEPAにおける交渉による規則制定の場合、発起準備人は、EPAの役人ではなく、部外者であることが普通である。[38]EPAは交渉のとりまとめにたけた部外者を発起準備人として雇うのである。

発起準備人は参加予定者との話し合いや調査から当該案件が交渉による規則制定方式で解決するのがふさわしいかどうか判断する。つまり争点が確定していて、参加予定者の間にバランスが取れており、彼らが基本的ルールに基づいて一定期間誠実に交渉するかどうかなどを判断するのである。さらに利益の調整がなされコンセンサスに達する可能性があるかどうかも予測する。そして発起準備人はこれらの判断の結果をEPAに報告する。当該案件が交渉による規則制定方式を利用する候補たりうるかどうかについて勧告するのである。これを受けて、EPAのスタッフが、当該案件は交渉による規則制定方式を利用するにふさわしいと判断すれば、次の段階に進む。

---

37) APA563条は、行政機関は発起準備人を利用することができると定めているだけで、これを常に利用する必要があるとはしていない。しかしEPAでは常に発起準備人を利用しているようである。なお、EPAにおける交渉による規則制定のプロセスについては、Chris Kirtz, *Regulatory Negotiation: The New Way to Develop Regulations?*, 1 J. ENVTL. PERMITTING 269 (1992); NEGOTIATED RULEMAKING SOURCEBOOK, *supra* note 3, at 18-19 も参照。

38) 交渉による規則制定法には、協議会のファシリテイタとは異なり、発起準備人に関する資格要件の定めはない。しかし、後に見るように、EPAでは通例発起準備人が協議会のファシリテイタになるので、ファシリテイタに課せられた資格要件を満たす者のみが発起準備人に選任されうることになる。

3 協議会設置段階

　この段階は、関連法律の制約のもとで交渉による規則制定のための協議会を実際に設置するまでの過程である。まず発起準備人が参加予定者から協議会への参加についておよび関係利益を代弁する能力について確認を取る。各参加予定者から参加の約束が取れたら、EPA は、当該案件につき上記の参加予定者で協議会を組織して交渉による規則制定を行う意向であることを行政命令集を通じて公衆に公告する。[39] 関係する争点の概要、協議会の場に代弁される利益の詳細なども、この公告の中に記述される。

　この協議会設置公告は、また、協議会を設置するための公開の会議についても触れている。この設置会議には、前述の参加予定者が出席することになっており、協議会設立後の協議の範囲や時期ならびに手続が議題とされることになっている。さらに協議会設置公告は、交渉による規則制定を行うというプランについて意見書を提出するよう求めている。参加予定者に関する意見書も提出できる。参加者としてリストアップされている者が適任でない場合、あるいは参加予定者の中にある種の利益を代表する者が欠けている場合など、関係者は意見書を提出して善処を求めることができる。

　提出された意見書を EPA は逐一検討する。また意見書を勘案して必要とあれば参加者の調整を行う。意見書を検討した結果、交渉による規則制定方式の採用を見合わせるべきであるという結論に達した場合を除き、EPA は協議会設立会議の日程を最終調整する。そして協議会の世話人であるファシリテイタとなる者を選任する。EPA の場合、通例、発起準備人がファシリテイタになる。協議会設立会議で協議会設置に異論がなければ、いよいよ正式に協議会を設立する。このとき連邦諮問委員会法に基づいて協議会の憲章（charter）を作成する。[40]

---

39) 交渉による規則制定方式を採用して規則を制定する意向であるとの公告には、参加予定者がリストアップされている。しかしその数は20名程度であることが多い。それはこの公告に対する意見書または参加者の追加申請によって、最終的な協議会メンバーが増える可能性があるので、参加者を増やす余地を残しておくため、法が定める上限たる25名より少ない数に抑えておこうとするからである。

4 交渉段階

　この段階は、設立された協議会の場で望ましい規則の案をめぐって各参加者がコンセンサスをめざして協議・交渉する過程である。

　EPA での交渉による規則制定では、協議会の場で実際に交渉が始まる前に、交渉の心構えや技術、言葉遣い等について丸一日使ってオリエンテーションとトレーニングが行われる。この過程がコンセンサスを達成するのにきわめて役立つと考えられている。

　ファシリテイタは協議会活動の基本原則を定めた要綱案を作成する。これを協議会の第1回会議の席上で審議する。そして異論がなければ協議会参加メンバー全員の合意でこれを承認する。もし修正が必要ならやはり参加メンバー全員の合意で修正する。このように協議会の会議の冒頭、その活動の基本原則についてコンセンサスによって解決が図られることになっている。基本原則をコンセンサスによって承認したことから、各参加メンバーは、立場の違いはあってもコンセンサスを達成することができるのだという意識を持つようになる。協議会はこうした建設的な経験から始まるのである。

　協議会は公平で中立的なファシリテイタが主宰し、ファシリテイタは会議が順調に進行するよう努める。ファシリテイタの任務は参加者相互の話し合いを継続させ、コンセンサスに導くよう手助けするだけである。ファシリテイタが一方的に決定するようなことはしない。

　このようなファシリテイタの手助けを借りて協議会は次々と作業を進めていく。まず「コンセンサス」とは何かを定義する。「コンセンサス」は通常参加者全員の合意という意味であるが[41]、EPA においてはそれぞれの

---

40) 交渉による規則制定の協議会は、連邦諮問委員会法所定の諮問委員会（advisory committee）である。同法によると一般に諮問委員会の会議は公開で行わなければならず、したがって交渉による規則制定の協議会の会議も事前に通知され、かつ公開で行われる。§10(a) of the Federal Advisory Committee Act. ただし行政機関の長の判断により協議会での各種会議を部分的に非公開にできる場合がある。§10(d) of the Federal Advisory Committee Act.

41) APA562条の定義規程によると、コンセンサスとは、原則として、協議会メンバー全員の合意である。ただ、協議会がこれを一般的な合意であると定義したり、もしくは別の定義をしたりすることもできる。5 U.S.C.A. §562(2).

協議会の方針で上記とは違った「コンセンサス」概念を採用することがある。たとえば、すべての争点について参加者全員が逐一合意することを「コンセンサス」と呼ぶとすれば、それはかなり厳格な定義であるが、EPAにおける協議会ではこうした厳格な定義を採用しないこともできる。

また協議会は会合の日程を詰めこれを決定する。[42] 決定された会議日程は行政命令集を通じてこれを公告する。協議会は情報や争点を整理し精査する。規則のドラフトがあればこれを精査する。また規則の条文案や概要について協議する。これらの作業を行うに当たり、協議会は小委員会や作業委員会または後述のような分派会議を設けることができる。[43] 作業委員会の会合は協議会の全体会議の日程の合間をぬって行われる。

交渉による規則制定を進捗させるため分派会議は大きな役割を果たす。25名にも上る協議会メンバーがそれぞれの利益を代弁しそれぞれにとって最も理想的な規則の素案を提言するとすれば、協議会はおそらく収拾がつかなくなろう。しかしこれらのメンバーが少数もしくは二つの派にまとまれば、それぞれの派内で意見を集約することができ、これによって協議会全体の意見・立場の違いが鮮明になるので、ある意味では交渉がはかどりやすくなる。たとえば行政機関側が規則のたたき台をそれぞれの分派会議に提案し、そこでこれをもんでもらうのである。このようにしてたたき台を修正しもしくは対案を出してもらう。そしてそれぞれの分派会議による修正案もしくは対案を相互に交換する。このようにすれば協議会の全体会議までに他の分派会議の考え方を十分に検討することができ、全体会議の場でより踏み込んだ議論ができる可能性がある。

さらに分派会議のメリットは、メンバー各人の最重要課題を忌憚無く議論したり、譲歩したりできることである。分派会議は必ずしも公開される

---

42) EPAによる交渉による規則制定の協議会は、毎月1回2日間の日程で会議が開催されるのが普通である。

43) ある装置から排出されるガスの規制基準を制定するような場合、基本的にそうした装置を製造もしくは利用する企業の利益と、排出ガスにより悪影響を受ける市民の利益ないしは環境利益という二つの利益が対立することがある。このとき協議会の各メンバーも大きく二つにまとまり、それぞれ分派会議を作ることがある。そして分派会議内で分派内の意見を集約するのである。

必要がないので、参加メンバーは分派会議で公衆の目を気にせずに自由闊達に議論することができる。分派会議でこそ最も激しい議論が行われるといわれる所以である。

5 交渉後の段階

　この段階は協議会での交渉が終結してから最終規則が制定されるまでの過程である。協議会での交渉が終結した後どのような展開になるのかは、協議会がどのような形で終結したかによって違ってくる。まず、協議会が規則の案文についてコンセンサスに達したとき。このとき EPA はこの案文を内部審査し同時に行政管理予算局（OMB）などの外部審査に回す。そしてこれらの審査をパスすれば、EPA は協議会のコンセンサスによる規則の案文を規則案として行政命令集を通じて公告する。法律上は協議会のコンセンサスを可能最大限尊重して規則案を作成するだけでよいのであるが、通例 EPA では協議会のコンセンサスをそのまま規則案として採用する。次に規則の内容について協議会が大筋でコンセンサスに達したとき。この場合、コンセンサスを参考にして EPA 自身が規則案を策定する。そして内部審査・外部審査を経て、この規則案を行政命令集を通じて公告する。最後に協議会がコンセンサスに達しなかった場合。協議会での議論を参照しながら、EPA 自身が規則案を策定し、各種審査を経てこれを公告する。

---

44)　前掲注40) で述べたように、連邦諮問委員会法によれば、一般に諮問委員会の会議は公開で行われなければならない。それは諮問委員会の全体会議であろうが、その作業部会であろうが、小委員会であろうが、同じである。しかし行政機関の長が諮問委員会の一部について非公開で審議する必要があると判断した場合には、会議を非公開で行うことができる。§10 (d) of the Federal Advisory Committee Act.
45)　Harter & Finkelstein, *supra* note 34, at 348.
46)　EPA における交渉による規則制定では、協議会がコンセンサスに達したとき、コンセンサスによる規則の素案を規則案として EPA が公告するのが通例である。つまり EPA は交渉による規則制定の結果たる規則素案を規則案として公告することに同意する。他方で、協議会参加者も、協議会がコンセンサスで作成した規則素案を EPA が採用するのを妨げないことに同意する。さらに最終規則が交渉による規則制定の規則素案と一致している限り、協議会参加者は最終規則を訴訟で争わないことに同意する。また他の者が最終規則を訴訟で争った場合には、規則を擁護することに同意する。

行政命令集による公告では、そこに公告された規則案について意見書を提出するよう呼びかける。EPA は提出された意見書を協議会に通知する。他方 EPA はこれらの意見書について逐一検討を加え、場合によっては意見書の中の見解を採用して規則案を修正する。かくして最終規則をとりまとめこれを行政命令集を通じて公布する。このとき規則の条文だけではなく、根拠および目的の概要を簡潔に記す。また提出された意見書に対する反論も掲載する。

第4節　交渉による規則制定をめぐる近時の動向

交渉による規則制定法は1990年に制定されたが、すでに1980年代いくつかの行政機関は交渉方式を用いて規則を制定していた。以来今日に至るまで交渉方式は様々な行政機関で採用され一定の成果を上げている。とりわけ EPA や運輸省等では比較的多く交渉方式が試みられている。しかし交渉方式の利用に最も積極的な EPA をとってみても、EPA の規則制定全体の中で交渉による規則制定方式が用いられて規則が制定される比率はかなり低い。[47] 大半の規則は従来通りの略式規則制定手続によって制定されている。この点はどの行政機関を取ってみても同じで、一般に交渉による規則制定の利用率は低いといえる。[48] しかし実際に利用された交渉による規則制定では、関係者の利益によく配慮された規則が比較的短期間で制定され、しかも訴訟で争われることが極端に少ないなど所期の目的を達成しているようである。[49]

---

47) EPA は常時約200あまりの規則を策定中で、このうちの95パーセント以上が略式規則制定手続によるものである、といわれている。そして1983年に交渉方式を利用し始めてから1992年の夏の時点までに EPA は約15ほどの規則を交渉方式によって制定したといわれている。Kirtz, *supra* note 37, at 269-70.
48) ある論考によると、1993年9月頃までに、連邦の行政機関は全体で約35ほどの交渉による規則制定を行ってきたという。OFFICE OF THE VICE PRESIDENT, ACCOMPANYING REPORT OF THE NATIONAL PERFORMANCE REVIEW: IMPROVING REGULATORY SYSTEMS 29.
49) Sally Katzen, *The First Year of Executive Order No. 12,866,* 1994 DAILY REPORT FOR EXECUTIVES 243 d78; Rose-Ackerman, *supra* note 19, at 1212.

1993年9月30日クリントン大統領は行政機関の規則制定手続に関する大統領命令を発した。その中で各行政機関に対しいくつかの指令を出している。これによって、行政機関は、コンセンサスに基づく規則制定の手法について調査検討するよう、そして場合によってこれを用いて規則制定を行うよう命じられた。このコンセンサスに基づく手法の中には、当然、交渉による規則制定が含まれている。また右の大統領命令と同日に出された大統領のメモランダムで、各行政機関は向こう1年間に交渉による規則制定方式により策定する規則を少なくとも一つ明らかにするよう命じられた。もしくは向こう1年間に交渉による規則制定方式を実施できない理由を説明するよう命じられた。

　州レベルでも交渉による規則制定に対する関心が高まっているところがある。たとえばニューヨーク州では、1992年、当時のクオモ州知事が州の環境保護行政に関連して交渉による規則制定のパイロット計画を樹立した。さらに1993年には州上院で、制定予定の規則によって重大な影響を受ける者から申し出があれば、州は交渉による規則制定方式で規則を制定しなければならないとする法案さえ提出された。

結びに代えて

（1）　交渉による規則制定法は限時法であり、1996年11月末に失効することになっていた。この法律の効力を延長させるような特段の措置が取られない限り、1996年11月末の時点で交渉による規則制定を根拠づける一般

---

50)　Executive Order 12,866.
51)　58 Fed. Reg. 52391; President Clinton, Three Memoranda from President Clinton on "Agency Rulemaking Process," "Report of Regulation Reviewed," and "Negotiated Rulemaking," issued Sept. 30, 1993, 1993 DAILY REPORT FOR EXECUTIVES 189 d109. *See also, Clinton Directs Agencies to Review Regs,* 63 FCR 10 d11 (1995).
52)　交渉による規則制定法が制定される直前までの州レベルの取り組みについては、NEGOTIATED RULEMAKING SOURCEBOOK, *supra* note 3, at 315-326 参照。
53)　*New York Bill Would Make All State Regs Subject to Mandatory Rule-Making,* May 6, 1993 BNA STATE ENVIRONMENT DAILY. この法案は、交渉による規則制定方式を広範に義務づけるものといえよう。

法が無くなってしまうということであった。本法が延命するかどうかは、交渉による規則制定が実際に成功を収めてきたかどうかが大きなポイントであった。各種の規則制定において交渉による規則制定方式の有効性・有用性が広く認識されれば、本法の有効期間がさらに延長されるなどの手当がなされる可能性があった。逆に6年間の実績から、この方式は結果的に失敗であったという評価になれば、本法が延命することは無かったといってよい。このような中、1996年の行政紛争解決法（Administrative Dispute Resolution Act）11条a項は、1990年の交渉による規則制定に関する法律を恒久法に改めた。

　本法の延命はさておき、本法が廃止されたら、交渉による規則制定方式を採用して規則を制定することができなくなるのであろうか。そうではなかろう。実は本法が存在しなくても交渉による規則制定を実施することは法的に不可能ではない。事実、1990年に本法が制定される以前、行政機関のいくつかは現実に交渉による規則制定を実施していた。これらの行政機関は特別法に基づいて交渉による規則制定を行っていたわけではない。各行政機関の組織法・作用法ならびに連邦諮問委員会法の制約の下で協議会を設け交渉による規則制定を行っていたのである。それゆえ、たとえ本法が廃止されたとしても、過去に交渉による規則制定で成果を上げてきた行政機関、もしくは交渉による規則制定の有用性を実際に経験した行政機関は、連邦諮問委員会法等の枠内で交渉による規則制定方式を採用し続けてゆくのではないかと推測される。

（2）　ただ、交渉による規則制定に対しては各方面から様々な批判が出されている。また法的問題もいくつか提起されている[54]。ここではSusan Rose-Ackermanによる批判論[55]を検討しておきたい。この論者は規則制定の改革に関し経済的インセンティブに基づく手法を推奨し、他面、交渉に

---

54)　交渉による規則制定に関する法律問題としては、私人・私的団体への行政権限の授権は許されないという授権禁止論、行政決定の際決定者は関係者の一方から入手した意見・情報のみに基づいて決定することは許されないという片面的接触（ex parte contact）禁止の法理からの問題、さらに連邦諮問委員会法との関係などの問題がある。これらの

よる規則制定方式にはいくつかの問題や限界があるとする。第 1 に、専門的・科学的情報を収集するのに交渉による規則制定は役立たないと述べている。[56] しかし必ずしもそうではなかろう。本法には技術的専門的支援を含めた行政によるサポート体制に関する定めがある。[57] またこうした技術的・専門的支援についての費用支弁も法定されている。[58] これらの仕組みによってより十分な科学的・専門的情報を入手できる可能性があるのではなかろうか。また当事者対立的な従来の略式規則制定手続では関係当事者が持っているデータ・情報を相互に突き合わせることが困難であったが、交渉による規則制定の協議会では協議会メンバーがそれぞれ手持ちのデータ・情報を突き合わせてデータの信憑性・正確性・包括性等について意見を交換することができ、これによってよりよいデータを集めることができるのではなかろうか。

　前出の論者は第 2 に、協議会がコンセンサスに達しないとき行政機関がいかなる措置を取るのかについて各当事者が予測できなければ交渉による規則制定は成功しない、と指摘する。[59] しかし行政機関の取る措置が予測できる場合には逆に交渉による規則制定が成功しない場合がある。[60] たとえば自己の利益にとって有利な規則を行政機関が策定するのがわかっているとき、これより不利になる可能性のある交渉による規則制定方式をわざわざ選択する者は少ないであろう。しかしながらコンセンサスが得られなかった場合、行政機関がどのような規則を制定するのか予測困難であれば、各

点について詳しくは、Note, *Rethinking Regulation: Negotiation as an Alternative to Traditional Rulemaking,* 94 Harv. L. Rev. 1871 (1981); Harter, *supra* note 35, at 102 *et seq.*; Henry H. Perritt, Jr., *Negotiated Rulemaking before Federal Agencies: Evaluation of Recommendations by the Administrative Conference of the United States,* 74 Geo. L. J. 1625. 1692-1707 (1986); Alfred C. Aman, Jr. & William T. Mayton, Administrative Law 301-306 (1993) を参照。

55) Rose-Ackerman, *supra* note 19, at 1206. 彼女はイェール・ロー・スクールで法哲学・法政策学の講義を担当していた。
56) *Id.* at 1209, 1211.
57) 5 U.S.C.A. § 565 (c).
58) 5 U.S.C.A. §§ 568 (c), 569 (f)(2).
59) Rose-Ackerman, *supra* note 19, at 1211.
60) *Id.* at 1209 n. 11.

当事者はそれだけ協議会での協議に精を出すかもしれない。というのは行政機関だけで規則案を作成することになれば、自己の利益にとって不利益な規則ができるおそれは否定できないからである。行政機関による規則制定が有利になるという確信が持てない以上、より有利な内容の規則を目指して積極的に協議に臨むということが予想される。

　最後に前出の論者は、環境利益を代弁する適切な代表者がいないことが多いので環境紛争では交渉による規則制定が成功しない場合が多いという[61]。交渉による規則制定というアイデアの基礎は利益代表（interest representation）論にあるが環境利益を適切に代弁できる者がいないことが多いので環境紛争では利益代表論は機能しないというのである[62]。確かに、関連利益を代表する者を集めて協議会を構成するという発想は、各種のまとまった利益が存在し、しかもこれを適切に代表できる者が存在するという前提があるように思われる。しかし環境価値・環境利益というものは一枚岩のまとまった利益でないかもしれない。また組織化されイデオロギー的色彩の強い環境保護団体が一般市民の環境利益を代弁するものとして必ずしもふさわしくないかもしれない。

　論者の議論を推し進めると、EPAが行う交渉による規則制定の多くは失敗に帰しそうである。しかしながら実態は必ずしもそうはなっていない。EPAはこれまで最も積極的に交渉による規則制定を行ってきており、しかもそのほとんどが所期の目的を達成している。EPAは、交渉による規則制定の利用率が他の行政機関と比較して高く、また結果としての成功率も高いのである。利益代表の観念が環境問題にうまく当てはまらないという議論は観念的レベルではたしかにその通りかもしれない。しかしながら環境利益が一枚岩でないのならこれをいくつかに分解しそれぞれの代表者を選出するという形で全体の環境利益をより適切に代表させる方策をあみ出すことができるようにも思われる。また動植物の利益、原生林野の価値などを自己の利益として適正に代弁できる者を見いだすのは困難かもしれ

---

61)　*Id.* at 1210-1211.
62)　*Id.* at 1210.

ない。しかしこれとてまったく不可能というわけではなかろう。当の動植物の保護・保全に長年携わってきた者や調査研究に携わってきた者、または原生林野の保全活動を行ってきた者の中に適切な代表者を見いだすことができるのではなかろうか。かくして環境紛争でも、多くの場合、適切な代表者を調達して、協議会を構成することができるのではなかろうか。

　（3）　とはいえ、交渉による規則制定は略式規則制定手続のかかえる様々な問題を一挙かつ全面的に解決する万能薬ではありえない。この点は交渉による規則制定を推進しもしくはこれを積極的に実践している者でさえ認めるところである。彼らは交渉による規則制定が有効性を発揮する領域・分野・案件には自ずから限界があることを認識している。とりわけ基本的価値問題あるいは基本権にかかわる問題を交渉で解決することは期待できない。たとえばカソリックの代表者とプロチョイスの代表者が妊娠中絶の是非に関連する規則について交渉したところで、コンセンサスが達成されることはまず考えられないのである。

　ともあれEPAの判定基準にあったように、あるいは学説が様々な基準を提起していたように、交渉方式になじむ案件はある程度限られている。その結果、前にも触れたように、全体の規則制定の中で交渉方式が用いられて規則が制定される数はそれほど多くない。

　（4）　ところでこのようなアメリカ法の動向から学ぶべき点は少なくない。[63] いまさらいうまでもないことであるが、規則制定過程への国民参加が重要である。交渉による規則制定は関係者の利益によく配慮された規則を短期間に効率的に制定しようという試みといえるが、交渉による規則制定の協議会は利益代表者が関係利益を行政過程に直接インプットする場であ

---

63) アメリカ法の動向から得られる教訓の一つは、利害関係人の参加のための手続はなるべく当事者対立的なものでない方が望ましいということである。アメリカの経験にも見られるように当事者対立的な手続は、時間・費用・資源を過大に費やすという点で問題がある。聴聞手続を要求するアメリカでの正式規則制定に倣って、聴聞手続を一定範囲の行政立法の制定において要求する見解もありうるが、アメリカでは正式規則制定の例は極めて少ないこと、正式規則制定より手続的規律の緩やかな混成手続でさえ回避される傾向も出ていることから、行政立法手続への事実審型聴聞の導入には慎重でなければならない。なお平岡久「行政立法手続」公法研究47号188、196頁（1985）参照。

り、まさに規則制定への市民参加の手法といってよい。第1次行政手続法研究会が1983年に発表した法律案要綱（案）は、アメリカ法のAPA553条の略式規則制定手続を参考にして、国民が命令案に対し意見を表明する機会を供与していた。これも広い意味での国民参加の一形態といえよう。いずれにしても規則制定ないしは行政立法の制定手続において参加の視点を欠落させてはならないことを示唆している。

　この点との関連で、利害関係人の参加の手続を、規則制定全体のどの段階に組み込むかも重要な検討課題である。規則案を修正することがほとんど不可能な段階に参加の手続が組み込まれていてもあまり意味はない。この場合の参加手続は、言いっぱなし聞きっぱなしに終わるか、規則の内容を正当化する儀式に堕するおそれがある。交渉による規則制定にあっては、関係者の参加はまず規則案の素案を作成する段階に設定されていた。一般

　　　日本での政令・省令は一般にそれ自体を直接訴訟で争うことができないので、その事前手続を制度化することにどのような法的意味があるのかとして、行政立法手続の制度化に疑問を唱える見解がある。たとえば、仲正『行政手続法のすべて』128頁注51（良書普及会・1995）、総務庁行政管理局編『行政手続法の制定にむけて』43頁（ぎょうせい・1990）。確かにアメリカでは規則自体の司法審査が一般に認められている。しかしAPAによって規則制定手続が制度化された1946年の時点ですでに規則自体を争う訴訟が認知されていたわけではない。それゆえ規則の司法審査制が確立していなければ規則の制定手続を制度化する条件が整っていないということにはならないと思われる。

64）　行政手続法研究会「行政手続法制定への提案——法律案要綱（案）」ジュリスト810号42頁以下（1984）。

65）　従来、日本では法規命令の策定に当たって利害関係人の意見を吸い上げるチャネルがシステマティックに整備されているわけではなかった。ただ個別の法律で専門家や利害関係人の意見を反映させるための手続が盛り込まれている例がある。まず審議会が関与することになっている例がある。たとえば身体障害者福祉法第25条4項は、身体障害者の援護を目的とする社会福祉法人が国または公共団体に対して購買を求めることができる身体障害者作成の物品を政令で定めるに当たって、社会保障審議会が勧告できることになっている。また法規命令の策定に当たり公聴会を開催すべきことになっている例もある。たとえばガス事業法48条はガス用品を定める政令の制定・改廃を立案しようとするとき公聴会の開催を要求している。さらに植物防疫法第7条第4項は、輸入禁止品たる植物を定める省令を制定するとき公聴会の開催を要求している。このように審議会や公聴会の手続が組み込まれている例があるが必ずしも一般的なものではない。ともあれ制度化されているこれらの手続の内容・実体の解明が必要である。1990年代半ばまでの日本の行政立法手続の状況について宇賀克也「行政手続法制定後の課題」法学教室180号14–16頁（1995）が詳しい。

結びに代えて　329

にこうした早い段階での参加の方が意味のある形態といえよう。[66]

　さらに参加手続を意味あらしめるためには、関係者と行政機関との双方向のコミュニケーション過程が制度化されていることが必要ではなかろうか。交渉による規則制定では、関係利益の代表者が協議会の場に参加し、彼らと行政機関の代表者が何度も直接議論し、各種利益を調整したり、もしくはこれを止揚したりする。こうした複数回の直接的で双方向・多方向の対話は、うまくすれば迅速に議論をよりよく煮詰めることができるであろう。

　また交渉による規則制定においては規則案について提出された反対意見のうち特に重要なものに対しては最終規則を公布する際に行政機関側が反論を公表する。この反論があるだけでも提出された意見が検討されたという形跡を外部から確認することができるし、場合によってはこの反論に納得することもあろう。意見書を提出してもこれへの応答が全くない場合と比べて、行政の信頼性を高めたり、決定過程を透明化するのに役立つものといえよう。つまり意見書提出者は提出された意見がどのように検討されたのかを外から見ることができ、さらには理解し納得することさえできるかもしれないからである。

　最後に、参加の結果が最終的な行政決定に何らかの形で反映する態勢になっていることが必要ではなかろうか。交渉による規則制定法は協議会でのコンセンサスを最大限尊重して規則案を作成することを推奨していた。またEPAでは通例協議会のコンセンサスによる素案を規則案として採用していた。このように交渉による規則制定では協議会参加者のコンセンサ

---

66) より早い段階での住民参加は環境アセスメントとの関連でも強調されている。ある論者は、アメリカの全国環境政策法が定める環境アセスメントと比較して、日本の現行のアセスメント制度は「事業アセスメント」制度であり、代替案を検討するには遅すぎると批判している。そして「計画アセスメント」を導入すべきことを提言している。原科幸彦編『環境アセスメント』225頁（放送大学教育振興会・1994）。Bruce C. French, *More Effective Citizen Participation in Environmental Decisionmaking*, 24 U. TOL. L. REV. 389 (1993) は、より早い段階での市民参加を強調し、交渉による規則制定も含めて市民参加の諸形態について批判的に検討し、「ラウンドテーブル方式」の採用を提唱している。

スが規則案さらには最終規則の内容に決定的な影響を与えるのである。[67][68]

---

67) もっとも協議会当事者個々人の意見がどの程度規則案や最終規則に反映することになるのかは不確定である。
　　この方式を押し進めると関係利益の代表者が行政決定を行うという方式が想定されよう。いわば市民・国民による自主決定である。しかしこのような方式は行政責任の放棄という問題や私人への行政権の授権というやっかいな憲法問題を提起する。

68) 交渉による規則制定は、ファシリテイタの補佐のもとに利害の一致しない者が話し合いに基づいて規則素案を作成するという点で、労働委員会による斡旋や調停の手法と共通する部分がある。そもそも規則制定において交渉方式が有用ではないかという発想を最初に打ち出したのは元労働長官 J. Dunlop ではないかといわれている。Harter, *supra* note 35, at 28. 彼は労働争議における団体交渉のメリットを規則制定の場面でも生かそうとしたのであった (John Dunlop, *The Limits of Legal Compulsion, reprinted in* 1975 O.S.H. REP. (BNA) 884, 886 (1975).)。
　　ある論者は、交渉による規則制定の趣旨を説明して、対立する利益集団間で交渉 (bargaining) を行うという仕組みを作ること、と述べている。また調停者 (mediator) が主宰する交渉のための会議 (bargaining session) に関係利益集団と行政機関自身が代表を送り込むものであるとも述べている (ERNEST GELLHORN & RONALD M. LEVIN, ADMINISTRATIVE LAW AND PROCESS IN A NUTSHELL 343-44 (3d. ed. 1990).)。
　　いずれにしても交渉による規則制定と労働争議の斡旋や調停、団体交渉との間には様々な類似点が見られる。

第11章 補　　論

フォーマル、インフォーマルとデュー・プロセス
書評——中川丈久著『行政手続と行政指導』〔有斐閣・2000〕

はじめに

　中川丈久著『行政手続と行政指導』(以下、「同書」という) が公刊される10年前、著者中川丈久教授は、「司法裁判所の『思惟律』と行政裁量——1803年－1950年のアメリカ行政法について」法学協会雑誌107巻4号105頁、同5号92頁 (1990) という大論文を世に送り出し、学界に華々しくデヴューした。同論文は、アメリカ合衆国における行政裁量をめぐる司法審査のあり方が20世紀初頭にパラダイム転換したことを歴史的、構造的、実証的に解きあかした大作である。アメリカ行政法研究は、日本においてもまたアメリカ本国においても、19世紀末の州際通商委員会設立後に考察対象を限定しがちであるが、上記の中川論文は合衆国連邦政府の設立当初の時代にまで遡って司法審査に関する諸種の判断枠組みとそれらの具体的運用や内実に深く立ち入って分析している。その構想力の大きさと分析の手堅さから、研究者としての並々ならぬ資質が感じられた。その後も中川教授は次々と力作を発表し、1998年には、「行政活動の憲法上の位置づけ——法律の留保論の多義性、およびアメリカ行政法における法律の留保について」神戸法学年報14号125頁 (1998) において、内閣の「行政権」と法律が創設した「行政活動」との峻別論を踏まえて、アメリカ法との比較で法律の留保論の憲法構造論的分析を行った。

　こうした意欲的な作品とともに、中川教授は1996年から98年にかけて、行政手続や行政指導に関する論考を立て続けに公刊し、それが本『行政手続と行政指導』に結実した。同書は、標題の示すとおり行政手続と行政指導が主要テーマであり、一方で、日米両国の行政手続の基本理念、具体的

な手続形式、および両者を架橋する「手続環境」にわたって精緻な理論的比較研究を行っている。同時に、他方で、日本の行政指導論を類型化して再構成するとともに、アメリカ法におけるインフォーマルな行政活動を類型化して、そこでの議論状況を解きあかしている。これらの研究はいずれをとってもアメリカ行政法に関する深く広い学識と洞察力に裏打ちされたものである。これは、同教授が研究者として活動を始めた比較的初期の段階であしかけ3年の長きにわたって現地アメリカで研究生活を送って研鑽を積んだことと大いに関係しているように思われる。

第1節　同書の視座・分析道具

　同書第1部「序」では、アメリカ合衆国連邦行政手続法（以下、「APA」と略称する）と日本行政手続法とでは手続内容や適用対象がずれているが、それはなぜかと問い、両国の行政手続一般法の立法意図を解明することを目指すという第1部全体の問題意識を提示する。そして、従来の日米の通説的な見解を二つ取り上げ、その問題点を指摘する。すなわち、第1に、APAは進歩派と保守派の妥協の産物であるという見解があるが、同書は、立法過程では、単なる妥協ではなく、APAに結実した一貫した立法意図があったという。第2に、APAは手続的デュー・プロセス法理を実定法化したものであるという見解があるが、これについて同書は、そのようにいう実証的な裏付けがないのではないかと批判する。

　このように同書は、従来の通説的見解に対する批判的検討を行うことを予告するが、そのための日米比較研究の視座を設定する。まず、最も抽象的なレベルとして、いかなる目的で行政手続が必要なのかを問う「行政手続観」の議論のレベルがあるという。これとは逆に最も具体的なレベルで、個別具体の手続要素の組み合わせに関する「手続鋳型」の議論のレベルがあるという。しかし、両者は隔絶しており、関係は自明ではないという。そこで、同書は両者を結びつける中間項である「決定環境」の概念を新たに持ち込む。「決定環境」のレベルを設定することで、「行政手続観」と「手続鋳型」の関係が的確に捉えられることになるという。そして、この

第 1 節　同書の視座・分析道具　　333

三者の結びつき方、関係の仕方が、日米それぞれの国でどのようになっているかにこそ、それぞれの国の行政手続を支える基本的な思考枠組みが現れるという。

　この「行政手続観」、「決定環境」、「手続鋳型」の三つの観念は、第 2 部でも重要な役割を果たしている。以下で詳しく見るように、第 2 部の後半部分で同書はアメリカにおけるインフォーマルな行為を大きく三つに分類するのであるが、その際、同書は右の「行政手続観」、「決定環境」、「手続鋳型」という三つのレベルに着目し、これら三つの次元のそれぞれでフォーマリティーとインフォーマリティーを観念するのである。かくして、同書の「行政手続観」、「決定環境」、「手続鋳型」という概念は、同書の分析の全体を貫く「思考軸」といってよい。

　ところで、第 2 部の「序」でも、同書は問題設定を行っている。すなわち行政指導と似たような行政現象に対して日米がそれぞれどのような法的評価を与えているのかと問うのである。同書は、日本の行政指導論についてアメリカのインフォーマルな行政活動と比較可能になるよう再構成が必要であると主張する。このとき、主として行政指導の目的に着眼すべきことを提唱する。そして行政指導の目的が「法定」された政策内容である場合と、「法定外」の政策内容である場合とに大きく二つに分けて論じてゆく。

　このように行政指導の目的に焦点を当てることによって、同書は、一方で、「法定外」の政策内容を追求する行政指導について最高裁判決が見せる指導目的への配慮を規範的にどのように評価すべきかという問題があることに気づかせる。「法定外」の政策内容追求という行政指導についてその法的評価枠組みの問題を提示するのである。後に見るように、同書の場合、その法的評価枠組みは、内閣の「行政権」と法律によって創設された「行政活動」との峻別論に帰着する。

　行政指導の目的に焦点を当てることによって、他方で、行政指導の目的が「法定」の政策内容を追求するものである場合、これを法的にどのように評価すればよいのかという法的評価枠組みが見えてくる。同書は、行政指導の目的に着目することによって多様な行政指導についての法的評価枠

組みをイメージすることが容易になるという。

第2節　同書の具体的内容

（1）　㋐　第1部「行政手続法の日米比較」は、行政手続一般法の立法意図を探求し、日米比較を行っている。日本行政手続法の聴聞や弁明の機会の付与の規定が憲法的適正手続論を基礎にしたものであると理解した上、著者は第1部での分析の大部分をアメリカのAPAの研究に費やす。そこでの問題意識の中心は、果たしてAPAは憲法の手続的デュー・プロセス法理を基礎理念とした立法であるのかどうかという点である。

㋑　第1部の前半部分は、「Ⅰ　手続的デュー・プロセス法理と行政過程：その原像」と題して、APA成立前夜においてデュー・プロセス法理の中身がどのようなものであったのかを詳細に分析している。第1章では、憲法のデュー・プロセス条項に関する法的問題を四つの問題群に分け、その法理の構造を整序している。そして、事実の正確な認定を目的とする争訟的ヒアリングないし裁判審理型ヒアリングこそが、デュー・プロセスの要求するヒアリングの原型であると結論する。次に、第2章、第3章では、デュー・プロセスに関する判例が行政過程を視野に入れるために用いた論理を大きく二つ抽出し、これを丹念に分析している。まず、第2章は、個別法にヒアリング規定がない場面を対象にして検討し、ある事実判断についての司法審査の排除すなわち司法過程でのヒアリングの欠如を、行政過程でのヒアリングで代替するという法理を示した判例群を明らかにする。これが、同書のいう「第一群のデュー・プロセス判例」である。第3章では、個別法に「完全なヒアリング」規定が存在する場面を対象にして検討する。1910年代の州際通商委員会関係の判例を分析し、それらが、事後的な司法審査とは別個に、行政過程そのもののデュー・プロセス化を論ずるものであることを明らかにする。同書は、こうした判例を「第二群のデュー・プロセス判例」と呼んでいる。同章第2節では1930年代のMorgan判決を検討し、個別法の「完全なヒアリング」規定が、デュー・プロセス思想を体現したものとしていることを指摘する。同書は、従来の日本人の

研究が、これら第一群と第二群の2種類のデュー・プロセス判例を峻別してこなかったと批判している。同時に、第一群のデュー・プロセス判例を等閑視してきたことが問題であるともいう。

　㈦　次に後半部分「II　連邦行政手続法（連邦APA）の原像」は、APAの立法過程を詳細に跡付け、特に司法長官委員会の最終報告書に着目して、APAの立案関係者の立法意図を探求している。すなわち、APAはどのような目的で手続整備を図ろうとしたのかを解明しようとする。まず、第4章では、APAの条文構造を整理し、そこにヒアリングに関する三つの手続鋳型があることを確認する。すなわち、第1に、告知コメント手続である。同書はこれを行政機関の参考に資するため情報提供的なフィードバックを得る手続の型であると規定する。第2に、正式手続がある。同書は、この手続鋳型を対論としてのフィードバックを応酬し中立的裁定者が判定する三者構造手続であるという。最後に、和解等の手続がある。同書はこれを当事者の合意形成により解決する手続であるという[1]。同書は、APAが以上三つの手続の型を定めているのはなぜかと問う。そして、APAはデュー・プロセス的行政手続論を一般法として実定法化したものであるという見解を否定し、一つの仮説を立てる。それは、三つの手続鋳型に収斂する統一的思考枠組みが立法過程に存在したのではないかという考え方である。

　同書はこうした仮説を実証すべく、立法過程の詳細な研究を行っている。第5章では、1941年に出された司法長官委員会の最終報告書の内容を詳しく分析し、最終報告書多数意見が、憲法デュー・プロセスとは異なる観点から行政手続整備の必要性を構想していることを明らかにする。まず、司法長官委員会の行政手続に関する調査研究の作業方針を第1節で確認し、続いて、第2節から第4節までで、裁決（＝個別命令）と規則制定の手続においてどのような改善を勧告しているかを見る。具体的には、裁決の場面で合意による決着を推奨し、また正式手続のヒアリング裁定者について

---

[1]　これら三つに加えて、同書は、APAに手続鋳型が規定されていない類型についても言及している。

中立性を強化する観点からの改善策を出し、規則制定手続において情報不足からの脱却を説いていることを確認する。そしてこれらの改善策の中に一貫した思考が読みとれると主張する。すなわち、協議・交渉手続においても、正式手続においても、さらには規則制定の告知・コメント手続においても、二つの共通する目的が意図されているという。それは第1に、行政決定の公益追求性の確保であり、第2に私人への説得性の確保である。両者は最終報告書も指摘したところである。著者は、行政手続が上記の二つの目的に資することでさらに行政過程がよりよく機能することになり、ひいては行政過程の受容性が高まるという。まさに行政過程の受容性を高めるため各種の手続の整備が提案されたのではないかと主張するわけである。ここから同書は、デュー・プロセス法理を実定法化するという発想でAPAが制定されたのではないと説く。

　続いて、第6章では、司法長官委員会の最終報告書が出された当時の時代背景を探り、当時の行政国家現象をめぐる激しい論争の中で最終報告書がどのような位置づけになるのかを探求する。まず、1930年代の行政国家現象を当時の法学界がどのように評価していたのか、擁護派＝ニューディール派と否定派＝保守派との間の激しい論争に言及する。また保守派の代弁者でもあるアメリカ法律家協会の動向にも触れ、1937年を境に行政裁判所設立構想から内的分離に立場を転換させたことを指摘する。最後にウォルター・ローガン法案を検討し、それが行政機関の個別決定および規則制定の手続規律を定めているものの、行政過程の多様性を無視した画一的処理という問題点を抱えていたことを指摘する。同書は、最終報告書がこれらの議論状況に対してどのようなスタンスを取ったのかを論じ、こうした論争の中に身を置きつつも、論争の一方もしくは他方に肩入れして、論争間の政治的妥協を図ることを意図したのではなく、この論争とは別次元で手続を構想しようとしたと結論する。すなわち「行政過程の受容性を向上させるための装置たりうるところに、行政手続を整備する意味を見いだした」というのである。

　第7章は、最終報告書からAPAの成立までを扱っている。まず、行政手続整備に関して1945年に議会に上程されたすべての法案が最終報告書に

よって影響を受けていることを明らかにする。最終報告書の多数意見が求めた手続内容を少数意見が提案した一般的法律化という方法で実現したという。

第8章では、APAの立法過程に関するそれまでの分析を受けて、APAの立法意図を再確認している。まず、歴史的認識として、司法長官委員会最終報告書がAPAの立法意図を示す文書であるとする。そこには、受容性の高い行政過程を実現するという非政治的・非原理的な思考が見られるという。そして、これまでの通説的理解であった、伝統的リーガリズムとプログレッシブとの積極的妥協を図ったものである、という見解を排斥する。同時に、APAが行政手続のデュー・プロセス化を目指したものである、という見方を詳細で強力な理由付けをして否定する。

第1部の結論部分は、全体のまとめである。第1章から第3章までで明らかにしたAPA成立時までのデュー・プロセス法理、および、第4章から第8章までで明らかにしたAPAの指導理念ないし立法意図を前提にして、「行政手続観」、「決定環境」、「手続鋳型」の三者の関係について構造分析を行う。当時、法の支配ないしデュー・プロセスから行政手続の意義を理解する憲法論的な考え方と、行政過程の受容性を高めるというプラクティカルな考え方とが併存していたという。そして、前者からは行政決定を対峙型の決定環境に置くことが理想視され、後者からは、三つの決定環境が同等に理想視されたという。すなわち裁決の場面では対峙型および協働的環境、ならびに規則制定の場面での情報拡充型である。いずれにしても、対峙型決定環境には高い評価が与えられていることを明らかにした。最後に、日米比較では、行政手続一般法のよって立つ基盤が日米で異なること、アメリカでは対峙型の決定環境が高い評価を得たので裁判審理型ヒアリングが多いこと、同じく憲法的行政手続観を基礎にするとしても、裁判審理型ヒアリングから「引き算」して望ましい手続鋳型を考えるアメリカ法のアプローチと、ゼロから「足し算」の発想で望ましい手続鋳型を考える日本法の発想とは正反対であると指摘する。

（2）　㋐　第1部では、裁判審理型ヒアリングを理想型とするアメリカの複数の行政手続観を見た。特に、この裁判審理型ヒアリングが実定法化

されたAPAの構造のうち正式手続＝フォーマルな手続のあり様を見た。これに対し同書第2部「インフォーマルな行政手続論の日米比較」は、日米でインフォーマルな行政活動としてどのようなものがあるのか、そしてそれについてどのような議論がなされているのかを探っている。第2部は、全体として二つの部分から構成されている。第1に、前半部分の「Ⅰ　日本行政法におけるインフォーマルな行政手法論」は、インフォーマルな行政活動の日本における代表例として行政指導を取り上げ、これを類型化し、その法的限界・法的問題を検討する。第2に、後半部分の「Ⅱ　米国行政法におけるインフォーマルな行政手法論」は、アメリカにおいて「インフォーマル」な行政活動としてどのようなものがあり、これについてアメリカ法はどのような法的問題を議論しているのかを探求する。

　(イ)　第2部第1章は日本行政指導の類型的研究に当てられている。まず、同書は、日本の行政指導を、それが追求・実現しようとする政策目標の種類によって、大きく二つに分類する。第1に、「法定外」の政策内容の追求を目的とするものであり、第2に、「法定」の政策内容を実現しようとするものである。そのうえで、同書は、最高裁判決に現れたケース等を参考にして、上記の各類型をそれぞれさらに三つに細分類している。したがって同書は、全体として行政指導を六つに分けて分析検討を進める。

　第2章では、「法定外の政策内容の実現手段としての行政指導」に分類できる三つのものを取り上げ、これらを順次検討している。まず、「民民紛争の仲介としての行政指導」である。これは昭和60年最判のケースを念頭に置いたものである。同書は、昭和60年最判の構造を綿密に分析し、建築確認義務の例外として、A「確認留保について任意の同意がある場合」と、B「法の趣旨目的に照らして社会通念上合理的と認められるとき」、という二つの準則を抽出し、後者をさらに細かく分析する。そして、同最判は、後者について三つの細かい基準を打ち立てているという。すなわち、第1に民民紛争の存在と合意による解決に向けた自治体の仲介があるかどうか、第2に、自治体が関与しうる紛争内容かどうか、最後に、建築主が指導に協力・服従する社会的責務があるかどうかである。さらに、最判が打ち立てた、「特段の事情」の要件を上の準則Bの例外ではなく、まった

く別次元の枠組みを示したもので、第2節で見る「緊急措置」としての行政指導の正当化理由と同一のものであるという。ここから、同書は、準則Aは一般に言われる主観説、準則Bは折衷説、「特段の事情」は客観説に対応するという複合的な性格を持つものであると結論する。

第2節では、石油カルテル事件の昭和59年最判を素材にして「緊急措置」としての行政指導を論じ、同最判は、問題の行政指導を「緊急措置」として正当化したという。そして、すでに第1節で見た昭和60年最判の「特段の事情」も同じ発想に立つとしている。

第3節の「法定外の具体的政策基準への協力依頼としての行政指導」では、平成5年最判が焦点になっている。同書は、平成5年最判の要点を三つに要約する。第1に、政策基準が法令の制定を経ずに定立されていることを不問とする、第2に、政策基準への社会的支持を裁判所が認定する、最後に、政策基準の実現手段が多少でも強制的なら違法と判定するというものである。明らかに、平成5年判決は、昭和60年判決とアプローチが異なっており、同書はその相違の原因を事案類型の違いにあるという。具体的には、民民紛争において紛争解決の必要性を説いて紛争解決の場を設定したというだけではなく、さらに一歩踏み込んで具体的な政策形成を行政指導自体が行っているという特徴があると述べる。

同書は、以上の三つの類型の行政指導に対する最高裁の態度を整理して、三つのケースはいずれも法定外の政策目的を実現することを狙った行政指導であるにもかかわらず、最高裁の三判決は行政指導の目的の妥当性を判定しているという。こうした奇妙な事実を指摘して、同書は、法定外の政策内容を行政機関が追求することを正当化することはできるのかと問う。

第3章は、「法定された政策内容の実現手段としての行政指導」を取り扱っている。第1節で「裁量権の協働的行使への協力依頼としての行政指導」を取り上げ、これを行政機関と関係者の交渉的意思決定のタイプと、私的調整に行政判断を委ねるタイプとに細分類し、それぞれについて法的評価枠組みを論じる。第2のタイプについては憲法違反であるという。第2節は、「裁量判断の表現方法としての行政指導」について実例を挙げて考察し、これについての法的評価枠組みは、指導内容が根拠法に照らして

合理的であったかどうかであるとする。同書は昭和57年最判をこの類型に位置づける。最後に、第3節は「法定の行為形式・手続のバイパスとしての行政指導」の実例を様々な分野から抽出して紹介し、その法的評価枠組みを提示する。この類型については、結局、根拠法の解釈上、バイパスが認められるかどうかが問題であるという。

　(ウ)　第2部の後半部分は、アメリカ行政法におけるインフォーマルな行政手法を取り扱っている。フォーマルとインフォーマルの語義や現象について日米間で差があること、また同じくインフォーマルな現象に対しても法的アプローチが日米間で異なることを指摘する。そして、同書は、フォーマリティーに三つの次元がある結果、インフォーマリティーにも三つの次元があるという。三つのフォーマリティーとは、第1に、正式手続、第2に、対峙型決定環境、第3にルールに覊束された行政活動のことである。これらのそれぞれに対応して、第一群、第二群、第三群のインフォーマリティーがあるという。それぞれAPAの正式手続をとらないこと、協働的決定環境、行政機関の要請の自発的受け入れである。

　第5章では、これら三つのインフォーマリティーのそれぞれについて、実例を類型化し、その法的評価枠組みを整理している。まず、第1節において、APAの正式手続との対比で論じられるインフォーマリティーを三つに分類する。第1に、正式手続が用いられず告知コメント手続が用いられる立法規則の制定である。第2に、正式手続が用いられない、個別命令である。最後に、インフォーマルな規則制定手続さえ用いられない非立法規則の制定である。同書は、これら三つの類型において手続をめぐってどのような議論が展開されているかを概観する。告知コメント手続は「骨化」したという。インフォーマルな個別命令手続については理由付記規定がある程度で、学説上の議論は低調であるとし、その原因を推測。ただ、判断基準の公表制度についてはFOIAで実現されているという。同様に、非立法規則の制定手続についてもFOIAで公表が義務づけられている部分があるという。また、ここでは、告知コメント手続の潜脱も問題になっていると指摘する。

　第2節では、第二群のインフォーマリティーを取り上げている。まず行

政機関が私人と交渉して意思決定を行うことが APA の成立以前から存在したことを明らかにする。APA には、こうした意思決定の仕組みを実定化した三つの条文があることを指摘し、さらに近時のレグネグや行政紛争解決法をも紹介する。

　第3節は、第三群のインフォーマリティーを扱っている。この種の手法が利用される原因として、「法の支配」の硬直化に対する否定的評価があると指摘する。この種の手法は、権限外の要求を行うという法的問題をはらんでおり、行政機関の活動は権限内でしか許されないという原則に反する、という。

　最後に、同書第2部の結論部分では、特に行政機関による権限逸脱的要請現象についての日米比較を行っている。日本行政法では、法定外の政策内容の実現を要請する行政指導でも最高裁は一定の条件の下にこれを正当化するのに対し、アメリカでは権限外の要請を法的に問題であると考えていて、両者で対応に違いがあると指摘する。同書は、日本行政指導の目的を全法体系から正当化するという最高裁の論理も、一定の場合、新たな憲法解釈から正当化できるという。それは、内閣の「行政権」と法律によって創設された「行政活動」との峻別論である。この峻別論によると、「行政権」は政治的レベルの権能で、その行使に際して法律の授権は不要であり、法定外の政策内容を実現しようとする行政指導でも、それを「行政権」の行使の一環として行うものならそこではじめて憲法規範上正当化する可能性が生まれるという。もちろん、「行政活動」の一環としてこうした法定外の政策内容を要求することは規範的に正当化できないとする。

第3節　同書の特徴と先駆的意義

　（1）　同書の特徴は、著者自身が同書の冒頭で開陳しているとおり、少なくとも二つある。一つは、日米の行政手続・行政指導をトータルに構造的に比較検討していることである。同書は、皮相な現象面での比較ではなく、日米の制度や実態の背後にある「思考軸」ないしは思考枠組みの構造にまで遡って比較するというアプローチを採っている。この点で同書は、

これまでの一般的・通俗的なアメリカ行政法研究ないし日米比較行政法研究と比べて、理論的水準が極めて高い研究となっている。おそらく、APAの立法趣旨に関するAPA制定後50年余りの研究のうち、日米を問わず、最も傑出した業績の一つといえよう[2]。少なくとも、日本人の手になるAPAの構造に関する理論研究としてはこれまでのもののうちの最高峰といっても過言ではない。

同書のもう一つの特徴は、「双方向的比較」を行っていることである。すなわち、共通の問題単位を作り出し、そこに日米両国の議論状況を当てはめて整理し、トータルな比較検討を行っている。このような研究手法は、日本法にとって都合のよいアメリカの制度や理論を単に紹介検討するといった便宜的・ご都合主義的なものではない。日米両国の法状況・理論状況の誠に客観的な姿を描き出しており、それぞれの抱える問題点の意味と改善の方向がより中立的に提示されているといえよう。

（2）比較のための問題単位を作り出す過程で、同書は、「行政手続観」、「行政決定環境」、「具体的手続鋳型」という三つの次元が存在しうることを提唱しているが、これは学界でもはじめての試みである。従来、行政手続をめぐって理念論と具体的手続像以外に両者を架橋する次元が存在するとしてそれらを分析枠組みとして利用する見解は、評者の知る限り、なかったといえよう。

（3）第1部のアメリカ法研究における学界への寄与は計り知れない。同書は、従来の一般的理解とは異なる理論を説得的に提示しているのである。まず、APAの立法意図について、従来の通説的な理解に異を唱え、これに代えて、デュー・プロセス判例と立法過程の詳細な分析を踏まえて、「行政過程の受容性を高める」というプラクティカルな行政手続観に基礎づけられたものであったことを見事に描き出している。この過程で、デュー・プロセス判例を第一群のデュー・プロセス判例と第二群のデュープ

---

2) アメリカにおけるAPAの立法趣旨研究としては、P. バーカイルの次の論考が重要であり、同書の著者も注目している。Paul Verkuil, *The Emerging Concept of Administrative Procedure,* 78 COLUM. L. REV. 258 (1978).

第3節　同書の特徴と先駆的意義　343

ロセス判例という大きく二つに分けて整理したことも注目される。従来、両者の区別が必ずしも十分ではなく、そもそも第一群のデュー・プロセス判例への注目度が低かったのである。

　また、APAの分析を正式手続だけに限定するのではなく、APAをトータルに捉えて評価することを狙った点も見逃せない。正式手続だけに焦点を合わせるとどうしても従来のようにAPAとデュー・プロセス法理との間に密接な関係があるという結論になりやすい。正式手続だけに限らず、協働的な決定環境を作り出す和解等の手続に着目したことは慧眼といえよう。従来の研究は、こうした和解や合意形成の手続がAPAの中に規定されていることを重視することがほとんどなかった。こうしたインフォーマルな交渉の決定環境の析出は、第2部の「インフォーマル」な手続の研究にも繋がっている。ともあれ対峙型、協働型、情報補充型という三つの決定環境がどれも望ましいという評価がAPAの立法過程の中には存在していることを同書は初めて明らかにし、それら全体を統一的に理解する思考枠組みを抽出しようとした意欲的で構想力の大きい骨太な作品といえよう。

（4）　比較法研究の結果として同書が日本法に与える解釈論的・立法論的提言は、ある意味できわめて抑制的である。もともと同書は、「自己理解のための比較研究」（同書1頁）を目指しているので、比較法研究の結果、何らかの具体的な立法的・政策的提言を行おうとする態度は取っていないのである。同書が打ち出している日本法への政策的提言を強いて挙げるとすれば、準司法手続の一層の活用を唱えることやノーアクション・レター類似の制度の導入を説くぐらいであろう。これらの提言は、アメリカ法の歴史的・構造的・理念的研究に裏付けられたものであるだけに、その説得力は相当なものである。

（5）　比較研究の結果摑み取ったアメリカの行政手続論と日本のそれとの対比がきわめて明快なかたちで描き出されていることも同書の特徴である。それは、アメリカでは裁判審理型ヒアリングを理想型とする「引き算

　3）　最近導入されたいわゆる「日本版ノーアクションレター制度」については、『規制改革推進3か年計画　平成13年3月30日閣議決定』5頁の「行政機関による法令適用事前確認手続の導入について」等を参照。

の発想」から手続が構想されるのに対し、日本法では、ゼロから「足し算の発想」によってあるべき手続が構想されているという対比である。この対比は日米の行政手続整備における憲法論の差を見事に描き出しているように思われる。

（6）　第2部の前半部分における日本の行政指導に関する議論の再構成も注目に値する。まず、「法定外」の政策内容の要求か、「法定」の政策内容の要求かという視点から、行政指導を二分類したのが、従来の議論にはなかった新しい試みである。そして、最高裁の判例分析を通して、行政指導の目的に着目すべきであるとした点も、斬新である。この目的に着眼する議論は、同書の「行政権」をめぐる憲法解釈に深く関係している。すなわち、内閣の権能である「行政権」を、アメリカ憲法の大統領の権能と同様「執政権」として理解し、国の行政機関と区別するという憲法学説である。この憲法学説からすると、具体の法律所定外の政策内容を「執政権」の行使として要求することは憲法上許容される余地があることになり、同書はこうした憲法論を前提にして最高裁判決を理解しようとする。行政指導をめぐる議論を単に法律や条例レベルの解釈論の枠内にとどめず、憲法論も視野に入れて論じようというのである。

　それはさておき、行政指導の類型化を図る第2章の判例分析は詳細を究めている。特に、昭和60年最判の理解が目を惹く。まずADRとの関係で判決を位置づけ直そうとしている点が特徴的である。また「特段の事情」を昭和59年判決と同様の判示であるとする理解も斬新である。同様に、平成5年判決と昭和60年判決との相違を具体的政策形成を行政機関自体が行っているかどうかという事案の相違に見いだした点も、新たな着眼点ではないかと思われる。また、「法定」の政策内容の実現手段としての行政指導の類型においては、その法的評価枠組みは、一般的に、根拠法上正当化されるか否かという解釈問題に帰着すると指摘しているが、正鵠を射た指摘であろう。

（7）　第2部後半の最大の功績は、アメリカ行政法における「インフォーマリティー」の概念を明快に三つに分類整理して見せたことである。おそらくアメリカの学者でさえ、意識せずに使用しているいくつかの「イン

フォーマル」なる概念を、アメリカの学者でさえ気付かなかったいくつかの正当な視点から誠にきれいに整序したものといえ、高く評価できる。こうした分類作業とともに、各インフォーマリティーに関してどのような法的問題が議論されているかを、要領よく整理しており、これまた高く評価できる。

　（8）　同書の全体を読んだとき、行政機関が用いる行為形式の種別や相違が、手続問題の次元では相対的な意味しか持たないことが暗示されているように思えてくる。とりわけ「決定環境」、「手続鋳型」のレベルでは、規則や裁決といった行為形式の差はさほど大きな意味を持たない、と著書が考えているように感じられる。たとえば、同書は、規則制定におけるレグネグ方式と、裁決に関する和解等の協働型の手続とを第二群のインフォーマリティーという同一類型に分類している。また規則および裁決の両方について対峙型の正式手続がかかる場合を取り上げている。ここに行為形式を重視しない同書の姿勢が見られるのである。このように行為形式と切り離して手続を論じるアプローチも、同書の特徴として特筆すべき点である。

　（9）　以上のように同書は様々な点で評価できる高度な著作であるが、にもかかわらず同書の叙述はたいへん分かり易い。冗長でもなく、逆に簡潔に過ぎることもない。誠に要領を得た明快な叙述になっている。この点との関連で、同書が随所に掲げる図表の存在を忘れてはならない。同書は、各所で読者の理解の便宜を図るため図表を用いている。著者の思考や論述の内容を図表によって視覚的に理解しやすいかたちで読者に示しているのである。いずれをとっても精密で的確な図表は、著者の行き届いたサービス精神を表しているだけではなく、著者が整理された明晰な頭脳の持ち主であることをも示しているものといえよう。

第4節　いくつかの論点

　（1）　以上に述べたように、同書は、研究アプローチの点でも、研究結果の点でも多くの功績を上げているといえる。アメリカ行政法研究の面、

すなわち、デュー・プロセス法理の全体像やAPAの立法趣旨およびインフォーマルな行政手法に関する研究として傑出した研究であるといえよう。同時に、行政指導をめぐる日本行政法研究としても第一級のものである。さらに比較法研究という次元においても高く評価される。ただ、評者の立場からは、なお論ずべき点もあると感じられるので、以下、それらについて簡単に述べておきたい。

（2）まず、第1部でのAPAの立法過程の研究、特にAPAの立法意図について、同書は重視していないけれども、APAの制定に大きく関係した側面が他にも存在したのではなかろうか。それは、当時の行政機関の組織防衛という観点である。1941年に司法長官が最終報告書を出す前に、1937年の時点で、行政管理に関する大統領委員会は、まったく毛色の違った報告書を出している。[4] それは、行政権と司法権とを併せ持つ行政機関を解体して、一部の機能は大統領府の各省に帰属させ、他方司法的機能は、行政裁判所を創設してそれに担当させるとするものであった。それ以前にアメリカ法律家協会も、これと同様の行政裁判所創設の提言を行っていた。このような行政裁判所の構想や外的分離の構想は、当時の行政機関とりわけ独立行政機関の組織構造に根本的・本格的なメスを入れることになる。こうしたドラスティックな組織改革を忌避する考え方が最終報告書や学界や実務に存在したのではなかろうか。

同書が第1部第6章第1節で述べているように、アメリカ法律家協会は、この行政裁判所構想を放棄して方針転換を図り、専ら手続問題に収斂した改革を提言してゆくことになるが、そうなると独立行政委員会に代表される行政機関の組織を大変革することに手をつけたくなかった一派からすれば、もはや勝利したも同然である。つまり、行政組織の分割・分断・再編成という荒療治から組織を防衛する必要はなくなったからである。しかし、そうはいっても、肥大化する行政過程に対する社会からの不信の念あるいは伝統的リーガリズムからの批判には根強いものがある。当然、行政過程に対するこうした不信や不満を解消し払拭するため何らかの改革が必要で

---

4) ADMINISTRATIVE PROCEDURE ACT—LEGISLATIVE HISTORY 1944-46, 241 (1946).

ある。行政活動＝行政過程が私人や社会によってより十分に受容される必要があったのである[5]。行政過程を実体的に統制することには、委任立法禁止原則の失敗の経験から限界があり、また大がかりな組織改変もできないとすれば、残るのは手続改革という次元で対応することくらいである。反行政国家派にとって、APAという手続規律は、まさに独立行政委員会に代表される行政機関の組織再編という「改革」に対する代替手段と見ることができるのではないか。逆に、行政擁護派にとって、APAは組織防衛のための交換条件であったということもできよう。

（3）　情報公開や司法審査はともかく、APAはその規律対象を大きく規則と裁決（＝個別命令）という二つの行為形式に焦点を当てているが、個別命令の他に何故規則まで視野に入れたのか。この点について同書は、第1部の結論部分で、行政過程の受容可能性を高めるという一つの問題関心からアプローチされたからではないかと述べている（同書189頁）。こうした見方とは別に、行政過程のうち憲法構造上疑義の強かった準立法的機能＝規則と準司法的機能＝裁決を統制しようとしたことも重要なのではなかろうか。APAは行政過程の受容可能性を高めるために制定されたのだとしても（同書108頁、132頁、172頁、174頁など多数）、何故、受容可能性を高

---

5)　同書は、第1部第5章第5節でAPAの立法意図を示す文書として最終報告書に着目し、そこには一貫した思考が見いだせると結論する。すなわち、最終報告書多数意見は、行政手続整備の目的を、第1次的には、第1に、行政決定の公益追求性の確保と、第2に、私人への説得性を確保し、究極的には、行政過程の受容性を高めようという観点から捉えていた、とする。これらの目的のうち第1次的な目的である上の第1及び第2の目的は、それぞれ次のように言い換えることができるのではなかろうか。すなわち、第1の目的は、要するに、よりよい行政決定が下されるのを確保するということであり、第2の目的は、私人の権利・利益を保護するということである。ところで、公正・妥当な決定の確保と当事者・関係者の利益保護という二つの目的は、行政手続に限らず、手続一般が持つべき価値ないし意義と一般的・常識的に考えられているところのものであろう。そうなると、同書が最終報告書多数意見を検討して析出した行政手続整備の第1次的目的は、手続の目的ないし機能と常識的に考えられている事柄と一致するといってよさそうである。こうした常識的な目的を追求するためだけに行政手続を整備する必要性が唱えられたわけではない。同書も指摘しているように、手続整備には究極目的があったのである。それは行政過程の受容性を高めるという目的である。評者には、同書が、手続整備の第1次的目的を相当重視しているように見えるが、それと同時にあるいはそれ以上に究極目的をも重視すべきではないかと思われる。

6)　この点については、同書第1部第6章参照。

める必要があったのかを問う必要があろう。当然、行政過程が当時のある種の社会思潮や法思想から受容されていなかったので、受容可能性を高める必要があったということであろう。それでは、どの点で、もしくはどのような事情で受容されていなかったのか。最も根本的なところでは、準立法権と準司法権とを併有する行政機関が法の支配の観念や権力分立の観点から疑義があったということであろう。要するに、APA は、行政過程の中でも特に不信の目で見られることが強かった準立法権の行使＝規則と準司法権の行使＝裁決とを規律し、不信を払拭しもしくは疑義を解消し、行政過程の受容可能性を高めようとしたのではないかと見られる。

　（4）　同書は、「歴史認識として『行政過程のデュー・プロセス化を目的として連邦 APA が立法された』という関係は見られない」という（175頁）。また APA と手続的デュー・プロセス法理の関係は直接的なものではないという。しかし、APA の正式手続に焦点を合わせると、APA はデュー・プロセス法理を実定化したものと捉えることも許されるのではなかろうか。同書は第 1 部第 4 章第 3 節において APA の立法意図を手続的デュー・プロセスで捉える見方に対し三つのきわめて説得的な疑問を投げかけている。第 1 に、デュー・プロセスがヒアリングを要求するとき APA の適用がないことを説明できないという。しかし、デュー・プロセスがヒアリングを要求するとき、APA に則して解決しなくても、デュー・プロセス自体の論理としてあるべき手続鋳型を考えるという発想でもよいのではないかと思われる。第 2 に、同書は、第一群のデュー・プロセス判例との関係が APA の立法過程に出ていないという。しかし、第一群のデュー・プロセス判例は行政機関の事実判断について司法審査が排除されているケースに限られるのであるが、この種のケースは例外的であったのではないか。また第一群のデュー・プロセス判例が行政手続の場面で要求するヒアリングの内容がどの程度のものであるのか必ずしも確定していなかったので、立法作業を指導する判例法理として援用するのに躊躇が感

　7）　同書の基本的モチーフは、憲法的疑義のある行政過程について APA は憲法論とは別次元で解決を図ったという分析である。

第 4 節　いくつかの論点　349

じられたのではないか。第 3 に、同書は、APA の全体の立法意図を正式手続のみに着目して語るのは早計であるという。この指摘はまさにそのとおりである。しかし、APA の正式手続に限定すれば、デュー・プロセスを持ち込んで説明することもあり得る筋ではなかろうか。[8]

　同書は、またデュー・プロセスになじみやすい個別命令に対する一般的手続は整備されていないという（82頁）。しかし、デュー・プロセスの理念型が裁判審理型ヒアリング＝正式手続だとすれば、個別命令一般に正式手続を適用するのは妥当ではない。このことはデュー・プロセス判例も認めているところである。[9] APA は正式手続が妥当する場面を立法者の選択に委ねている。そもそも正式手続がどのような場面で、どのような行為に適用になるのかについて、第一群、第二群のデュー・プロセス判例は明確な回答を示していなかったのではないか。第一群のデュー・プロセス判例は事実判断に関する司法審査排除規定がある場合に行政過程において一定のヒアリングの機会が付与されるべきであるとするだけで、裁判審理類似の正式手続が要求されるのはどのような場合かについて回答していないのである。また、第二群のデュー・プロセス判例の萌芽とされる20世紀初頭の最高裁判決も、根拠法に「完全なヒアリング」を要求する規定がある場合、裁判類似の正式手続が要求されるとしただけであり、それ以外に正式手続が要求されるのはどのような場合かについて確答したものではない。そうだとすれば、正式手続の適用場面を立法者の選択に委ねたとしても、それでデュー・プロセス判例やデュー・プロセス法理に背反することにはならないであろう。

　最終報告書はおそらくデュー・プロセスの行き過ぎを懸念したのではなかろうか。つまり、ウォルター・ローガン法案のように、行政手続の多様性を無視して、画一的に裁判審理型のヒアリングを要求する過度の司法化路線から生ずる行政活動の機能麻痺を心配したのではないかということで

---

8)　同書177－179頁が強力な反対論を述べていることについては本章第 2 節（ 1)(ｳ)で見た。
9)　同書312頁も、憲法デュー・プロセス法理の実定化として行政手続一般法を構想する場合、行政過程の多様性を前に、統一的な手続鋳型のありようを示すことは至難である、と指摘している。

ある。それゆえ、最終報告書はデュー・プロセスを強調する路線を取らなかったものと推測される[10]。しかし、最終報告書とて、デュー・プロセスの価値を否定してはいない（111頁、112頁、131頁など）。それどころか、事実上デュー・プロセス法理に則った正式手続の内容を提言しているといえる。「自明の理」（132頁）による構想または「現実の行政過程の調査を踏まえて議論する」（131頁）発想とは、現に行われている手続をある程度において前提にするということであるが、当時現に行われていた行政手続は、当然、第一群や第二群のデュー・プロセス判例を意識しそれを前提にした手続になっていると考えて差し支えない。同書も、正式ヒアリングの価値に無関心な行政機関はほとんどなかったという司法長官委員会の調査結果を引用している（112頁）。現に動いている行政手続がデュー・プロセス判例が要求する水準を満たしてできあがっているとしたら、デュー・プロセスの観点からはそれで十分であり、さらに行政活動一般にまでデュー・プロセスの要請として正式手続を広く義務づける必要はないのである。以上、要するに、連邦APAの正式手続の根底には憲法デュー・プロセスの理念があると言うことが許されるのではないか[11]。そして、APAは、デュー・プロセス法理の意義と限界とを、正式手続というかたちで、一般法として確認したものといえるのではなかろうか[12]。

（5）　第2部前半部分での昭和60年最高裁判決をどのように理解すべきか。同書は、昭和60年最判にいう「特段の事情」を準則B（＝真摯かつ明確

---

10)　なお、同書133頁参照。
11)　同書もこのことは否定していない。たとえば、同書177頁では、「APAは……、手続的デュー・プロセス上の理想とされる裁判審理型のヒアリングを、正式手続として採用している」と述べている。ただし、同書は、APAと手続的デュー・プロセス法理との関係が「直接的」なものではないというのである（たとえば、175頁）。
12)　確かに、APAの制定以前の段階で、行政過程においてデュー・プロセスの価値が確立していたと見られるので、もはやAPAによってデュー・プロセスを実定化する必要はなかったといえそうである。しかし、判例法でデュー・プロセス法理が固まっていたとしても、また判例法理に適合的な個別法の仕組みが出来上がっていたとしても、なおこれを一般法という形式で確認しておく意味は存在していたのではなかろうか。同時に、デュー・プロセスに係る判例法理の妥当範囲ないし限界について実定法化しておく意味はあったのではないかと思われる。

な異議があれば留保は違法）の例外ではなく、昭和59年最判の「緊急措置」の論理と同一内容であると捉える。しかし、「予想しがたい事態」と「緊急事態」とは内容的に異なるのではないか。「予想しがたい事態」＝不測の事態の中には緊急事態もあれば、そうでない場合もあろう。また、「特段の事情」は行政指導の相手方の不利益と行政指導の目的たる公益との比較衡量によって決まるが、「緊急措置」とは指導の相手方の事情とは無関係ではなかろうか。「特段の事情」と「真摯」との判断事項がほぼ同一であるとすれば（234頁）、それは両者が表裏一体の関係にあるからだと捉えることもできるはずである。すなわち、「特段の事情」は「真摯かつ明確な」不協力の意思表示の例外と考えられるというわけである。

（６）　次に、昭和60年最判と平成５年最判との関係をどのように理解すべきか。同書は、両判決の論理が異なるのは、両ケースの事案の相違が原因になっていると指摘するが（205頁）、この指摘には賛成である。しかし、本書255頁はさらに、行政機関が法定外の具体的な政策形成を行っている点を強調して平成５年最判と昭和60年最判とを区別するが、この点はどのように評価すべきであろうか。同書271頁註55では、武蔵野市が指導要綱があたかも法的規範であるかのように運用していることが、違法判断のポイントであったと述べているのであるが、これと本文の叙述とはどのような関係に立つのであろうか。私見では、むしろ註55の指摘を重視したい。つまり、有名な山基建設の事件で武蔵野市が要綱違反に給水拒否という担保措置をもって臨んでいる実態が明らかになっていて、要綱が事実上法規範であるかのように機能しており、そこに強制的な契機を見いだし、結論として、武蔵野市の指導要綱の運用実態は、平成５年の事案も含めて、行政指導の限界を逸脱していると判断したのではなかろうか。[13]

（７）　第２部後半のアメリカにおけるインフォーマルな行政手法の類型

13）　大橋洋一「宅地開発指導要綱による行政指導の限界」ジュリスト臨時増刊『平成５年度重要判例解説』47頁は、「指導要綱で違法な制裁措置が制度化された枠組みの下では、行政指導の任意性判断基準として個人の意思表示のもつ重要性が二次的なものとなりうる」と述べ、違法な制裁措置の仕組みとその運用実態を重視して、昭和60年判決と平成５年判決とを区別している。

化のうち、非立法規則の問題はどこに位置づけられるのか。同書は、これを正式手続との対応関係に立つ第一群のインフォーマリティーに分類する。第一群のインフォーマリティーは、正式手続との対応関係におけるそれである。しかし、非立法規則は、告知コメント手続というインフォーマルな手続を行う立法規則との対比で問題になる。すなわち、事実上関係者を拘束するように作用する非立法規則は、立法規則と同様の機能を果たすので、行政機関はめんどうな告知コメント手続を取らずに非立法規則を制定しこれによって立法規則と同様関係者を拘束しようと試みるので、非立法規則によって告知コメント手続が潜脱されることになるという問題があるのである。それゆえ、非立法規則の法的評価枠組みは、正式手続を取るべきかどうかではなく、告知コメント手続というインフォーマルな手続を取るべきかどうかなのである。

結びに代えて

　同書は、中川教授が渾身の力を込めて世に送り出した力作であり、第3節で論じたように、アメリカ行政法研究としても、日本行政法研究としても、間違いなく第一級の作品である。特に、APAの立法趣旨の研究としては、日米を問わず、この50年余りの中で、最高傑作であるといって差し支えない。APAに関する研究水準を計り知れないほど高い水準にまで一挙に引き上げた。それゆえ、同書が広く読まれることを期待したい。その際、同書と緊密な関係にある冒頭に挙げた同教授の処女作や、憲法構造論に関する論考をも踏まえることも推奨しておきたい。

事 項 索 引

あ

アメリカ合衆国行政会議（ACUS）………299
案件一覧表 ……………………………237
案の修正 ………………………………195

い

伊方原発訴訟………………………………54
意見公募手続……………………………23, 41, 44
　——に準じた手続 …………………103
意見書………………………………………274
意見照会手続 …………………………165
意見・情報提出
　——に対する行政機関の対応 ………127
　——の収集 …………………………244
　——の提出 …………………………125
意見・情報提出型の参加 ………………222
意見・情報提出期間 ……………………180
意見・情報提出権 ………………………150
意見・情報提出権者 ……………………239
意見提出期間………………45, 67, 75, 104, 244
意見提出権……………………………………38
意見提出権者……………………………73, 189
意見提出資格者……………………57, 205, 209
意見提出手続 ……………………………199
　——に準じた手続……………………92
　——の再実施……………………………71
意見提出の方法 …………………………126
意思決定過程情報 ………………………209
一般原則……………………………………90
一般旅券発給拒否処分取消請求事件最高裁判決
　………………………………………10
EPA 自身の内部的選定基準………………261
インフォーマリティー …………………340
インフォーマルな行政活動 ……………338

え

APA の条文構造 …………………………335

お

公にされるもの以外のもの…………………83

オレゴン州の規制制度 ……………257, 272

か

解釈基準 …………………………………176
解釈規則（interpretive rule）………176, 178
改正法3条2項……………………………81
外部効果……………………………………53
閣議決定 …………………………………138
閣議決定手続
　——の特徴 ……………………………35
　——の問題点 …………………………37
合衆国行政会議（Administrative Conference
　of the United States（ACUS））…251, 312
「考え方」の公表 …………48, 154, 156, 197, 198
環境保護庁 ………………………………270
環境利益 …………………………………326
官房政策評価広報課 ……………………108
関連資料 …………………………74, 75, 104, 186

き

議事録 ……………………………………280
規制改革・民間開放推進3か年計画…………40
規制緩和委員会……………………………34
規制緩和推進3か年計画………………34, 165, 171
規制交渉（Regulatory Negotiation）……249
規制に係る意見提出制度 ………………204
規制に係る命令等……………………………52
規制の設定又は改廃に係る意見照会手続（仮称）
　案 …………………………33, 165, 234
規制の設定又は改廃に係る意見提出手続
　………………………20, 30, 34, 111, 136
規則（rule）…………………42, 80, 120, 143
規則案
　——の軌道修正 ……………………241
　——の公表 …………………………238
規則案公表前の参加手続 ………………236
規則採択の理由 …………………………242
規則制定（rulemaking）…………………120
　——の申請権 ……………………201, 242, 244
　——のデッドラインの制度 …………193
　——の申出制度 ……………………146

354　事項索引

規則制定予告公告 …………………259, 260
規則素案の答申 ……………………………273
議題 …………………………………………281
基本規程 ……………………………262, 263
義務 ……………………………………240, 279
救済手段 ………………………………………57
救済する仕組み ………………………65, 66
給付等に係る命令等 ………………………52
協議会
　——の会議 ……………………………266
　——の会議手続 ………………………280
　——の解散 ……………………………311
　——の機関 ……………………………280
　——の議事進行 ………………………309
　——の最終期限 ………………………281
　——の組織に関する議定書 …………267
　——の手続 ……………………………276
　——の当事者 …………………………278
　——の報告書 …………………………310
　——のメンバー構成 …………………306
協議会開催公告 ……………………266, 268
協議会構成員 ………………………………211
協議会設置 …………………………………307
協議会設置公告 ……………………305, 318
協議会設置準備公告 ………………260, 263
協議会設立会議 ……………………265, 318
協議会当事者の手続上の権利 …………279
協議会方式採用決定 ………………………304
協議会メンバー ……………………267, 308
　——の候補者 …………………………264
　——の追加 ……………………………306
協議型の参加 ………………………………222
行政改革会議 ………………………………165
行政改革会議最終報告 ……………………171
行政過程の受容性 …………………336, 337
行政管理局長通知 …………………………101
行政管理に関する大統領委員会 ………346
行政機関を代表する者 ……………………308
行政規則 ………………………………29, 112
行政裁判所 …………………………………346
行政指導 ……………………………………338
行政指導指針 …………………………………80
行政指導手続 …………………………………18
行政処分手続 …………………………………12
行政相談 ……………………………………106

行政組織に関連する命令等 …………84, 85
行政手続法検討会 …………40, 112, 118, 136
行政手続法検討会報告 ………90, 91, 112
行政手続法10条 ………………………………59
行政手続法推進部局 ………………107, 108
行政手続法第6章に定める意見公募手続等の運
　用について ……………………………101
行政手続法に基づく意見公募手続等に係る事務
　要領 ……………………………………106
行政手続法の一部を改正する法律 ………29
行政の隠れ蓑 ………………………………64
行政立法 ………………………………………29
　——の一般原則 …………………………43
行政立法概念 ………………………………112
行政立法制定の申出権 …………………160
行政立法手続の目的 ………………………50

く

苦情処理 ……………………………………106
国のパブリック・コメント制度 ……204, 225

け

軽微な変更 ……………………………99, 100
結果公告 ……………………………………271
結果の公示 ……………………………………90
結果の公示時期 ………………………………76
決裁手続 ……………………………………107
原案からの修正点 …………………………199
原案修正の限界点 ……………………………71
原案・資料開示請求権 ……………………148
原案の具体性・明確性 ……………………69
原案の公表 …………………………………125
原案や資料の公表義務 ……………………148
検討会報告 …………………………………120
権利義務 ………………………………………53
権利利益の保護 …………………………50, 51

こ

行為形式 ………………………………6, 230
合意文書の交換 ……………………………273
公益 …………………………………………227
公益決定 ……………………………………203
公益保護団体 ………………………………270
公益論 ………………………………………223
合議手続 ……………………………………107

公共選択論 …………………………………215
公告・意見提出手続 …………………………213
公示制度 ……………………………………47
公衆参加 …………………………………167
交渉による規則制定（Negotiated Rulemaking）……………………………122, 248, 300
交渉による規則制定（negotiated rulemaking）手続 ……………………………122
交渉による規則制定に関する法律（Negotiated Rulemaking Act）……………214, 248, 300
交渉による規則制定のメリット …………301
公正の確保 ………………………………50, 168
公聴会 ………………………………………189
　──の開催に関する手続 …………………191
公聴会手続 …………………………………191
口頭意見陳述手続 ………………………239, 244
公表資料 ……………………………74, 184, 186
公表方法 ……………………………………181
公布から施行までの期間 …………………127
公民的共和制論 ……………………………217
合理性の司法審査基準 …………………54, 56
考慮 …………………………………………240
考慮結果回答受領権 ………………………155
考慮責務 ………………………194, 197, 206, 209, 211
国民
　──の権利義務に関する規範 ……82, 85, 86
　──の権利利益の保護 ……………………12
　──の便宜 ………………………………102
　──の利益 ………………………………102
　──への分かりやすさ …………………101
国民参加 ……………………………………64
個人情報の保護に関する法律施行令 ……141
個人情報の保護に関する法律の一部の施行期日を定める政令 …………………………141
個人タクシー事件最高裁判決 ……………9
個別的処理（考慮）を受ける権利 ………153
混成的規則制定（hybrid rulemaking）手続
　……………………………122, 214, 250, 301
混成の手続（hybrid procedure）…………299
コンセンサス ……………………………277, 319

さ

最終規則 ……………………………………275
最終報告書 …………………………………349
最終要綱案 …………………………………246

裁判審理型ヒアリング ……………………334
裁判的救済を受ける資格 …………………58
裁量権行使の考慮要素 ……………………153
参加 ……………………………50, 64, 205, 327
参加形態 ……………………………………229
参加権 ………………………57, 129, 146, 160
参加資格者 ………………………………219, 229
参加手続の意義 ……………………………243
参議院総務委員会 …………………………72
三者構成委員会 ……………………………78, 96
31条説 ………………………………………8
裁判審理型ヒアリング ……………………337

し

滋賀県の県民政策コメント制度 ………207, 226
施行状況調査 ………………………………66
事後手続 ……………………………………6
事前手続 ……………………………………6
事前評価 ……………………………………315
実施状況調査結果 …………………………139
私的自治 ……………………………………232
司法化 ………………………………………349
司法審査 …………………………………313, 314
司法長官委員会の最終報告書 ……………335, 336
事務要領 ……………………………………106
締め切り期限の前倒し ……………………67
衆議院総務委員会 …………………………63
13条説 ………………………………………8
修正の理由 …………………………………198
十分な情報に基づく意思決定 ……………150
重要な政策等 ………………………………68
準司法的機能 ………………………………347
準備公告 …………………………260, 264, 268
準立法的機能 ………………………………347
消費者保護 …………………………………272
条文案 ………………………………………185
情報
　──の公開 ………………………………281
　──の収集 ………………………50, 149, 159, 168
　──を提供できる者 ……………………123
情報提供の努力義務 ……………………206, 209
触媒製造業者 ……………………………270, 272
処分基準 ……………………………………80
書面聴聞 ……………………………………301
書面聴聞手続 ………………………………214

審議会……………………31, 32, 58, 64, 92
審議会手続………………………52, 93
審査基準…………………………13, 80
審査範囲……………………………313
申請に対する処分手続………………13
新多元主義論………………………216

せ

請願権………………………………159
正式規則制定手続………120, 213, 327
正式手続………………………349, 350
説明責任………………………174, 195
説明責務………………………209, 212
ゼロオプション……………………200
船員中央労働委員会…………………99
1981年モデル法……………………170

そ

争点隠し……………………………195
双方向のコミュニケーション…207, 329
総務省大臣官房政策評価広報課…106, 107
総務省の実情調査……………………66
総務庁………………………………165
組織規範………………………………86
組織区分型……………………………87
組織票……………………………66, 74

た

第一群のデュー・プロセス判例……334, 348
第1次行政手続法研究会……………31, 166
代替的紛争解決……………………299
大統領命令…………………………323
第二群のデュー・プロセス判例……334
第2ラウンドの意見提出の機会……157
多元主義理論………………………215
多数決…………………………………46

ち

地域的効力……………………………88
地方公共団体の機関が制定する命令等……86
中央社会保険医療協議会……97, 98, 99
中央省庁等改革基本法………34, 51, 165
　──50条2項……………………37, 171
聴聞手続………………………………15

て

提案権…………………………………32
提出意見
　──の閲覧……………………………104
　──の考慮……………………………104
ディヴィス（Kenneth C. Davis）…………160
適正考慮要求権………………………151
適法な行政立法の策定………………169
適用除外…………39, 49, 79, 121, 124, 172, 177
　──に関する政令の定め………………96
　──に関する法律の定め………………81
手続
　──の基本原則………………………277
　──の対象……………………………124
手続再履行請求権……………………157
手続上の義務…………………………279
手続的法治国説…………………………8
デュー・プロセス………………334, 348
電子政府の総合窓口（e-Gov）……1, 62
天然資源保全協会（Natural Resources Defense Council（NRDC））…259, 270

と

討議型………………………………222
当事者
　──の資格要件………………………278
　──の責務……………………………277
当事者対立的な規則制定手続………301
当初案と最終決定との相違…………198
当然の所産（logical outgrowth）…158
透明性概念……………………………51
透明性の向上……………………50, 168
特例……………………………………46, 49
　審議会の──…………………………94

な

成田空港工作物使用禁止命令取消請求事件の最高裁判決……………………………9

の

濃密な意見交換………………………59

は

ハータ（Philip J. Harter）……………261

事項索引

パブリック・コメント ……………………30
　――の対象 ……………………………68
　自治体の―― …………………………69
パブリック・コメント手続の趣旨・目的 ……63
早い段階での参加 ……………236, 243, 329

ひ

費用支弁 …………………………………312
非立法規則 …………………………120, 352

ふ

ファシリテイタ ………………263, 282, 309
フォーマリティー …………………………340
福岡県行政手続条例10条の協議会制度
　………………………………………210, 226
不利益処分手続 ……………………………14
分派会議 …………………………………320

へ

弁明手続 ……………………………………17

ほ

包括的な参加権 …………………………160
法規命令 ……………………………29, 52, 112
報告書 ………………………………………310
法制化の意味 ………………………………72
法的一般的利益 ……………………219, 227
法律案要綱（案） ……………31, 115, 166
法律上の根拠 ………………………187, 188
法律に基づく命令 …………………………42, 79
法律の優位の原則 …………………………43
発起準備人（convenor） ………304, 316
ホームページ掲載 …………………………182

ま

薪ストーブ ………………………………255
薪ストーブ製造業者 ……………………269
窓口配布 …………………………………182

み

未組織の利益 ……………………………245
見直しを行う努力義務 ……………………43

ミニマムの期間 …………………………181
民主的正統性 ……………………………245

め

命令制定手続 …………………………31, 166
命令等 ……………………………22, 42, 79, 80
　――の制定時期 ………………………69
　――を定めないこととした理由 ……105
　――を制定しない場合 ………………77
命令等制定機関 …………………………43
メンバーの追加申請 ……………………306

も

申出権 ……………………………………160
　制定改廃の―― ………………………128

よ

要考慮要素 ………………………………153
予告公告 …………………………………260
予備調査 ……………………………261, 316
4段階手続 …………………………137, 138

り

利益保護 ……………………………159, 245
利害関係人に対する周知 ………………184
立法規則 …………………………………120
略式規則制定手続（informal rulemaking procedure） ……………121, 143, 213, 249, 302
流通情報 …………………………………229
理由提示 ……………………………47, 77, 106
理由の説明 …………………………105, 244
理由付記 ……………………………206, 212

れ

Reg-Neg（レグネグ） ……………249, 300
Reg-Neg法 ………………………………249
連邦諮問委員会法 …………………262, 319

ろ

Rose-Ackerman ………………………324
労働政策審議会 ……………………………98, 99

著者紹介

常岡 孝好（つねおか　たかよし）

1956年　三重県生まれ
1975年　奈良女子大学文学部附属高等学校卒業
1980年　東京大学法学部私法コース卒業
1985年　東京大学大学院法学政治学研究科博士課程単位取得満期退学
現　在　学習院大学法学部教授

主要著作
『行政立法手続』（共編）（信山社・1998）
『条文から学ぶ行政救済法』（共著）（有斐閣・2006）

パブリック・コメントと参加権　〔行政法研究双書　22〕

平成18年11月30日　初版1刷発行

著　者　常岡　孝好
発行者　鯉渕　友南
発行所　株式会社　弘文堂　101-0062 東京都千代田区神田駿河台1の7
　　　　　　　　　　　　　　TEL 03(3294)4801　振替 00120-6-53909
　　　　　　　　　　　　　　http://www.koubundou.co.jp
編集協力　東　弘　社
印　刷　港北出版印刷
製　本　井上製本所

© 2006 Takayoshi Tsuneoka. Printed in Japan
Ⓡ 本書の全部または一部を無断で複写複製（コピー）することは、著作権法上での例外を除き、禁じられています。本書からの複写を希望される場合は、日本複写権センター（03-3401-2382）にご連絡ください。

ISBN4-335-31209-1